lonely planet

EPIC
RUNS
of the
WORLD

러너의 세계

내 생애 전설이 될 런트립 200선

인간희극

차 례

여행을 시작하며 06

아프리카 08
- 모리셔스 도도 트레일 10
- 마라톤 데 사블 (모로코) 18
- 위대한 에티오피아 런 24
- 동무 마라톤 (남아프리카공화국) 30

아메리카 36
- 보스턴 마라톤 (미국) 38
- 하바나의 엘 말레콘 (쿠바) 44
- 메사 트레일 (미국) 52
- 밴쿠버의 씨월 산책로 투어 (캐나다) 58
- 마이애미의 아르데코 거리 (미국) 64
- 코스타리카 우림 런 70
- 내셔널 몰 애국 둘레길 (미국) 76
- 칼랄라우 트레일 정복기 (미국) 82
- 코파카바나의 새벽 (브라질) 88
- 시카고 호안선 (미국) 94
- 배드워터 135 (미국) 100
- 베이 투 브레이커스 (미국) 106
- 퀘벡시 겨울 웜업 (캐나다) 112
- 빅서 마라톤 (미국) 118
- 깨달음의 라파스 오르막길 (볼리비아) 124
- 포틀랜드 에픽 파크 런 (미국) 130
- 그랜드 캐니언 림 투 림 챌린지 (미국) 136

아시아 142
- 만리장성 마라톤 (중국) 144
- 홍콩 빅토리아 피크 (중국) 150
- 인도 어드벤처 런 156
- 교토 카모 강변 (일본) 162

쉬움	어려움	전설급

앙코르 와트 하프 마라톤 (캄보디아)	168
쿠르디스탄 러닝에서 찾은 자유	174
네팔 산기슭을 향한 오름길	180
서울 한강 (대한민국)	186

유럽 192
아말피 해안을 따라 줄타기 런 (이탈리아)	194
에든버러 한 바퀴 관광 (스코틀랜드)	202
체코 육상 영웅을 기리며 (체코)	208
과거로 통하는 문, 펨브룩셔 (웨일스)	214
바르셀로나의 바다에서 정상까지 (스페인)	220
호수 지역의 고전적인 라운드 코스 (잉글랜드)	226
베를린의 명소 총집합 (독일)	232
런던 마라톤 (잉글랜드)	238
로마의 고요한 러닝 (이탈리아)	244
거칠고 바람 거센 더블린 반도 (아일랜드)	250
아테네 마라톤 (그리스)	256
아랑카비라 (이탈리아)	262
북극 마라톤	268

오세아니아 274
그레이트 오션 로드 마라톤 (호주)	276
멜버른의 공원 러닝 필수 코스 (호주)	282
오미스턴 협곡 파운드 루프 (호주)	288
케플러 트랙 (뉴질랜드/아오테아로아)	294
시드니의 환상적인 해안 산책로 (호주)	300
울트라 트레일 오스트레일리아	306
와이히 협곡의 고스트 런 (뉴질랜드/아오테아로아)	312
태즈매니아 프레이시넷 반도 투어 (호주)	318

색인 324

Chris Ord

여행을 시작하며

오늘날 러닝은 단순한 운동 그 이상이다. 마라톤은 더 이상 운동광들만의 전유물이 아니며, 이 스포츠는 놀랍도록 열정적이고 다채로운 하위 문화를 형성했다. 물론 여전히 많은 사람들이 몸매를 가꾸기 위해 달리지만, 요즘은 명상 목적으로 달리는 사람도 적지 않다. 어떤 사람은 러너스 하이 때문이고, 어떤 사람은 머리를 비우기 위해 달린다. 또 어떤 사람은 새로운 사람들과 교류하기 위해 레이스에 참가한다. 대부분은 여전히 포장도로 위를 달리지만, 점점 더 많은 이들이 도로를 벗어나 야생으로 뛰어들고 있다. 그러나 장소와 방식이 무엇이든, 대부분의 러너들은 달리기가 자신들의 삶에서 가장 중요한 중심축이라는 데에 동의한다. 또한 대부분의 러너들은 풍경 속을 땀 흘리며 가로지를 때, 그 장소에 대한 감각이 유난히 깊어진다는 데도 공감할 것이다. 익숙한 동네 코스를 반복해서 달리든, 여행 중에 낯선 곳을 탐험하며 달리든, 러닝은 그 도시나 지역, 그리고 그곳 사람들을 더 깊이 이해하는 기회를 제공한다. 단순한 도보 투어와는 달리, 자기 성찰의 시간을 가질 수밖에 없으며 짧은 시간 안에 더 넓은 지역을 경험할 수 있다. 사실, 낯선 도시를 가장 빠르고 깊이 알 수 있는 방법 중 하나가 현지 레이스에 참가하는 것이다. 운동과 관광을 동시에 할 수 있는 유일한 방법이기도 하다.

실제로 러닝은 이제 여행과 놀라울 정도로 공생 관계를 이루고 있다. 경험 많은 여행자들은 러닝이 시차 적응에 효과적이라고 입을 모은다. 그리고 러닝은 우리가 여행 중에도 유일하게 꾸준히 실천하는 운동이 되었다. 짧은 출장에서도, 세계 일주 같은 긴 여행에서도, 운동화 한 켤레쯤은 누구나 가방에 챙긴다. 이 운동화 한 켤레가 이제는 에베레스트 베이스캠프, 호주 아웃백, 심지어 북극까지 우리를 데려간다. 점점 더 많은 사람들이 러닝을 테마로 한 여행을 찾고 있으며, 이에 발맞춰 가장 극한의 지역에서도 레이스가 생겨나고 있다. 그리고 이제는 단순한 마라톤만이 아니다. 울트라마라톤과 초장거리 레이스의 인기도 폭발적으로 증가하고 있다.

이렇듯 지난 10여 년 동안 러닝 세계에서 가장 주목할 만한 변화는, 바로 러너들의 눈높이가 점점 더 높아지고 있다는 점이다. 퇴근 후 몇 마일만 달리던 사람들은 이제 10K를 뛴다. 10K를 뛰던 사람들은 마라톤에 도전하고, 마라톤을 몇 번 완주한 사람들은 이제 울트라마라톤을 바라본다.

이 책에는 전 세계 60개국, 7개 대륙에서 선정한 지구상 최고의 러닝 코스 200개가 담겨 있다. 그중 50개는, 단순히 달리기를 사랑하는 데 그치지 않고, 어떤 장소에서 뛰어본 경험이야말로 그곳을 진정으로 아는 길이라 믿는 사람들이 직접 쓴 생생한 경험담이다. 이 이야기들은 때로는 러닝이 어떤 장소를 가장 깊이 있게 경험하는 방법임을 당신도 깨닫게 해줄 것이다. 이 책을 통해, 1897년 시작된 보스턴 마라톤이 미국에서 가장 오래된 이 주요 도시의 자부심이 된 이유를 알게 될 것이다. 시드니의 본다이 비치에서 쿠지 비치까지 가볍게 달리는 것만으로 시드니 특유의 피트니스 문화에 녹아들 수 있는 비결도 배울 것이다. 사하라 사막에서 펼쳐지는 가혹한 250km 스테이지 레이스 '마라톤 데 사블'이 왜 영혼 깊숙이 각인되는지, 퀘벡의 겨울 러닝이 어떻게 도시의 진짜 아름다움을 드러내는지도 알게 될 것이다.

이 책의 활용법

이 책은 5개 장으로 구성되어 있으며, 각 장에는 해당 대륙에서 엄선한 러닝 코스들이 담겨 있다. 쉽게 접근할 수 있는 공원 러닝과 도시 순환 코스부터, 상징적인 마라톤과 전설적인 울트라 레이스까지 폭넓게 소개한다. 목차에 있는 색상별 키를 통해, 각 코스의 난이도를 한눈에 파악할 수 있다. 난이도는 거의 거리와 고도 상승에 기반해 구분했다. 각 메인 스토리 옆에는, 해당 코스를 실제로 경험해 보고 싶은 독자들을 위한 실용 정보도 함께 제공한다. 또한, 각 저자들은 자신이 소개한 러닝 코스와 비슷한 성격을 지닌 추가 코스나 레이스 3개씩을 추천해 두었다. 이 중에서 당신의 주거지 근처에서 더 쉽게 접할 수 있는 코스를 찾을 수도 있을 것이다.

이 책에 실린 일부 러닝 코스는 극히 소수만이 도전할 수 있는 '미친 난이도'의 코스들이다. 해당 코스를 소개한 저자들은 대부분 매일 훈련하는 프로 러너들이다. 하지만, 이런 이야기들은 단순한 '안방 모험담'으로서도 그 가치가 상당하다. 데스밸리에서 열리는 배드워터 135를 읽는 것만으로도 입이 바짝 마를 것이고, 그랜드 캐니언 림 투 림의 악명 높은 고도 변화를 읽는 것만으로도 어지러워질 것이다. 그러나 이 이야기들은 당신의 열정을 끓어오르게 만들고, 한 단계 더 높은 도전을 준비하게 하며, 언젠가 결코 가능하리라 생각하지 않았던 레이스에 등록하게 만들지도 모른다. 어떤 러닝 코스를 버킷리스트에 추가하든, 반드시 직접 지도를 구하고, 꼼꼼히 연구하며, 잘 정비된 장비로 준비하는 것을 잊지 말자. 다른 러너들에게 친절하게, 그리고 당신이 달려가는 야생의 풍경들에 더욱 친절하게 행동하자. 현지인들에게서 다소 이상한 시선을 받을 수도 있지만, 그럼에도 무엇보다 절대 잊지 말아야 할 것은 바로 당신의 러닝화다.

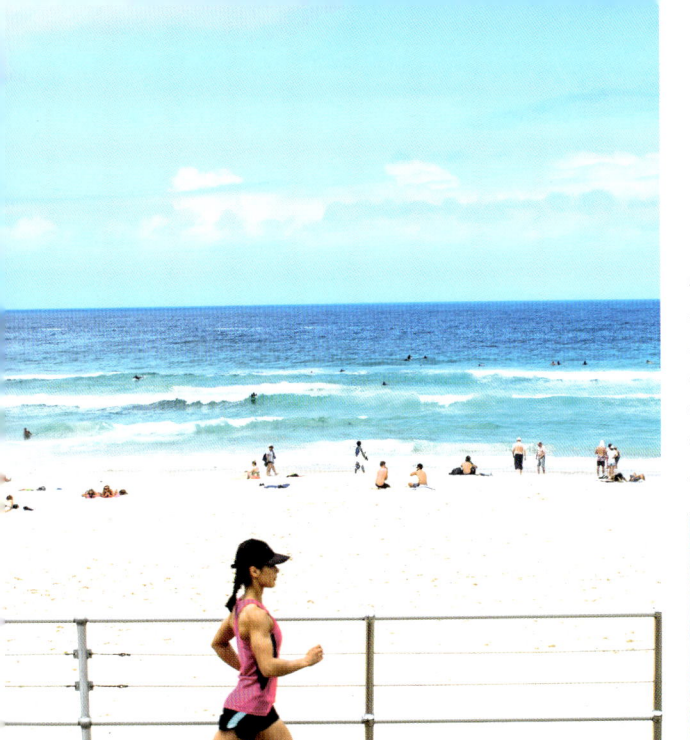

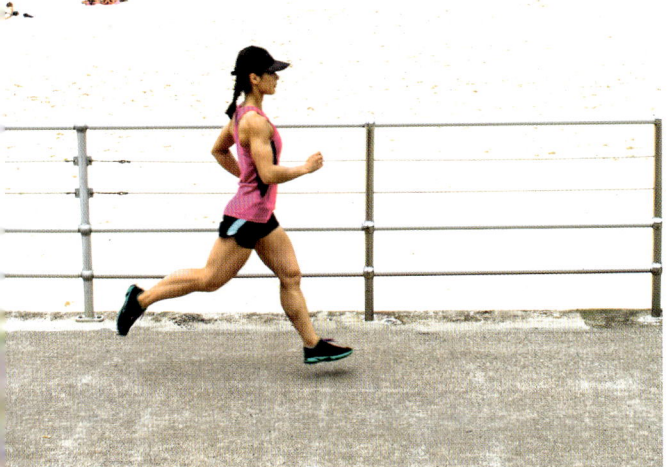

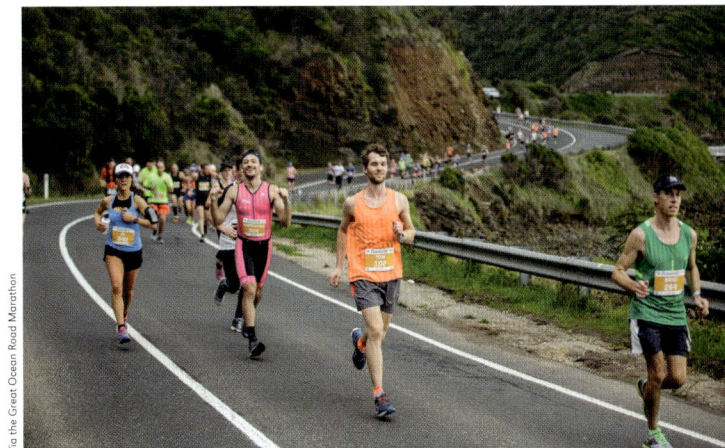

왼쪽부터 시계 방향으로: 시드니 본다이 해변가를 따라 달리기; 호주의 그레이트 오션 로드 러닝; 이탈리아 아말피 해안 포지타노 위로 이어지는 신들의 길.
이전 페이지: 호주 라라핀타 트레일의 험난한 지형.

차례 페이지 펼침면, 왼쪽부터 시계 방향으로: 달리며 경험하는 고대 앙코르 와트; 캘리포니아 빅서의 햇살 아래 달리기; 뉴질랜드 케플러 트랙에서의 알파인 어드벤처; 클래식 런던 마라톤.

Via the Great Ocean Road Marathon

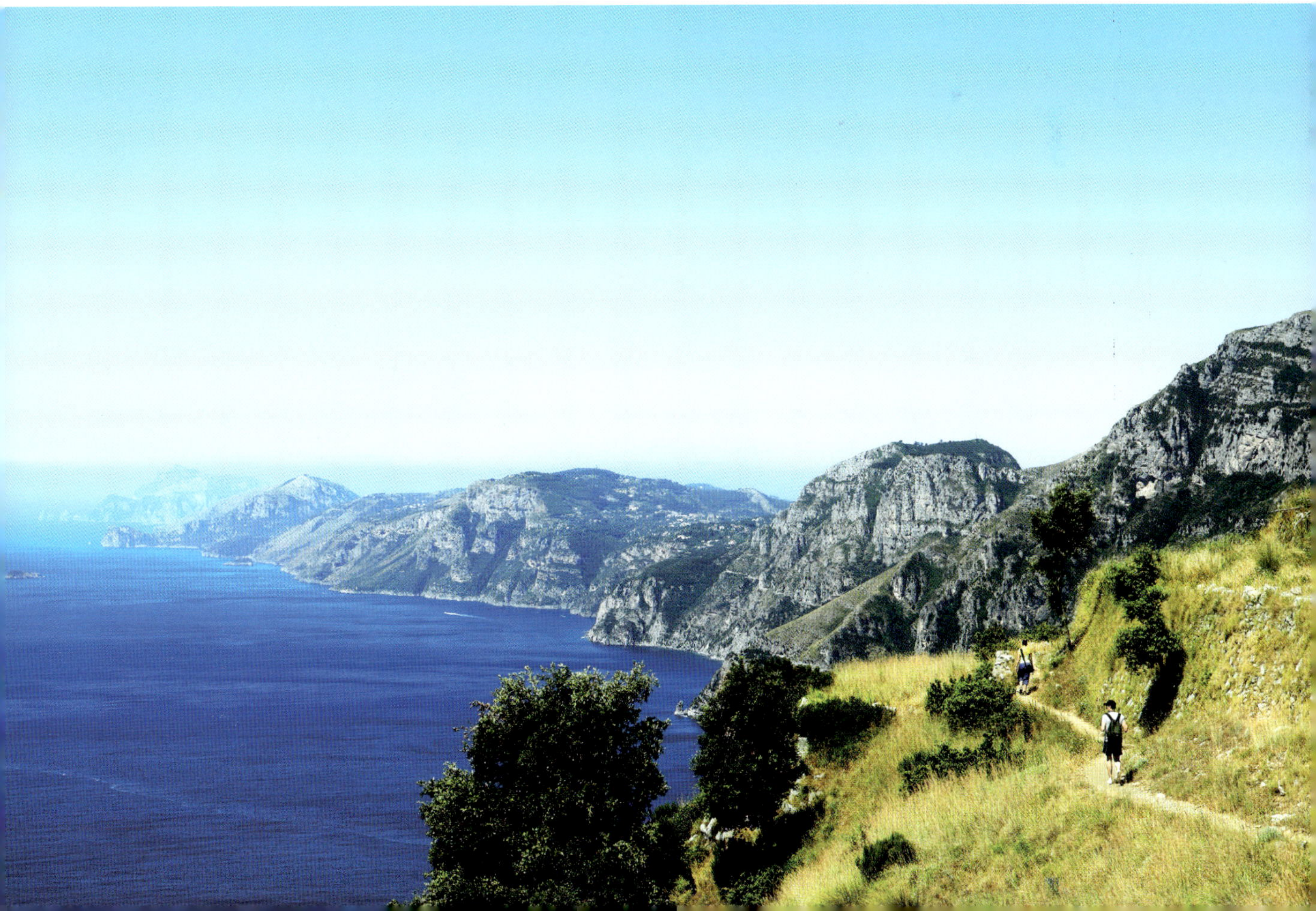

- EPIC RUNS OF THE WORLD -

모리셔스 도도 트레일
—THE DODO TRAIL OF MAURITIUS—

고급 리조트와 아름다운 해변으로 유명한 모리셔스에서 도도 익스트림 레이스에 참가하는 것은 스스로 멸종 위기에 뛰어드는 기분이다.

또 하나의 바위투성이 오르막과 씨름하며 내 생각은 이리저리 헤맨다. 불쌍한 도도가 왜 그렇게 빨리 멸종했는지 절로 이해가 간다. 17세기, 굶주린 네덜란드 선원들이 이 외딴 낙원을 발견한 순간, 날지 못하는 이 불운한 새들에게 남은 탈출구는 산속으로 도망치는 길밖에 없었다. 도도는 산악 러닝에 적합한 종이 아니었고, 지금 이 순간 나 자신도 그렇지 않은 것 같다.

하지만 누가 알았겠는가. 인도양 한가운데 자리한 이 낙원의 섬, 허니문 명소로 이름난 이곳 모리셔스에 이렇게 산이 많을 줄이야. 나도 몰랐다. 알았더라면 도도 런의 최장 코스에 신청하지 않았을 것이다. 도도 익스트림 50km 코스는 총 상승 고도만 3,500m에 이르며, 이번 해는 아프리카 스카이러닝 챔피언십 대회도 겸하고 있다. 트레일 대부분은 기술적으로 상당히 험난한 구간이며, 날씨는 믿기 힘들 정도로 덥다.

습도 때문에 레이스는 새벽 5시에 시작된다. 참가자 수는 많지 않다. 대부분은 25km 트루퍼 코스Trooper course나 10km 벤처 트레일Venture trail을 선택했다. 나와 함께 서 있는 사람은 약 100명 남짓. 모리셔스 현지 러너들, 인근 로드리게스Rodrigues와 레위니옹Réunion 섬에서 온 선수들, 아프리카 각지에서 온 러너들과 몇몇 유럽 엘리트 선수들(대부분 프랑스와 스페인 출신)이 모였다. 그리고 나. 영국인 참가자는 나 말고 한 명 더 있었지만, 출발 후에는 거의 볼 일이 없었다. 그는

이름부터 절묘한 산악 러너, 리키 라이트풋Ricky Lightfoot으로 작년 도도 익스트림 우승자다. 그는 5시간 19분이라는 경이적인 기록으로 코스 신기록을 세웠다.

우리 머리 위 별이 가득한 하늘을 배경으로 살짝 음산한 실루엣을 드리우고 있는 르 모르느 브라방Le Morne Brabant이 우뚝 솟아 있다. 이

AFRICA

바위산은 구름으로 둘러싸여 있고, 오래 전부터 전해 내려오는 현지 전설과 함께 신비한 기운마저 감돈다. 18세기와 19세기, 농장 주인들이 섬을 지배하던 시절, 사탕수수밭을 탈출한 노예들은 이곳 르 모르느 정상에서 안식처를 찾았다. 1835년, 마침내 해방 소식이 섬에 전해지자, 관리들이 올라가 그들에게 내려와도 된다고 전했다. 그러나 그들은 다가오는 사람들이 자신들을 붙잡으러 온 추적대라 오해하고, 다시 노예로 끌려가느니 차라리 자유롭게 죽겠다며 절벽에서 몸을 던졌다.

비극적이면서도 숭고한 이야기다. 산기슭에는 그 고귀한 영혼들을 기리기 위해 여러 나라 지도자들이 다녀간 흔적이 남아 있다. 물론 지금 내가 처한 상황을 그들의 처지와 비교할 수는 없지만, 레이스 후반부에 자기 의심이라는 악마가 나를 덮칠 때, 그들의 불굴의 정신을 떠올려보려 한다.

> "정강이까지 빠지는 진창과 부서지는 바위, 그리고 깊은 강을 건너야 한다."

섬 곳곳을 뒤덮은 사탕수수밭 사이로 달리며, 블랙 리버Black River 협곡 입구로 향하는 동안, 새벽바람에 흔들리는 사탕수수 향기가 공기를 가득 채운다. 우리 주변을 떠도는 땀과 긴장감이 뒤섞인 냄새를 잠시 잊게 해줄 정도다.

출발 전, 리키가 조언해 준 말이 있다. 첫 7km는 평탄하고 길도 넓지만, 언덕이 시작되면 트레일이 좁아지고 꼬불꼬불해져서 추월이 어렵다. 그러니 초반에는 빠르게 치고나가 좋은 자리를 잡는 게 중요하다는 것이다(물론 그에게 더 중요한 문제였겠지만). 나 역시 초반부터 속도를 올려, 첫 번째 주요 봉우리인 피통 뒤 푸즈Piton du Fouge (해발 600m)를 향한 고도 싸움이 시작될 때까지 꽤 괜찮은 페이스를 유지했다.

오르막은 가히 대단했고, 4미터 높이의 울타리를 넘는 구간도 있었다. 그러나 정상에 도착하자, 섬의 고지대를 황금빛으로 물들이는 일출을 보며 힘이 솟았다. 첫 번째 급식소에 도착하니 반가움이 밀려왔지만, 바나나 옆 치즈 덩어리와 여러 사람이 손가락을 푹푹 찔러 퍼먹는 소금 그릇은 적잖이 당황스러웠다. 뭐, 사람마다 방식이 있는 거겠지.

리키가 경고했음에도, 트레일 난이도는 여전히 예상보다 험했다. 능선을 따라 봉우리들을 하나씩 넘고, 블랙 리버 협곡 바닥까지 내려갔다 다시 올라가는 동안, 발밑은 온갖 난코스의 연속이었다. 정강이까지 빠지는 진창, 부스러지는 바위, 깊은 강을 건너는 구간까지. 하지만 무엇보다도 경사도가 압도적이었다. 일부 구간은 쇠사슬과 밧줄이 없으면 아예 오를 수 없을 정도였다. 오르막은 가혹했고, 일부 내리막은 아찔할 정도로 위험했다. 발을 헛디디면

도도의 발자취

도도 레이스는 2011년에 시작됐다. 현지의 전설적인 인물 얀 드 마루솀이 두 친구(야닉과 루이 드 스페빌)와 함께 이 초소형 섬에 울트라 트레일 대회를 만들겠다는 꿈을 품고 출발한 것이 계기가 되었다. 이 레이스에는 리키 라이트풋 외에도, 하드록 100 Hardrock 100 최고 기록 보유자인 루도빅 포메레와 다와 다치리 셰르파 같은 세계적 엘리트 러너들이 참가한 바 있다. 현재 도도 익스트림은 UTMB 월드 시리즈 예선전으로 지정되어 있으며, 2011년부터 지금까지 코스는 거의 변하지 않았다. 현재 50km 코스의 '공식' 남자 기록은 6시간 6분 51초, 여자 기록은 7시간 42분 45초다.

위에서부터 시계 방향으로: 가파른 경사를 기어오르는 도도 레이스 참가자; 레이스 결승점에 선 저자; 모리셔스에서 만난 알다브라 거북.
이전 페이지: 블랙 리버 고지 국립공원의 알렉산드라 폭포. 오프닝 페이지: 국립공원의 깊은 열대우림 계곡들.

- EPIC RUNS OF THE WORLD -

그대로 낭떠러지로 떨어질 만큼.

중간지점 직전, 모리셔스 최고봉인 피통 드 라 리비에르 누아르 Piton de la Rivière Noir (해발 828m)의 어두운 봉우리를 올려다보며, 나도 도도처럼 진화의 막다른 길로 가는 건 아닐까 하는 생각이 스쳤다. 그때 언덕 뒤에서 달려오는 러너들을 보고, 아직 레이스에서 꼴찌는 아니라는 사실에 정신을 차렸다. 머리를 숙이고 다시 앞으로 나아갔다. 달리기에는 너무 가파른 경사였기에 힘껏 걸었고, 반대편 내리막에서는 거의 구르듯 내려갔다. 이 구간에서는 1.5km당 고도 700m가 한꺼번에 깎여나갔다.

고통스러운 순간에도, 호텔 수영장 옆에서 칵테일을 마시는 사람들은 절대 볼 수 없는 섬의 진짜 아름다움이 내 눈앞에 펼쳐졌다. 희귀한 흑단나무가 굳건히 서 있는 숲을 지나고, 산등성이 너머로 산호초가 둘러싼 해변과 눈부신 만이 내려다보였다. 달리고, 걷고, 기어오르고, 때로는 넘어지고, 고함치고, 욕설도 내뱉으며 그렇게 앞으로 나아갔다.

오후가 되자 내 움직임은 섬에 서식하는 코끼리 거북과 비슷한 수준으로 느려졌다. 리키는 날쌘 토끼처럼 거침없이 달렸고, 내가 마지막 언덕을 힘겹게 넘어 까다로운 내리막길을 따라 리버랜드 Riverland 로 내려설 즈음, 그는 이미 여섯 시간 전에 결승선을 통과한 상태였다 (그의 최종 기록은 5시간 40분). 그는 정말 전설적인 선수다. 그래도 나는 두 번째로 결승선을 통과한 영국인이다. 그리고 나는 멸종을 피했다. **PK**

여행 개요

출발점// 엠바 필라오 Emba Filao (르 모르느 Le Morne)

종료점// 리버랜드 Riverland

거리// 도도 익스트림은 50km 코스다. 이 외에도 트루퍼 (25km), 벤처(10km), 루키(5km) 코스 옵션이 있다. 50km 코스는 릴레이 팀으로도 참가할 수 있다.

시기// 매년 7월에 열린다.

가는 법// 주요 도시에서 모리셔스 시우사구르 람굴람 국제공항으로 항공편이 운항된다. 공항 도착 후, 섬 내에서는 버스를 이용할 수도 있지만, 택시를 이용하거나 렌터카를 빌리는 것이 더 편리하다(모리셔스에서는 좌측 통행이다).

자세한 정보// www.dodotrail.com

알아둘 점// 모리셔스에서는 프랑스어, 영어, 크레올어, 이 세 가지 언어가 주로 사용된다. 현지 음식은 유럽, 아프리카, 섬 문화가 어우러진 독특하고 풍부한 맛을 자랑한다.

- EPIC RUNS OF THE WORLD -

옆 페이지: 독특한 실루엣을 자랑하는
태즈매니아의 크레이들 마운틴.

비슷한 도전을 찾아서
섬에서 펼쳐지는 에픽 러닝

크레이들 마운틴 (호주)

호주 어디를 가든 놀라운 야생동물을 만날 수 있다. 새들은 유난히 화려하고, 포유류는 깡충깡충 뛰어다니며, 파충류는 건강에 심각한 위협을 줄 수도 있다. 이런 호주의 자연과 함께 가장 장대한 러닝을 경험하고 싶다면, 태즈매니아Tasmania의 크레이들 마운틴Cradle Mountain으로 가보자. 정상으로 이어지는 러닝 코스도 훌륭하지만, 국립공원 입구 근처에서 저녁 무렵 달리는 것도 그에 못지않게 멋지다. 해가 지면 덤불 속에서 이름조차 낯선 동물들이 모습을 드러낸다. 패더멜론, 에키드나, 웜뱃, 그리고 운이 좋다면 희귀한 태즈매니아 데블까지 만날 수 있다. 도브 캐니언Dove Canyon 트랙으로 이어지는 길을 달린 뒤, 크레이들 밸리 보드워크Cradle Valley Boardwalk를 따라 스네이크 힐Snake Hill까지 이동하자. 해질녘에는 도로를 따라 돌아오면 야생동물을 가장 쉽게 발견할 수 있다. 더 큰 도전을 원한다면, 크레이들 마운틴 런에 참가해보자. 크레이들 마운틴에서 세인트클레어 호수Lake St Clair까지, 장엄한 오버랜드 트랙Overland Track을 하루 만에 종주하는 78km(48.5마일) 레이스다.
출발/종료점// 크레이들 마운틴 방문자 센터
거리// 13km(8.5마일)
추가 정보// www.parks.tas.gov.au

마운트 데저트 아일랜드 마라톤 (미국)

총 상승고도 450m를 넘는 이 언덕 많은 마라톤은 매년 10월에 열린다. 메인주 아카디아 국립공원Acadia National Park 주변, 아름답게 보존된 뉴잉글랜드 마을 여섯 곳을 지나가는 코스다. 러너들은 미국 동부 유일의 피오르드 지형인 솜즈 사운드Somes Sound와, 황금빛으로 물든 단풍, 안개 자욱한 해안선, 그리고 수백 년 역사를 간직한 해안 마을들을 볼 수 있다. 코스는 바 하버Bar Harbor 중심지에서 출발해, 샴플레인Champlain 산과 도어Dorr 산 능선을 넘고, 섬 남동쪽의 거친 절벽과 곶을 지난다. 마지막 1마일(1.6km)은 남서 하버 마을까지 이어지는 빠른 내리막길로 마무리된다. 결승선에서는 김이 모락모락 나는 클램 차우더 한 그릇이 기다리고 있다.
출발점// 바 하버
종료점// 사우스웨스트 하버
거리// 42km(26.2마일)
추가 정보// www.runmdi.org

티티카카호 이슬라 델 솔 (볼리비아)

해발 3,800m에 자리한 티티카카호Lake Titicaca는 세계에서 가장 높은 고도에 위치한 항해 가능한 호수다. 호숫가를 따라 안데스의 작은 마을들이 자리잡고 있으며, 호수 안에는 탐험할 만한 섬들도 여럿 있다. 그중에서도 최고의 러닝 코스는 이슬라 델 솔Isla del Sol (태양의 섬)을 가로지르는 길이다. 거친 경로와 고대부터 다져진 포장도로를 달리며, 지금도 소박한 삶을 이어가는 작은 마을들을 지나게 된다. 러닝은 호숫가 마을 유마니Yumani에서 시작하고 끝난다. 유마니에는 대부분의 게스트하우스와 레스토랑이 모여 있다. 유마니에서 출발해, 섬 능선을 따라 '영원한 태양의 성스러운 길Willa Thaki'을 지나 친카나Chincana 유적지까지 달린다. 친카나는 티와나쿠Tiwanaku 문명이 세운 유적지로, 잉카 이전 시대까지 거슬러 올라간다. 돌아올 때는 섬 동쪽 해안을 따라 차야팜파Cha'llapampa 마을을 경유하는 루트를 추천한다.
출발/종료점// 유마니
거리// 18.5km(11.5마일)
추가 정보// www.bolivianlife.com/visiting-isla-del-sol-lake-titicaca

- EPIC RUNS OF THE WORLD -

마라톤 데 사블
—THE MARATHON DES SABLES—

모로코의 혹독한 사하라 사막 250km를 며칠에 걸쳐 달리는 이 상징적인
대회는 스테이지 레이스의 세계로 입문하기에 좋은 시작점이다.

- EPIC RUNS OF THE WORLD -

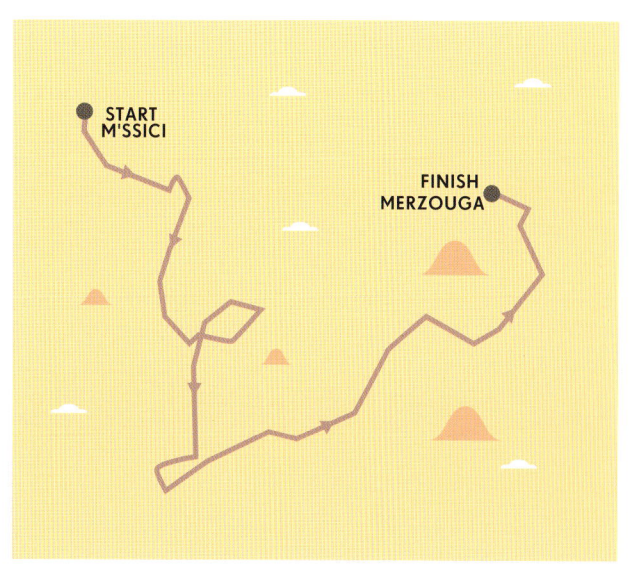

모로코를 생각하면 언제나 감각을 압도하는 경험이 떠오른다. 뱀부터 화려한 장식 칼까지, 모든 것을 파는 거리의 상인들, 상상할 수 있는 모든 색상의 향신료가 가득 담긴 자루들과 내 고향 버지니아에서는 경험할 수 없는 독특한 향기들. 하지만 왜 모로코에 대한 기억이 이런 이미지들로 채워져 있는지 정확히는 알 수 없다. 내가 이 지역에서 보낸 40일 중 99%는 오직 사하라 사막이라는 감각 박탈의 공간에 있었기 때문이다.

나에게 모로코는 마라톤 데 사블Marathon des Sables, MdS('사막 마라톤'의 프랑스어)이라는 극한의 스테이지 레이스를 위해 가는 곳이다. 이 대회는 북아프리카 사막을 가로지르는 6개 구간, 총 250km를 7일 동안 달리는 일정이며 평균 기온이 섭씨 40도에 이르는 혹독한 환경에서 치러진다. 나는 이 레이스를 두 번 완주했고, 두 번째 참가에서는 3위로 결승선을 통과하기도 했다. 지금까지 배드워터 135Badwater 135와 바클리 마라톤Barkley Marathons도 완주한 경험이 있지만,

> "경기 전 긴장은 당연하다.
> 게다가 출발선에서 AC/DC의
> 'Highway to Hell'이 울려 퍼진다면?"

여전히 MdS는 내가 도전했던 레이스 중 가장 힘든 대회 중 하나로 남아 있다. 그 이유는 아마도 2009년에 처음 참가했던 경험이 완전히 준비되지 않은 주말 전사Weekend Warrior로서의 도전이었기 때문일 것이다. 당시 내가 경험했던 가장 긴 레이스는 JFK 50마일(80km)이었으며, 여전히 술을 마셨고, 한 주에 50마일도 채 뛰지 않았다. 그런데 MdS에서는 단일 스테이지만 해도 그 거리보다 길었다. 그래서인지, 그 첫 경험이야말로 내 영혼 깊숙이 각인된 레이스가 되었다.

나는 두려웠다. 솔직히, 멀티데이 레이싱을 시도해볼 기회는 내 가까운 곳에서도 얼마든지 있었다. 하지만 멀고도 이국적인 나라에서 열리는 이 이벤트에 강하게 끌렸다. MdS는 1986년 프랑스인 패트릭 바우어Patrick Bauer가 사하라 사막을 도보로 횡단한 후, 이 경험이 너무나도 변화무쌍했기에 다른 이들도 경험해야 한다고 생각하며 시작한 대회다. MdS는 나에게 아프리카 대륙을 처음 방문한 경험이기도 했다. 어떤 대회든, 출발선에 섰을 때의 긴장은 늘 있는 법이다. 하지만 MdS의 출발선에서는 매일같이 AC/DC의 'Highway to Hell'이 스피커를 통해 울려 퍼졌다. 솔직히, 그다지 도움이 되지는 않았다. 다행히 레이스 초반은 '비교적 쉬운' 코스였다. 첫날은 30km 구간으로, 단단하게 다져진 흙길과 완만한 언덕에 짧은 사구가 포함된 코스였다. 하지만 첫날 레이스를 마쳤을 때 나는 이미 먼지투성이, 땀범벅, 피로와 배고픔에 지쳐 있었다. 그리고 스스로에게 물었다. '대체 어떻게 사람들이 이 전 구간을 완주하는 거지?' 나는 이미 수많은 실수를 저질렀다. 예상보다 훨씬 많은 모래를 고려하지 못한 것, 그리고 불필요하게 시간을 낭비하며 신발에서 모래를 털어냈던 것. 다행히도 이 대회의 동료애가 나의 생명줄이 되었다. 나는 텐트로 돌아와, 숙련된 베테랑 참가자들에게 절실하게 조언을 구했다. "낮 동안 어떻게 하면 시원하게 지낼 수 있죠?", "밤에는 어떻게 체온을 유지해야 하죠?", "이 적은 칼로리로 버티려면 어떻게 해야 하죠?", "이 많은 사람들과 함께 텐트에서 어떻게 자죠?" 그 분위기는 마치 여름 캠프 같았지만, 모든 대화는 결국 '롱 데이The Long Day' 귀결되었다. 우리는 아직 그날을 앞두고 세 개의 스테이지가 남아 있었지만, 이 롱 데이를 어떻게 통과할지 전략을 세우지 않으면 완주조차 장담할 수 없었다. 현지 아마지그Amazigh(베르베르Berber족의 자칭 명칭) 진행요원들이 텐트 마을을 설치하고 운영을 도왔는데, 그들의 복장은 마치 스타워즈의 샌드피플Sandpeople을 연상시켰다. 하지만 그들에게서 위협적인 분위기는 전혀 없었으며 얼굴에는 항상 따뜻한 미소와 장난기 어린 눈빛이 서려 있었다. 밤이 되면, 우리는 은하수가 뿜어내는 초현실적인 빛에 압도되었다. 이후 며칠 동안의 레이스는 정말이지 몸을 두들겨 맞는 듯한 경험이었다. 하루에 32~40km을 달렸으며, 코스는 끊임없이 바뀌었다. 어느 순간에는 건물 2층 높이의 부드러운 모래 언덕을 오르고 있었고, 다음 순간에는 먼지가 가득한 와디Wadi(말라버린 강바닥)를 지나고 있었다. 또 어느 순간에는 발을 잡아당기는 듯한 퀵샌드Quicksand(유동사) 위를 뛰고 있었고, 다음 순간에는 신발을 갈아버릴 듯한 날카로운 암석 지대를 지나고 있었다. 거리 감각마저 혼란스러웠다. 하나의 모래 언덕이 다음 언덕과 뒤섞이며 끝없는 지평선처럼 이어졌다. 그럼에도 불구하고, 나는 점점 이 끝없는 개방감과 시야의 광활함에 빠져들고 있었다. 3일 차가 되자, 러닝보다 배고픔이 더 큰 문제로 다가왔다. 나는 칼로리 부족으로 구토를 했고, 그 순간 한 스페인 참가자가 단 두

필수 휴대물품

마라톤 데 사블MdS 규정에 따르면, 참가자들은 7일 동안 사용할 모든 물품을 직접 등에 지고 다녀야 한다. 매일 2,000칼로리의 음식 외에도 침낭, 뱀 물림 응급 키트, 비상 신호탄을 반드시 휴대해야 한다(비상 신호탄을 사용하면 즉시 실격 처리된다). 다행히도 매일 필요한 9리터의 물은 경로를 따라 제공되지만, 이를 이용하려면 엄격히 관리되는 펀치카드 시스템 punchcard system을 따라야 한다.

왼쪽부터: MdS의 각 스테이지 사이, 모로코 사하라에 캠프가 차려진다; 힘겨운 스테이지 5 러닝.

이전 페이지: 7일간의 레이스 중 스테이지 3에서 거친 지형을 달리는 모습.

마디를 외쳤다. "Bebe! Come!"(마셔! 먹어!) 나는 간신히 그의 말을 알아듣고, 필사적으로 수분과 영양을 보충했다. 5일 차, 롱 데이는 대회의 성패를 가르는 날이다. 약 80km 구간을 48시간 안에 완주해야 했고 마침 이 날은 내 25번째 생일이기도 했다. 참가자 중 두 번째로 어린 나는 처음에는 느리게 출발했지만, 어느 순간 완벽한 리듬을 찾았다. 기온은 예상보다 선선했고, 바람은 살짝 감싸듯 불었다. 나는 결국 두 번째 그룹을 이끌며, 미국 참가자 중 가장 먼저 결승선을 통과했다. 마지막 두 개의 스테이지는 상대적으로 쉬운 코스였다. 각각 42km의 마라톤 거리였으며, 평탄한 지프 도로가 이어졌다. 결승선이 가까워질수록 파티 같은 분위기가 감돌았다. 우리는 차가운 음료를 건네받으며, 오케스트라 연주 속에서 결승선을 통과했다. 러너스 하이에서 서서히 내려오며, 내 정신은 흐릿하면서도 또렷했다. 우리는 산을 넘었고, 계곡을 가로질렀으며, 눈부시게 하얀 소금 평원과 내 부은 발을 망가뜨린 날카로운 검은 돌들을 지나왔다. 이후 독특하다는 다른 수많은 대회들도 완주했지만, MdS는 여전히 가장 좋아하는 대회 중 하나다. 이제 나는 확신한다. MdS는 스테이지 레이스를 시작하는 이들에게 최고의 도전이다. 나는 러닝 인생 초기에 중요한 교훈을 얻었다. 이처럼 거대한 성취를 경험한 뒤에는, 인생의 어떤 도전도 한층 더 가능하게 느껴진다. MdS는 나에게 한계를 뛰어넘을 수 있다는 확신을 심어 주었다. MW

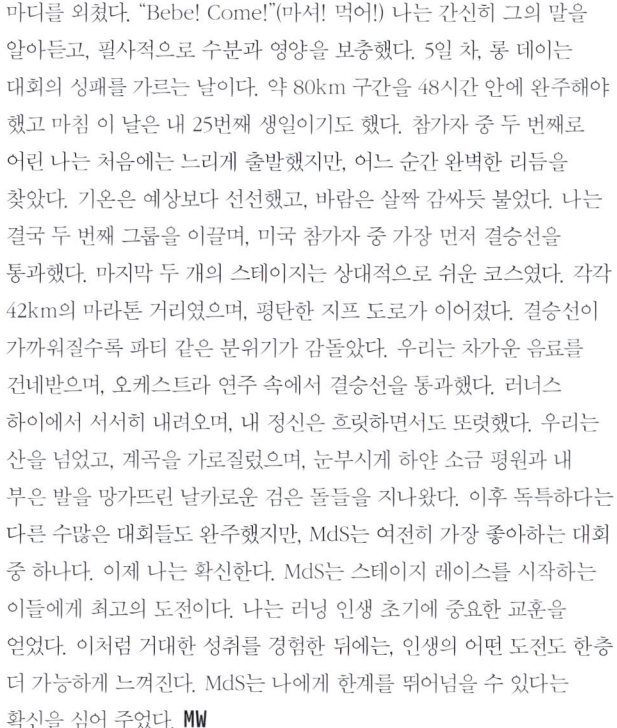

여행 개요

출발/종료점// 루트는 매년 변경되며 구체적인 내용은 비공개지만, 보통 모로코 우아르자자트Ouarzazate 주 내에서 진행

거리// 약 241~251km

가는 법// 마라케시Marrakesh로 비행 후, 우아르자자트까지 200km을 비행하거나 차로 이동

시기// 마라톤 데 사블MdS은 매년 4월에 개최

숙소// 각 스테이지 끝에서 비박 텐트 제공

자세한 정보// www.marathondessables.com

알아둘 점// 장비를 다루는 것은 그 자체로 하나의 기술이다. 몇 가지 주목할 만한 사항: 스토브는 필요 없다. 음식을 햇볕 속 바위 위에 놓아두면 자연히 조리될 정도로 뜨겁다. 의류 선택 시 목표는 시원함을 유지하면서도 몸을 가리는 것이다. 모든 휴식 시 그늘을 현명하게 이용하고, 하루 러닝이 끝난 후에도 그늘에서 휴식을 취하는 것이 중요하다.

비슷한 도전을 찾아서
전설의 스테이지 레이스

레이싱 더 플래닛
(나미비아, 몽골, 칠레, 남극 대륙)

레이싱 더 플래닛Racing the Planet 이벤트는 전 세계의 황량하고 척박한 사막 지역에서 진행된다. 레이스 거리와 조직 면에서 마라톤 데 사블Marathon des Sables을 직접 모방하고 있는 4 Deserts 이벤트는 각각 7일 동안 6단계로 구성된 장장 250km의 지정 코스로 이루어지며, 대부분의 사람들은 한 가지 경주를 선택하지만, 일부 참가자는 네 가지 모두를 완료하기도 한다. 참가자는 개인 장비를 직접 휴대해야 하며, 레이스 중 제공되는 것은 물뿐이다. 레이스의 출발 및 종료 지점은 참가자가 음식이나 보급품을 미리 준비하지 못하도록 비공개로 유지된다. 참가자들은 각 위치에서 놀랍도록 외딴 곳에서만 경험할 수 있는 자연 그대로의 아름다운 풍경을 감상할 수 있다.

거리// 250km
추가 정보// www.racingtheplanet.com

울트라 고비 400K, 고비 사막 (중국)

울트라 고비 400KUltra Gobi 400K는 자율 항법Self-navigated과 자급 지원Self-supported 방식으로 진행되는 레이스로, 중국 서부 티베트 고원의 가장자리에 위치한 과주 현Guazhou County의 남부 고비사막Southern Gobi Desert에서 2006년부터 개최되었다. 4년간의 공백 후, 2024년에 다시 돌아온 이 대회는 고급 오리엔티어링 기술이 필요한 수준 높은 이벤트지만 올바른 GPS 장치와 그 사용법만 익힌다면 비교적 간단히 해결할 수 있다. 주요 도전 과제는 언제 식사할지, 휴게소에서 무엇을 챙길지, 언제 잠을 잘지 결정하는 것이다. 참가자들은 사구, 산, 양치기와 거대한 가축 떼, 야생견, 늑대, 그리고 어마어마한 파리 떼 등을 마주하게 된다. 그리고 영하의 기온부터 뜨거운 태양과 바람까지 변화무쌍한 날씨도 경험하게 될 것이다.

출발/종료점// 몽골 국경에서 약 200km 떨어진 중국 간쑤 성 과주 현
거리// 400km
추가 정보// www.ultragobi400.com

코스탈 챌린지 (코스타리카)

코스탈 챌린지The Coastal Challenge는 스테이지 레이싱stage racing을 경험하는 최고의 입문 대회이다. 이 6일간의 레이스는 두 가지 카테고리로 나뉜다. 첫 번째는 초보자를 위한 145km 어드벤처 런Adventure run, 두 번째는 더 길고 (240km) 난이도가 높은 익스페디션 런Expedition run이다. 이 대회는 매년 2월에 개최되며, 정글 폭포, 아름다운 해변, 그리고 야생이 살아 숨 쉬는 열대우림 속을 달리는 경험을 선사한다. 참가자들은 코스타리카의 자연을 온몸으로 체험하며, 울부짖는 원숭이, 독화살 개구리, 뱀, 그리고 지금까지 본 것 중 가장 화려한 나비들과 마주하게 된다. 각 스테이지마다 전통적인 코스타리카 음식과 음료가 제공되므로 참가자는 작은 러닝 백만 준비하면 된다. 텐트는 직접 설치하거나, 대회 직원이 대신 설치해주는 옵션이 있다. 대부분의 경우 그날의 레이스는 해변 근처에서 종료된다.

출발점// 플라야 델 레이(Playa del Rey)
종료점// 드레이크 베이(Drake's Bay)
거리// 145km/240km
추가 정보// www.thecoastalchallengecostarica.com

위에서부터: 중국의 울트라 고비 400
은 세계에서 가장 긴 스테이지 레이스
중 하나다; 코스타리카 드레이크 베이의
풍경. 코스탈 챌린지는 스테이지 레이스
입문자에게 적합한 대회다.

The Marathon des Sables

- EPIC RUNS OF THE WORLD -

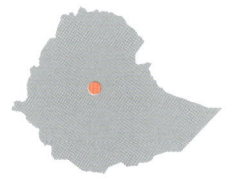

위대한 에티오피아 런
— THE GREAT ETHIOPIAN RUN —

동아프리카의 위대한 수도 중 하나를 가로지르는 이 '펀 런'은
국가적인 육상 영웅들을 기리는 이동식 축제다.

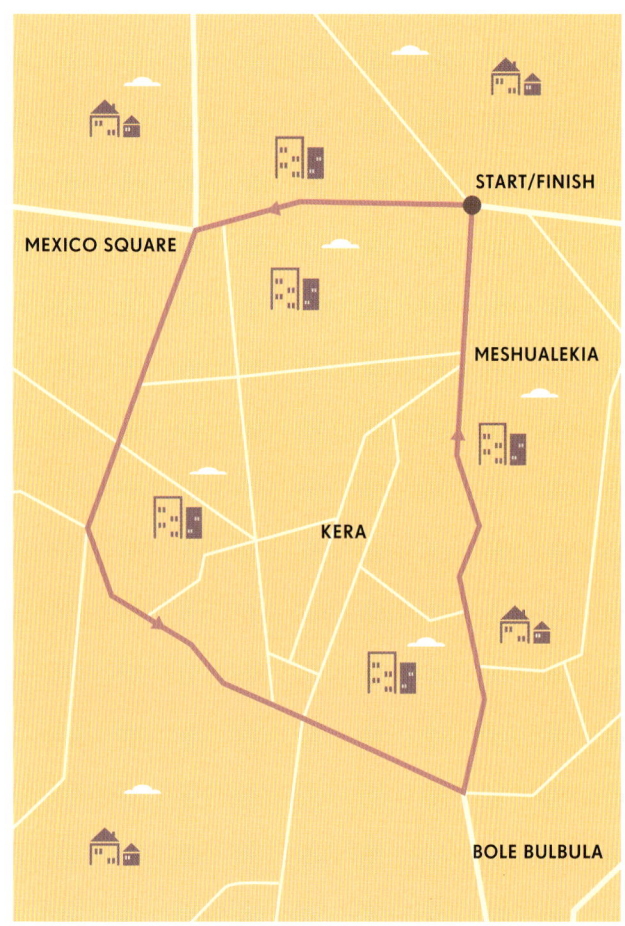

나는 스스로를 러닝 너드Running Nerd라 부를 만큼 러닝에 집착하는 사람이다. 킬로미터 페이스, 고도 상승과 하강, 심박수 구간을 철저히 기록하며, 400m부터 마라톤까지 내 개인 최고 기록을 줄줄이 외울 수 있다. 하지만 이 강박적인 러너의 습관을 단번에 치유해주는 대회가 있다면, 그것은 아디스아바바Addis Ababa에서 열리는 유쾌한 혼돈, '그레이트 에티오피안 런Great Ethiopian Run, GER'일 것이다. 나는 실제로 (2001년부터 시작된) 이 대회를 두 번 완주했다. 그리고 가장 자랑스러운 점은, 그 두 번의 대회에서 내가 몇 분에 완주했는지 전혀 모른다는 사실이다. 만약 알고 있었다면, 제대로 즐기지 못했다는 의미일 테니까. 많은 참가자들이 이렇게 말한다. "이 대회에서는 인생에서 가장 느린 10K를 뛰는 것이 가장 좋은 전략이다." 왜냐하면, 이것은 레이스가 아니라, 10,000m 길이의 파티이기 때문이다. 즐거운 파티를 서둘러 끝내고 싶은 사람이 어디 있겠는가? 처음 GER에 참가한 날, 나는 이 대회에서는 사전에 정확한 정보를 기대하지 않는 것이 현명하다는 사실을 깨닫게 되었다. 사전 배포 키트? 없음. 효율적인 짐 보관소? 없음. 칩 타이밍 시스템? 없음. 기념품 가방? 없음. 그 대신, 참가자들은 에티오피아 국기를 나타내는 노란색과 초록색으로 된 두꺼운 면 티셔츠 한 장을 받는다. 사이즈는 무조건 엄청 크다—캠핑용 천막으로 써도 될 정도다. 출발선이 어디인지에 대한 정보도 불명확하지만, 다행히도 똑같이 큰 티셔츠를 입고 있는 사람들을 따라가면 된다. 하지만 나처럼 티셔츠에 파묻힌 참가자들과 달리, GER 베테랑들은 이를 창의적으로 커스터마이징해 입고 있었다. 전략적으로 찢거나, 구멍을 내거나, 독특한 스타일로 변형한 모습들이 인상적이었다. 출발선에서의 분위기는 전기가 흐르는 듯했다. 아디스아바바—'아프리카의 정치

수도'라고도 불리는—이 도시는 빠르게 변화하는 중이었다. 여기서는 하룻밤 사이에 공사장이 쇼핑몰로 변할 수도 있다. 중국의 자본이 밀려들면서 공사현장에서는 삐걱거리는 대나무 비계가 순식간에 솟아오르고 있었다. 그러나 한 무리의 염소 떼가 도로를 막고 있는 광경도 얼마든지 볼 수 있다. 도시는 먼지투성이에 교통 체증이 심한 대도시였지만, 그 자체가 푸르른 고원 위에 자리 잡고 있어 한편으로는 굉장히 아름다웠다. 빛은 이전에 한 번도 본 적 없는 황금빛으로, 먼지와 열기 속에서 부드럽게 확산되었다.

아디스에서 변하지 않는 한 가지가 있다면, 그것은 현지 영웅들에 대한 자부심이다. 특히 러너들에 대한 존경심은 절대적이다. 1960년 로마 올림픽에서 아베베 비킬라Abebe Bikila가 맨발로 마라톤 종목에서 우승했을 때, 에티오피아 전체가 들끓었다. 에티오피아인들에게 러닝은, 케냐와 다른 동아프리카 국가들과 마찬가지로, 가난에서 벗어날 수 있는 하나의 길이다. 하일레 게브르셀라시에Haile Gebrselassie와 케네니사 베켈레Kenenisa Bekele 같은 롤모델들은 국민들의 경외와 사랑을 한 몸에 받고 있다. 그렇기 때문에 학교에서도 육상 경쟁이 치열하다. 많은 젊은 러너들은 새벽 3~4시에 일어나 어둠 속에서 훈련을 마친 후, 하루 종일 일하며 살아간다. 언젠가 자신들의 얼굴이 하일레와 케네니사의 포스터처럼 도시에 걸릴 날을 꿈꾸면서.

하일레 게브르셀라시에는 2000년 시드니 올림픽에서 금메달을 따고 돌아온 후, GER을 창설했다. 첫 해부터 10,000명의 참가신청 인원이 며칠 만에 마감되었고, 모두가 하일레와 함께 달리기를 원했다. 그는 대중적인 러닝 붐을 단독으로 만들어낸 인물이다. 오늘날, GER에는 40,000명이 넘는 참가자가 몰린다. 참가자의 대부분은 현지인들이고, 일부는 NGO나 대사관에서 일하는 유럽계 외국인들이다. 출발선 앞에 서 있으니 마치 팜플로나Pamplona(투우축제로 유명한 스페인의 지명)에서 황소가 돌진하기 직전의 광경과 같았다. 곤봉을 든 경찰들이 서로 팔짱을 낀 채 열정 넘치는 러너들을 막고 있다. 누군가 비공식적으로 클랙슨을 울리자, 장벽이 무너질 듯 팽팽해진다. 경찰들은 갑자기 뒤돌아 달아난다. 이 혼란 속에서, 한 짝의 신발이 공중으로 튕겨 오른다. 자기 보존 본능이 조금이라도 있는 사람이라면, 누구도 그 신발을 되찾으러 돌아가지 않을 것이다. 나는 끝없이 밀려가는 인파 속으로 뛰어들 용기를 내기까지 몇 분이 걸렸다. 그러나 오래 지나지 않아, 군중의 속도는 점차 느려지며, 결국 여유로운 걸음걸이가 되었다. 나와 나란히 뛰던 한 남자가 내 GPS 시계를 가리키며 웃었다. 전날 끊어진 시계줄을 임시로 고쳐 착용했는데, 잘 버티지 못하고 있었다. 그는 시계를 내 손목에서 낚아채더니, 나를 향해 흔들고 도망쳤다. 하지만, 나를 완전히

- EPIC RUNS OF THE WORLD -

세계적인 영향력

에티오피아의 육상 선수들은 다양한 종목에서 뛰어난 성과를 내지만, 특히 10,000미터가 그들의 강점이다. 하일레 게브르셀라시에 Haile Gebrselassie, 케네니사 베켈레 Kenenisa Bekele, 알마즈 아야나 Almaz Ayana, 레테센벳 기데이 Letesenbet Gidey 등의 노력 덕분에 에티오피아는 올림픽과 세계 선수권 대회에서 가장 많은 금메달을 차지했다. 그중 기데이는 5,000m, 10,000m, 하프 마라톤 세계 기록을 동시에 보유한 최초의 선수다.

왼쪽부터: 에티오피아 수도 아디스아바바는 GER을 위한 풍부한 배경을 제공한다; 에티오피아 커피는 너무 진해 마치 금지 약물처럼 느껴질 정도다. 이전 페이지: 아디스아바바에서 시작되는 그레이트 에티오피아 런

따돌리지는 않았다. 우리는 마치 고양이와 쥐처럼 1마일 동안 쫓고 쫓기는 게임을 하다가, 결국 그는 내 시계를 던져주고 사라졌다. 길을 따라 늘어선 바에서는 사람들이 맥주를 마시며 장난스럽게 야유를 보내고 있었다. 비록 그들의 말을 알아듣지는 못했지만, 몸짓은 분명했다. "이 더위에 왜 미친 듯이 달리는 거야?" 암하라어 음악과 유럽 댄스곡이 곳곳에서 울려 퍼졌다. 누군가는 청바지를 입은 채 브레이크댄스를 추고 있었고, 어디선가 거대한 죽마를 탄 두 사람이 형광빛 바지를 휘날리며 우리를 내려다보고 있었다. 몇 마일이 지나자, 확실해졌다. 이 대회에서 심각한 사람은 아무도 없었다. 우리는 스프링클러 아래에서 춤을 추었고, 어떤 이들은 말타 기네스 Malta Guinness (에티오피아의 무알코올 음료)를 받기 위해 줄을 섰다. 넓은 도로와 고가도로에 더해 종종 거대한 웅덩이도 눈에 띄는 이 도심에서 일부러 천천히 달린 것도 있지만 해발 2,355m에 위치한 이곳의 희박한 공기와 건조한 열기가 확실히 영향을 미쳤을 것이다. 드디어, 구 레이싱 경기장인 얀 메다 Jan Meda에 도착했다. 결승선을 통과했지만, 파티는 이제 시작이었다. 넓고 평탄한 잔디밭에는 수천 명의 러너들이 여전히 축제를 즐기고 있었다. 나는 우연히 VIP 구역에 들어가, 에티오피아 커피 한 잔을 마시며 하일레 게브르셀라시에와 셀카를 찍었다. 그리고 깨달았다. '에티오피아 장거리 러너들의 비밀은 바로 이 커피로군. 출발 전에 마셨더라면 어땠을까?' **KC**

여행 개요

출발/종료점// 메스켈 광장 Meskel Sq (아디스아바바 Addis Ababa)

거리// 10km

가는 법// 아디스아바바로 비행 후, 교통 통제의 가능성이 있으므로 가능한 한 출발점 가까이 택시로 이동

숙소// 공식 레이스 호텔인 하얏트 리젠시 the Hyatt Regency에서 참가 패킷을 수령할 수 있으며, 숙박 장소로도 적합

자세한 정보// www.ethiopianrun.org

알아둘 점// 국제 참가자들은 대회 전 주에 레이스 패킷을 수령해야 한다. 참가비에는 하얏트 리젠시에서 열리는 사전 파스타 파티가 포함되어 있으며, 하일레 게브르셀라시에 Haile Gebrselassie가 거의 확실히 참석할 것이다.

- EPIC RUNS OF THE WORLD -

옆 페이지: 사람들로 붐비는
마라케시의 제마 엘프나(모임의 광장)

비슷한 도전을 찾아서
위대한 아프리카 레이스

소웨토 마라톤 페스티발, 요하네스버그 (남아프리카공화국)

매년 11월 열리는 소웨토 마라톤 Soweto Marathon 주말에는 다양한 거리의 경기(10K, 하프 마라톤, 풀 마라톤)가 열린다. 이 코스는 요하네스버그 타운십의 풍부한 역사를 기념하기 위해 설계되었으며, 1955년 자유 헌장 Freedom Charter 이 탄생한 월터 시술루 광장 Walter Sisulu Sq, 반(反)아파르트헤이트 투쟁과 데스몬드 투투 Desmond Tutu 대주교가 진실과 화해 위원회 Truth and Reconciliation Commission 청문회를 주재한 장소로 유명한 레지나 문디 가톨릭 교회 Regina Mundi Catholic Church 등의 유적지를 지나게 된다.

출발/종료점// FNB 스타디움
거리// 10~42km
추가 정보// www.sowetomarathon.com

마라케시 마라톤 (모로코)

35년 넘게 이어진 이 1월 경주는 스피드(엘리트 선수들의 우승기록이 세계 최고 수준으로 나오는 코스)와 한겨울 햇살을 만끽할 수 있는 기회를 제공하는 것으로 명성을 쌓아왔다. 코스는 평탄하며, 아름다운 미나렛 minarets (첨탑), 고대 성벽 및 전통시장을 지나며 멀리 눈 덮인 산들의 경치가 펼쳐진다. 지역 밴드가 8,000명의 러너들을 응원하며 축제와 같은 분위기를 자아낸다. 기록 단축, 혹은 즐거운 시간을 추구하는 모든 사람들에게 완벽한 선택이다.

출발/종료점// 아베 드 라 메나라(메나라街)
거리// 20~42km
추가 정보// https://marathonmarrakech.ma

르완다 임팩트 마라톤

르완다 마라톤 Rwanda Marathon 은 임팩트 시리즈 Impact Series 의 일환으로, 러닝을 통해 지역 사회의 생활 환경을 변화시키고 개선하는 것을 목표로 하는 글로벌 운동이다. 이 시리즈는 르완다, 요르단, 네팔, 과테말라에서 개최되는 다양한 이벤트를 포함한다. 르완다 레이스는 매년 5월 말에 열리며, 이 나라의 취약 계층 어린이들을 지원하는 '어린이를 위한 기회 Chance for Childhood' 프로젝트를 후원한다. 참가자들은 지원받는 프로젝트들을 직접 방문할 기회를 갖게 되며, 르완다 학살 기념관 Rwanda Genocide Memorial 에도 입장할 수 있다. 대회에는 42km 풀코스 마라톤뿐만 아니라, 10K와 하프 마라톤(21km) 코스도 포함된다. 현재 코스 정보는 아직 공개되지 않았지만, 공식 웹사이트를 통해 발표될 예정이다.

출발/종료점// 추후 확정(TBC)
거리// 10~42km
추가 정보// www.impactmarathon.com

- EPIC RUNS OF THE WORLD -

동무 마라톤
— THE COMRADES MARATHON —

남아프리카에서 개최되는 모든 울트라마라톤의 대부격인
이 대회의 역사와 전통의 무게가 당신을 결승선으로 이끌 것이다.

마지막 코너를 돌아 피터마리츠버그 Pietermaritzburg의 크리켓 경기장으로 들어설 때, 마침내 여기에 도착했다는 사실이 믿기지 않았다. 지난 몇 시간 동안 나는 29°C의 더위 속에서 끝없는 주택가 도로를 따라 극심한 피로와 싸우고 있었다. 이 레이스는 87km 떨어진 해안 도시 더반 Durban에서 시작되었으며, 나는 거의 9시간 동안 달려왔다. 결승선을 향한 마지막 구간에서 다섯 겹으로 늘어선 관중들이 환호하고 소리를 지르는 가운데, 나는 이 순간 내 몸이 느끼는 감각을 반드시 기억하자고 다짐했다. 이 고통을 잊어버리고, 내년에도 또다시 이 과정을 반복하는 건 아닐까 걱정되었기 때문이다.

남아프리카 공화국의 동무 마라톤 Comrades Marathon — 사실상 '울트라마라톤' — 은 한 번 경험하면 절대 잊을 수 없는 대회다.

대회를 앞둔 며칠 동안 나는 이 레이스를 여러 번 완주한 사람들을 많이 만났다. 참가자들의 배번표에는 완주 횟수가 새겨져 있었고, 10회 이상 완주한 사람들은 모든 이들의 존경을 받는 '그린 넘버 Green Number'를 부여받았다. 대회 하루 전, 나는 44년 연속 이 대회를 완주한 배리 홀랜드 Barry Holland를 만났다. "당신이 첫 번째 동무 마라톤을 뛰는 것이 부럽군요." 그가 말했다. "첫 번째 경험은 너무나도 강렬해서 절대 잊을 수 없어요." 그 말은 사실이었다. 이 대회는 날것 그대로였다. 나는 결승선을 통과하자마자 눈물이 터져 나왔다. 한 진행 요원이 내 손을 잡고 다정한 눈빛으로 바라보며 물었다. "괜찮아요?" 마치 안기고 싶으면 자신에게 안기라는 듯한 눈빛이었다.

전 세계적으로 울트라마라톤은 아직도 '특수한' 스포츠일지 모르지만, 남아프리카 공화국에서는 그냥 '달리기'다. 이곳에서는

AFRICA

마라톤이 단순한 워밍업 대회일 뿐이며, 진짜 중요한 것은 '두 개의 대형 레이스'다. 그중 하나는 56km 거리의 '투 오션스 마라톤Two Oceans Marathon'이고, 또 다른 하나는 세계에서 가장 크고 오래된 울트라마라톤, 바로 '동무 마라톤'이다. 이 대회는 1921년 제1차 세계대전 참전용사 빅 클래펌Vic Clapham이 창설했다. 그는 전쟁 중 제8 남아프리카 보병대와 함께 동아프리카를 수백 마일 행군하며 극한의 고난을 겪었지만, 그 과정에서 동료들과 형성된 강한 유대감에 깊은 감명을 받았다. 전쟁이 끝난 후 그는 그 유대감을 다시 느끼고 싶어 첫 번째 동무 마라톤을 개최했다. 그 취지처럼 출발선에서부터 러너들 사이에 유대감이 형성되기 시작했다. 새벽 5시, 출발선에 서 있던 나는 이 순간이 사람들이 말하던 대로 정말 특별한 순간인지 반신반의했다. 너무 많은 사람들이 '소름이 돋을 정도로 감동적인 순간이라고 말하는 걸 들었기 때문이었다. 하지만 더반은 이미 들썩이고 있었다. 1980년대의 파워 발라드가 어두운 거리를 가득 채웠다. 오늘 아침, 더반에서 늦잠을 자는 사람은 아무도 없었다. 출발을 몇 분 앞두고, 남아프리카 전통 민요 쇼쇼로자Shosholoza가 울려 퍼지자, 우리는 모두 그 깊고 감미로운 선율을 함께 불렀다. 이 노래의 가사는 "앞으로 나아가라"는 의미를 담고 있으며, 남아프리카의 혼란스러운 역사 속에서도 꿋꿋이 버텨온 정신을 상징하는 곡이었다. 이 대회는 인종차별의 역사를 넘어선 희귀한 융합의 장이었다. 1935년 첫 흑인 러너가 참가했고, 1923년 첫 여성 참가자가 결승선을 통과했다. 공식적으로 모든 인종과 성별에게 메달이 주어진 것은 1975년이었지만, 이는 아파르트헤이트 종식보다 20년이나 앞선 일이었다.

마침내 총성이 울리자, 우리는 하나의 거대한 물결처럼 움직이기 시작했다. 무려 18,000명이었다. 연령도, 체형도, 실력도 제각각이었다. 하지만 이 레이스는 단순한 마라톤이 아니었다. 두 번의 마라톤과 파크런을 연이어 달리는 거리일 뿐만 아니라, 올해는 대부분 오르막이었다(전통에 따라, 내년에는 반대 방향으로 진행된다). 더반의 거친 시멘트 도로를 지나, 풀로 덮인 고원지대로, 다시 타는 듯한 평원으로 이어졌다. 인창가Inchanga와 폴리 쇼츠Polly Shortts 같은 오르막 이름만 들어도 참가자들은 두려움과 경외를 느꼈다. 각각의 언덕에는 수많은 승리와 좌절의 역사가 서려 있었다. 해가 뜨고 다리가 무거워질수록, 러너들 간의 유대감은 더욱 깊어졌다. 수많은 순간에, 낯선 러너가 내게 다가와 물을 건네고, 음식을 나누고, 내 이름을 묻고, 함께 뛰자고 말했다. 코스를 따라 수십만 명의 관중이 춤추고 노래하며 응원을 보냈다. 다리가 풀린 러너들의 근육을 마사지해 주기도 했다.

남아프리카 공화국에서 동무 마라톤은 연중 가장 큰 스포츠 행사 중 하나로, 무려 12시간 동안 TV에서 생중계된다. 하지만 가장 높은 시청률은 대회 종료 직전, 12시간 제한이 다 되어가는 순간에 기록된다. 그 시간까지 결승선을 넘지 못한 사람들은 실격 처리되기 때문이다. 가혹한 전통이지만, 이 순간이야말로 가장 극적인 장면이 연출된다. 나는 녹초가 된 몸을 이끌고 메인 그랜드스탠드Main Grandstand에 도착해 그 광경을 지켜보았다. 음악이 여전히 울려 퍼졌고, 아나운서는

지역 전설

1922년, 두 번째 동무 마라톤이 열린 해에 남아프리카공화국 럭비 국가대표팀 멤버인 빌 페인Bill Payn은 전날 밤 술을 몇 잔 마신 뒤 대회에 참가하기로 결심했다. 그는 럭비화를 신고 경주에 나섰고, 경로를 따라 베이컨과 계란, 치킨 커리, 그리고 중간 지점에서는 맥주 한 잔을 마셨다. 그럼에도 불구하고 그는 전체 순위 8위를 기록하며 완주했다. 다음 날, 그는 럭비 경기에 참가했는데, 발에 물집이 생겨 럭비화 대신 러닝화를 신고 경기를 했다.

위에서부터 시계 방향으로: 세계에서 가장 오래된 울트라마라톤에 20,000명이 참가한다; 남아프리카 공화국의 봉무사 음템부 선수, 3회 우승 기록 보유자; 많은 참가자들에게 12시간이 꼬박 걸리는 도전이다.
이전 페이지: 시간이 흐른다.

"12시간 내에 완주하지 못하면 실격이다. 가혹한 전통이지만, 그 덕분에 이 레이스는 극적인 순간들로 가득하다."

- EPIC RUNS OF THE WORLD -

러너들에게 마지막 힘을 짜내라고 외치고 있었다. 마감까지 몇 분 남지 않은 순간, 수천 명의 러너들이 결승선을 향해 몰려들었다. 완주자의 절반 이상이 마지막 1시간 안에 결승선을 통과하며, 그중 다수는 마지막 10분 안에 도착한다. 사람들은 마치 천국의 문 앞에 도착한 상처 입은 영혼들처럼, 팔을 벌리고 머리를 뒤로 젖히며 환희에 찬 얼굴로 결승선을 통과했다. 어떤 러너들은 탈진한 동료를 부축하며 함께 결승선을 넘었다. 그들의 헌신과 연대에 나도 다시금 눈물을 훔쳤다. 마지막 30초, 상황은 극도로 긴박해졌다. 누군가는 전력질주를 했고, 누군가는 쓰러지듯 결승선을 넘었다. 그리고 잔인한 카운트다운이 시작되었다. 심판들이 결승선을 가로막고 줄을 형성하기 시작한다. 3, 2, 1—문이 닫혔다. 음악이 멈췄고, 조명이 꺼졌다. 결승선을 불과 몇 걸음 앞에 두고 있던 선수들은 멍한 표정으로 서 있었다. 홀로 울려 퍼지는 더 라스트 포스트 The Last Post의 애절한 멜로디가 그 순간을 마무리했다. 대회 다음 날, 나는 '통증과 고통 Aches & Pains' 파티에 참석했다. 러너들은 술집에 모여 각자의 '전투' 이야기를 나누었다. 그들이 나에게 던진 질문은 하나였다. "내년에 다시 올 건가요?" 나는 마지막 32km 동안 느낀 고통을 떠올리려 했지만, 그 기억은 벌써 흐려지고, 오직 완주의 희열과 감동만이 남아 있었다. "아마 안 올 것 같아요." 내가 말했다. 그러자 그들은 일제히 웃으며 고개를 저었다.

　"다시 올 겁니다." 그들은 확신에 찬 눈빛으로 덧붙였다.

　"틀림없어요." **AF**

여행 개요

출발점// 더반 Durban
종료점// 피터마리츠버그 Pietermaritzburg
(매년 출발과 종료 지점이 교차함)
거리// 87km
가는 법// 더반으로 비행. 레이스는 해안가 근처 도심에서 시작.
시기// 남아프리카의 겨울이 시작되는 5월~6월에 개최
숙소// 레이스 시작(또는 종료) 지점은 더반 해변 근처로, 도보 거리 내에 호텔이 많다. 특히 시티 로지 호텔 City Lodge Hotel은 참가자들을 위한 편의를 제공하고 쾌적한 분위기를 자랑한다.
자세한 정보// www.comrades.com
알아둘 점// 코스 중간에 음식을 제공하며, 소금에 찍어 먹는 삶은 감자가 인기 메뉴다. 하지만 비상용 에너지젤을 챙기는 것이 좋다. 낮에는 더워질 수 있으니 좋은 자외선 차단제를 반드시 준비하자.

옆 페이지: 남아프리카 공화국
케이프타운의 하우트 베이는 투 오션스
울트라마라톤 코스에 포함되어 있다.

비슷한 도전을 찾아서
역사적인 울트라마라톤

투 오션 마라톤, 케이프 타운 (남아프리카공화국)

'세계에서 가장 아름다운 마라톤'으로 알려진 이 56km 로드 울트라 마라톤은 그 이름 그대로 대서양과 인도양의 멋진 경치를 감상할 수 있는 루프 코스를 제공한다. 케이프 타운의 상징적인 테이블 마운틴Table Mountain 아래에서 펼쳐지는 이 경주는 4월에 열리며, 처음에는 동무 마라톤Comrades Marathon 의 워밍업으로 시작되었고, 참가자들은 동무마라톤 대비 훈련용으로 참가한 것이냐는 질문을 끊임없이 받았지만 1970년 첫 대회 이후 동무 마라톤보다 더 화려한 코스를 자랑하며 자체적으로 엄청난 인기를 얻게 되었다. 현재는 남아프리카공화국 최대의 하프 마라톤도 같은 주말에 열리며 코스 일부를 공유한다.
출발점// 뉴랜즈
종료점// 케이프 타운 대학교
거리// 20~56km
추가 정보// www.twooceansmarathon.org.za

JFK 50, 메릴랜드주 (미국)

미국에서 가장 오래되고 큰 울트라 마라톤 대회다. 1962-63년 겨울, 케네디 대통령이 미 해병대에 20시간 이내에 50마일(80km)을 완주하는 체력 테스트를 제안한 뒤 전국적으로 생겨난 수많은 'JFK 챌린지' 중 하나로 시작되었으며, 당시 예상외로 수천 명의 민간인이 도전하여 1963년의 위대한 '50마일 열풍'으로 알려지게 된 현상이 생기기도 했다. 케네디 대통령 서거 후에는 메릴랜드에서 열리는 챌린지를 제외한 다른 모든 JFK 챌린지는 중단되었고, 이 대회만이 계속 성장하여 여전히 많은 군인들이 참가하고 있다. 우수 군인 팀에게 케네디 컵Kennedy Cup이 수여된다. 매년 11월, 총 1,250명의 러너들은 13시간 내에 완주를 목표로 도전에 나서, 포장도로, 체사피크-오하이오C&O 운하의 긴 견인로, 아름다운 애팔래치아 트레일Appalachian Trail 13마일(21km) 구간 등으로 펼쳐진 코스를 달린다.
출발점// 분스보로
종료점// 윌리엄스포트
거리// 80km
추가 정보// www.Jfk50mile.org

더반 시티 마라톤 (남아프리카공화국)

더반에서의 러닝을 경험해 보고 싶지만 동무 마라톤처럼 길고 힘든 레이스는 부담스럽다면, 매년 4월에 열리는 더반 시티 마라톤Durban City Marathon이 좋은 선택이 될 것이다. 이 대회는 하프 마라톤(21km)과 10K 레이스도 함께 운영되며, 인도양의 바람을 즐기며 도시의 산책로와 항구를 따라 달릴 수 있는 빠르고 평평한 코스를 자랑한다. 풀 마라톤은 동무 마라톤의 예선 대회로 간주되며, 5시간 이내에 완주해야 자격을 얻을 수 있다. 따라서 코스를 달리는 동안 동무 마라톤 특유의 전설적인 분위기를 느낄 수도 있다. 한편, 동무 마라톤 코스의 반대편 끝에 위치한 피터마리츠버그Pietermaritzburg에서는 매년 2월, 자체적인 도시 마라톤인 캐피털 시티 마라톤www.capitalcity42.co.za을 개최한다. 이 대회는 이전에는 마리츠버그 시티 마라톤Maritzburg City Marathon으로 알려져 있었다. 남아프리카공화국에서는 이 대회들이 동무 마라톤과 깊이 연관되어 있으며, 이 나라 사람들이 얼마나 동무 마라톤에 열광하는지 엿볼 수 있는 기회를 제공한다.
출발/종료점// 모지스 마비다 스타디움
거리// 10~42km
추가 정보// www.durbancitymarathon.co.za

- EPIC RUNS OF THE WORLD -

보스턴 마라톤
—THE BOSTON MARATHON—

세계에서 가장 오래되고 상징적인 마라톤에 참가 자격을 얻는 것만으로도 중요한 이정표다. 하지만 이를 완주하는 것은 단순한 운동 성과를 넘어선다.

매사추세츠주 홉킨턴Hopkinton은 인구 약 1만 7천 명의 조용한 마을이다. 오래된 뉴잉글랜드 마을 특유의 역사적인 건물들, 푸른 마을 광장, 그리고 농산물 시장까지 갖춘 이곳은 평소에는 그야말로 고요하고 한적하다. 하지만 매년 4월 셋째 월요일, 이 평온한 마을은 완전히 광란의 현장으로 변한다. 이날은 미국 독립전쟁의 첫 전투를 기념하는 '패트리어츠 데이Patriots' Day'이기도 하지만, 이 마을을 뒤흔드는 진짜 이유는 따로 있다. 바로, 전 세계에서 약 3만 명의 러너들이 모여드는 보스턴 마라톤이 열리는 날이기 때문이다. 레이스는 홉킨턴의 메인 스트리트를 출발해, 42.195km를 달려 보스턴의 코플리 스퀘어Copley Square에서 끝난다.

현대 마라톤 가운데, 보스턴만큼 깊은 역사를 자랑하는 대회는 없다. 1897년 첫 대회 이후 매년 한 번도 거르지 않고 열려온 세계에서 가장 오래된 마라톤이며, 그 명성 역시 다른 대회와는 비교할 수 없다. 올림픽을 제외하고, 주요 마라톤 대회 중 참가자격 기록을 요구하는 대회는 보스턴이 유일하다. 특히 18세에서 34세 남자 기준으로 3시간 5분이라는 기록은, 1마일당 평균 7분 3초 페이스를 유지해야 하는 매우 높은 벽이다. 수많은 러너들에게 '보스턴 퀄리파이어BQ'라는 말은 일종의 성배와도 같은 의미다.

레이스 당일, 러너들은 이른 아침부터 노란 스쿨버스 행렬을 따라 홉킨턴에 도착한다. "홉킨턴에 오신 걸 환영합니다. 모든 것은 여기서 시작됩니다Welcome to Hopkinton, it all starts here"라는 커다란 환영 문구가 러너들을 맞이한다. 그리고 정말, 모든 것은 여기서 시작된다. 1999년, 내 첫 보스턴 마라톤에서 그 문구를 봤을 때, 42.195km의 무게가 한꺼번에 밀려왔다. 정말 내가 이 전설적인 레이스에 서 있다는 사실이 믿기지 않았다. 그리고 아홉 번째 보스턴 마라톤을 맞이하는 아침에도 그 감각은 여전히 선명했다.

처음 몇 번 보스턴을 뛸 때만 해도, 나에게 보스턴은 오로지 '경쟁의 무대'였다. 하지만 2013년, 세 명이 숨지고 260명이 다쳤던 보스턴

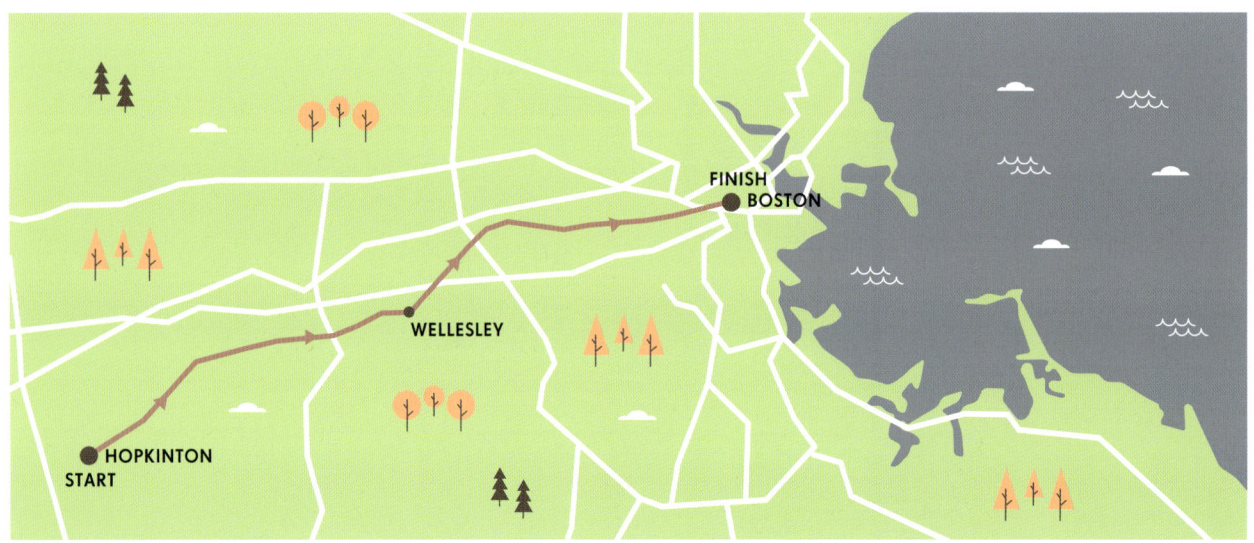

마라톤 폭탄 테러가 발생한 해, 나는 갓 태어난 아들과 함께 집에 있었다. 그날 이후 나는 스스로에게 다짐했다. 반드시 돌아와 연대와 저항의 의미로 다시 이 레이스를 뛸 거라고. 그리고 이듬해, 그 약속을 지켰다. 그때 보스턴 마라톤은 내게 완전히 다른 의미로 다가왔다. 감사함, 그리고 이 대회와 연결되어 있다는 깊은 감각이 자리잡았다.

그로부터 몇 년 후, 시각장애인 친구 팀Tim이 2017년 보스턴 마라톤에서 자신의 가이드 러너가 되어달라고 부탁했다. 그 레이스 이후, 보스턴은 나에게 단순한 레이스가 아니게 되었다. 팀 역시 보스턴에 푹 빠졌고, 우리는 이듬해 다시 함께 달리기로 약속했다.

그렇게 우리는 다시 그 상징적인 홉킨턴의 출발선에 섰다. 이번엔 차갑고 거센 비가 퍼붓고 있었다. "괜찮아, 이 정도면 할 만해." 나는 팀에게 그렇게 말했지만, 사실은 전혀 괜찮지 않았다. 그리고 날씨는 점점 더 악화될 예정이었다. 그럼에도 팀 역시 내 말에 맞장구쳤다. 우리는 각자 한쪽 끝을 잡은 짧은 탄성 밴드를 쥐고, 손으로 직접 그린 출발선 쪽으로 천천히 발을 내디뎠다.

첫 1마일은 완만한 내리막이다. 아드레날린이 폭발하는 러너들이 과속하기 딱 좋은 구간이다. 사실 초반 몇 마일은 계속 내리막이어서, 그 유혹을 이기지 못하고 초반 스피드를 올린 러너들은 나중에 그 대가를 톡톡히 치른다. 팀과 나는 페이스를 차분하게 유지했다. 가벼운 대화를 나누며, 때때로 "왼쪽으로, 앞에 걷는 사람 있어요", "노면 거칠어요", "앞에 타이밍 매트, 3, 2, 1" 같은 가이드 신호를 보냈다.

보스턴 마라톤의 특별한 점은, 처음 뛰는 사람조차도 코스가 낯설지 않게 느껴진다는 것이다. 홉킨턴을 출발해 동쪽으로 향하는 동안, 러너라면 한 번쯤 들어봤을 만한 마을 이름들이 등장한다. 애슐랜드, 프레이밍햄, 네이틱, 웰슬리, 브루클라인. 랜드마크도 마찬가지다. 뉴턴 소방서의 빨간 벽돌 건물, 활짝 열린 차고 문에서 흘러나오는 음악, 22마일 지점의 체스넛 힐 저수지, 그리고 켄모어 스퀘어 위로 높이 솟아있는 CITGO 간판까지.

약 5km 지점, 우리는 나무 상자 위에 앉아 두 개의 'BOSTON STRONG' 깃발을 물고 있는 비옷 입은 골든 리트리버를 지나쳤다. 보스턴에선 이런 장면이 전혀 놀랍지 않다. 사실, 보스턴에서 '전형적인 관중'이라는 건 존재하지 않는다. 모든 사람들이 길가에 나와, 목청껏 응원하고 환호한다.

웰슬리까지 가는 14~16km 구간은 내게 일종의 관문 같은 시간이다. 웰슬리는 '스크림 터널'로 유명한데, 수백 명의 여학생들이 철제 펜스를 잡고 "수학자랑 키스해요", "부인한테는 비밀로 해드릴게요" 같은 재치 있는 팻말을 흔들며 함성을 지르는 곳이다.

그 후, 코스는 뉴턴 로워 폴스Newton Lower Falls로 이어진다. 보스턴 마라톤을 상징하는 '뉴턴 힐'이 기다리고 있는 곳이다. 그중에서도 가장 유명한 '하트브레이크 힐'은 20~21마일 지점에 있고, 사실 그 전에 이미 언덕이 몇 개 더 있다. 각 언덕 자체는 대단치 않지만, 지친 몸으로 연이어 오르다 보면 마치 알프스 고개를 넘는 듯한 기분이 든다.

거북이인가 토끼인가?

보스턴 마라톤은 그 명성과 위상에도 불구하고 세계 기록 인정 코스가 아니다. 우선, 보스턴 코스는 순 하향 코스로, 해발 150미터에서 시작해 3미터에서 끝난다. 또한 포인트 투 포인트point-to-point 방식(출발 지점과 도착 지점이 다른 형태의 코스)이라 뒷바람이 불 경우 참가자들에게 불공정한 이점을 줄 수 있다. 한편, 참가 자격 통과 가능성이 낮은 느린 러너들에게도 희망은 있다. 마라톤의 공식 자선단체 중 하나를 위해 최소 5,000달러를 모금하면 출발선에서 달릴 자리를 보장받을 수 있다.

위에서부터 시계 방향으로: 보스턴에서는 도전적인 날씨가 일상이다; 보스턴 퍼블릭 가든의 조지 워싱턴 동상; 올드 스테이트 하우스. 이전 페이지: 역사적인 레이스에 30,000명 이상의 러너가 참가한다.

> "폭탄 테러 이후, 연대와 저항의 의미로 다시 뛰기로 결심했다. 1년 후 그 레이스는 내 삶을 바꿔놓았다."

- EPIC RUNS OF THE WORLD -

팀과 나는 고개를 숙인 채 묵묵히 올라갔다. 비는 점점 더 거세졌다. 그래도 뉴턴 힐을 넘어서면, 결승선까지는 거의 내리막이다. 물론, 이때쯤이면 누구나 탈진 상태다.

하지만 이곳은 보스턴이다. 무언가가 계속 앞으로 나아가게 만든다. 길가의 응원은 점점 더 커지고, 관중은 점점 더 빽빽해진다. 그리고 마침내, 보일스턴 스트리트로 진입하는 순간, 양쪽 관중석에서 함성이 터져나오고 125년 역사의 결승선이 눈앞에 펼쳐진다. 그 순간, 그날의 고통과 의심, 그리고 지금 이 자리에 서기까지의 모든 시간들이 한꺼번에 밀려온다. 그리고 바로 이어지는 순수한 황홀감. 나와 팀, 그리고 저 멀리 파란색과 노란색으로 칠해진 보스턴 마라톤 결승선. 우리 앞에 남은 거리는 단 600미터뿐이었다. 많은 사람들이 이 지점에서 눈물을 흘린다. 나 역시 거의 매번 그렇다.

1999년, 나는 처음으로 이 결승선을 밟았다. 3시간이 채 안 되는 기록이었다. 그리고 이번에는 팀과 함께 5시간이 조금 넘는 기록으로 이 결승선을 통과했다. 피니셔 메달과 보온용 은박 담요를 받으러 가는 길, 나는 온몸을 통제할 수 없을 정도로 덜덜 떨고 있었다.

"괜찮아요?" 한 자원봉사자 내게 물었다. 나는 괜찮지 않았지만, 괜찮다고 거짓말을 했다. 실제로, 그해 보스턴에서는 130명의 러너가 저체온증으로 치료를 받았다. 하지만 곧 따뜻하고 편안한 곳에서 몸을 녹일 수 있을 거라는 걸 알고 있었다.

옛날 유명한 동기부여 문구를 이렇게 고쳐 말하고 싶다.

"저체온증은 잠깐이지만, 보스턴은 영원하다." **MR**

여행 개요

출발점// 홉킨턴 Hopkinton (매사추세츠)
종료점// 보스턴 코플리 광장 Copley Sq.
거리// 42km
가는 법// 로건 공항 Logan Airport에서 보스턴 전역으로 쉽게 이동 가능. 출발 지점 주변은 공간이 제한되고 도로가 좁아 개인 차량 이용이 권장되지 않으며, 제공되는 버스를 이용하는 것이 훨씬 편리하다.
시기// 대회는 매년 4월 세 번째 월요일에 열림.
숙소// 호텔 수요가 매우 높으며, 특히 코플리 광장 근처 숙소가 인기 있다. 에어비앤비나 인기 지역와는 다소 떨어져 있지만 T 라인(지하철) 역 근처의 호텔을 고려해보는 것도 좋다.
착용할 것// 날씨는 예측 불가능하며, 뜨거운 더위부터 얼어붙는 비와 눈까지 다양하다.
자세한 정보// www.baa.org/races/boston-marathon
알아둘 점// 월요일 본 대회 전 토요일에 5km 경주가 열려, 방문한 마라토너의 동반자들에게도 직접 경주에 참여할 기회를 제공한다.

옆 페이지: 뉴욕 시티 마라톤에서
베라자노 내로스 브리지를 건너는
러너들.

비슷한 도전을 찾아서
미국 버킷리스트 마라톤

뉴욕 시티 마라톤, 뉴욕주

뉴욕 마라톤은 뉴욕시 자체만큼이나 거대하다. 실제로 세계에서 가장 큰 마라톤 대회이며, 참가자 수는 5만 명을 넘는다. 이 대회는 다른 어떤 마라톤도 흉내 낼 수 없는 에너지를 품고 있으며, 매년 11월 첫 번째 일요일에 열린다. 약 42.2km에 걸친 코스는 뉴욕시의 다섯 개 자치구를 가로지른다. 참가자들은 스태튼아일랜드에서 출발하여 베라자노 내로스 다리의 상하행선을 모두 가로질러 브루클린으로 향하는데, 이 장면은 뉴욕 마라톤을 상징하는 장면이 되었다. 이후 코스는 퀸스를 거쳐 맨해튼으로 이어지고, 잠시 브롱크스를 지나 다시 맨해튼으로 돌아온다. 결승선에 이르기 전, 러너들은 5번가를 따라 질주한 뒤 센트럴파크 남쪽 가장자리를 돌며 마지막 스퍼트를 내어 그 유명한 타번 온 더 그린 Tavern on the Green 레스토랑 근처에서 결승선을 통과한다. 각 자치구마다 저마다의 개성이 있지만, 변하지 않는 한 가지는 열광적인 응원이다. 약 200만 명의 관중이 거리로 나와 마라톤을 지켜보며 열정적인 응원을 아끼지 않는다.

출발점// 포트 와즈워스 (스태튼 아일랜드)
종료점// 센트럴 파크 웨스트 67번가
거리// 42km
추가 정보// www.tcsnycmarathon.org

시카고 마라톤, 일리노이주

또 하나의 가을철 인기 마라톤인 시카고 마라톤(10월 초 개최)은 보스턴, 뉴욕, 런던, 베를린, 도쿄, 그리고 2025년부터 추가된 시드니와 함께 세계 7대 마라톤 World Marathon Majors 중 하나이다. 또한, 2024년에는 세계육상연맹 World Athletics 으로부터 '세계 육상 문화유산 패널 World Athletics Heritage Plaque'을 수여받았으며 참가자 수도 약 4만 5천 명에 이를 정도로 규모가 크다. 코스는 도심의 그랜트파크에서 시작해 다시 같은 장소에서 마무리된다. 출발 후 러너들은 미시간호와 나란히 달리며 라살 스트리트 LaSalle St를 따라 북쪽으로 향한다. 7~8마일 지점에서는 코스가 반대로 꺾이며 러너들은 다시 도심으로 돌아오고, 이후 서쪽으로 나아가면서 중간 지점을 지난다. 이후 코스는 여러 차례 굽이치며 도심 남쪽으로 점진적으로 내려간 후, 마지막으로 북쪽으로 방향을 틀어 결승선을 향한다. 이 대회는 마치 팬케이크처럼 평탄하고, 기록 단축에 유리한 빠른 코스로도 유명하다. 실제로 이곳에서 일곱 차례나 세계 기록이 수립되었다. 개인 최고 기록 PB을 노린다면, 시카고 마라톤이 최적의 선택이 될 수도 있다.

출발/종료점// 그랜트 파크 (콜럼버스 Dr.)
거리// 42km
추가 정보// www.chicagomarathon.com

디즈니 마라톤, 플로리다주

비웃지 말라. 전통주의자들은 비웃거나 코웃음칠지 모르지만, 월트 디즈니 월드 마라톤은 철저히 '과장된 재미'를 위한 대회다. 코스는 디즈니 월드 리조트를 구불구불 가로지르며—그렇다! 신데렐라 성도 포함된다—코스 곳곳에서 마주치는 코스튬을 입은 캐릭터들과 함께 달리다 보면 저절로 미소가 지어질 것이다. 약간 몽환적인 분위기지만, 주최 측은 아마 '마법 같은' 경험이라는 표현을 더 선호할 것이다. 참고로, 이 마라톤은 주말 내내 이어지는 다양한 러닝 이벤트 중 하나일 뿐이다. 5km, 10km, 하프마라톤이 함께 열리며, 어린이들을 위한 단거리 경주도 마련되어 있다. 더 도전적인 러너들은 '구피 챌린지 Goofy Challenge'(하프마라톤과 풀코스 마라톤)나 '도피 챌린지 Dopey Challenge'(5km, 10km, 하프마라톤, 풀코스 마라톤)를 선택해 완주할 수도 있다. 한 가지 주의할 점: 잔인할 정도로 이른 기상에 대비해야 한다. 대회는 새벽 4시 30분부터 시작되는 경우도 있다. 재미있겠지!

출발/종료점// 에프코트(Epcot) 주차장
거리// 42km
추가 정보// www.rundisney.com/disneyworld-marathon

- EPIC RUNS OF THE WORLD -

하바나의 엘 말레콘
—HAVANA'S EL MALECÓN—

쿠바의 수도가 어떻게 움직이는지 알고 싶다면, 도시의 해안가를 따라 달려보라.
그리고 온몸을 휘감는 감각의 폭발에 대비하라.

- EPIC RUNS OF THE WORLD -

커다란 바닷물방울이 얼굴을 때리는 그 순간, 담뱃잎 특유의 향기가 디젤 연기와 뒤섞여 맞은편 집들에서 흘러온다. 거친 파도에도 아랑곳하지 않고 방파제에 앉아 한결같이 아르페지오를 연습하는 외로운 트럼펫 연주자의 모습. 지금 내가 달리고 있는 곳이 하바나가 아니라면 도저히 상상할 수 없는 풍경이다.

평소와는 다르게 아침부터 에너지가 넘쳤던 나는, 상징적인 호텔 나시오날Hotel Nacional을 향해 꾸준히 페이스를 올렸다. 시야 정면에는 하바나의 대표적인 말레콘Malecón(스페인어로 '해안도로'라는 뜻)이 펼쳐져 있었다. 하바나 북쪽 해안을 따라 7km에 걸쳐 부드럽게 휘어지는 이 길은, 마치 도시를 포근하게 감싸 안는 보호막 같다. 오래전부터 이곳은 사랑을 속삭이는 연인들과 떠돌이 음악가들, 아마추어 낚시꾼들, 아슬아슬한 다이빙을 즐기는 청년들, 저 멀리 플로리다를 바라보며 꿈꾸는 사람들, 그리고 체 게바라 티셔츠를

> "하바나 사람들은 이곳을 '세상에서 가장 긴 소파'라고 부른다. 도시의 절반이 이곳에서 만나고, 대화하고, 논쟁한다."

입은 각양각색의 관광객들이 모이는 명소였다. 말레콘은 하바나라는 도시를 가장 잘 표현하는, 가장 쿠바다운 거리다. 하바나 사람들은 이곳을 '세계에서 가장 긴 소파'라고 부르며, 매일 해질녘이면 도시의 절반이 이곳에 모여 인사를 나누고, 데이트를 즐기고, 때로는 열띤 논쟁을 벌인다.

내게 말레콘은 쿠바에서 가장 재미있는 러닝 코스이자, 하바나에 오랜만에 돌아올 때마다 가장 먼저 찾는 곳이다. 파도가 부딪히고, 습기 머금은 건물들 사이에서 이 도시와 다시 연결되고, 내가 마지막으로 이곳을 떠난 후 무엇이 변했는지를 단번에 알아차릴 수 있는 장소다. 그래서 한 시간도 채 되지 않는 시간 동안, 하바나의 분위기와 시각적·후각적·청각적 감각을 단번에 되찾게 해준다.

그동안 변한 것도 많다. 1990년대, 쿠바의 경제난 시절인 '특별기 Special Period' 당시 나는 깜깜한 말레콘 위를 달리곤 했다. 전력난으로 인한 대규모 정전이 계속되던 시기였다. 그때는 차 한 대 보기도 어려웠고, 관광버스 같은 건 상상도 할 수 없었다. 요즘은 교통량이 훨씬 늘었지만, 풍경의 독특함은 여전하다.

내가 달리기의 출발점과 도착점으로 삼는 곳은 16세기 스페인 식민지 시절에 세워진 두 개의 요새, 즉 하바나 항구 입구를 지키는 산 살바도르 데 라 푼타 성채 Castillo de San Salvador de la Punta와 서쪽 알멘다레스 강 어귀를 굽어보는 토레온 데 라 초레라 요새 Torreón de la Chorrera다. 그 사이에는 쿠바 독립전쟁 영웅들을 기리는 당당한 기마상들이 늘어서 있다.

서쪽을 향해 달리면서, 나는 호텔 도빌 Hotel Deauville 앞에 새롭게 설치된 눈부신 조각 작품에 시선을 빼앗겼다. 무의식적으로 조각을 더 잘 보려고 인도 가장자리로 다가갔는데, 경적을 울리며 달려오는 오토바이와 사이드카 덕분에 가까스로 정신을 차렸다. 말레콘에서의 러닝은 단순한 체력 테스트가 아니다. 온갖 장애물을 통과해야 하는 서바이벌 코스다.

말레콘을 따라 센트로 아바나의 빽빽한 주거 지역을 지나 베다도 Vedado까지 달리는 동안, 느슨하게 깔린 보도블록, 미끄러운 해초, 거센 바다 물보라, 엉킨 낚싯줄, 매연을 내뿜는 뷰익 자동차까지 온갖 난관을 헤쳐 나가야 한다. 하지만 무엇보다 가장 큰 장애물은 바다 그 자체다. 오늘처럼 플로리다 해협의 너울이 잔잔한 날에도, 말레콘의 낮은 방파제를 넘어 거대한 파도가 덮쳐온다. 한번은 달리다가 해파리한테 쏘인 적도 있었다.

코스 대부분에서 보이는, 온갖 스타일이 뒤섞인 호텔 나시오날은, 말레콘의 상징적인 랜드마크다. 저녁이면 잘 가꿔진 정원 아래 널찍한 보도에서 럼주 병이 돌고, 쿠바산 시가에 불이 붙고, 헐떡이는 세비가 유유히 지나간다. 오늘 아침, 전날 밤의 여파가 남아 있는 몇몇 사람들이 여전히 자리를 지키며 흐릿하게 이어지는 애프터파티를 즐기고 있다.

기타 소리가 조용히 울리고, 봉고 연주가 이따금 이어진다. 이 소리에 힘을 얻어 나는 미 대사관 앞 콘크리트 벽을 향해 계속 달린다. 코스 중간 지점인 대사관은 항상 말레콘에서 가장 무뚝뚝한 구간이다. 보안 문제로 머무는 게 금지되어 있어서, 한 번은 신발 끈을 고쳐 묶으려 몸을 숙였는데, 쿠바 경찰이 호루라기를 불며 얼른 가라고 재촉한 적도 있었다. 오늘은 대사관도 유난히 조용하다. 나는 대사관을 지나며, 최근에 새로 설치된 정치적 선전물은 없는지

- EPIC RUNS OF THE WORLD -

두리번거린다. 가장 기억에 남는 건 쿠바 혁명군과 수염 난 엉클 샘이 대치하는 카툰풍의 그림으로 '제국주의자씨, 우리는 당신이 전혀 두렵지 않소!'라는 문구가 당당하게 적혀 있었다.

대사관을 지나면 말레콘은 더 모던한 분위기로 바뀐다. 센트로 아바나의 낡은 주택가는 사라지고, 베다도의 넓은 대로가 이어진다. 쿠바 경제 개방의 상징처럼 보이는 고급스러운 개인 식당들이 줄지어 있고, 초레라 요새 근처에는 가죽처럼 햇볕에 그을린 낚시꾼들이 플로리다를 향해 낚싯대를 드리우고 있다.

한때 경제난이 심할 때, 나는 이곳에서 잠시 쉬다 신발을 벗고 발을 말리곤 했다. 그러다 어느 날, 잠깐 낮잠을 자고 일어났더니 신발이 사라져 있었다. 창피함과 짜증이 뒤섞인 채, 나는 불타는 듯한 인도를 맨발로 걸으며 하바나 구시가지에서 신발 가게를 찾았다. 피델 카스트로 시대 쿠바에서 신발 가게를 찾는 건 쉽지 않았다.

그 황당한 도난 사건을 떠올리며 피식 웃고, 다시 힘을 내 숙소로 돌아가는 발걸음을 재촉했다. 하바나는 활기차고, 복잡하며, 끝없이 매력적인 도시지만, 때론 미치도록 답답할 때도 있다. 그래도 이 감미로운 러너스 하이와 함께라면, 이 매력적인 바다 드라이브를 달리며 쿠바의 파도와 황혼, 느릿한 연인들과 투박한 선전물, 얼굴을 고쳐 달라고 아우성치는 낡은 건물들까지, 모든 것이 사랑스럽기만 하다. 세상 어디에도 이처럼 달리기 좋은 곳은 없다. **BS**

마라바나

점점 인기를 얻고 있는 하바나 마라톤(www.maratondelahabana.com), 일명 마라바나 Marabana는 매년 11월에 열리며 전 세계에서 3,000명 이상의 참가자를 끌어모은다. 이 마라톤은 두 바퀴로 이루어진 42km 표준 코스로 진행되며, 한 바퀴로 끝나는 하프 마라톤과 5km 및 10km 이벤트도 함께 열린다. 이 경주는 하바나의 상징적인 말레콘Malecón을 최대한 활용하며, 매력적인 해안도로 전 구간을 달리는 코스로 구성되어 있다. 그것도 두 번!

왼쪽부터: 하바나의 '거실'에서 시간을 보내는 현지인들; 말레콘을 따라 달리는 순간; 한낮의 고요함; 하바나의 카스티요 델 모로 등대. 이전 페이지: 하바나는 러닝 후에도 즐길 볼거리로 가득하다. 오프닝 페이지: 해변가에서 맞이하는 일출 러닝.

여행 개요

출발점// 카스티요 데 산 살바도르 데 라 푼타 Castillo de San Salvador de la Punta

종료점// 토레온 데 라 초레라 Torreón de la Chorrera

거리// 14km

가는 법// 쿠바의 주요 입국 지점은 호세 마르티 국제공항 José Martí International Airport이다. 말레콘 Malecón 동쪽 끝(출발 지점)으로 가려면 택시를 타고 도심으로 향하면 된다.

시기// 11월부터 3월까지.

숙소// 개인이 운영하는 카사 파르티쿨라르 Casa Particular (쿠바식 홈스테이)에서 숙박. 오스탈 페레그리노 www.hostalperegrino.com는 말레콘 근처에 있어 편리한 위치다.

복장// 가볍고 통기성이 좋은 러닝복. '겨울에도 덥고 습하다.

알아둘 점// 말레콘은 왕복 코스로 구성되어 있다. 더위와 습도에 아직 적응 중이라면 첫날에는 천천히 달리고, 미 대사관 근처에서 돌아오는 것을 추천한다.

비슷한 도전을 찾아서
쿠바 러닝 코스

시에라 마에스트라

쿠바 동부의 외딴 산악지대에 위치한 산토 도밍고 Santo Domingo 와 알토 델 나란호 Alto del Naranjo 를 잇는 이 극도로 가파른 도로는 쿠바에서 가장 힘든 오르막길로 꼽힌다. 자동차들에게 말이다! 따라서 러너들에게는 강한 하체, 폐활량, 그리고 굳건한 의지가 필수다. 이 도로는 쿠바 시에라 마에스트라 Sierra Maestra 산맥 깊숙이 자리하고 있으며, 혁명 전쟁 당시 피델 카스트로 Fidel Castro 가 사용했던 능선 위 비밀 사령부 근처를 지나간다. 코스는 불과 4km 만에 고도 700m 를 치솟으며, 포장도로지만 내내 가파른 경사가 이어진다. 특히 정상 부근의 45도 구간은 가히 '살인적'이라 불릴 만하다. 대부분의 차량이 이 길을 포기하고, 튼튼한 러시아산 트럭과 그에 못지않게 강인한 몇몇 러너들만이 이 도전에 나선다. 이 코스에 도전할 계획이라면 한낮의 더위를 피하고, 높은 습도에 대비해야 한다. 산토 도밍고에는 호텔과 기본적인 시설이 마련되어 있지만, 알토 델 나란호에는 구름숲이 만들어내는 장엄한 풍경 외에는 아무것도 없다.

출발점// 산토 도밍고
종료점// 알토 델 나란호
거리// 5km

비냐레스

쿠바에서는 트레일 러닝을 즐길 기회가 많지 않지만, 하바나 Havana 에서 서쪽으로 180km 떨어진 비냐레스 Viñales 국립공원에서는 몇 가지 코스를 찾을 수 있다. 공원 내에는 표지판과 지도 정보가 부족하지만, 그렇다고 주저할 필요는 없다. 방향 감각이 괜찮고 기본적인 스페인어만 이해할 수 있다면, 비교적 평탄한 이 시골 코스를 무리 없이 탐험할 수 있다. 코스는 전원적인 분위기의 비냐레스 마을에서 시작해 다시 같은 곳에서 마무리된다. 러너들은 동굴, 가파른 석회암 절벽(모고테 mogotes), 그리고 담배 농장으로 유명한 팔마리토 계곡 Valle de Palmarito 을 지나게 되며, 이후 선사시대를 묘사한 대형 벽화가 절벽에 그려져 있는 도스 에르마나스 Dos Hermanas 근처로 나온다. 여기서부터는 조용한 시골길을 따라 비냐레스 마을로 돌아오는 여정이 이어진다. 길을 찾는 동안 시가를 피우는 과히로 guajiros (쿠바 농촌 지역 사람)들을 자주 마주하게 될 것이므로, 길을 물어볼 기회는 충분할 것이다.

출발/종료점// 비냐레스
거리// 5~8km

시엔푸에고스

쿠바 남쪽 해안에 자리한 우아한 도시 시엔푸에고스 Cienfuegos 는 다른 쿠바 도시들보다도 더욱 활기찬 스포츠 문화를 자랑해 왔다. 이곳에서는 조용한 만에서 보트를 저으며 훈련하는 사람들, 혹은 가로수가 늘어선 해안도로를 따라 소규모 그룹으로 달리는 러너들을 쉽게 볼 수 있다. 시엔푸에고스의 해안도로는 하바나의 엘 말레콘 El Malecón 만큼 유명하지는 않지만, 그에 못지않게 아름답다. 도심과 만으로 길게 뻗은 푼타 고르다 Punta Gorda 를 연결하는 이 도로는 아침 러닝을 즐기기에 이상적인 코스로, 먼저 푼타 고르다의 다채로운 저택들 사이에서 출발한 후, 해안도로를 따라 도심으로 들어가게 된다. 이후 넓은 중앙 보행로가 있는 유럽풍 대로 '파세오 델 프라도 Paseo del Prado' 로 접어들어 우아한 경관을 감상하며 달릴 수 있다. 이곳에서는 몇 킬로미터에 걸쳐 매력적인 조각상과 고전 양식의 건축물들을 지나며, 길거리에서 담소를 나누는 시엔푸에게로 Cienfuegueros (시엔푸에고스 주민)들과 어우러지는 경험을 할 수 있다.

출발점// 푼타 고르다
종료점// 파세오 델 프라도
거리// 6.5km

위에서부터: 쿠바 비냐레스의
담배 농장; 시엔푸에고스의
웅장한 팔라시오 데 바예(대저택).

Havana's El Malecón

- EPIC RUNS OF THE WORLD -

메사 트레일
— MESA TRAIL —

콜로라도 볼더 외곽에서 만나는 손쉽게 접근 가능한 야생의 세계,
이곳은 지친 로드 러너들을 단번에 트레일 러닝의 매력에 빠져들게 만든다.

러닝을 영원히 그만둘 뻔한 순간이 있었다. 20년 전 메사 트레일Mesa Trail을 처음 달린 날이 아니었다면, 아마 그랬을지도 모른다. 하지만 그 이후로 나는 이 코스를 천 번도 넘게 달렸을 것이다. 내가 새롭게 둥지를 튼 콜로라도 주 볼더Boulder의 바로 곁에 위치한 이곳은 단순히 가장 좋아하는 러닝 코스를 넘어 내 삶의 중요한 일부분이 됐다. 이곳은 오랜 세월 나의 체력을 단련하는 장소이자, 깊은 생각을 정리하는 공간이며, 마음의 평온을 찾는 안식처가 되었다. 또한, 친구들과 함께 달리거나, 반려견과 시간을 보내거나, 직장 스트레스를 해소하거나, 심지어는 아버지를 잃은 슬픔을 달래기 위해 찾는 곳이기도 했다.

많은 러너들이 그렇듯, 나 역시 한때는 러닝에 지쳐 있었고, 몸도 망가졌으며, 매년 같은 10K 대회와 대도시 마라톤을 반복하며 단조로운 고통을 견디는 것에 싫증이 나 있었다. 아이러니하게도, 우리를 달리기로 끌어들이는 명상적이고 거의 치료적인 그 단조로움이, 결국에는 가장 큰 싫증의 원인이 되곤 한다.

그러던 어느 날, 이웃의 한 마디 조언 덕분에 나는 운명처럼 새로운 길을 발견하게 되었다. 그 길이 바로 내 인생을 바꿔 놓은 메사 트레일이었다. 이 트레일은 볼더 서쪽 지평선을 장식하는 상징적인 산들—그린 마운틴Green Mountain, 베어 피크Bear Peak, 그리고 플랫아이언즈Flatirons—의 기슭을 따라 이어진 완만한 10.8km 길이의 흙길이다. 미국에서 트레일 러닝의 중심지 중 하나로 꼽히는 볼더에는 40개 이상의 개별 코스와 480km에 달하는 싱글트랙, 비포장 도로, 그리고 바위 능선이 펼쳐져 있다. 그중에서도 메사 트레일은 여러 이유로 가장 빛나는 코스라 할 수 있다.

그 당시 나는 몰랐지만, 메사 트레일에서의 첫 러닝은 내 안의

무언가를 건드렸다. 이 코스는 러너를 철저히 배려하는 이상적인 루트다. 평탄한 구간과 도전적인 구간이 적절히 조화를 이루고 있지만, 경사가 너무 가파르지는 않아 느린 페이스로도 충분히 달릴 수 있다. 그리고 무엇보다 이 길은 일정한 흐름이 있다. 계속해서 완만하게 오르락내리락하며 심박수를 과하게 올리지 않는 독특한 리듬 말이다.

내가 마침내 메사 트레일을 직접 경험해보기로 한 날, 나는 여러 가지 짐을 안고 있었다. 달리기에 대한 권태와 무기력뿐만 아니라, 몸 상태도 엉망이었다. 차를 몰고 트레일헤드trailhead로 가면서도 '그냥 짧게 하이킹이나 할까?'라고 스스로를 설득하고 있었다.

출발 지점인 차우타우콰 공원Chautauqua Park에 도착하자마자, 나는 눈앞에 펼쳐진 거대한 산세에 압도당했다. 해발 1,655m의 볼더 고도에 적응하려고 숨을 헐떡이며, 가파른 첫 구간을 걸어 오르기 시작했다. 하지만 숲속으로 이어지는 구불구불한 흙길을 본 순간, 설명하기 어려운 충동이 들었다. 마치 포레스트 검프Forrest Gump가 되어버린 듯, 이유 없이 달리고 싶어졌다. 그리고 그때부터 나는 멈추지 않았다.

메사 트레일이 어디로 이어지는지도, 어디서 끝나는지도 몰랐지만, 길을 따라 계속 달렸다. 곳곳에 표지판과 지도가 있었기에 길을 잃을 걱정은 없었다. 길은 구불구불 이어졌고, 오르내림을 반복하며 언덕을 넘었다. 하지만 이곳은 단순한 러닝 코스가 아니었다. 메사 트레일은 또

> "이 다채로운 지형은 또 다른 세계로 가는 길이었다. 바위를 피하며 균형을 잡기 위해 두 팔을 휘저었다."

다른 세계로 가는 통로였다.

도로에서처럼 일정한 보폭을 유지하는 것이 아니라, 바위와 나무뿌리를 피해 스텝을 조절하고, 급경사를 내려갈 때는 균형을 잡으려 팔을 흔들며, 가파른 언덕에서는 발걸음을 짧게 조절해야 했다. 횡단보도에서 신호를 기다리고, 차를 피하는 대신, 나는 솔향 가득한 숲 내음을 들이마시고, 트레일을 따라 만발한 형형색색의 야생화를 감상했다. 얼마나 오래, 얼마나 멀리, 얼마나 빠르게 달렸는지 생각할 겨를도 없이, 어느새 몇 마일을 달려온 나 자신을 발견했다. 그리고 그것이 나의 첫 트레일 러너스 하이trail runner's high였던 것 같다.

나는 남쪽 끝 계곡으로 내려가는 긴 내리막을 피하기 위해 약 8km 지점에서 방향을 돌려 다시 출발지로 향했다. 놀랍게도 같은 길이었지만, 반대 방향에서 바라보는 풍경과 러닝의 느낌은 완전히 달랐다. 그날 오후, 메사 트레일에서의 경험은 단순한 러닝이 아니었다. 나는 내가 달리는 순간 경험하는 모든 감각들에 집중하고 있었다. 신선한 공기가 얼굴을 스치는 감각, 발과 다리가 자연 지형의 도전에

- EPIC RUNS OF THE WORLD -

영양 보충

메사 트레일에서 아침 러닝을 마친 현지인들은 120년 역사의 쇼토쿠아 다이닝 홀 Chautauqua Dining Hall 앞 현관에서 에너지를 보충한다. 이 레스토랑은 콜로라도 스타일의 비스트로 요리로 유명하며, 대표 메뉴로는 카우보이 스킬렛 Cowboy Skillet (달걀, 엘크 초리소, 구운 콩, 스테이크, 할라피뇨, 그릴드 사워도우 토스트)과 덴버 크루아상 샌드위치 Denver Croissant Sandwich (달걀, 햄, 그린 페퍼, 양파, 체다 치즈, 치미추리 아이올리, 슬라이스 멜론)가 있다.

왼쪽부터: 콜로라도 볼더 외곽의 차우타우콰 공원을 사랑하는 것은 러너들뿐만이 아니다; 플랫아이언스를 상징하는 경사진 형태. 이전 페이지: 플랫아이언스 근처 평탄한 길을 즐기는 모습.

적응해 가는 느낌, 멀리 풀밭에서 뛰노는 사슴 한 마리, 바위를 뛰어넘으며 베어 크리크 Bear Creek 의 졸졸 흐르는 소리까지.

그 후 당장 트레일 러너가 된 것은 아니었지만, 메사 트레일은 나에게 러닝의 즐거움을 다시금 일깨워주었다. 나는 다시 돌아왔고, 트레일의 끝인 사우스 메사 트레일헤드 South Mesa Trailhead 까지 완주하거나, 주변의 다양한 코스를 조합해 새로운 루트를 개척하기도 했다. 처음엔 어설펐던 내 러닝 리듬도 점점 부드러운 춤사위처럼 변했다. 나의 러닝은 더욱 길어졌고, 결국 나는 트레일 러너가 되었다(맞다! 메사 트레일에서의 경험은 내 로드 마라톤 실력도 향상시켜 주었다).

이제 25년이 지난 지금, 나는 메사 트레일을 계절을 가리지 않고 수없이 달려왔다. 이 길이 있었기에 나는 러닝을 포기하지 않았다. 그리고 이제 다시는 포기할 생각도 없다. 메사 트레일은 내게 러닝뿐만 아니라, 인생에 대한 많은 가르침을 주었다. 그중 가장 중요한 깨달음은 바로 여정 그 자체가 곧 목적지이며, 시계가 알려주는 기록, 거리, 페이스 같은 숫자들은 결국 부차적인 것이라는 점이다.

나는 지금도 미국과 전 세계를 돌며 수많은 아름다운 트레일과 극한의 울트라 러닝 대회에 도전하고 있다. 하지만 러너로서의 나, 그리고 어른으로서의 나는, 언제나 메사 트레일에서 시작되었고, 그곳에 뿌리를 두고 있다. BM

여행 개요

출발점// 쇼토쿠아 공원 Chautauqua Park (볼더 Boulder)
종료점// 사우스 메사 트레일헤드 South Mesa Trailhead
(엘도라도 스프링스 Eldorado Springs)
거리// 11km, 편도
가는 법// 덴버 국제공항은 두 트레일헤드에서 차로 1시간.
시기// 메사 트레일은 연중 달릴 수 있지만,
가장 좋은 시기는 4월부터 10월까지
숙소// 볼더에 위치한 세인트 줄리엔 호텔 www.preferredhotels.com,
혹은 쇼토쿠아 코티지 www.chautauqua.com
복장// 좋은 접지력과 보호 기능이 있는 트레일 러닝화,
계절에 맞는 러닝복
자세한 정보// www.bouldercolorado.gov
알아둘 점// 이 트레일에는 다양한 야생동물이 서식하고 있다.
새, 사슴, 여우, 흑곰, 코요테, 방울뱀, 퓨마(산사자) 등등.

옆 페이지: 노스캐롤라이나 블루 릿지
산맥 위의 일출.

비슷한 도전을 찾아서
명성 높은 미국 트레일 러닝 코스

올드 크로톤 아쿠어덕트 트레일, 뉴욕주

웨스트체스터 카운티Westchester County 도심의 혼잡 속에 숨겨진 이 목가적인 숲길은 평탄하고 대부분 흙길로 이루어져 있으며, 19세기 뉴욕시에 식수를 공급하기 위해 건설된 지하 수로의 역사적인 경로를 따른다. 코스는 몇몇 완만한 구릉만 있을 뿐, 기술적인 난이도가 전혀 없어 42km 길이의 구간이 롱런, 템포런, 회복 주, 파틀렉 인터벌 등 다양한 마라톤 훈련을 하기에 이상적이다. 길 대부분이 나무 그늘로 덮여 있으며, 간간이 허드슨강의 그림 같은 풍경과 여러 역사적인 명소들이 펼쳐진다. 올드 크로톤 아쿠어덕트 트레일Old Croton Aqueduct Trail에는 왕복 주행을 시작할 수 있는 여러 지점이 있으며, 원웨이 러닝 후 메트로노스 철도Metro-North Railroad를 이용해 돌아올 수도 있다. 도로를 가로질러야 하는 구간이 많지만, 맨해튼에서 차나 기차를 타고 짧은 이동만으로 쉽게 접근할 수 있어서 의외로 연속적인 오프로드 러닝 코스를 제공한다.

출발점// 용커즈
종료점// 크로톤 댐 로드
거리// 42km
추가 정보// www.parks.ny.gov/parks/oldcrotonaqueduct

워터폴 글렌 트레일, 다리엔, 일리노이주

시카고 교외에 위치한 이 넓은 다진 자갈길 루프 코스는 아르곤 국립 연구소Argonne National Laboratory를 둘러싸며 완만하게 이어진다. 코스를 따라가다 보면 전형적인 미드웨스턴 지역의 참나무와 단풍나무 숲, 다양한 토착 초원 지대, 그리고 울창한 협곡을 지나게 된다. 아르곤 국립 연구소는 1940년대 맨해튼 프로젝트Manhattan Project를 위한 원자로 개발에 참여했던 연방 연구소로, 현재는 주로 청정 에너지와 환경 연구를 수행하고 있다. 이 트레일의 하이라이트 중 하나는 1930년대 민간보전단Civilian Conservation Crops이 조성한 소우밀 크리크Sawmill Creek(하천)의 아름다운 계단식 폭포 전망대다. 이 자연 보호 구역에는 400종 이상의 토착 식물과 300종 이상의 야생동물이 서식하며, 사슴, 여우, 코요테, 올빼미, 그리고 독이 없는 다양한 뱀들도 발견할 수 있다. 이 코스는 몇 개의 적당한 언덕을 포함한 완만한 러닝 루프로, 지역 마라톤 훈련 그룹들이 언덕 훈련이나 장거리 훈련을 위해 자주 찾는 인기 코스다.

출발/종료점// 워터폴 글렌 주차장
거리// 15km
추가 정보// www.dupageforest.org

아트 로브 트레일, 브레바드, 노스캐롤라이나주

길이가 48km에 이르는 이 완만한 기복의 남북 방향 트레일은 미국 동부에서 가장 유명한 코스 중 하나로, 특히 장거리 러너들에게 인기가 많다. 노스캐롤라이나 서부에 위치한 울창한 피스가 국유림Pisgah National Forest을 가로지르며, 블랙 발삼 놉Black Balsam Knob(1,894m)과 테넌트 마운틴Tennent Mountain(1,841m) 등 여러 높은 봉우리를 넘는다. 1920~30년대의 대규모 벌목으로 인해 고지대에는 나무가 거의 없는 봉우리가 많으며, 덕분에 정상에서 탁 트인 360도 전망을 감상할 수 있다. 이 트레일은 20세기 중반 캐롤라이나 마운틴 클럽 소속의 한 자연주의자의 이름을 따서 명명되었으며, 6.4~19km의 차량 접근이 가능한 네 개의 구간으로 나뉘어 편리하다. 물론, 처음부터 끝까지 완주하며 궁극의 울트라 디스턴스 여정을 경험할 수도 있다.

출발점// 데이비슨 강 캠프그라운드(브레바드)
종료점// 대니얼 분 보이스카우트 캠프(캔턴)
거리// 6.4~48km
추가 정보// www.hikewnc.info

- EPIC RUNS OF THE WORLD -

밴쿠버의 씨월 산책로 투어
—A TOUR OF VANCOUVER'S WORLD-CLASS SEAWALL—

400헥타르의 우거진 산림과 공원을 감싸며 이어지는 스탠리 파크 씨월은
방문객들의 감탄을 자아내고, 무덤덤한 지역 러너들에게도 영감을 준다.

밴쿠버 지역 러너들에게 스탠리 파크 씨월 Stanley Park Seawall (방파제)은 마치 러닝머신과 같다. 그 아름다움이 일상에 묻혀 퇴근 후나 주말마다 반복하는 루틴이자 의식과 같은 코스가 되어버린 것이다. 하지만 이곳이 늘 관광객들로 붐비는 데는 그만한 이유가 있다. 지역 주민들이 이곳의 특별함을 다시금 깨닫고 싶다면, 그저 하루에도 수백 명씩 이곳을 찾는 방문객들의 얼굴을 보면 된다. 산책하고, 자전거를 타고, 앉아서 쉬고, 경치를 감상하는 그들의 표정 속에는 경이로움이 가득하다.

그러나 나에게는 따로 그런 깨달음이 필요하지 않다. 내가 지역 주민이자 동시에 관광객인 이유는 오랫동안 밴쿠버에서 살다가 이제는 12,000km 떨어진 런던에서 살고 있기 때문이다. 그래서 나는 밴쿠버를 방문할 때마다 가장 먼저 씨월을 달리며 오래된 친구가 나를 포옹하는 듯한 느낌을 받는다. 만약 내가 여전히 밴쿠버에 살면서 매일 이 길을 달린다면, 지금처럼 특별한 의미를 가질까? 단언컨대, 그렇다. 그만큼 씨월은 근사한 곳이다.

최근 방문했을 때도, 나는 서둘러 러닝화를 신고 도심으로 나가고 싶었다. 이번에 출발점으로 삼은 곳은 워터프론트 스테이션 Waterfront Station 근처, 콜 하버 Coal Harbour였다. 스탠리 파크 Stanley Park는 도심 서쪽 끝 West End과 좁은 지협 isthmus으로 연결된, 숲이 우거진 섬 같은 곳이지만, 그 유명한 9km 길이의 해안 산책로는 콜 하버를 따라 동쪽으로 1마일 가량 확장되어, 이제는 도심에서 더욱 긴 코스를 달릴 수 있게 되었다. 일부 사람들은 스탠리 파크 씨월이 세계에서 가장 길게 연속된 해안 산책로라고도 말한다. 확실한 것은, 이곳이 밴쿠버를 경험하는 가장 완벽한 방법이라는 사실이다. 우뚝 솟은 전나무 숲을 지나고, 모래사장이 펼쳐진 해안을 따라가며, 다운타운의 경관을 감상할 수

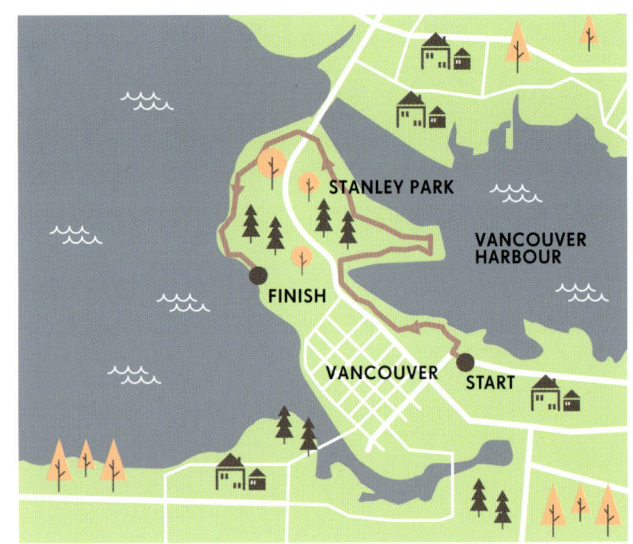

있을 뿐만 아니라 노스 쇼어 마운틴 North Shore Mountains과 조지아 해협 Strait of Georgia에 떠 있는 섬들, 그리고 저 멀리 북태평양의 차가운 바다까지도 조망할 수 있기 때문이다.

아침 일찍이라 마치 도시 전체가 나만의 공간처럼 느껴졌다. 나는 웨스트 코르도바 스트리트 West Cordova St를 따라 서쪽으로 조깅하다가, 보행자 전용 구역을 통해 북쪽으로 방향을 틀고, 계단을 내려가 웨스트 워터프론트 로드 West Waterfront Rd와 2010년 밴쿠버 동계올림픽 성화대를 지나쳤다. 몇 개의 계단을 더 내려가 나는 씨월의 포장된 길 위에 섰다. 부둣가에는 수상 비행기들이 조용히 떠 있었고, 몇 시간 뒤면 굉음을 내며 하우 사운드 Howe Sound의 외딴 섬들로 사람들을

AMERICAS

실어 나를 것이었다. 콜 하버 키 Coal Harbour Quay에 다다를 즈음, 나는 완전히 러닝의 리듬을 찾았다. 마지막으로 이곳을 달린 이후로, 보도 위 나무들은 더 자랐고, 유리로 된 콘도미니엄 빌딩들의 높이도 올라갔으며, 선착장에 정박한 새하얀 요트들의 크기도 더 커진 것 같았다. 하지만 여전히 예전처럼 선명한 붉은색과 노란색으로 빛나는 작은 하우스보트 두 척이 눈에 들어왔다. 이 소박한 배들은 이 도시가 더 단순하고 검소했던 시절을 떠올리게 해 주었다.

콜 하버 끝에 다다르자, 또 다른 랜드마크가 시야에 들어왔다. 1911년부터 바다 위에 우뚝 선 밴쿠버 로잉 클럽 Vancouver Rowing Club은 목조 건물로 씨월과 나무 다리로 연결되어 있었다. 도시를 등지고 뛰는 동안, 나는 멀리 캐나다 플레이스 Canada Place를 바라보았다. 아침 하늘을 배경으로 커다란 돛 모양 실루엣을 그리는 이 건축물은, 내가 1986년 엑스포에서 처음 보았을 때부터 경이롭게 바라보던 곳이었다.

브록턴 포인트 등대 Brockton Point Lighthouse를 지나며, 나는 노스 쇼어 마운틴 North Shore Mountains의 울창한 상층부를 올려다보았다. 겨울의 맑은 날에는, 이곳에서 설산이 선명하게 보이기도 한다.

라이온스 게이트 브리지 Lions Gate Bridge를 향해 서쪽으로 뛰는 동안, 이 상징적인 다리가 나무들 사이로 희미하게 보였다가 사라지기를 반복했다. 하지만 곧 그 장대한 모습이 눈앞에 드러났고, 이후로는 시야에서 사라지지 않았다. 거대한 화물선 한 척이 다리 아래를 조용히 지나갔지만, 이 거대한 선박조차도 다리의 규모 앞에서는 왜소해 보였다.

프로스펙트 포인트 Prospect Point를 돌아 계속 달리자, 잉글리시 베이

> "자연과 도시가 대조를 이루는 모습이 마음에 든다. 특히 최근 급성장한 밴쿠버에서는 그 차이가 더욱 극명하다."

이륜차 통행

밴쿠버 사람들의 야외 활동에 대한 사랑은 스탠리 파크 해안 산책로 Stanley Park Seawall에서 독특한 교통 체증을 유발하기도 한다. 1970년대부터 시작된 오랜 자전거 이용 금지 조치 이후, 1984년에 자전거 전용 차선이 추가되었고, 이후 롤러블레이드도 이 차선에서 타는 것이 허용되었다. 그러나 이 차선에는 시속 16km/h(10mph)의 엄격한 속도 제한이 있으며, 반드시 반시계 방향으로만 이동해야 한다. 반면, 러너와 다른 보행자들은 해안 산책로를 양방향으로 자유롭게 이용할 수 있다.

위에서부터 시계 방향으로: 온화한 해양성 기후 덕분에 방파제 코스는 연중 내내 러닝하기 좋다; 브록턴 포인트 등대와 노스 쇼어 산맥; 라이언스 게이트 브리지. 이전 페이지: 오래된 원시림과 바다가 만나는 곳.

English Bay의 탁 트인 전경이 눈앞에 펼쳐졌다. 잔잔한 수면 위에 마치 장난감처럼 흩어져 떠 있는 유조선 수십 척이 보였다. 그 너머로는 밴쿠버 아일랜드Vancouver Island의 희미한 윤곽도 어렴풋이 드러났다(이 전망 하나만으로도, 해 질 무렵 다시 찾을 가치가 충분하다).

해안 가까이에서는 두 명의 카약커가 잔잔한 물살을 가르며 느긋하게 나아가고 있었다. 그리고 씨월 바로 앞 바다 위로 우뚝 솟아 있는 작지만 유명한 사이위시 록Siwash Rock 너머로, 나의 모교인 브리티시 컬럼비아 대학교University of British Columbia를 둘러싸고 있는 포인트 그레이Point Grey의 울창한 숲이 시야에 들어왔다.

마침내, 나는 서드 비치Third Beach를 지나쳤다. 이곳은 드물게 찾아오는 한여름의 폭염 속에서 더위를 식히기에 더없이 완벽한 장소다. 어린 시절, 무더운 오후마다 이곳에서 수영하고 물장구치며 시간을 보냈던 기억이 생생했다.

그곳에서 바라본 웨스트 엔드의 고층 아파트들이 점점 가까워지는 것을 보며, 페이스를 끌어올렸다. 이어서 세컨드 비치Second Beach를 스쳐 지나, 모래 위에 나만의 상상 속 결승선을 넘었다.

숨을 돌리기 위해 해변의 통나무에 걸터앉아, 잉글리시 베이의 풍경을 한 번 더 눈에 담았다. 하지만 이 러닝은 여기서 끝이 아니었다. 나는 씨월을 따라 약 1km 더 걸어 잉글리시 베이 비치로 향했다. 그곳에서 또 하나의 의식을 치르기 위해서였다.

사실, 이제는 이 의식이 러닝화 끈을 묶는 것만큼이나 이 코스의 일부가 되어버렸다. 바로 딜라니스 커피 하우스Delany's Coffee House에서 즐기는 카푸치노 한 잔과 세상에서 가장 맛있는 시나몬 번이었다. **MP**

여행 개요

출발점// 워터프런트 스테이션Waterfront Station
종료점// 세컨드 비치Second Beach
거리// 11km
가는 법// 트랜스링크TransLink 버스, 스카이트레인SkyTrain, 씨버스SeaBus 등 대중교통이 잘 갖춰져 있다.
시기// 온화한 겨울 덕분에 연중 달릴 수 있다. 햇빛이 확실한 7월과 8월이 가장 좋은 시기.
숙소// 잉글리시 베이 비치에 위치한, 담쟁이넝쿨로 덮인 매력적인 실비아 호텔www.sylviahotel.com 이 호텔은 해안 산책로에서 불과 몇 걸음 떨어져 있다.
복장// 여름에는 반바지와 셔츠, 겨울에는 타이츠, 기능성 내복, 가벼운 방수 재킷.
자세한 정보// www.vancouver.ca/parks-recreation-culture/stanley-park.aspx
알아둘 점// 이 코스를 조금 더 연장하고 싶다면 세컨드 비치에서 로스트 라군Lost Lagoon을 따라 내륙으로 이동한 후, 콜 하버Coal Harbour 해안 산책로 구간으로 이어지는 길을 추가해보자.

- EPIC RUNS OF THE WORLD -

비슷한 도전을 찾아서
풍경이 아름다운 도시 해안가 코스

시드니 하버 (호주)

이 7km 러닝 코스는 시드니의 상징적인 명소들과 숨 막히는 전망 포인트를 달릴 수 있는 코스다. 코스는 노스 시티 워프^{North City Wharf}에서 시작되며, 이곳까지 시드니의 페리를 타고 오는 것 자체가 코스의 즐거움 중 절반을 차지한다. 출발 후 북쪽으로 밀슨 파크^{Milson Park}를 지나고, 다시 남쪽으로 방향을 틀어 시드니 하버 브리지^{Sydney Harbour Bridge}를 넘는다. 이 다리 위에서 바라보는 항구와 시드니 오페라 하우스의 전망은 시드니에서 가장 뛰어난 뷰를 선사한다. 이후 계단을 따라 내려가 아가일 스트리트^{Argyle St}를 따라 동쪽으로 이동한 뒤, 서큘러 키^{Circle Quay} 주변의 물가를 따라 오페라 하우스로 향한다. 이어 로열 보타닉 가든^{Royal Botanic Gardens}의 해안선을 따라 달리며 미세스 맥쿼리 체어^{Mrs Macquarie's Chair}를 지나고, 울루물루 베이^{Woolloomooloo Bay} 서쪽을 따라 이동해 뉴사우스웨일스^{NSW} 아트 갤러리에서 마무리된다.

출발점// 노스 시티 워프
종료점// 뉴사우스웨일스 아트 갤러리
거리// 7km

케이프타운 (남아프리카공화국)

케이프타운^{Cape Town}은 아름다운 해안선을 자랑할 뿐만 아니라, 도시 스카이라인 위로 장엄하게 솟아오른 테이블 마운틴^{Table Mountain}으로도 유명하다. 하지만 시내의 언덕을 오르지 않고 대서양 해안선을 가장 효과적으로 즐기는 방법은 그린 포인트 등대^{Green Point Lighthouse}와 밴트리 베이^{Bantry Bay}를 잇는 씨 포인트 프롬나드^{Sea Point Promenade}를 달리는 것이다. 왕복 약 8km로, 부담 없이 바다를 따라 달릴 수 있는 이 코스의 전반부는 남쪽으로 향하며, 서쪽으로는 테이블 베이의 푸른 바다가 펼쳐지고, 정면에는 웅장한 라이온스 헤드^{Lion's Head}가 모습을 드러낸다. 길을 따라가다 보면 밀튼^{Milton} 비치, 선셋^{Sunset} 비치와 같은 예쁘고 아담한 모래사장뿐만 아니라, 길게 이어진 바위 해안도 지나게 된다. 이 포장된 산책로는 차량이 전혀 다닐 수 없으며, 대부분이 잘 정비된 공원 지대로 이루어져 있다. V&A 워터프런트에서 출발하고 돌아오는 코스로 설정하면 약 5km를 추가할 수도 있다.

출발점// 그린 포인트 등대
종료점// 밴트리 베이
거리// 8km

스톡홀름 (스웨덴)

14개의 섬으로 이루어진 스톡홀름^{Stockholm}에는 수십 개의 아름다운 워터프린트 러닝 코스가 있다. 그중에서도 가장 인기 있는 코스는 도시에서 가장 큰 섬 중 하나인 쇠데르말름^{Södermalm}을 한 바퀴 도는 루프 코스다. 해안을 따라가며 평탄한 11km 코스를 완주할 수도 있지만, 북쪽 구간에서 약간의 고도 변화를 추가하면 더욱 의미 있는 러닝이 될 것이다. 이 경로는 스키나르비크스베르게트^{Skinnarviksberget} (스톡홀름 전경을 감상할 수 있는 바위 언덕)와 스톡홀름의 올드타운인 감라스탄^{Gamla Stan}이 위치한 스타드쇼멘^{Stadsholmen}도 지나게 된다. 이 경관이 더 달리고 싶은 동기를 불러일으킨다면, 이웃 섬을 한 바퀴 도는 방식으로 몇 킬로미터를 추가하는 것도 가능하다(두 지역이 연결되어 있음). 쇠데르말름 코스의 남쪽 구간은 나무가 우거진 공원과 정박지^{marina}가 곳곳에 자리해 더욱 쾌적한 러닝 경험을 제공한다.

출발/종료점// 쇠데르말름으로 연결된 여러 다리들 중 하나
거리// 11km

Catherine Sutherland/Lonely Planet

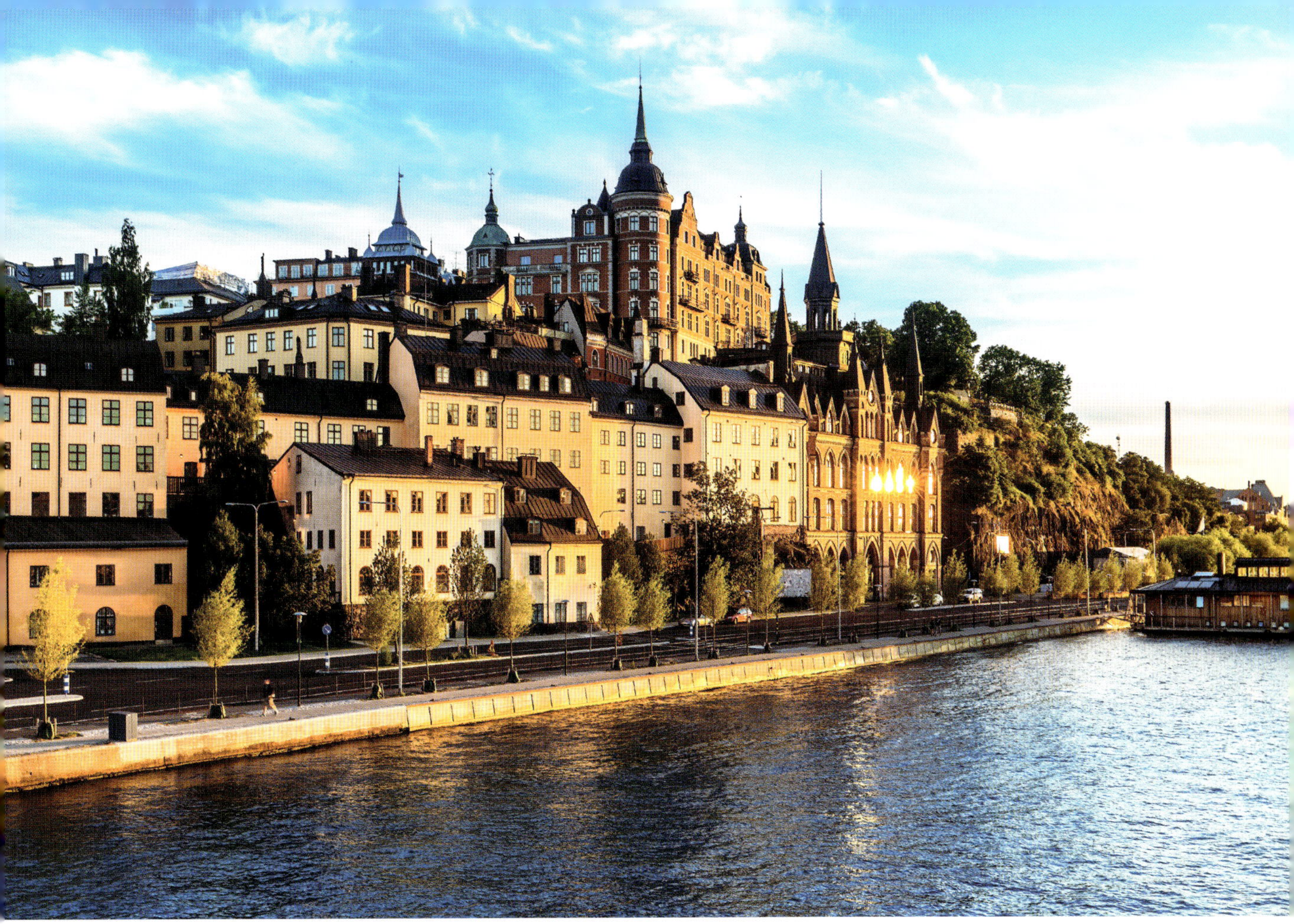

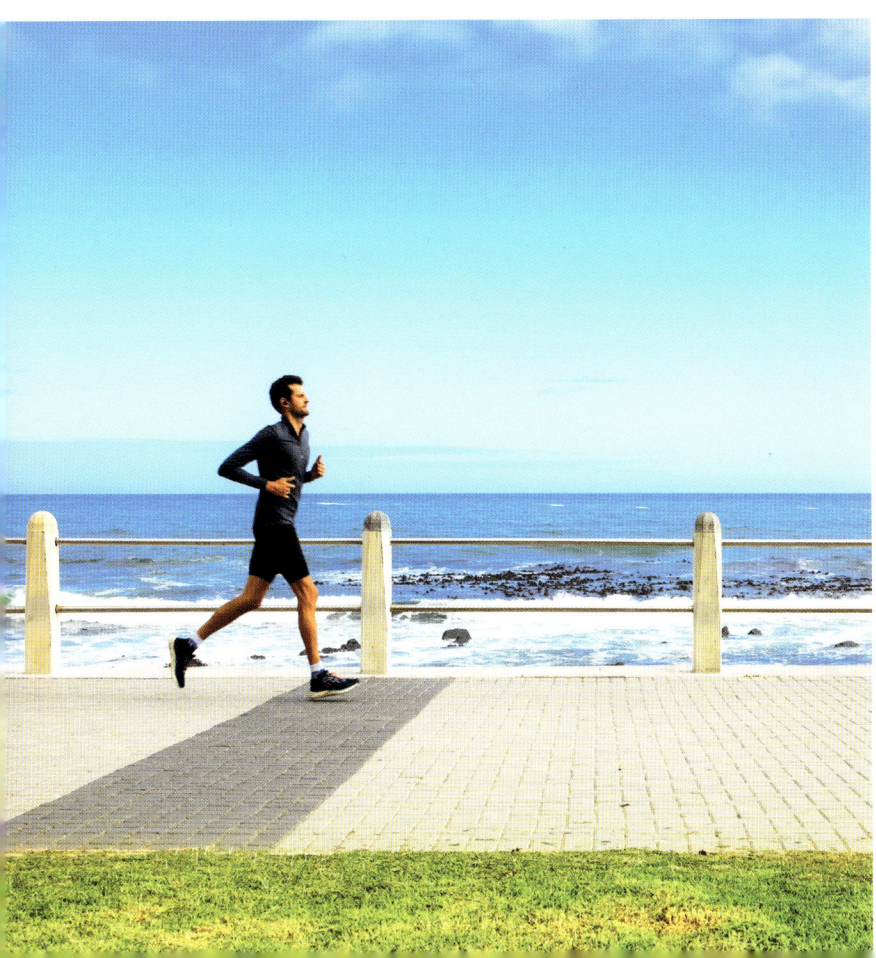

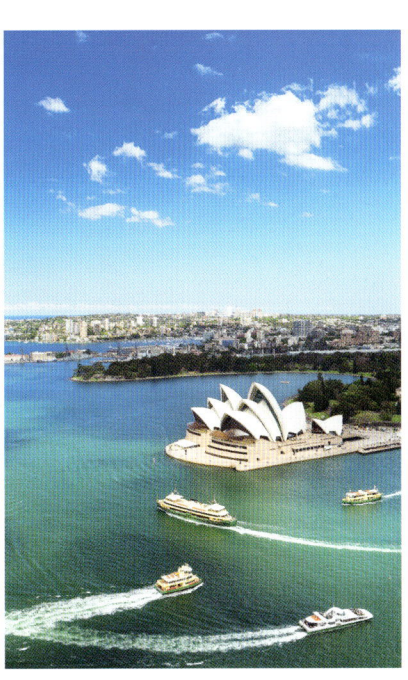

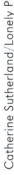

위에서부터 시계 방향으로: 스톡홀름의 구시가지; 시드니 하버의 그 유명한 오페라 하우스; 케이프타운의 씨 포인트 산책로.

- EPIC RUNS OF THE WORLD -

ART DECO MILES IN MIAMI

마이애미의 아르데코 거리
—ART DECO MILES IN MIAMI—

마이애미 비치 건축 지구의 야자수 아래, 파스텔 톤 아르데코 건물들
사이를 달리는 이 코스는 단순한 운동을 넘어 시간여행이 된다.

마이애미에서 러닝 플레이리스트를 고른다면, 두 가지 길이 있다. 가장 쉬운 선택은 전통적인 명곡들을 나열하는 것으로 윌 스미스Will Smith의 〈Welcome to Miami〉, 웨인 코크런Wayne Cochran의 〈Goin' Back to Miami〉, 얀 해머Jan Hammer의 〈Crockett's Theme〉 같은 곡들이 있다. 하지만 마이애미 비치 건축 지구라는 역사적인 공간에는 그보다 조금 더 세련된 음악이 어울린다.

아르데코(1920~30년대에 유행한 장식 미술의 한 양식) 호텔과 아파트들이 늘어선 이 3.2km 길이의 플로리다 대표 해변가에는, 재즈 시대의 비치 파티, 쿠바 정치인들의 회합, 정치인과 스타들의 은밀한 밀회, 그리고 금주법 시대의 불법 수익을 알 카포네Al Capone나 러키 루치아노Lucky Luciano 를 위해 세탁하던 중간 브로커들의 거래 현장이 깃들어 있다.

마이애미 비치 건축 지구를 위한 나만의 플레이리스트는, 거의 스패츠spats를 신고 달리고 싶을 정도의 기분을 만들어줬다. 장고 라인하르트Django Reinhardt와 스테판 그라펠리Stéphane Grappelli의 집시 재즈, 폰테인블루 호텔Fontainebleau Hotel 시절 프랭크 시나트라Frank Sinatra, 인종 장벽을 허물었던 초기 두왑doo-wop의 선구자 잉크 스팟츠 The Ink Spots, 그리고 마치토와 히즈 아프로 쿠반스Machito and his Afro-Cubans 의 혁신적인 라틴 퓨전 음악까지, 플로리다의 첫 번째 도시를 위한 음악이라기보다는, 마이애미 황금기의 색채와 리듬을 담은 선곡이었다.

마이애미 비치 남쪽 끝에 자리한 모래섬은 전 세계에서 가장 대표적인 아르데코 지구다. 단 몇 제곱마일의 도심 속에 800개가 넘는 아파트, 빌라, 극장, 카페테리아, 호텔 등이 빼곡히 자리하고 있으며, 파스텔톤 페인트, 빈티지 네온, 그리고 스투코stucco로 된 기하학적 디자인이 어우러져 있다.

이곳에서의 러닝은 건축적 낙관주의에 몸을 실은 채 흘러가는 경험이다. 이 화려한 건축물들의 대부분은 대공황이라는 고통스러운

AMERICAS

시기를 지나, 우아한 자동차와 세련된 주택들로 가득한 밝은 미래를 꿈꾸며 지어졌다.

이 건축물들이 오늘날까지 남아있다는 것 자체가 행운에 가깝다. 1970년대 개발업자들은 1940년대의 걸작들을 싹 밀어버릴 계획이었지만, 시민들이 나서서 풀뿌리 보존 운동을 펼친 덕에 지금까지 지켜질 수 있었다.

솔직히 말하면, 나는 아르데코 광이긴 하지만, 마이애미를 찾은 건 사실 날씨 때문이었다. 겨울 한가운데, 미국 중서부의 눈을 피해 찾아온 '피한객snowbird'으로서 낮 기온이 섭씨 약 24도까지 오르는 마이애미는 러닝하기에 그야말로 완벽했다. 뜨겁진 않지만 반팔과 반바지 차림으로 햇볕을 만끽하기에 딱 좋은 날씨였다.

그럼에도 건축은 여전히 내가 이곳에서 기대한 큰 즐거움이었다. 이곳에서의 러닝은 20세기 초 디자인과 야외 운동이라는 두 가지 사랑을 동시에 충족시켜주는 기회였다. 게다가 한겨울 미국에서 이 모든 걸 누릴 수 있으니, 이보다 더 좋은 액티브 휴가가 있을까?

나는 코스를 오션 드라이브Ocean Drive 중심으로 잡았다. 마이애미 비치의 상징적인 해변대로인 이곳에서는 러닝 코스 선택의 폭도 넓다. 데코 건물들 맞은편의 핑크빛 보도, 야자수가 드리운 푸른 잔디밭, 그리고 언제든 뛰어들 수 있는 해변 모래밭까지 선택할 수 있다.

콜린스 애비뉴Collins Ave와 링컨 로드Lincoln Rd 교차점에서 출발해, 최신 콘도와 호텔들을 지나 오션 드라이브 북쪽 끝에 도착했다. 살구빛 보도를 따라 달리며, 왼편으로는 야자수, 오른편으로는 빈티지 데코 건축물들의 황홀한 풍경이 펼쳐졌다.

이어폰에서 트럼펫 소리가 터져 나올 때마다 새로운 데코 걸작이 모습을 드러냈다. 크레센트Crescent, 윈터 헤이븐Winter Haven, 칼라일Carlyle, 애벌론 호텔Avalon Hotel, 콜로니 호텔Colony Hotel 등 각기 다른 매력의 이름들이 오래된 감성을 물씬 풍기며 모습을 드러냈다.

밝은 아침 햇살 아래, 파스텔톤 외관들은 재즈 시대의 우아함을 그대로 간직하고 있었다. 나는 밤에 꼭 다시 돌아와 네온사인이 켜진 장관을 카메라에 담아야겠다고 다짐했다.

그 사이, 이 건축적 풍경을 배경으로 따뜻한 햇살이 북쪽 겨울의 긴장을 녹여내는 걸 느끼며, 굳이 서두를 필요 없는 어유로운 페이스로 달렸다.

오션 드라이브 끝까지 3.2km 정도 달려 도착한 곳은 사우스 포인트 파크South Pointe Park로 마이애미 비치가 멈추는 지점이자, 돈 존슨Don Johnson, 글로리아 에스테판Gloria Estefan, 그리고 한때 알 카포네가 살았던 인공섬들이 펼쳐진 곳이다.

돌아오는 길엔 해변가 잔디밭을 따라 오션 드라이브와 평행하게 이어지는 산책로를 택했다. 남쪽으로는 건축물을 감상했다면, 북쪽으로는 사람 구경이 더 흥미로웠다.

아침이 무르익어가자, 마이애미 비치 전체가 일제히 움직이기 시작했다. 눈부시게 하얀 면 셔츠를 입고 당당하게 걸어가는 헬스족들, 팔에 스마트폰 홀더를 두르고 카멜백CamelBak 물주머니를 멘 채 성실하게

데코의 즐거움

마이애미 비치 건축 지구를 달리는 것은 단지 맛보기일 뿐이다. 이 낙관적인 건축물들의 배경 이야기를 온전히 감상하려면 걸음을 늦추고, 마이애미 디자인 보존 연맹Miami Design Preservation League에 소속된 진정한 아르데코 애호가들이 이끄는 가이드 투어에 참여해야 한다. 그들과 천천히 걷는 동안 칼라일 호텔Carlyle Hotel과 카르도조 사우스 비치Cardozo South Beach와 같은 랜드마크에 대해 배우게 되며, 동시에 마이애미의 풍부한 아르데코 유산을 보존, 복원, 보호하는 데 기여하게 된다.

위에서부터 시계 방향으로: 야자수가 늘어선 사우스 비치 오션 드라이브의 아르데코 색감; 햇살 속에서 즐기는 러닝; 오션 드라이브.
이전 페이지: 아발론 호텔과 빈티지 포드 썬더버드.

- EPIC RUNS OF THE WORLD -

> "이곳에서의 러닝은
> 건축적 낙관주의에 몸을 실어가는
> 느낌이다."

달리는 러너들과 롤러블레이더들, 비치발리볼을 즐기는 아름다운 몸매의 사람들, 나무 그늘 아래 앉아 햇볕을 흡수하는 은퇴자들까지. 거기에 더해 트로피컬 셔츠에 선글라스를 쓴 휴양객들도 끝없이 지나쳐 갔다. 그들 역시 나처럼 따뜻한 겨울 날씨를 만끽하러 온 피한객들이었는데, 종종 갑자기 멈춰서 셀카를 찍는 바람에 몇 번이나 급히 방향을 틀어야 했다.

한겨울에 맛보는 이 여름 같은 기분에 한껏 들뜬 나는, 마지막 1.6km는 마이애미 본연의 해변을 따라 마무리하기로 했다. 푸르른 잔디밭을 뒤로하고, 밀려드는 파도 끝자락의 부드러운 모래 위를 달렸다. 이어폰을 빼고 귀를 열자, 파도 소리, 갈매기 울음소리, 야자수 사이로 부는 산들바람 소리가 그대로 들려왔다.

러닝 후 바로 수영을 하기엔 물이 다소 차가웠지만, 신발을 벗고 거품 이는 파도 속으로 무릎까지 담그며 대신했다. 그것만으로도 기분만큼은 부정할 수 없이 최고였다. 미국에서 가장 낙천적인 건축물과 가장 화창하고 모래가 고운 해변이 선사한 긍정 에너지가 온몸 구석구석까지 스며든 듯했다. **JB**

여행 개요

출발/종료점// 링컨 로드 & 콜린스 애비뉴 Lincoln Rd & Collins Ave 교차로(플로리다 마이애미 비치)

거리// 6.5km

가는 법// 마이애미 국제공항으로 비행 후, 마이애미 비치 공항 익스프레스 버스를 이용해 시내로 이동하면 된다.

시기// 여름철의 높은 습도와 휴가철 인파를 피하려면, 더 시원한 겨울철 방문이 가장 좋다.

복장// 겨울은 반바지와 티셔츠 차림으로 편안하게 러닝 가능 여름은 조끼나 스포츠 브라톱을 입어도 더위를 피하기 어렵다.

준비물// 가벼운 타월과 러닝용 소형 가방. 러닝 후 바다가 반짝이며 맞아준다면, 즉흥적인 수영을 즐길 수 있다.

숙소// 오선 드라이브 Ocean Drive의 화려함을 원한다면 배시 호텔 Betsy Hotel, 아르데코 감성의 부티크 호텔을 찾는다면 윈터 헤이븐 호텔 Winter Haven Hotel 또는 마를린 호텔 Marlin Hotel 추천

자세한 정보// mdpl.org

옆 페이지: 샌안토니오의 미션 산호세(예배당);
뉴올리언스 프렌치쿼터에서 재즈 선율과
함께하는 조깅.

비슷한 도전을 찾아서
역사적 매력이 있는 러닝 코스

필라델피아의 역사적 중심지, 펜실베이니아주

필라델피아 도심Philly downtown만큼 미국의 역사를 밀집해 담아낸 곳은 많지 않다. 또한, 이 지역의 역사적 명소들은 러닝 코스로도 매우 훌륭한 가치를 지닌다. 도심을 달리며 푸른 공원, 독립과 관련된 유적지, 국보급 명소들을 차례로 지나게 된다. 출발 지점은 프랭클린 스퀘어Franklin Sq로 필라델피아를 설계한 윌리엄 펜William Penn이 1682년에 구상한 다섯 개의 원형 광장 중 하나이다. 여기서 시작되는 4.8km 루프 코스는 공원을 가로지르며 이어지는데, 경로를 따라 크라이스트 처치 묘지Christ Church Burial Ground를 지나게 된다. 이곳은 벤저민 프랭클린의 영면지이며, 이후 자유의 종Liberty Bell, 독립 기념관Independence Hall, 철학 회관Philosophical Hall을 거쳐 워싱턴 스퀘어Washington Sq까지 이어진다. 이 코스는 "미국 건국의 역사"를 직접 체험하는 최적의 러닝 코스라 할 수 있다. 혹은, 니콜라스 케이지가 출연한 영화 '내셔널 트레저National Treasure'에서 등장한 어이없는 헛점들을 떠올리며, 펜실베이니아에서 가장 역사적인 지역을 달리는 기회가 될 수도 있다.

출발/종료점// 프랭클린 스퀘어 (필라델피아)
거리// 4.8km
추가 정보// visitphilly.com/areas/philadelphia-neighborhoods/philadelphias-historic-district

뉴올리언스 프렌치쿼터, 루이지애나주

뉴올리언스New Orleans 도심의 프랑스풍 거리French-flavored streets를 달리는 경험은 루이지애나의 여름철, 필레 검보fillet gumbo (스튜 요리의 일종)가 끓어오르는 듯한 무더운 시기보다는 봄이나 가을에 만끽하는 것이 가장 좋다. 적절한 시기를 선택하면, 이 도시는 유럽의 영향을 강하게 받은 건축물과 우아한 녹색 발코니를 보다 시원하고 한적한 분위기 속에서 감상할 수 있다. 러닝 코스는 그늘진 작은 공원들과 거대한 미시시피강의 강변을 따라 이어지며, 여유롭게 달릴 수 있다. 조금만 더 힘을 내면, 4.2km의 녹음이 우거진 라피트 그린웨이Lafitte Greenway 추가 구간이나 2.3km의 조경이 잘 된 크레센트 공원Crescent Park 구간을 포함할 수도 있다. 이 두 곳은 뉴올리언스 도심 러닝 코스의 완벽한 시작점이자 마무리 지점이며, 영화 '007 죽느냐 사느냐Live and Let Die', '이지 라이더Easy Rider', '광란의 사랑Wild at Heart', '욕망이라는 이름의 전차A Streetcar Named Desire'에서 유명해진 거리들을 직접 달리는 경험을 선사한다. 어떤 경로를 선택하든, 마무리는 반드시 강변에서 하는 것이 좋다. 뉴올리언스의 상징적인 "올드 맨 리버Old Man River(미시시피강의 애칭)" 위를 관광객을 태운 증기선이 유유히 떠다니는 모습을 바라보며, 러닝의 여운을 즐겨보자.

출발/종료점// 잭슨 스퀘어 (뉴올리언스, 루이지애나)
거리// 4.8~9.7km

샌안토니오 리버워크 미션 리치 트레일, 텍사스주

서부 개척의 역사, 그 승리와 패배의 이야기는 여전히 텍사스 샌안토니오San Antonio에서 살아 숨 쉰다. 리버워크 미션 리치 트레일River Walk Mission Reach Trail은 치열한 전투가 벌어졌던 샌안토니오 강 유역을 따라 조성된 평온한 공원 지대를 관통하며, 유네스코 세계문화유산으로 지정된 4개의 선교 시설 (미션 콘셉시온Mission Concepción, 미션 산호세Mission San Jose, 미션 산후안Mission San Juan, 미션 에스파다Mission Espada을 연결하는 코스다. 이곳에서는 도보 여행자, 자전거 라이더, 러너들이 미국 개척 시대의 살아 있는 역사 지도를 탐험하듯 길을 따라 이동한다. 루스벨트 공원Roosevelt Park을 출발점으로 삼으면, 샌안토니오강을 따라 왕복 13km 코스를 달릴 수 있으며, 곳곳에 설치된 거리 표시판waymarker이 현재까지 이동한 거리를 알려준다. 경로는 아세키아 공원 트레일Acequia Park Trail을 따라 I-10(주간고속도로 10호선) 방향으로 이동한 후, 리버워크 미션 리치 트레일을 따라 초록빛 강둑을 지나 미션 콘셉시온에서 본격적인 역사 탐방 러닝이 시작된다. 이 루트의 풀코스는 왕복 26km로, 4개의 선교 유적과 300년에 걸친 텍사스의 유산을 담고 있다.

출발/종료점// 루스벨트 공원 (샌안토니오, 텍사스)
거리// 최대 26km
추가 정보// sariverauthority.org/beriver-proud/parks-trails/san-antonioriver-walk-mission-reach

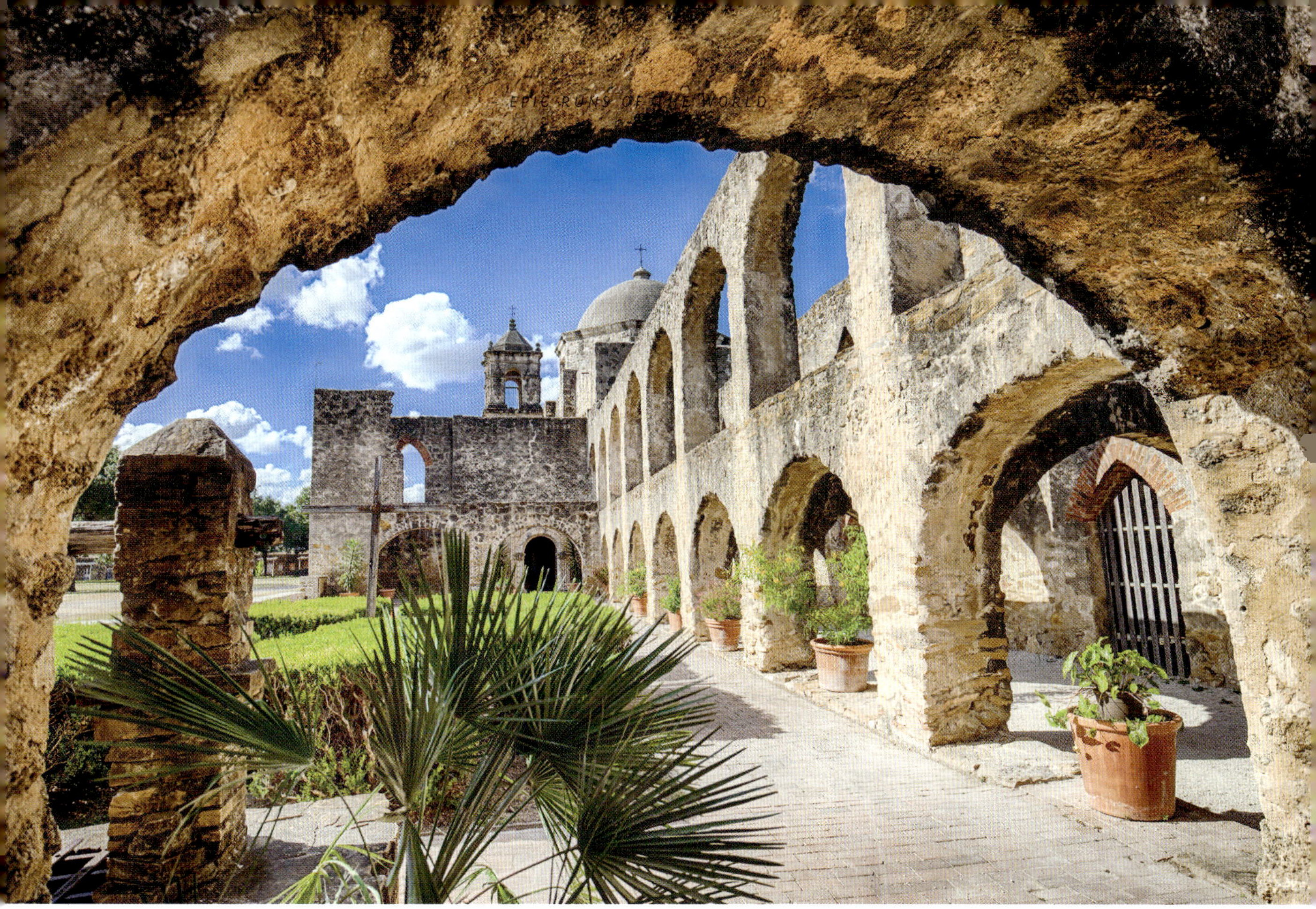

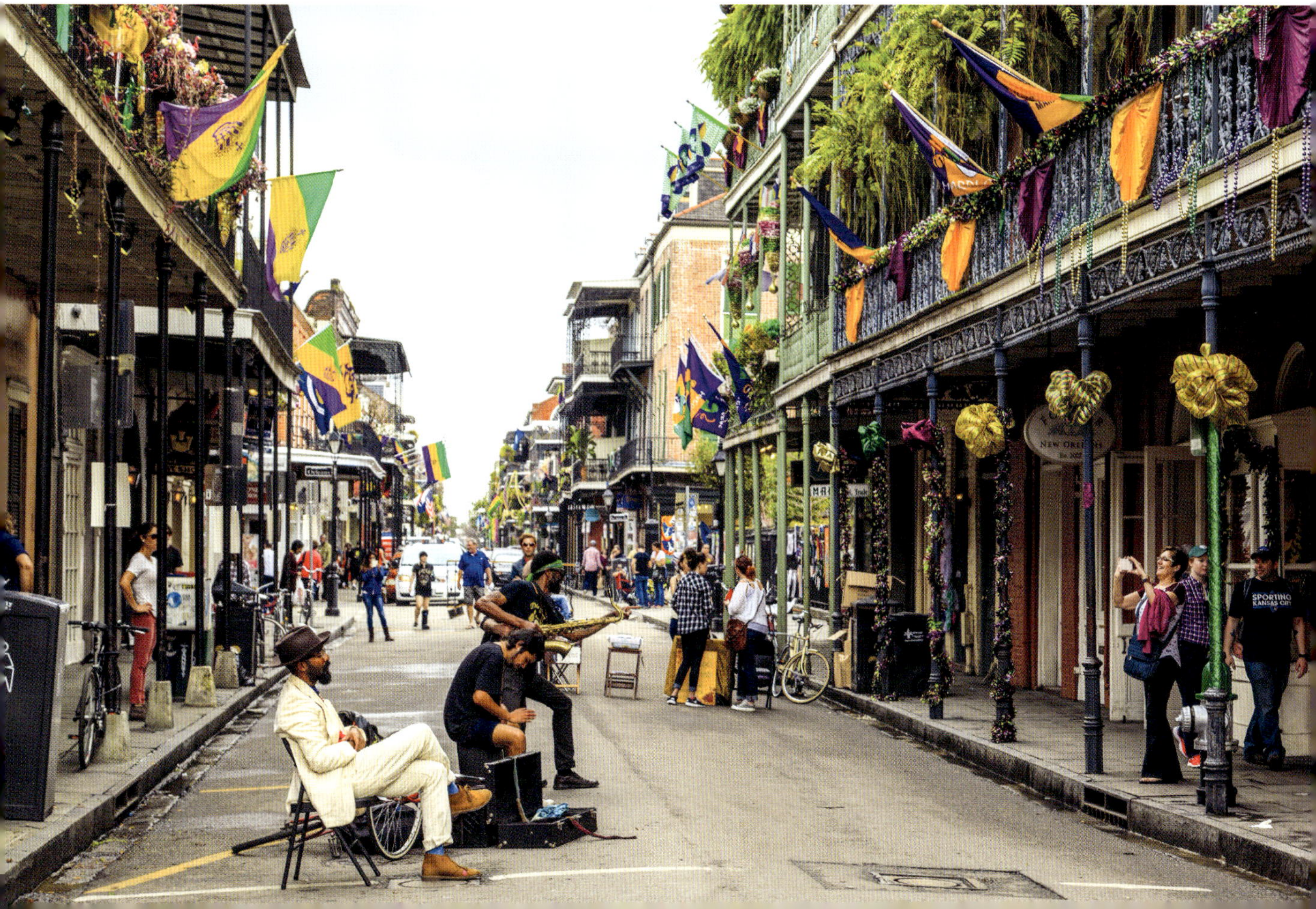
NEW ORLEANS

- EPIC RUNS OF THE WORLD -

코스타리카 우림 런
—A RAINFOREST RUN IN COSTA RICA—

카후이타 국립공원의 빠르고 평탄한 트레일은 때묻지 않은 카리브해 해변,
열대우림, 그리고 야생동물과의 만남을 모두 담고 있다.

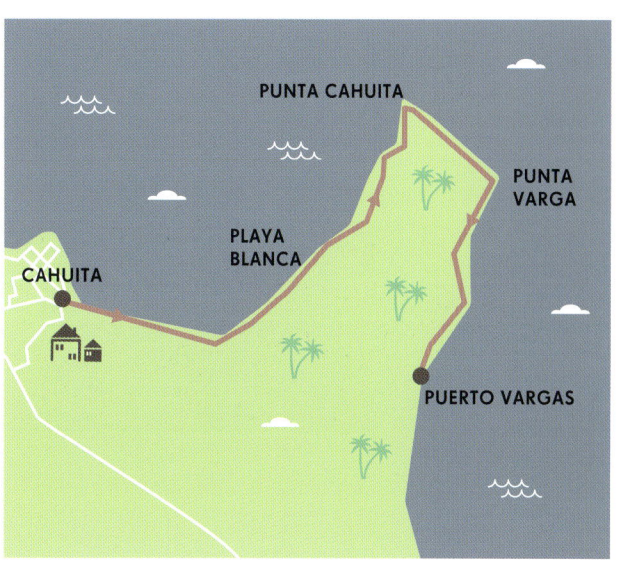

카리브해는 달리기에 적합한 곳이 아니다. 일광욕하기에는 딱이지만, 달리기는 그렇지 않다. 이곳의 분위기는 헐렁한 티셔츠에 맨발이지, 라이크라 소재의 운동복이나 형형색색 운동화와는 거리가 멀다. 그런데도 나는 지금 카후이타 국립공원Cahuita National Park의 모래가 섞인 흙길을 경쾌하게 내달리고 있다. 왼쪽에서는 파도 소리가 들리고, 뒤쪽 어딘가에서는 울부짖는 원숭이들이 저들만의 아침을 맞이하고 있으며, 정글은 새벽빛 속에서 서서히 깨어나고 있다.

코스타리카로 가족 여행을 온 가운데, 이 시간은 온전히 나만의 시간이다. 지평선 위로 분홍빛 해가 떠오르고, 트레일은 텅 비었으며, 게스트하우스에서는 아이들이 시차 적응을 하느라 아직도 곤히 자고 있다. 공원 입구를 지나자마자 나는 잠시 멈춰 서서 나무들을 훑어본다. 역시, 여전히 그 자리에 있다. 나무 줄기 옆 높은 곳에 자리한 노란 형광빛 코일 형체, 바로 속눈썹 독사다. 바나나처럼 밝은

Dudarev Mikhail/Shutterstock, Blanco999/Shutterstock

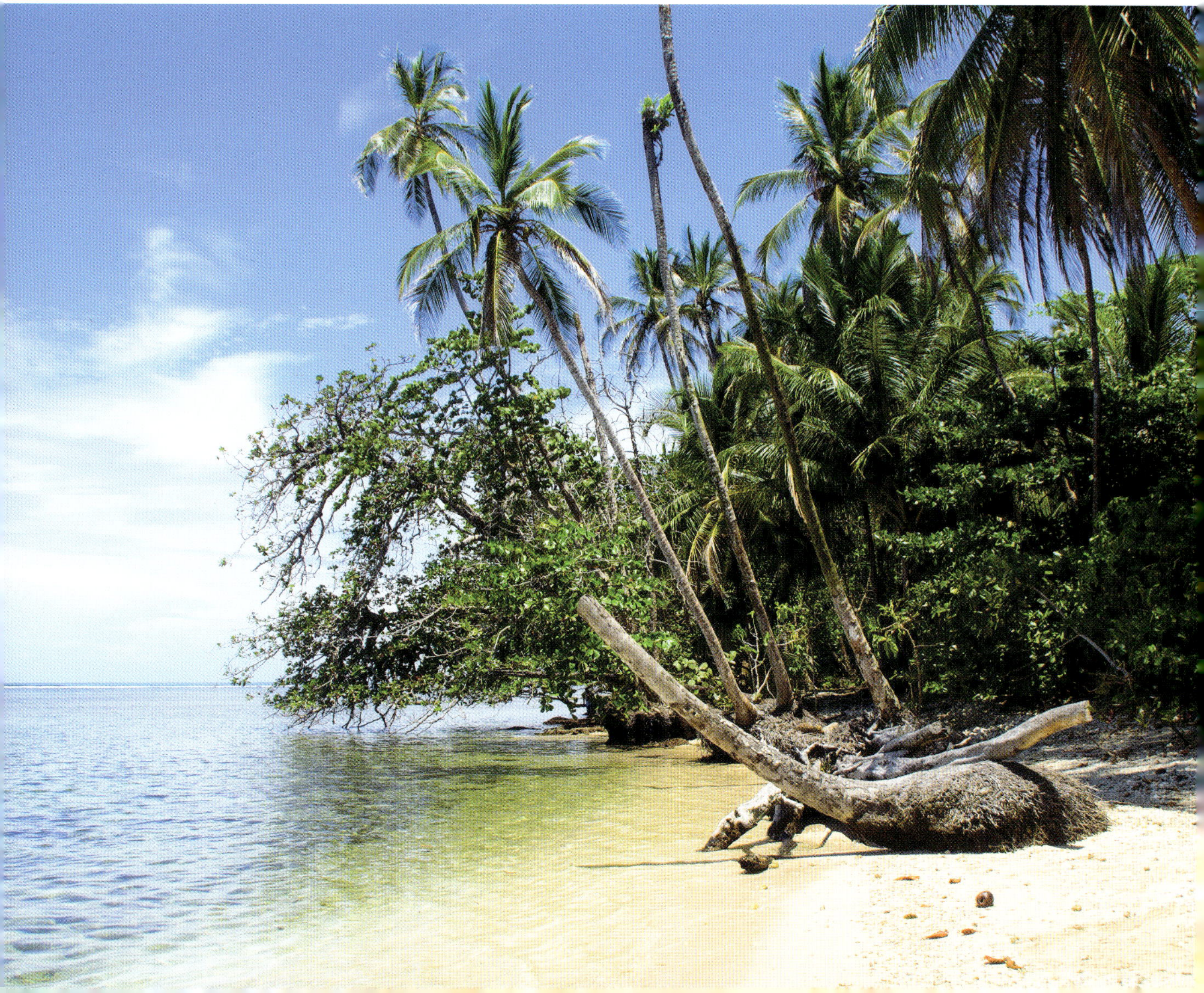

> "내가 본 거미줄 중 가장 크다.
> 최근에 이곳을 지나간 사람이
> 거의 없다는 뜻이다."

피부색은 그 치명적인 독성을 경고하고 있다. 이걸 알고 있는 이유는 간단하다. 어제 우리는 이번 여행에서 가장 잘한 결정을 내렸다. 이 나라에 도착한 첫날, 야생 동물 가이드와 6시간을 보낸 것이다. 피에르라는 열정적인 가이드 덕분에 우리는 나무늘보, 타란툴라, 지저스 크라이스트 도마뱀 등 다양한 동물을 찾아내는 법을 배웠다. 이구아나는 방해받지 않고 일광욕을 하기 위해서 높은 나뭇가지 위에 있는 경우가 많았다. 만약 우리가 방금 깨어진 아몬드 껍질을 밟고 있다면, 머리 위 어딘가에 흰얼굴 원숭이 무리가 있을 가능성이 높았다. 그리고 멀리서 이상한 기침 소리가 들리면, 그건 큰부리새일 확률이 높으니 소리의 근원을 잘 살펴보라고 했다.

그래서 오늘 아침, 나는 새로 얻은 지식을 시험해 보려는 기대감에 부풀어 있다. 하지만 먼저, 공원 입구에서 충분히 멀어져야 한다. 그곳에서는 이른 아침 탐방객들 몇몇이 쌍안경을 들고 야생 동물을 찾느라 달팽이처럼 느릿하게 걷고 있었다.

달리기 시작하며 숨이 가볍게 차오르고, 이 트레일이 달리기에 얼마나 좋은지 깨닫게 된다. 나는 거센 파도가 부서지는 해변에서 25미터 남짓 떨어진 곳을 달리고 있다. 왼쪽에는 해변이 펼쳐져 있으며, 내가 달리는 트레일은 부드럽고 그늘이 드리워져 있다. 단단한 흙 위에 얇은 모래층이 깔려 있어 매우 조용하고 탄력적이다. 주변을 둘러볼 여유가 생길 정도로 널찍하기까지 하다. 나는 자연스럽게 페이스를 올린다. 곧 나와 트레일, 그리고 이른 아침의 야생 동물들만이 남는다. 이 페이스로 달리면, 위장술에 의지하는 동물들은 거의 보지 못할 것이다. 하지만 어제와는 다르게 여러 동물들을 만날 기회가 많다. 가이드의 독수리 같은 눈은 없지만, 혼자 일찍 일어나 조용히 달리는 이 시간은 특별하다. 바람은 내 냄새를 뒤로 날려보내고, 파도 소리는 내 숨소리와 발소리를 가려준다. 나는 은신이라는 무기를 손에 쥔 셈이다. 파란 육지게들이 내 발소리에 놀라 구멍으로 달아나는 구간을 지나, 드디어 첫 발견을 한다. 게를 주식으로 하는 라쿤 두 마리가 사냥 중이었다. 놀란 듯 보였지만, 내가 멈춰 서자 그들은 정글 속으로 달려들어가며 내가 그들을 충분히 관찰할 수 있게 해준다. 여우처럼 생긴 얼굴에 악동 같은 줄무늬가 눈에 띈다.

리오 수아레스 강 Río Suárez에 도착하자 나는 진흙 둑을 조심스럽게 바라본다. 달리기 시작한 지 10분밖에 되지 않았지만, 이곳은 어제 우리가 도달한 가장 먼 지점이다. 피에르는 이곳에 카이만 caiman이 나와 일광욕을 즐길 수 있다고 말했다. 물론, 이렇게 이른 아침에 나올 가능성은 희박하고, 설령 있다 해도 나는 한참 떨어져 있다. 그래도 신발과 양말을 벗고, 차가운 개울을 조용히 건넌다.

이 지점부터는 나에게도 미지의 영역이다. 다시 정글로 들어서서, 모퉁이를 돌자마자, 나는 거의 코아티를 밟을 뻔한다. 라쿤의 긴 주둥이를 닮은 이 기묘한 생명체는 나를 전혀 신경 쓰지 않고 제 할 일을 계속한다. 하늘을 향해 쭉 뻗은 긴 꼬리는 마치 '쉿!' 하고 손가락을 세운 것 같다. 녀석은 길 위에서 곤충들을 킁킁거리며 찾고 있다. 나는 그 세계의 손님이 된 듯한 짜릿함을 안고 다시 달린다.

이제 트레일의 성격이 조금씩 변한다. 오른쪽의 숲이 습지로 바뀌면서, 길은 안쪽으로 더 들어간다. 판자가 깔린 긴 보도가 나타나는데, 그 아래로는 축축하고 정체를 알 수 없는 것들이

살금살금

보통 세 발가락 나무늘보 three toed sloth는 열대우림의 높은 나무 꼭대기에서 생활하기 때문에 발견하기가 쉽지 않다. 하지만 약 한 주에 한 번 정도, 땅으로 내려와 배변을 해야 한다. 만약 나무늘보가 천천히 내려오며 어딘가 수상하고 약간 절박해 보인다면, 충분한 거리를 두고 관찰하자. 그 순간이 나무늘보에게는 매우 안절부절한 시간일 것이기 때문이다.

왼쪽부터: 황금실 둥근그물 거미; 속눈썹 독사를 잘 살피자!; 나뭇가지 위에서 쉬고 있는 세 발가락 나무늘보. 이전 페이지: 정글과 파도가 만나는 푼타 카후이타.

바글거리는 얕은 늪지가 펼쳐져 있다. 불과 1마일 정도 더 들어왔을 뿐인데도 이 구역은 거의 사람들이 다니지 않는 듯하다. 나는 쓰러진 나무 너머로 경로를 살피며 나아가다가, 갑자기... 헉! 발걸음을 멈춘다. 모자 챙 끝이 거대한 거미줄에 닿은 것이다. 균형을 잡으려 두 팔을 휘젓는다. 거미줄 중앙에는 엄청나게 크고 아름다운 금빛 거미가 자리잡고 있다. 등에는 노란 반점이 있고, 길고 털 많은 다리에도 노란 줄무늬가 있다. 눈을 뗄 수 없다. 거미줄은 길 전체를 가로막고 있다. 최근에 이곳을 지난 사람이 거의 없다는 뜻이다.

나는 거미를 방해하지 않기 위해 나무를 타고 돌아 몇 분 더 나아가 드디어 정글 반도의 끝에 도착한다. 해변으로 나서니, 모래가 아니라 산호와 조개껍데기들로 덮여 있다. 햇빛 아래 새하얗게 빛나며, 맨발엔 까슬까슬하게 느껴진다. 숨을 돌리며 서 있다가, 마치 만화에서 튀어나온 듯한 장면을 본다. 조개껍데기 두 개가 나를 피해 살금살금 움직인다. 하나를 집어 들자, 보라색 집게발을 쓱 내미는 성난 소라게가 나타난다.

바다 멀리에는 하얀 포말이 산호초 위에서 부서지고 있다. 지난 10분 동안 내 숨결만큼이나 규칙적으로 내내 함께한 소리다.

아침 6시 40분. 하늘은 이미 새벽빛을 잃었다. 공기는 벌써 더위를 품고 있다. 눈앞에 펼쳐진 곶 headland을 따라 뻗어 있는 오솔길이 나를 계속 앞으로 초대한다. 카후이타에서는 여전히 아이들이 자고 있다.

이곳은 달리기에 딱 맞는 곳이다. 나는 다시 달린다. **PP**

여행 개요

출발/종료점 // 카후이타 Cahuita (코스타리카)

거리 // 13km

가는 법 // 카후이타는 코스타리카 남동부에 위치하며, 산호세 국제공항에서 차로 4시간 30분 거리에 있다. 코스타리카 여행의 첫 번째 정류지로 이상적이다.

시기 // 연중 방문 가능하지만, 3월/4월과 9월/10월이 가장 건조한 시기다. 11월과 12월에는 트레일이 침수될 가능성 있음.

숙소 // 플라야 네그라 게스트하우스 www.playanegra.cr, 이곳의 주인 피에르 Pierre는 야생 동물 가이드로도 활동한다.

알아둘 점 // 세 발가락 나무늘보, 노란 속눈썹 독사, 코아티 (긴코너구리), 황금실 둥근그물 거미, 푸른 육지 게, 독화살개구리, 예수도마뱀, 이구아나, 투칸, 원숭이, 카이만 등등을 주의 깊게 관찰해보자.

비슷한 도전을 찾아서
야생 러닝 코스

빅 파이브 마라톤 (남아프리카공화국)

빅 파이브 마라톤Big Five Marathon은 6월에 개최되며, 아프리카 사바나의 장엄한 야생동물을 눈앞에서 마주할 수 있는 특별한 기회를 제공하는 동시에, 자연 보전을 위한 의미도 담고 있다. 이 대회는 크루거 국립공원Kruger National Park과 요하네스버그Johannesburg 사이에 위치한 엔타베니 사파리 보호구역Entabeni Safari Conservancy에서 열린다. 대회 전후로는 전통적인 지프 사파리 투어jeep-powered safari outings도 함께 운영되어, 야생동물을 가까이에서 만날 수 있는 색다른 경험을 선사한다. 코스는 기복이 심한 오르막과 내리막, 자잘한 돌이 깔린 길과 깊은 모래 구간이 많아 여타 마라톤보다 도전적인 편이다. 그러나 힘든 만큼 보상이 크다. 근처 고원 위에 자리한 거대한 호수의 숨 막히는 전망을 감상할 수 있으며, 경기 중 얼룩말, 기린, 영양, 사자를 목격할 가능성도 있다.

출발/종료점// 엔타베니 사파리 보호구역
거리// 21.1~42.2km
추가 정보// www.big-five-marathon.com

서펀트 트레일 (잉글랜드)

햄프셔 주Hampshire 사우스 다운스South Downs의 그린샌드 힐Greensand Hills을 유려하게 가로지르는 서펀트 트레일Serpent Trail은 런던에서 기차로 가까운 거리에서 놀라운 경관을 자랑한다. 연중 내내 다채로운 색감을 자랑하며 트레일 러너들에게 완벽한 환경을 제공하는 이곳은 피어나는 히스, 들꽃, 노란색 꽃이 만발한 가시덤불, 그리고 붉은 열매를 잔뜩 매단 물푸레나무 등이 주변을 장식한다. 이러한 자연환경은 은빛 점이 박힌 블루 나비 같은 다양한 나비들과 휘파람새, 돌찌빠귀, 숲쫑다리 같은 새들을 불러들이며, 이 새들은 트레일을 달리는 러너들에게 아름다운 노랫소리로 길을 안내한다. 나무들 사이로는 사슴이 종종 모습을 드러내고, 독사와 모래 도마뱀 같은 파충류들이 트레일 옆 바위에서 햇볕을 쬐는 모습을 볼 수도 있다. 뱀처럼 구불구불한 경로는 접근이 쉬우며, 원하는 구간만 선택하여 루프 형태로 달릴 수도 있다. 매년 7월에는 서펀트 트레일 울트라마라톤www.serpenttrailrace.com이 열리는데, 참가자들은 100km에 이르는 풀코스, 또는 다양한 짧은 코스 중에서 선택하여 도전할 수 있다.

출발점// 헤이즐미어
종료점// 피터스필드
거리// 106km
추가 정보// www.southdowns.gov.uk/long-distance-hikes/serpent-trail

세로 과나코 (아르헨티나)

아르헨티나의 티에라 델 푸에고 국립공원Parque Nacional Tierra del Fuego은 그야말로 '세상의 끝'에 위치한 곳이다. 이곳은 지구 최남단의 마을 우수아이아Ushuaia 서쪽에 자리하며, 거친 대지 위로 안데스 산맥에서 흘러내린 빙하가 케이프 혼Cape Horn의 폭풍우 치는 바다와 맞닿는 곳이다. 야생 그대로의 러닝을 원한다면, 이곳만큼 독특한 곳은 없다. 공원에는 두 개의 생태보호구역biosphere이 있어 다양한 야생동물이 번성하고 있다. 심한 경사와 진흙탕 길을 피하고 싶다면 센다 코스테라Senda Costera를 달리는 것이 좋다. 하지만 극한의 도전을 즐긴다면 세로 과나코Cerro Guanaco 정상으로 오르는 트레일을 선택하라. 정상에서는 비글 해협Beagle Channel을 내려다보는 잊을 수 없는 절경이 펼쳐진다. 러닝 도중에는 마젤란 딱따구리, 오스트랄 앵무새, 회색여우, 콘도르, 그리고 이 봉우리의 이름이 유래된 과나코Guanaco(라마의 일종)를 만날 수도 있다.

출발/종료점// 알라쿠시 방문자 센터 (티에라 델 푸에고 국립공원)
거리// 9km
추가정보// www.national-parks.org/argentina/tierra-del-fuego

위에서부터: 잉글랜드 서펀트 트레일이
햄프셔의 피터스필드 히스와 이어지는
구간; 아르헨티나 티에라 델 푸에고
국립공원의 과나코 라마.

A Rainforest Run, Costa Rica

- EPIC RUNS OF THE WORLD -

내셔널 몰 애국 둘레길
—A PATRIOTIC PATH AROUND THE NATIONAL MALL—

워싱턴 DC의 널찍한 기념물들은 방문객들을 지치게 만들 수 있다.
하지만 러너에게는 세계에서 가장 흥미로운 도시 공원 속 코스일 것이다.

유명 다큐멘터리 감독 켄 번스Ken Burns는 한때 워싱턴 DC의 내셔널 몰을 '미국의 앞마당'이라고 표현한 바 있다. 실제로, 미국에서 가장 중요한 기념물들이 둘러싸고 있는 이 잘 가꿔진 공원은 대통령 취임식부터 격렬한 역사적 시위와 폭동에 이르기까지 온갖 역사적 사건의 무대가 되어왔다. 내셔널 몰 주변에 자리한 기념물과 기념비들은 미국의 대담한 업적과 비극적 손실을 함께 기리고 있다.

매년 약 2,400만 명이 찾는 이곳은 길이가 3km가 넘고, 최대 폭이 약 483m에 달하기 때문에 걸어서 둘러보려는 사람들에게는 상당한 물리적 도전이 된다. 하루 중 언제든, 이방인들이 다리 통증을 달래며 몇몇 장소는 결국 포기할 수밖에 없는 현실에 체념하는 모습을 볼 수 있다. 미 의사당과 워싱턴 기념탑 사이의 긴 구간을 걷고 나면 아예 발길을 돌리는 사람들도 적지 않다.

그러는 대신, 나는 잘 계획된 달리기로 몰을 둘러보기로 했다. 하루의 대부분을 걷는 데 쏟지 않고도 이곳을 빠르고 재미 있게 둘러보는 방법이었다. 그 순간, 워싱턴 기념비는 링컨 기념관에서 출발해 인터벌 달리기를 할 때 꼭 필요한 이정표가 되었다. 가장 중요한 것은, 이 방법이면 모든 것을 다 볼 수 있다는 점이다. 그리고 적당한 페이스로 뛰면 40분도 걸리지 않는다. 영감을 주면서도 효율적인 약 7km 순환 코스를 통해, 모든 기념비와 기념물을 빠짐없이

AMERICAS

체크하고, 나중에 더 깊이 탐방할 장소를 마음속에 정리할 수 있다.

3월 말, 벚꽃이 막 피어나기 시작한 아침은 선명하고 맑았다. 따뜻한 날씨를 예고하는 조용한 분위기 속에서 나는 컨스티튜션 애비뉴 Constitution Ave를 건너 몰로 들어섰다. 컨스티튜션 가든 중심에 자리한 연못 주위를 도는 구불구불한 길을 따라 달리기 시작하자 새벽빛이 나를 반겼다. 이곳은 약 20헥타르 규모로, 공원 안에 또 하나의 공원을 이루는 공간이다.

몸이 아직 잠에서 깨어나는 중이었지만, 물가의 우아한 버드나무들과 작은 섬으로 이어지는 나무 다리가 눈길을 끌었다. 가든은 몰의 주요 명소들 중 쉽게 지나칠 수 있는 조용히 숨겨진 장소 중 하나였다.

연못 끝에 이르러, 나는 그늘진 느릅나무 아래로 난 구불구불한 길로 접어들어 베트남 참전용사 기념비 입구를 지나쳤다. 한낮이었다면 관광객과 베트남 참전용사의 가족들로 붐볐을 테지만 오전 6시 30분이라는 이른 시각에는 아무도 없었고, 온전히 나만의 공간이었다. 나는 소실점을 향해 서서히 경사가 진 검은색 연마 화강암 벽을 따라 달렸다. 5만 8,200명의 이름이 새겨진 거대한 기둥들이 눈앞을 스쳐 지나갔다. 멀찍이서 지나쳐도 그 울림은 전혀 줄어들지 않았다. 모퉁이를 돌자, 링컨 기념관이 시야에 들어왔다. 세계에서 가장 웅장한 기념물 중 하나로, 몰 서쪽 끝을 굳건히 지키고

> "이 계단에 서니 마틴 루터 킹 주니어가 그 유명한 연설을 하던 모습이 떠올랐다."

있다. 나는 자연스럽게, 1963년 마틴 루터 킹 주니어가 20만 명의 군중 앞에서 '나에게는 꿈이 있습니다' 연설을 했던 바로 그 계단 위의 흑백 사진을 떠올렸다. 페이스를 끌어올려 타오르는 허벅지 근육을 느끼며 그 유명한 계단을 뛰어올랐다. 그리고 꼭대기에서 실제 크기의 다섯 배로 만들어진 대리석 왕좌에 앉아 있 링컨과 눈을 마주쳤다.

계단을 다시 내려가기 전에, 잠시 멈춰서 워싱턴에서 손꼽히는 전망을 감상했다. 여기서부터 몰의 동쪽 끝에 자리한 국회의사당까지, 전 구간이 한눈에 들어왔다. 그리고 그 앞에서 연못에 반사되어 반짝이는 워싱턴 기념탑도 온전하게 보였다.

다시 발걸음을 재촉하며 나는 움직임이 없는 병사들의 무리를 스쳐지나갔다. 이른 아침빛 속에서, 실제보다 더 크게 만들어진 이 스테인리스 스틸 군인 조각들은 유령처럼 회색빛을 띠고, 남쪽으로 이어진 검은 화강암 벽에 흐릿하게 반사되고 있었다. 한국전 참전용사 기념비를 뒤로하고, 이제 내 시선은 높이 약 170m에 달하는 워싱턴 기념탑으로 향했다. DC에서 가장 높은 건축물인 이 탑은 동쪽으로 약 1.2km 달리는 동안 점점 더 거대하게 다가왔다. 몰에서 가장

'늪'의 유래

흔히들 주장하지만, 내셔널 몰National Mall이나 워싱턴 DC는 실제로 늪지대 위에 지어진 것이 아니다. DC에서 가장 유명한 녹지대는 사실 아나코스티아Anacostia 강, 포토맥Potomac 강, 그리고 티버 천Tiber Creek이라는 세 개의 수로 근처의 낮고 평탄한 땅에 조성되었다. 이 지역은 폭우가 내리면 홍수가 발생하여 습지대를 형성하곤 했으며, 이 현상이 정치인들에게 "늪을 메우자"는 구호를 외치게 한 계기가 된 것이다.

왼쪽부터: 워싱턴 D.C.의 베트남 참전용사 기념비; 도시를 물들이는 유명한 벚꽃 개화; 미국 국회의사당. 이전 페이지: 워싱턴 기념탑.

극적인 장면 중 하나인 반사 연못을 따라 전력 질주하며, 은빛 구름이 거울처럼 고요한 수면 위에 비치는 모습을 바라보았다. 이 지점에서, 나는 페이스를 늦추고 워싱턴 기념탑에 다가섰다. 몰의 거의 중간 지점이었다. 달리는 중에도, 이 놀랍도록 단순한 구조물에서 뿜어져 나오는 장엄함은 피할 수 없었다. 고대 이집트의 오벨리스크를 모델로 삼은 이 기념탑은 아이러니하게도 영웅 숭배와 군주제를 거부했던 인물을 기리는 상징물이다.

기념탑 기슭의 내리막길에서는 발을 헛디디지 않으려 조심했다. 이제부터 국회의사당까지는 평탄한 자갈길이 약 1.6km 이어졌다. 이 긴 직선 구간은 보행자들에게는 힘겨운 구간이다. 걸어가는 내내 저 멀리 보이는 둥근 돔이 자꾸 멀어지는 느낌을 받는다고들 한다. 하지만 나에게는 다르다. 이 열린 공간이 주는 쾌감에 몸을 싣고, 강도 높은 페이스로 속도를 끌어올리며, 7분 안에 의사당에 도착하겠다는 각오로 질주했다.

반사 연못 끝에 도착했을 때, 나는 마치 날아오를 것 같은 기분이었다. 거대한 권력 기관들이 에워싼 넓은 광장을 따라 질주하는 이 느낌은 말로 설명하기 어렵다. 연못을 따라 한 바퀴 돌며, 나는 다시 출발점으로 향했다. 이곳은 정말로 미국의 앞마당 같았다. 이렇게 짧은 거리에서 이토록 많은 것을 담아낼 수 있는 곳은, 세계 어디에도 거의 없다. **RS**

여행 개요

출발점// NW 18번가18th St NW & 컨스티튜션 애비뉴Constitution Ave

종료점// 컨스티튜션 가든스Constitution Gardens
(NW 18번가 & 컨스티튜션 애비뉴 근처)

거리// 8km

가는 법// 지하철Metro을 이용하면 편리하며, 수백 개의 대여소를 보유한 캐피탈 바이크쉐어Capital Bikeshare도 이용 가능.

시기// 4월부터 10월까지.

숙소// 숙박과 훌륭한 레스토랑, 나이트라이프를 즐기려면 듀폰 서클Dupont Circle 근처가 좋다. 우들리 파크Woodley Park에는 나무가 우거진 거리에 고급스러운 B&B가 있고, 조지타운Georgetown에는 자갈길에 자리잡은 고급 게스트하우스가 있다.

자세한 정보// www.nps.gov/nama

알아둘 점// 여름에 기념물들에 가까이 다가가고 싶다면 인파가 문제일 수 있다. 이른 아침에 방문하면 기념물을 혼자 즐길 수 있다.

– EPIC RUNS OF THE WORLD –

옆 페이지: 호주 수도 캔버라 중심에
위치한 버리 그리핀 호수.

비슷한 도전을 찾아서
수도 탐방 코스

오타와 (캐나다)

캐나다의 수도 오타와Ottawa는 160km가 넘는 보행자 전용 길이 조성되어 있어 러닝하기에 최적의 도시다. 워싱턴 D.C.처럼 웅장한 건물과 기념비가 많으며, 이를 감상하며 달릴 수 있는 8km 왕복 코스가 있다. 출발점은 캐나다 총독 공식 관저인 리도 홀Rideau Hall 근처다. 여기서 나무가 늘어선 길을 따라 달리면 총리 관저를 지나 오타와 강변으로 이어진다. 그린 아일랜드Green Island에서는 영연방 공군 기념비Commonwealth Air Forces Memorial 등 여러 기념물을 둘러볼 수 있다. 이후, 마치 성처럼 웅장한 캐나다 왕립 조폐국Royal Canadian Mint에 도착하며, 바로 그 너머에는 캐나다 국립 미술관National Gallery of Canada과 높이 솟은 노트르담 대성당Notre Dame Cathedral Basilica의 탑이 장관을 이룬다. 이 근처에는 캐나다 국회의사당 Parliament of Canada, 고딕 양식을 재현한 연방 건물 Confederation Building, 그리고 캐나다 대법원Supreme Court of Canada 건물도 자리하고 있다. 이 지점에서 해안가를 따라 나무가 우거진 보행·자전거 전용길을 달리며 다시 출발점으로 돌아가는 것으로 코스를 마무리할 수 있다.

출발점// 리도 홀
종료점// 캐나다 대법원
거리// 8km
추가 정보// www.ottawatourism.ca

캔버라 (호주)

워싱턴 D.C.와 마찬가지로, 캔버라Canberra는 기존의 주 경계 밖에서 처음부터 계획적으로 건설된 도시다. 하지만 캔버라는 미국의 수도보다 더 작고, 20세기 초에 조성된 비교적 젊은 도시다. 도심이 아담하게 구성되어 있어 러닝하기에도 최적의 환경을 갖추고 있다. 출발점으로 좋은 곳은 나무가 우거진 호주국립대학교Australian National University 캠퍼스다. 여기서 출발해 설리번스 천Sullivans Creek을 따라 달리면 버리 그리핀 호수Lake Burley Griffin의 가장자리에 도착한다. 이후 좌회전하면 반도 끝까지 이어지는 산책로가 나오며, 그 끝에는 건축적 걸작이자 호주의 대표적인 역사 박물관 중 하나인 호주 국립 박물관National Museum of Australia이 자리하고 있다. 해안선을 따라 계속 달리면 커먼웰스 애비뉴 브리지Commonwealth Ave Bridge를 건너게 되고, 이후 호주 국립 도서관National Library of Australia과 그림 같은 구 국회의사당Old Parliament House을 지나게 된다. 마지막으로 킹스 애비뉴 브리지Kings Ave Bridge를 건너 킹스 파크Kings Park로 내려가면, 도시를 둘러싼 푸르른 자연 경관을 한눈에 조망할 수 있는 인상적인 전망이 펼쳐진다.

출발점// 호주국립대학교
종료점// 킹스 파크
거리// 10km
추가정보// www.visitcanberra.com.au

더블린 (아일랜드)

더블린Dublin의 거리는 역사와 문화가 깊이 스며들어 있다. 아일랜드의 활기찬 수도를 가볍게 뛰어보는 것만으로도 수많은 역사적인 장소를 지나게 되며, 이 지역을 대표하는 문학적 거장들과도 자연스럽게 조우하게 된다(도시가 깨어나는 아침 일찍 달리면 교통 체증을 피할 수 있다). 시인 W.B. 예이츠WB Yeats를 비롯한 문인들의 동상이 세워진 세인트 스티븐스 그린St Stephen's Green에서 출발해 메리온 스퀘어Merrion Sq로 곡선을 그리며 달려가며 오스카 와일드Oscar Wilde에게 경의를 표한다. 그 다음 트리니티 칼리지 Trinity College의 푸른 잔디밭을 가로질러 달린다. 이제 리피 강Liffey River을 따라 오른쪽으로 방향을 틀고, 션 오케이시Seán O'Casey 보행자 다리를 건넌 뒤, 왼쪽으로 돌아 강 북쪽 둑을 따라가면, 아일랜드 대기근 기념비Famine Memorial와 관 모양의 복제선coffin ship을 지나게 된다. 그 다음 오코넬 거리O'Connell St로 올라가면, 1916년 부활절 봉기Easter Rising의 중심지였던 GPOGeneral Post Office(중앙 우체국)를 마주하게 된다. 왼쪽으로 방향을 틀어 헨리 스트리트Henry St를 따라간 후, 다시 리피 스트리트Liffey St에서 왼쪽으로 돌아, 더블린의 상징적인 하페니 브리지Ha'penny Bridge를 건너 템플 바Temple Bar로 향한다. 마지막으로 오른쪽으로 방향을 틀어 강을 따라 달린 후, 피샴블 스트리트Fishamble St로 진입하면 크라이스트 처치 대성당Christ Church Cathedral에 도착하며 코스가 마무리된다.

출발점// 세인트 스티븐스 그린
종료점// 크라이스트 처치 대성당
거리// 5km

- EPIC RUNS OF THE WORLD -

칼랄라우 트레일 정복기
—CONQUERING THE KALALAU TRAIL—

험준하고 가파른 언덕을 자랑하는 이 트레일은 거의 접근 불가능한 야생지로 이어진다.
하와이에서 가장 아름다운 이곳은 알렉산더 디디에게 잊지 못할 인내력 테스트가 된다.

하와이처럼 아름다운 주에서도, 나 팔리 코스트$^{Nā\ Pali\ Coast}$는 특히 경이로운 풍경으로 손꼽힌다. 나 팔리는 하와이어로 '절벽들'을 뜻하는데, 이름 그대로 카우아이 섬$^{Kaua'i's}$ 북쪽 해안에 자리한 험준하고 개발되지 않은 지역이다. 초록빛 날카로운 능선들이 최대 1,200미터 아래 태평양으로 곤두박질친다. 이 야생지 한가운데쯤, 칼랄라우 비치가 있다. 모래사장으로 이루어진 이 해변은 헬리콥터, 보트, 또는 칼랄라우 트레일을 통해서만 도달할 수 있다.

칼랄라우 트레일은 마음이 약한 사람들을 위한 길이 아니다. 이 길은 나 팔리 절벽 아래를 따라 18km을 굽이치며 이어진다. 때로는 인도를 걷는 게 아니라 줄타기를 하는 듯한 느낌을 준다. 지형단면도만 봐도 롤러코스터 설계도 같다. 트레일의 시작과 끝은 해수면과 같지만, 그 사이에 약 762미터를 오르내리게 된다. 이 트레일을 찾는 대부분의 사람들은 하룻밤 이상을 해변에서 캠핑하며 걷고 또 걷는 백패킹 여행을 선택한다.

칼랄라우는 아름다움, 험난함, 그리고 상대적 고요함 덕분에 많은 하이커들의 마음속에 특별한 위치를 차지한다. 나 역시 잊을 수 없는 곳인 이유는 칼랄라우가 나의 첫 장거리 트레일 러닝 장소였기

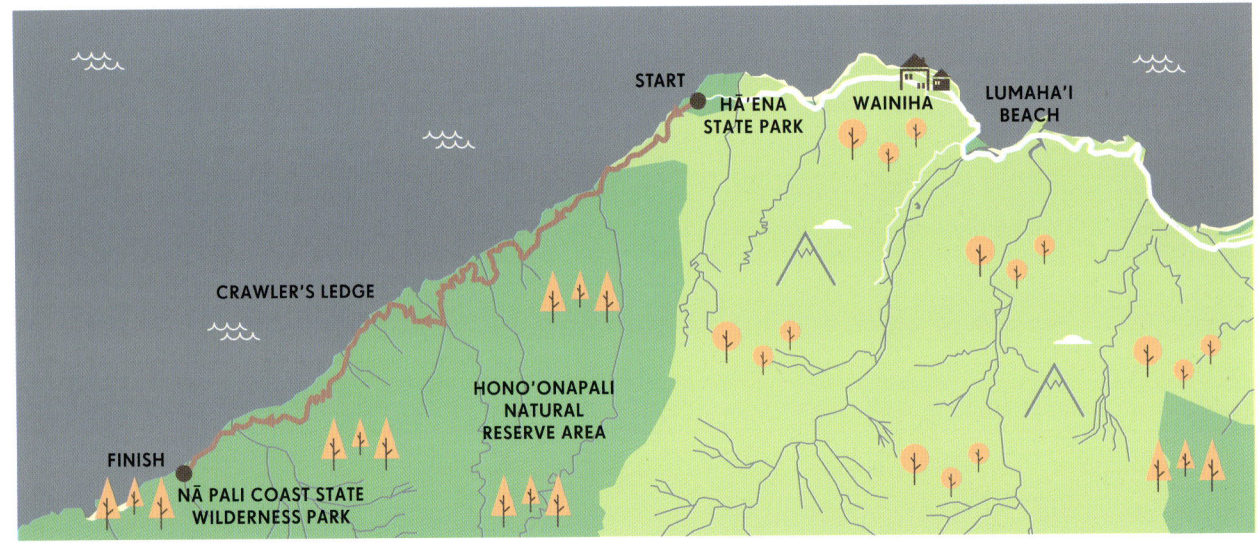

때문이다.

내가 칼랄라우에서 달리게 된 건 젊은 객기 때문이었다. 27번째 생일을 막 지난 어느 날, 50대 중반의 지인이 매년 이 트레일을 달린다는 얘기를 들려주고 있었다. 나는 덜컥 그보다 더 빨리 달릴 수 있다고 내뱉어 버렸고, 그 근거 없는 자신감 덕분에 이 도전에 발을 들이게 되었다.

칼랄라우는 시작부터 영혼을 짓누른다. 나는 몇 달 동안 띄엄띄엄 훈련을 했지만, 트레일을 완주할 수 있다는 확신이 들 정도의 체계적인 준비는 하지 못했다. 첫 1마일 구간에서 183미터 고도까지 꾸준히 오르기 시작하자, 출발한 지 몇 분 만에 숨이 거칠어졌고, 앞으로 남은 34km를 버틸 수 있을지 의문이 들었다. 그래도 정상 부근에서 나 팔리 코스트가 펼쳐지는 경이로운 풍경을 마주하며, 잠깐 에너지를 되찾았다.

2마일 지점에서는 하나카파이 비치Hanakāpiʻai Beach로 내리막길이 이어진다. 이 구간은 속절없이 내려가기만 하는 길이라 기운을 빼앗긴다. 그 다음 구간은 다시 244미터 고도까지 꾸준히 오르며, 트레일 전체에서 가장 높은 지점에 도달한다. 이런 기복 심한 지형에서 몸과 마음의 페이스를 조절하는 일은 초보 트레일 러너에게 큰 도전이었다. 처음 몇 마일 동안은 의심과 두려움으로 가득했다. 만약 혼자였다면, 초반부터 너무 무리해서 망가졌을지도 모른다.

나는 두 명의 좋은 친구들과 함께 칼랄라우를 달렸다. 원래 내게 도전 의욕을 불러일으킨 그 지인은 훈련 중 무릎을 다쳐 결국 빠졌다. 대신 나는 평소 러닝을 즐기는 동료 두 명을 섭외했다. 우리

> "기록은 중요하지 않았다. 중요한 건, 이곳 칼랄라우를 떠날 때 엄청난 자신감을 얻었다는 것이다."

셋은 전날, 각자 자기 페이스대로 달리되, 해변에서 만나 귀환하기로 합의했다. 나는 둘이 금세 나를 앞질러, 해변에 도착할 때까지 다시 못 볼 거라고 생각했다. 실제로 초반 오르막 구간에서 우리는 흩어졌지만, 하나카파이Hanakāpiʻai에서 친구가 계곡물로 물통을 채우는 사이 따라잡았고, 그 후 얼마 지나지 않아 다른 친구도 따라잡았다. 생각보다 내가 그렇게 느리지는 않다는 걸 깨달았다.

첫 몇 구간의 급경사를 지나면 지형이 조금 완만해진다. 트레일 초반 9.6km는 정글 속을 지나지만, 이후 구간은 더 개방된 풍경을 선사한다. 이 건조한 구간에서는 극적인 풍광을 감상할 수 있다. 동시에, '크롤러스 렛지Crawler's Ledge'라는 별명이 붙은 악명 높은 구간도 여기에 있다. 이 구간은 트레일 폭이 극도로 좁아지고, 바로 옆은 바다로 떨어지는 아찔한 절벽이라, 대부분의 사람들이 기어가듯 조심스럽게 지나간다. 나도 사전에 이 구간에 대해 들었지만, 균형을 해칠 만큼 무거운 배낭을 메지 않았기 때문에 의외로 무리 없이 통과할 수 있었다.

우리 셋은 마지막 몇 마일 동안 다시 흩어져 각자 시간에 맞춰 해변에 도착했다. 해변에서 약 한 시간 반 머물며 바다에 뛰어들고, 해변 끝 작은 동굴을 탐험하고, 땅콩버터 잼 샌드위치로 에너지를 보충했다. 90분은 이곳의 아름다움을 제대로 느끼기에는 턱없이 짧았지만, 우리는 관광객이 아니었다. 모래를 털고 다시 신발을 신은

- EPIC RUNS OF THE WORLD -

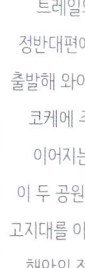

색다른 전망

카우아이 섬에서 하에나 주립공원과 칼랄라우 트레일의 입구와는 정반대편에, 바닷가에서 출발해 와이메아 캐니언과 코케에 주립공원까지 이어지는 길이 있다. 이 두 공원은 카우아이의 고지대를 아우르며, 나팔리 해안의 절벽 정상에서 칼랄라우 해변을 내려다볼 수 있는 전망대를 제공한다. 또한 아와아와푸히와 누알로로 트레일을 따라가며 감상할 수 있는 더욱 극적인 풍경은 이곳을 탐험하는 데 하루를 투자할 만한 충분한 가치를 느끼게 만든다.

왼쪽부터: 무성한 열대 식물이 칼랄라우 트레일을 뒤덮고 있는 모습; 긴 여정을 위해 페이스를 조절해야 하는 코스; 경사가 심한 구간이 많다.
이전 페이지: 아름다운 칼랄라우 비치, 나 팔리 코스트에 위치.

뒤, 트레일로 돌아섰다.

우리는 오전 11시 30분쯤 칼랄라우에서 출발했다. 태양은 이미 하늘 높이 떠 있었고, 돌아가는 길은 붉은 흙 위로 이어지는 길고 위태로운 오르막길이었다. 한가롭던 해변의 낙원은 금세 아득히 멀어져 버렸고, 뜨거운 햇볕이 온몸을 내리눌렀다. 트레일헤드까지 남은 18km은 그야말로 고된 여정이었다. 에너지가 살아날 때는 달리고, 기운이 다하면 억지로 걷는 것을 반복했다. 20마일 지점, 해발 244m 내리막길을 지나면서는 다리에 쥐가 났다. 마지막 구간을 앞두고 하나카파이 계곡물에 몸을 담가 열을 식힌 뒤, 다시 걸음을 옮겼다. 그리고 나는 끝까지 걸음이 아닌 달리기로 트레일을 마무리했다. 우리 셋 중에서는 두 번째로 트레일헤드에 도착했다.

그 후, 매년 칼랄라우 순례를 이어온 친구에게 문자를 보냈는데, 내가 그의 기록을 뛰어넘었다는 사실을 알게 되었다. 나는 칼랄라우를 대회로 뛴 것도 아니었고, 스트라바에 기록을 남기지도 않았다. 함께 달린 친구들과 경쟁한 것도 아니었다. 내 기록은 중요하지 않았다. 중요한 건, 몇 달 전만 해도 내게는 너무나 거대해 보였던 개인적인 도전을 해냈다는 사실이었다. 그것도 하와이에서 가장 경이로운 트레일 중 하나에서 말이다. 나는 첫 장거리 트레일 러닝을 건강하고 행복하게 완주했고, 그 경험은 야생의 깊숙한 곳으로 이어지는 완전히 새로운 모험의 세계를 내 앞에 활짝 열어주었다. **AD**

여행 개요

출발/종료점// 하에나 주립공원Haʻena State Park (카우아이Kauaʻi)

거리// 약 35km

가는 법// 리후에 공항Lihue Airport은 하에나에서 남쪽으로 60km 거리에 위치해 있다. 카우아이 북부 해안의 여러 정거장에서 출발하는 셔틀버스를 이용하면 트레일 입구까지 이동할 수 있다.

시기// 늦은 봄부터 초가을까지가 가장 좋다. 겨울철 우기에는 강 수위가 상승하여 트레일을 건너는 것이 위험할 수 있다.

준비물// 자외선 차단제, 음식, 그리고 식수 정화 방법 (트레일 구간 내 음용 가능한 물이 없음)

숙박// 하날레이Hanalei와 프린스빌Princeville 근처의 호텔 및 휴가용 렌탈 숙소가 가장 좋은 선택지다.

자세한 정보// dlnr.hawaii.gov/dsp/hiking/kauai/kala-lau-trail/kalalau-trail-routes/

알아둘 점// 칼랄라우 트레일Kalalau Trail에서 3km 지점에 위치한 하나카피아이 비치Hanakāpiʻai Beach를 지나갈 경우, 당일치기 방문자라도 숙박 허가overnight camping permit를 반드시 받아야 한다.

위에서부터 시계 방향으로: 마우이의 호아필리 트레일; 오아후의 아이에아 루프; 후알랄라이에서 펼쳐지는 화산 활동.

비슷한 도전을 찾아서
하와이 트레일 러닝 코스

아이에아 루프 (오아후)

와이키키 해변^{Waikiki Beach}에서 차로 30분 거리에 위치한 아이에아 루프 트레일^{Aiea Loop Trail}은 혼잡한 인파를 뚫거나 가파른 산등성이를 오를 필요 없이 조용한 숲속에서 자연을 만끽할 수 있는 러닝 코스다. 트레일 입구는 주거 지역 꼭대기에 있는 공원 내에 위치하며, 이곳에는 헤이아우^{heiau}, 즉 하와이 원주민들의 전통적인 제사 장소가 자리하고 있다. 트레일은 대체로 평탄하고 잘 정비되어 있어, 현지인들에게 인기 있는 레크리에이션 코스로 활용된다. 코스 초반에는 완만한 오르막이 이어지며, 전망대에 도착하면 울창한 할라와 계곡^{Halawa Valley}과 오아후^{O'ahu} 섬을 남북으로 가로지르는 주요 도로 중 하나인 H-3 고속도로^{H-3 Highway}가 한눈에 내려다보인다. 이후 트레일은 방향을 틀어 능선을 따라 이어지며, 완만한 내리막을 지나 개울을 건너고, 마지막 구간에서는 루프 코스에서 가장 가파른 오르막을 오르면 피니시 지점에 도착한다. 트레일은 비가 내린 후 진흙이 생기거나 미끄러울 수 있으므로, 접지력이 좋은 트레일 러닝화를 착용하는 것이 필수적이다.

출발/종료점// 케아이와 헤이아우 주립 휴양지
거리// 7.7km
추가 정보// dlnr.hawaii.gov/dsp/hiking/oahu/aiea-loop-trail/

호아필리 트레일 (마우이)

와일레아^{Wailea}의 리조트에서 차로 약 20분 거리에 위치한 호아필리 트레일^{Hoapili Trail}은 마우이 남부 해안의 개발되지 않은 구간을 따라 걷는 모험을 제공하며, 고대 하와이 역사의 흔적을 엿볼 수 있는 기회를 준다. 트레일 입구는 인기 있는 서핑 명소인 라 페루즈 베이^{La Perouse Bay} 주차장에 있다. 주차장에서 출발한 트레일은 해안을 따라 구부러지며 이어지다가, 곧 보존된 킹스 하이웨이^{King's Hwy} 구간과 합류한다. 킹스 하이웨이는 약 500년 전에 건설되었으며, 원래 222km에 걸쳐 섬 전체를 한 바퀴 둘러싸는 길이었다. 이 길은 마우이 섬의 12개 행정 구역을 연결하며, 운송과 상업 활동에 필수적인 통로 역할을 했다. 현재 이 구간은 드문드문 배치된 현무암 바위로 포장되어 있어, 바닥이 고르지 않다. 킹스 하이웨이를 지날 때는 트레일을 벗어나지 않고 경로를 따라 이동해야 하며, 근처에 남아 있는 하와이 전통 가옥의 석조 기반과 다른 문화 유산들을 존중해야 한다. 호아필리 트레일은 비교적 최근의 용암 지대를 가로지르는 데다 그늘이 거의 없어 맑은 날에는 기온이 상당히 높을 수 있다.

출발/종료점// 라 페루즈 베이
거리// 왕복 8.9km
추가 정보// dlnr.hawaii.gov/recreation/files/2013/12/MauiNAHmap18.pdf

마카울라-오오마 트레일 (빅아일랜드)

코나^{Kona}의 더위를 피해 하와이 섬의 훌랄라이 화산^{Hualālai Volcano} 경사면에 자리한 고지대 구름숲^{cloud forest}으로 떠나보자. 마카울라-오오마^{Makāula-ʻOʻoma} 트레일 구역은 호누아울라 숲 보호구역^{Honua'ula Forest Reserve}의 일부로, 이곳은 문화적·환경적으로 중요한 다양한 동식물을 보호하는 역할을 한다. 트레일 입구에 도착하려면 마카히 스트리트^{Makahi St}의 끝까지 차로 이동해야 하며, 이곳에서 숲을 가로지르는 8자 모양의 트레일 네트워크에 진입할 수 있다. 트레일 입구에서 오른쪽으로 진입하면 일련의 지그재그 경로^{switchbacks}를 따라 약 61m 고도를 오르게 된다. 오르막 구간이 끝나면 트레일은 보호구역 가장자리를 따라 이어지며, 첫 번째 갈림길에서 짧은 루프를 선택할 수도 있고, 두 번째 갈림길까지 계속 가서 더 긴 루프를 선택할 수도 있다. 추가적인 거리를 달리고 싶다면, 8자 모양 트레일에서 갈라지는 몇 개의 지선^{spur}으로 진행하면 되는데 이 길들은 보호구역의 공식 경계선에서 끝난다. 트레일은 곳곳에 나무 뿌리가 뒤엉켜 있고, 비가 온 후에는 진흙으로 미끄러울 수 있으므로 주의가 필요하다.

출발/종료점// 마카히 스트리트 트레일헤드
거리// 총 7.2km 트레일
추가 정보// hawaiitrails.ehawaii.gov/trails/#/trail/makula-ooma-trails/302

- EPIC RUNS OF THE WORLD -

코파카바나의 새벽
—COPACABANA AT DAWN—

리우데자네이루의 이 유명한 해변은 낮과 밤을 가리지 않고 활기차다. 하지만 코파카바나에서 레메까지 이어지는 일출 러닝은 이 도시의 조용한 면모를 보여준다.

울창한 열대우림이 뒤덮은 화강암 산들 사이에 자리한 리우데자네이루는, 아름다운 지형을 제대로 활용하는 도시다. 높이 솟은 전망대, 특히 도시를 향해 두 팔을 벌린 구세주 예수상이 서 있는 코르코바도Corcovado의 전망대에서는 섬들로 점점이 수놓아진 만과 반짝이는 해변을 한눈에 내려다볼 수 있다. 그러나 자연이 선사하는 이러한 고요한 아름다움은, 도시의 상징인 코파카바나 해안선에서 느낄 수 있는 역동성을 감추고 있다. 리우데자네이루의 진정한 에너지를 느끼려면, 높은 곳에서 내려와 활기로 가득한 남부 지역zona sul의 해변으로 나가야 한다.

이곳 모래사장에는 햇볕에 그을린 탄탄한 몸매의 사람들로 빼곡하다. 상인들은 끝없이 이어지는 카리오카들Cariocas(리우 주민들은 스스로를 이렇게 부른다) 사이를 누비며, 아이스 마테ice cold mate(달콤한 차), 글로보Globos(쌀과자), 그리고 물론 세르베자cerveja(맥주)를 외쳐댄다. 카리오카들은 끈 비키니와 스피도 수영복 차림으로 모래 위를 거닌다.

내가 이곳에서 처음 달리기를 시작했을 때, 매일 해변 산책로를 따라

David Arnold/Getty Images

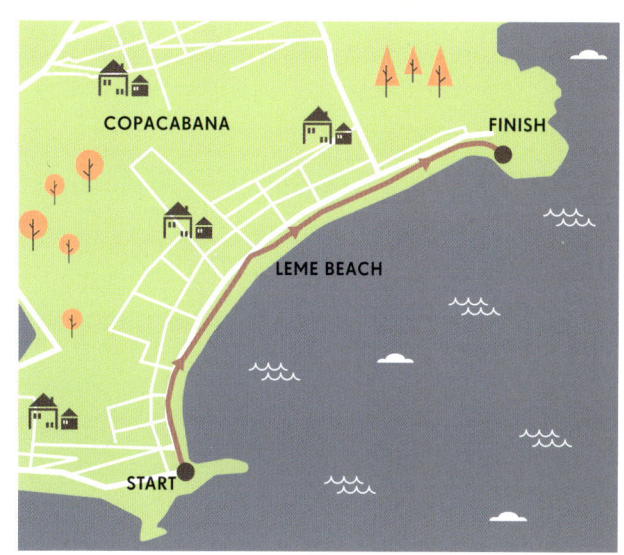

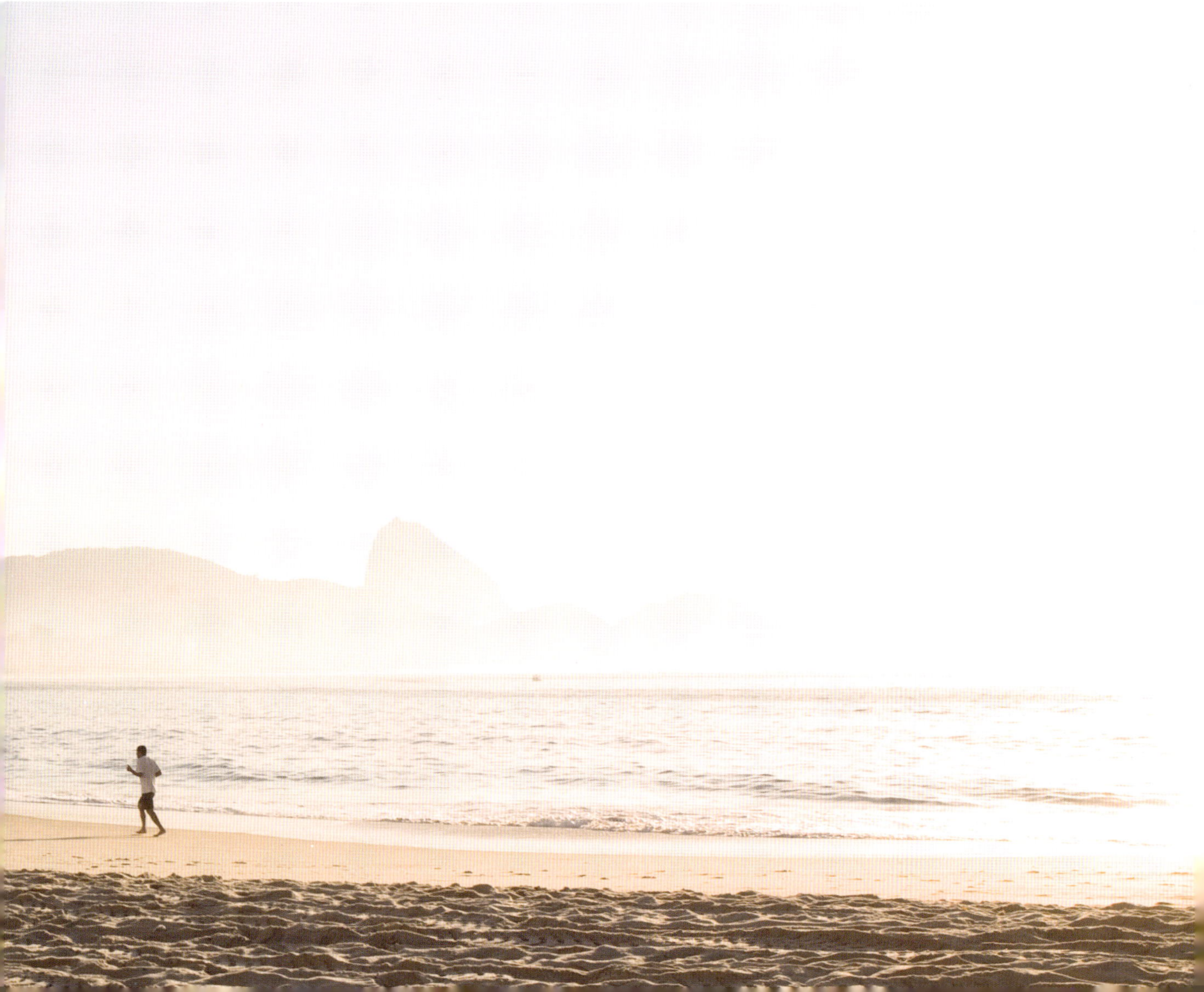

조깅하며 마주한 리우의 모습이 바로 이랬다. 도로 하나를 건너는 것조차 쉽지 않았다. 아슬아슬하게 질주하는 오토바이와 버스들 사이로 길을 건너야 했고, 해변을 끼고 이어진 좁은 자전거 도로에는 자전거, 스케이트보드, 파워 워커들까지 가득했다.

그런데 이상하게도 나는 한 번도 일출 시간에 이곳을 달려본 적이 없었다. 아마도 라파Lapa의 삼바 클럽에서 늦게까지 놀았던 탓일 것이다. 그래서 이번에는 세계적으로 유명한 이 해변 풍경을, 인파가 없는 시원하고 건조한 시간에 보고 싶었다. 어느 일요일 이른 아침, 수평선 너머 희미한 햇살이 번져올 무렵, 나는 운동화를 신고 아베니다 아틀란티카Avenida Atlântica로 나섰다.

바로 앞에 펼쳐진 대서양에서 이름을 딴 이 대로는 평소 차량들로 가득하다. 하지만 일요일마다 해안 쪽 차선은 차량 통행이 금지된다. 그 덕분에 처음으로 이 널찍한 길을 온전히 나만의 공간으로 누릴 수 있었다. 도로를 따라 이어지는 흑백의 물결무늬 포석은 브라질을 대표하는 조경 건축가 호베르투 부를레 마르크스Roberto Burle Marx가 디자인한 작품이다.

그 너머로 펼쳐진 넓은 해변 역시, 평소에는 현지인들로 가득하지만, 이날 아침은 일찍 나온 몇몇 사람들뿐이었다. 맨발로 물가를 따라 달리는 러너들이 드문드문 눈에 띄었다. 몸을 풀며 천천히 어부촌 Colônia dos Pescadores 쪽으로 조깅을 하다 화사한 색으로 칠해진 어선들이 끌어올려지는 모습을 보며 잠시 멈춰 스트레칭을 했다. 길 쪽에서는 긴 앞치마를 두른 상인들이 갓 잡아 올린 생선을 진열하고 있었다. 고층 빌딩들이 늘어선 라인을 따라 시선을 옮기자, 이번 러닝 코스의 반환점이 어렴풋이 보였다. 코파카바나 남쪽 끝에서 시작해, 해변과 동네가 끝나는 지점에 솟은 거대한 화강암 절벽, 페드라 두 레메Pedra do Leme까지 이어지는 왕복 8km 코스였다.

선선한 아침 공기와 가벼운 바람을 즐기며, 나는 코파카바나의 가장 남쪽에 있는 포스토 6Posto 6 근처에서 본격적으로 달리기 시작했다. 이곳은 서핑과 패들보드를 즐기는 사람들의 명소이자, 인명 구조 초소가 있는 지점이다. 속도를 올리고 싶은 충동을 참으며, 일정한 페이스로 달리기 시작했다. 왼쪽으로는 해변을 따라 늘어선 고층 빌딩들이 아침 햇살을 받아 반짝이고, 그 뒤로는 리우의 울창한 산들이 솟아 있었다. 몇 분쯤 지나자, 내륙 쪽으로 깐타갈로Cantagalo 빈민가가 잠깐 모습을 드러냈다. 이 비공식 거주지는 약 5,000명의 주민들이 벽돌과 시멘트 블록으로 지은 임시 가옥에서 생활하는 곳이다. 리우 전역에는 1,000개가 넘는 빈민가가 있으며, 그곳에 사는 사람만 100만 명이 넘는다.

조금 더 달리자, 아르데코 양식의 코파카바나 팰리스Copacabana Palace가 보였다. 지금은 벨몬드 호텔Belmond hotel로 운영되고 있다. 최고급 호텔과 빈민가가 이처럼 가까이 공존한다는 사실은, 브라질 사회의 깊은 빈부 격차를 그대로 보여준다.

팰리스를 지나 몇 블록 더 가자, 아베니다 프린세사 이자벨Avenida Princesa Isabel이 나왔다. 이 길은 코파카바나와 레메의 경계선이다. 하지만 바다 쪽에서 보면 두 동네의 구분은 없다. 그냥 한없이 이어지는 텅

- EPIC RUNS OF THE WORLD -

유명한 이름

'코파카바나Copacabana' 라는 이름은 티티카카 호수 Lake Titicaca 근처 볼리비아의 작은 마을에서 유래했다. 전설에 따르면, 17세기 스페인 상인들이 볼리비아의 수호성인인 코파카바나의 성모 마리아Virgin Mary 조각상을 리우데자네이루로 가져와 남쪽 끝에 있는 작은 예배당 안에 안치했다고 한다. 시간이 흐르면서 코파카바나라고 명명된 이 예배당의 이름이 마을의 이름으로, 이후에는 그 주변에 형성된 전체 지역의 이름으로 자리잡았다.

위에서부터 시계 방향으로: 코파카바나의 보드워크가 모래사장과 만나는 지점; 리우를 굽어보는 상징적인 예수 그리스도상; 더위를 피하려면 아침 러닝이 최적. 이전 페이지: 코파카바나는 남아메리카에서 가장 유명한 해변이다.

"그 풍경은 눈을 뗄 수 없을 만큼 아름다웠다. 황금빛 모래, 푸른 산맥, 그리고 떠오르는 태양에 물든 도시의 실루엣."

- EPIC RUNS OF THE WORLD -

빈 해변일 뿐이다. 곧 페드라 두 레메가 눈앞에 나타났다. 화강암 절벽 위로 숲이 드문드문 퍼져 있는 모습이다. 나는 속도를 끌어올려, 다음 반 마일을 전력 질주했다. 절벽을 감싸는 방파제에 도착할 즈음, 심장은 쿵쿵 뛰고 있었다.

속도를 늦추고, 파도가 부서지는 바다 위로 난 경사로를 따라 올라갔다. 여기서 바라본 해안선은 황홀했다. 금빛 모래, 초록빛 산, 그리고 아침 햇살에 황금빛으로 물든 도시 풍경이 한 폭의 그림처럼 펼쳐졌다. 이곳에서 방향을 돌려 돌아가는 길에 나섰다. 그 사이 동네는 서서히 깨어나고 있었다. 해변 상인들은 의자와 테이블을 꺼내고, 싱싱한 코코넛을 아이스박스에 채워 넣고 있었다. 맨몸에 삼륜 자전거를 타고 얼음을 배달하는 젊은 남자도 있었다. 카리오카들은 음료를 '에스투피다멘치 젤라다estupidamente gelada(말도 안 되게 차갑게)' 마시는 걸 좋아한다. 아침 러닝이 끝나갈 무렵, 완벽하게 화창한 날씨에 이끌려 나온 러너들이 점점 늘어났다. 사이클리스트, 파워 워커, 롱보드 스케이터들도 속속 등장했다.

하지만 나에게는, 열대의 태양이 이제 너무 높이 떠올라 더 뛰기는 어려웠다. 해변 가판대에 자리를 잡고, 아까부터 생각나던 코코넛 물을 주문했다. 주인은 마체테로 코코넛 윗부분을 잘라내고 빨대를 꽂아 건네주었다. 나는 남미에서 가장 장관을 자랑하는 도시 풍경을 내려다보며, 한 모금씩 음미했다.

아침의 마법 같은 평온함을 경험한 후, 해변으로 몰려드는 카리오카들을 바라보는 것도 즐거웠다. 리우에서 또 한 번의 눈부신 해와 파도를 온몸으로 만끽하기 위해, 그들은 다시 바다로 모여들고 있었다. **RS**

여행 개요

출발점// 콜로니아 도스 페스카도레스Colônia dos Pescadores
(후아 프란시스코 오타비아누와 아베니다 아틀란티카 교차점)
종료점// 페드라 두 레메Pedra do Leme
(프라사 알미란치 줄리우 노론하, 아베니다 아틀란티카 근처)
거리// 편도 4km
가는 법// 리우데자네이루의 갈레앙 국제공항에서 코파카바나까지 택시로 약 45분 소요.
시기// 연중 내내 방문 가능.
숙소// 리우 디자인 호텔www.riodesignhotel.com은 해변에서 한 블록 떨어져 있고, 마르타 리우 게스트하우스https://martario-guesthouse.riodejaneiro-hotels.net/en/는 해변을 내려다보는 넓은 펜트하우스를 제공.
복장// 가벼운 러닝 용품.
알아둘 점// 왕복으로 달릴 수도 있고, 편도로 달린 뒤 메트로를 이용할 수도 있다. 가장 가까운 역은 페드라 두 레메에서 서쪽으로 약 1마일 떨어진 카르데알 아르코베르지Cardeal Arcoverde 역이다. 아베니다 아틀란티카Avenida Atlântica에서는 택시를 쉽게 잡을 수 있다.

- EPIC RUNS OF THE WORLD -

비슷한 도전을 찾아서
활기 넘치는 해변 코스

마이애미 비치, 플로리다주 (미국)

흔들리는 야자수와 눈부신 백사장은 마이애미 비치에서 러닝을 즐기기에 완벽한 배경이 되어준다. 아름다운 해변뿐만 아니라, 마이애미 비치는 화려한 아르데코^{Art Deco} 건축물과 활기찬 노천 식당^{open-air eateries}으로도 유명하다. 기억에 남을 만한 6.4km 코스는 인디언 비치 파크^{Indian Beach Park}에서 시작된다. 이곳은 마이애미 비치 보드워크^{Miami Beach Boardwalk} 입구 근처에 위치하며, 오래된 나무 데크 산책로를 따라 무성한 녹지를 지나면서 그림같이 깨끗한 해안선을 감상할 수 있다. 약 2.6km를 달려 23번가^{23rd St} 부근에 도착하면, 길이 포장도로로 바뀌며 사우스 비치^{South Beach} 중심부로 이어진다. 이 구간에서는 유명한 오션 드라이브^{Ocean Drive}를 따라 달리며, 활기찬 레스토랑과 바, 그리고 파스텔 톤의 아름다운 아르데코 건물들을 감상할 수 있다. 코스의 종착지는 사우스 포인트 비치^{South Pointe Beach}로, 사우스 비치의 북적이는 중심가를 지나 약 1km 더 달리면 평온한 해변에 도착하게 된다.

출발점// 인디언 비치 공원
종료점// 사우스 포인트 비치
거리// 6.4km

프롬나드 데 장글레, 니스 (프랑스)

프랑스 남부 해안을 따라 자리한 니스^{Nice}는 아름다운 해변, 벨 에포크^{Belle Époque} 양식의 건축물, 그리고 온화한 지중해 기후로 오랫동안 방문객들을 매료시켜왔다. 이 도시의 매력을 만끽하는 가장 특별한 방법 중 하나는 프롬나드 데 장글레^{Promenade des Anglais} (영국인 산책로)를 따라 6.4km를 달리는 것이다. 넓은 보행자 전용 구간이 마련되어 있어 러너들에게 최적의 환경을 제공한다. 지중해의 탁 트인 전망과 상쾌한 바닷바람을 느끼는 것뿐만 아니라, 코스 중간에는 눈길을 사로잡는 건축물들이 자리하고 있다. 대표적인 건축물로는 1912년에 건설된 신고전주의 양식의 호화로운 호텔 네그레스코^{Hotel Negresco}가 있다. 또한, 이 길을 따라 파란 바다를 향해 파란색 의자가 줄지어 놓여 있는 모습도 인상적이다. '라 셰즈 블뢰^{La chaise bleue}'(파란 의자)는 1940년대부터 존재해왔으며, 오늘날 프렌치 리비에라^{French Riviera}(프랑스 남동부 지중해 연안)를 상징하는 아이콘이 되었다. 산책로 동쪽 끝에는 지역 예술가 사빈 제로디^{Sabine Géraudie}가 이를 오마주한 조각 작품 '라 셰즈^{La Chaise}'를 세워두었다. 이곳은 언제 달려도 좋지만, 특히 해질녘의 풍경은 더욱 감동적이다.

출발점// 카드랑 솔레르(해시계 조형물)
종료점// 니스 카하 항구
거리// 6.4km

와이키키 비치, 호놀룰루 (하와이)

세계에서 가장 장관을 이루는 도심 해안선 중 하나로 꼽히는 와이키키 비치^{Waikiki Beach}는 고운 백사장, 옥빛 바다, 그리고 파도 소리로 감각을 사로잡는다. 겨울철에는 특히 서퍼들의 천국으로 유명하며, 멀리 다이아몬드 헤드^{Diamond Head} 화산이 웅장하게 솟아 있다. 러닝 코스는 퀸 카피올라니 공원^{Queen Kapi'olani Regional Park} 내 와이키키 아쿠아리움^{Waikiki Aquarium} 근처에서 시작된다. 이후, 야자수가 줄지어 선 해안길을 따라 달리면, 멀리 해변을 따라 늘어선 고층 호텔들이 보인다. 그렇게 공원을 지나면, 코스는 칼라카우아 애비뉴^{Kalakaua Ave}로 이어진다. 이 활기찬 상업지구는 해변을 따라 이어지며, 와이키키의 모래사장을 조망할 수 있는 최적의 경로가 된다. 이후 비치 워크^{Beach Walk}에서 좌회전한 후, 칼리아 로드^{Kalia Rd}에서 우회전하면 포트 드루시 비치 공원^{Fort DeRussy Beach Park}으로 들어선다. 공원 내 포트 드루시 보드워크^{Fort DeRussy Boardwalk}를 따라 달리면, 마침내 근사한 듀크 카하나모쿠 석호^{Duke Kahanamoku Lagoon}에 도착한다. 이곳의 잔잔한 물가를 한 바퀴 도는 것도 충분히 가치 있는 경험이며, 이후 같은 경로를 따라 출발점으로 되돌아오며 러닝을 마무리할 수 있다.

출발점// 퀸 카피올라니 공원
종료점// 듀크 카하나모쿠 석호
거리// 편도 5km

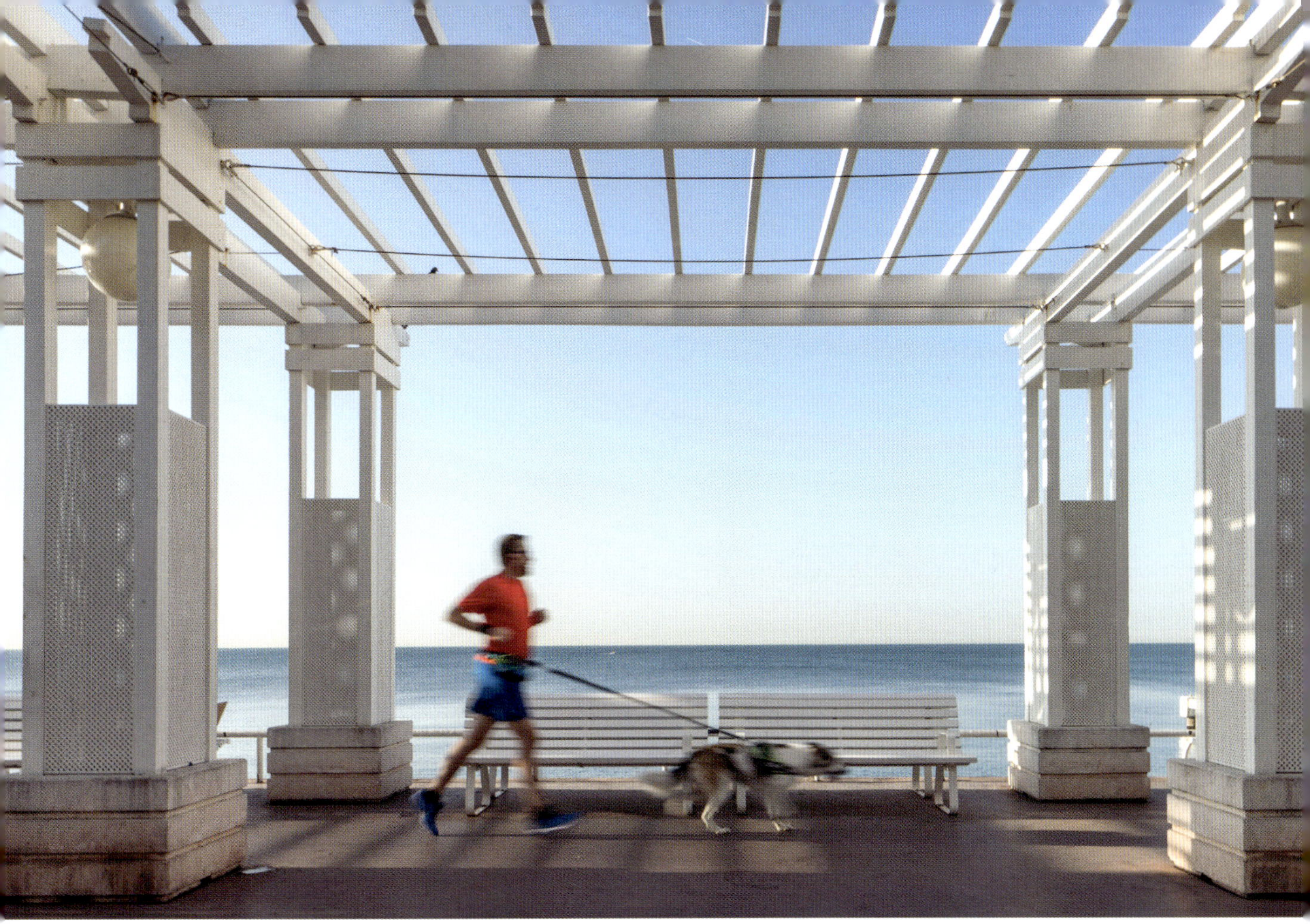

anouchka/Getty Images

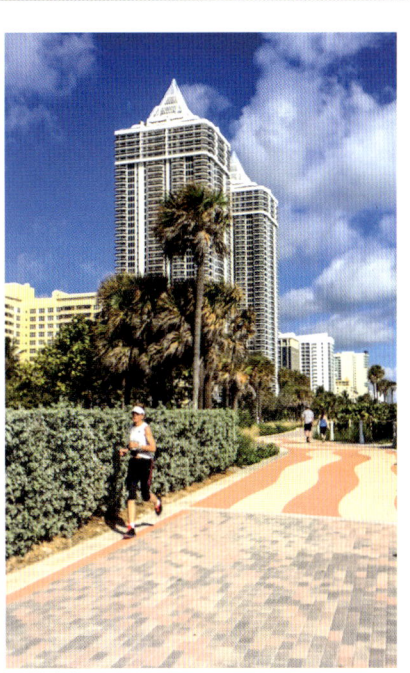

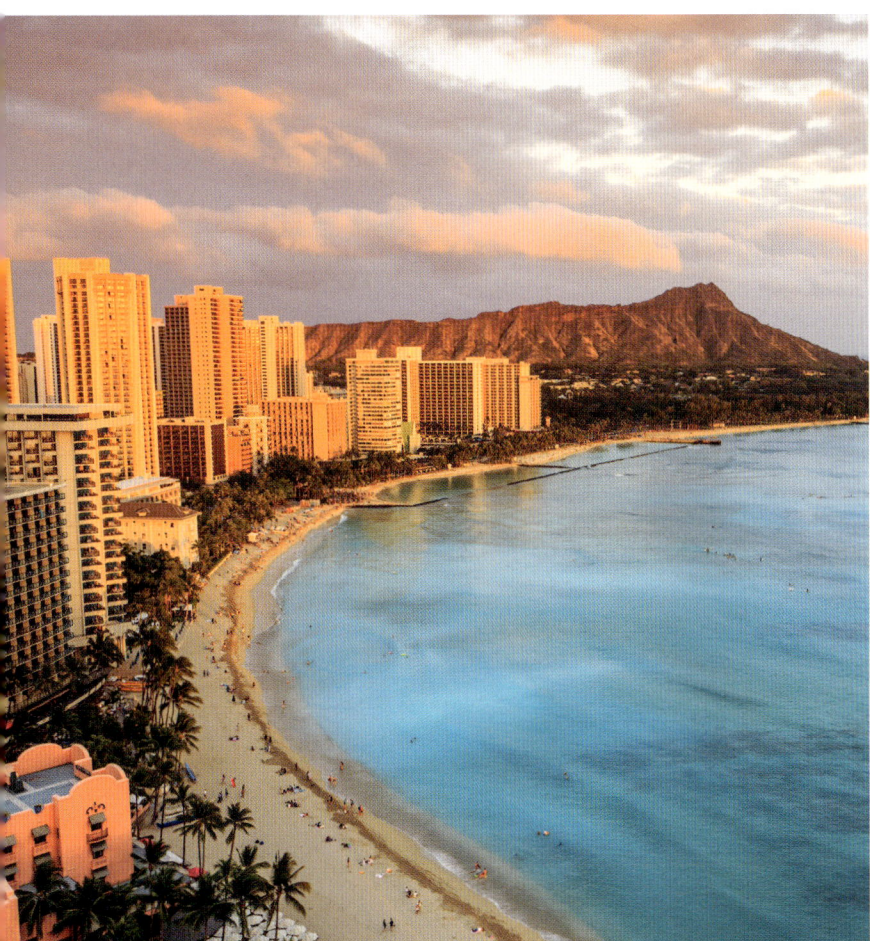

위에서부터 시계 방향으로: 프랑스 니스의 해안 산책로; 마이애미 사우스 비치에서의 뜨거운 러닝; 하와이 오아후 섬을 상징하는 와이키키 비치.

- EPIC RUNS OF THE WORLD -

시카고 호안선
— THE CHICAGO SHORELINE —

수십 년간의 개발 끝에, 시카고의 레이크프론트 트레일은 도시 공원과
어드벤처 놀이터가 결합된 인상적인 네트워크로 탄생했다.

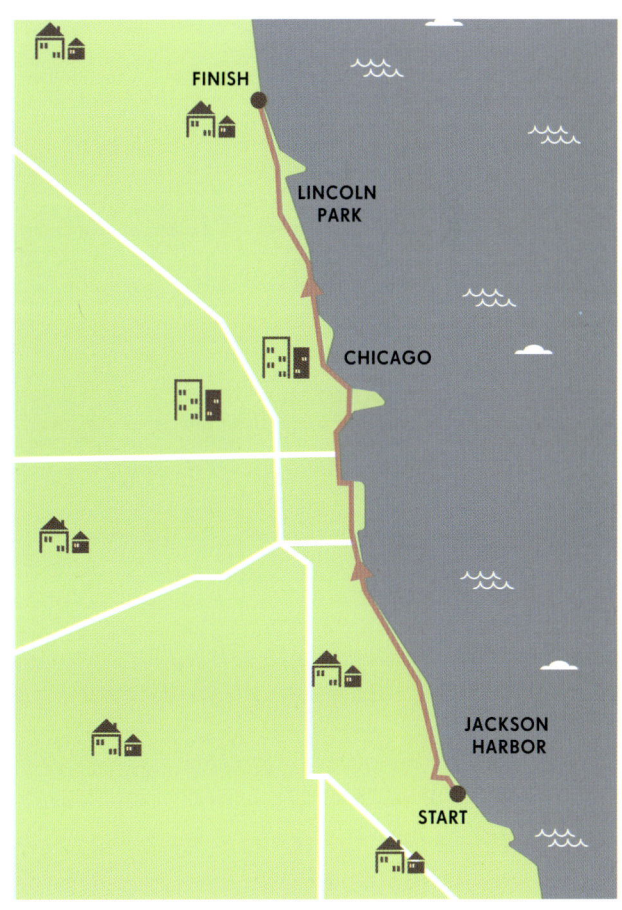

총길이 30km에 이르는 시카고 레이크프론트 트레일 Lakefront Trail은, 미시간호를 따라 펼쳐진 화려한 호숫가, 세계적으로 유명한 박물관, 도심의 웅장한 마천루, 그리고 거대한 대관람차 등 도시의 대표 명소들을 잇는다. 그러나 무엇보다 중요한 것은, 시카고 전역을 관통하는 이 연속적인 트레일이 서로 다른 모습으로 존재하는 지역 사회를 하나로 연결하며, 지역민들의 다양한 삶을 보여주는 거대한 투어 코스라는 점이다. 어려움에 처한 소외 지역부터 호화 저택이 늘어선 거리, 숨 막히는 도시 풍경에서 눈부신 자연까지 모두 아우른다.

날씨가 좋은 날이면 도시 전체가 해안가로 몰려든다. 몸 상태가 좋든 아니든 상관없다. 레이크프론트 트레일은, 인구 270만 명의 이 대도시가 여전히 서로 인사를 건네는 작은 마을 같은 정서를 품고 있음을 보여준다. 서로 모르는 사람들도 손을 흔들어 인사하고, 빠르게 달리는 러너들은 느린 러너들을 예의 있게 추월해 지나간다.

이 트레일은—어느 방향에서 시작하느냐에 따라—남부의 사우스 쇼어 컬처럴 센터 South Shore Cultural Center에서 시작하거나 끝난다. 한때 컨트리 클럽이었던 이곳은 오바마 부부의 결혼 피로연 장소로도 유명하다. 평탄한 포장길은 세계 최대 담수호 중 하나인 미시간호를 따라 이어진다. 지금까지 1,500척 이상의 선박이 침몰한 이 거대한 내륙의 '바다'는, 끝없이 펼쳐진 물결로 지평선을 덮는다. 아스팔트 정글에 갇혀 사는 현지인들에게, 이 호수는 강력한 치유의 공간이다.

트레일은 어느 방향으로든 달릴 수 있지만, 나는 덜 붐비는 남쪽에서 시작하는 것을 선호한다. 덕분에 초반 몇 마일을 여유 있게 뛸 수 있다. 시내에서 버스를 타고 노동자 계층이 모여 사는 동네와

"이 도시는 270만 명이 살고 있지만,
레이크프런트 트레일을 따라 달리다보면
마치 작은 마을같은 따뜻함이 느껴진다."

낮은 아파트, 드문드문 보이는 공터들을 지난 뒤, 버스에서 내려 몇 분만 더 걸으면 외진 길모퉁이에 자리한 트레일 출발점 표지판에 도착한다.

초반에는 평범한 인도에 불과해 보인다. 공공 골프장을 따라 난 길을 반 마일쯤 걸으면, 길이 휘어지며 갑자기 눈앞에 터키석빛 미시간호가 모습을 드러낸다. 하늘과 맞닿은 호수 너머로, 우아하게 펼쳐진 트레일이 길게 이어진다.

첫 몇 마일 동안, 트레일은 잭슨 하버Jackson Harbor를 지난다. 부두에선 돛단배들이 물 위로 흔들리고, 낚시꾼들은 배스를 낚기 위해 낚싯줄을 드리운다. 근처에서는 현지인들이 뒷마당 파티라도 여는지 힙합 음악을 틀어놓고 그릴 위에서 소시지를 지글지글 구워댄다.

조금 더 가면, 시카고 대학교 학생들이 자주 찾는 모래사장이 나온다. 몇 블록 서쪽으로는 상아탑처럼 우뚝 솟은 캠퍼스 건물이 보인다. 인근에는 서반구 최대 규모를 자랑하는 시카고 과학산업박물관Museum of Science and Industry도 있다. 방문객들은 박물관을 둘러본 후, 호숫가로 내려와 산책을 즐기곤 한다.

그 다음 몇 마일 동안, 트레일은 동쪽으로는 호수, 서쪽으로는 차들이 쌩쌩 달리는 레이크 쇼어 드라이브 사이로 이어진다. 하지만 도시 소음을 잊게 해줄 볼거리가 곳곳에 있다. 수위가 낮을 때는 49번가 거리에서 침몰선을 볼 수도 있다. 1914년 모건 쇼얼Morgan Shoal이라 불리는 암초에 좌초한 실버 스프레이호Silver Spray의 철제 보일러가 지금도 호수 위로 튀어나와 있다. 41번가 해변에서는 근육질 남성들이 야외 운동장에서 턱걸이와 윗몸일으키기를 하고 있다.

그러다 문득, 주변이 텅 빈 것처럼 느껴진다. 차량 소음과 매연은 사라지고, 새소리와 달콤한 풀 내음이 퍼진다. 번햄 센테니얼 프레리Burnham Centennial Prairie로 들어선 것이다. 고층 빌딩과 분주한 도로는 사라지고, 나비와 흔들리는 꽃들이 트레일을 감싸고 있다. 마치 네브래스카 대초원으로 순간이동한 듯한 기분이다.

이 야생 구간을 지나자, 또 다른 시카고의 상징적 도심 구역이 나타난다. 브론즈빌Bronzeville은 시카고 아프리카계 미국인 문화의 심장부다. 루이 암스트롱과 귄돌린 브룩스도 이곳에서 살았다. 이 동네의 자랑은 31번가 해변이다. 친밀한 가족들이 북적이는 이곳은, 야외 생활을 사랑하는 이 도시 사람들을 위한 최고의 공공 레크리에이션 공간 중 하나다.

이제 시카고의 유명한 랜드마크들이 연이어 등장한다. 솔저필드Soldier Field, 셰드 수족관Shedd Aquarium, 그리고 트레일의 중간 지점인 버킹엄 분수Buckingham Fountain다. 그렇게 마리나를 지나 레이크뷰 공원을 거쳐, 자전거와 보행자가 함께 쓰는 길로 합류해 시카고강을 건너고 프랭클린 델라노 루스벨트 다리Franklin Delano Roosevelt Bridge 아래와 옆을 지난다.

호수를 따라가다 보면 오른쪽에 네이비 부두Navy Pier가 나타난다. 거대한 대관람차가 돌고, 푸드트럭들은 딥디쉬 피자와 마가리타를 팔고 있다. 이곳은 상업화된 시카고의 정수를 보여준다. 좋아하든

공공 예술

시카고는 세계적인 공공 예술의 중심지로, 레이크프런트 트레일을 따라 여러 훌륭한 작품들이 전시되어 있다. 주목할 만한 작품은 퀸스 랜딩에 위치한 마크 디 수베로의 거대한 키네틱 조형물 '마그마'로, 철제 곡선 구조가 크로스 빔을 따라 움직이는 형태다. 또 다른 작품으로, 디버시 파크웨이 근처에 자리한 존 헨리의 '세브런'은 높이 16m에 달하며 풍차와 비슷한 모양이다. 이러한 작품들은 몇 년마다 교체되며 공공의 풍경을 지속적으로 변화시킨다.

왼쪽부터: 시카고 중심부의 네이비 피어; 러너들이 출퇴근 전후로 몰려든다. 이전 페이지: 레이크프런트 트레일의 일부 구간은 도시를 지나고, 다른 구간은 도시를 벗어난다.

싫어하든. 하지만 대부분의 주민들은 두 감정을 모두 느끼는 이곳은 이후 몇 마일 동안 이어질 스트리터빌Streeterville과 골드코스트Gold Coast의 화려하고 소비적인 분위기를 예고한다.

이어 트레일은 철인 3종 선수들이 즐겨 찾는 야외 수영 훈련장이 있는 오하이오 스트리트 비치Ohio St Beach 옆을 지나고, 오크 스트리트 비치Oak St Beach까지는 호수를 끼고 달린다. 그렇게 반짝이는 고층 빌딩들이 흥미를 더하다가, 시카고에서 가장 넓은 해변인 노스 애비뉴 비치North Avenue Beach에 도착한다. 이곳은 각종 수상 스포츠 업체와 배구 코트로 가득해, 남부 캘리포니아 해변 같은 느낌을 준다.

마지막 구간에서 트레일은 녹음이 우거진 링컨 파크Lincoln Park로 접어든다. 동물원, 극장, 정원이 어우러진 이 공원은 미국 최고의 공공 공간 중 하나로 꼽힌다. 하지만 사실 그 모두를 연결하는 레이크프론트 트레일이야말로 이 도시 최고의 공공 공간일 것이다. 해안선을 영원히 개방하고 개발을 금지한 시카고 선구자들의 비전 덕분에, 나는 이렇게 도시 끝에서 끝까지 달릴 수 있다.

마침내, 트레일은 공원을 지나 업타운과 에지워터Edgewater로 이어진다. 농구장에서 청년들이 경기를 하고, 축구장에서 팀들이 격돌하며, 노부부들은 벤치에 앉아 휴식을 취한다. 나는 북쪽 끝 오스터만 비치Osterman Beach에서 콜라 한 잔을 사 마시며 시카고 시민들의 일상으로 다시 자연스레 녹아들었다. **KZ**

여행 개요

출발점// 7100 S 사우스 쇼어 드라이브7100 S South Shore Dr
종료점// W 아드모어 애비뉴W Ardmore Ave(N 셰리든 로드 동쪽)
거리// 30km
가는 법// 시내에서 버스 6번Jackson Park Express을 타고 사우스 쇼어 드라이브/71번가 정류장에서 하차. 71번가를 따라 동쪽으로 몇 블록 걸으면 레이크프런트 트레일 시작 지점(마일 0/18 표지판)에 도달.
시기// 봄, 특히 주중이 가장 한적함.
숙소// 더 루프The Loop 및 니어 노스Near North 지역 추천.
추가정보// www.chicagoparkdistrict.com/parks-facilities/lakefront-trail
알아둘 점// 트레일의 어느 구간이든 쉽게 진입하거나 나올 수 있어 짧은 거리만 달릴 수도 있다. 현재 보행자와 자전거 이용자를 안전하게 분리하기 위해 트레일이 구분되어 있다. 해변과 공원에 화장실과 식수대가 풍부하게 마련되어 있다.

옆 페이지: 뉴욕시 브루클린 브리지.

비슷한 도전을 찾아서
미국의 도심 산책로

브루클린 브리지, 뉴욕시

그렇다, 이곳은 늘 인파로 붐비지만, 그만한 가치가 있다. 러닝은 맨해튼 남부Lower Manhattan의 고층 빌딩들 사이에서 시작된다. 이후 완만한 오르막을 따라 달리며, 브루클린 브리지Brooklyn Bridge의 거대한 십자형 케이블 구조 아래를 지나, 화강암으로 된 주탑을 통과하게 된다. 다리를 건너면 마침내 브루클린의 개성 넘치는 해안가 지역, 즉 덤보DUMBO(Down Under the Manhattan and Brooklyn Bridges의 약자)에 도착한다. 이후 브루클린 브리지 파크에서 해안 산책로가 펼쳐져 쉽게 거리 연장이 가능하다. 이 경로에서는 이스트 강East River 너머로 월스트리트의 고층 빌딩, 원 월드 트레이드 센터One World Trade Center, 그리고 멀리 항구 너머 자유의 여신상Statue of Liberty까지 감상할 수 있다.

출발점// 로어 맨해튼 시청
종료점// 브루클린 브리지 파크 6번 부두
거리// 4km
추가 정보// www.nycgo.com

엠바카데로, 샌프란시스코

샌프란시스코의 엠바카데로Embarcadero는 도시의 동쪽 해안을 따라 북쪽으로 이어지는 산책로로, 이곳을 달리면 짭조름한 바닷바람을 맞으며 해양 풍경을 만끽할 수 있다. 특히, 거대한 베이 브리지Bay Bridge를 가까이에서 감상할 수 있는 장점이 있다. 코스는 샌프란시스코 자이언츠의 아름다운 야구장, 힙스터 감성이 물씬한 미식가들의 성지인 페리 빌딩Ferry Building, 그리고 보다 관광지다운 피셔맨스 워프Fisherman's Wharf를 지나간다. 이곳은 현지인과 관광객 모두가 몰리는 곳이지만, 걱정할 필요는 없다. 길이 넓고 평탄하며, 뛰는 내내 버클리Berkeley와 오클랜드Oakland까지 시야가 탁 트여 있다. 러닝을 마친 후에는 피어 39Pier 39에서 클램 차우더, 수제 맥주, 혹은 미니 도넛 한 바구니로 보상을 즐기는 것도 좋은 선택이다. 그런데 사람들 사이를 뚫고 달리거나 자전거 및 기타 교통량 속에서 뛰는 것이 싫다면, 아침 일찍 나가는 것이 좋다.

출발점// AT&T 파크 야구장
종료점// 피어 45
거리// 5km

웨스트 리버 파크웨이, 미니애폴리스

미시시피 강Mississippi River은 미니애폴리스 도심 한가운데를 가로지르며, 웨스트 리버 파크웨이West River Parkway는 이 역사적인 강변을 따라 이어진다. 트레일은 창고 지구Warehouse District의 초입에서 시작되며, 빈티지한 다리들, 으스스한 오래된 밀가루 공장 유적, 그리고 공중에 떠 있는 듯한 코발트 블루 색상의 '엔드리스 브리지Endless Bridge'를 갖춘 거스리 극장Guthrie Theater을 지나간다. 이후, 미네소타 대학교University of Minnesota 캠퍼스를 지나며, 프랭크 게리Frank Gehry가 설계한 은빛으로 빛나는 와이즈먼 미술관Weisman Art Museum을 만난다. 러닝 코스의 종착점인 미네하하 공원Minnehaha Park은 무성한 나무와 푸른 언덕, 그리고 올드 맨 리버Old Man River 위 절벽이 어우러진 도시 속 오아시스다. 이곳에는 시적 영감을 불러일으키는 미네하하 폭포Minnehaha Falls도 자리하고 있다. 이 트레일은 그랜드 라운즈Grand Rounds의 일부로, 총 82km에 걸쳐 도시를 한 바퀴 도는 네트워크를 이루며, 경관이 뛰어난 여러 러닝 코스와 연결되어 있다. 장거리 러닝을 원하는 러너들에게도 최적의 코스다.

출발점// 플리머스 애비뉴(붐 아일랜드 맞은편)
종료점// 포드 파크웨이(미네하하 공원)
거리// 14.5km
추가 정보// www.minneapolisparks.org

- EPIC RUNS OF THE WORLD -

배드워터 135
—THE BADWATER 135—

얼굴이 녹을 듯한 열기와 극한의 고도차, 캘리포니아 사막을 가로지르는
상징적인 울트라마라톤에 대해 읽는 것만으로도 아침 러닝보다 더 힘들게 느껴질 것이다.

배드워터 135 울트라마라톤 127마일(약 204km) 지점에서, 내 다리에 느껴지는 통증은 평범한 통증이 아니었다. 그것은 내면을 꿰뚫는 듯한 통증이었고, 아이러니하게도 이 통증이 해마다 나를 이 레이스로 다시 이끌었다. 아마도 다른 많은 사람들 또한 이 통증에 이끌려 이곳에 오는 것 같다. 그 통증은 당신에게 묻는다. '넌 누구인가? 그리고 어떤 사람이 되고 싶은가?' 세상 어디에도 이처럼 마음과 몸을 정화하는 레이스는 없다.

이번이 내 여섯 번째 배드워터 도전이었지만, 나는 한 번도 제대로 준비가 되었다고 느낀 적이 없다. 이상하게도, 어떤 고통이 기다리고 있는지 안다고 해서 그 고통이 덜해지는 건 아니었다. 스타트 지점에 도착해 차 문을 열고 에어컨이 틀어진 차 안에서 서늘했던 피부가 마치 화로 같은 열기에 노출될 때마다, 늘 충격을 받는다. 배드워터는 캘리포니아 데스밸리Death Valley에서 시작한다. 수천 년 동안 팀비샤족Timbisha 의 터전이었던 이 광활한 사막은, 1849년 골드러시 당시 치명적인 마차 사고 이후 탐험가들에 의해 '죽음의 계곡'이라 불리게 되었다.

배드워터는 미국 본토에서 가장 낮은 지점에서 출발해, 가장 높은 지점으로 향하는 코스로 설계됐다. 참가자들은 배드워터 베이슨Badwater Basin에서 출발해, 캘리포니아의 시에라 네바다Sierra Nevada 산맥 동쪽에 위치한 론파인Lone Pine까지 사막 고속도로를 따라 이동한 후, 서쪽으로 방향을 틀어 해발 2,548미터인 휘트니 포털 로드Whitney Portal Rd 정상까지 오른다(원래는 해발 4,420미터인 휘트니 산 정상에서 끝났지만, 국립공원 측의 안전 문제로 인해 지금의 코스로 변경되었다).

울트라마라톤이라는 종목에서조차 '극한'이라는 단어는 남발되는 경향이 있지만, 배드워터 135는 그중에서도 진정한 극한의 인내력을

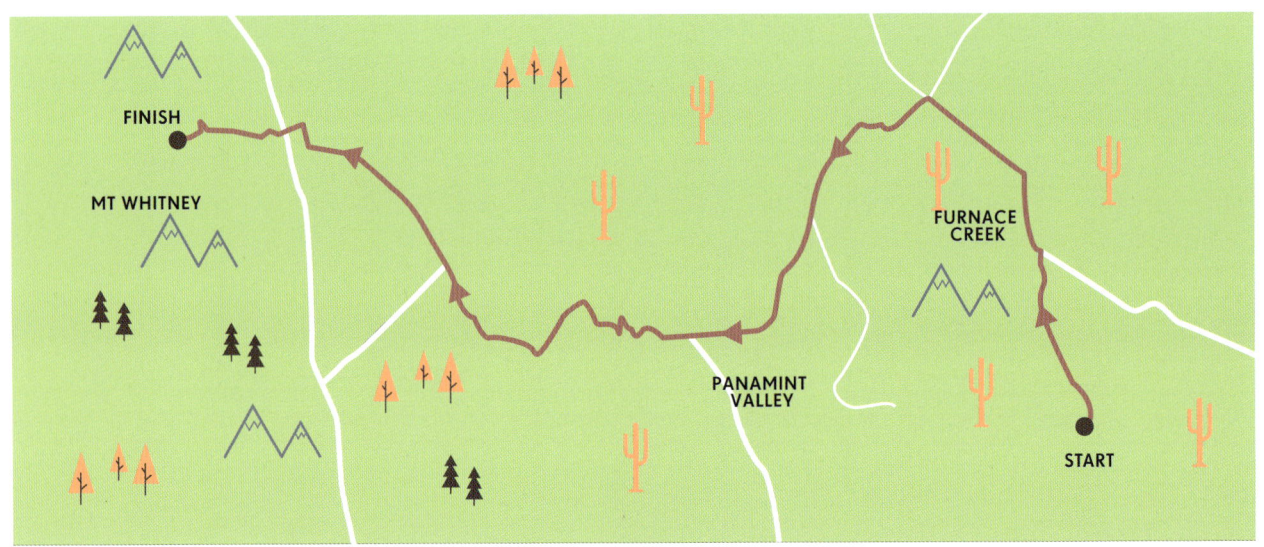

시험하는 대회로 명성이 높다. 세계에서 가장 혹독한 레이스로 여겨지는 이 대회는, 궁극적으로 '과연 내가 이걸 해낼 수 있을까?' 라는 오래된, 그리고 현명하지 못한 질문에서 시작되었다. 이 질문을 던진 사람은 캘리포니아 월넛 크리크Walnut Creek 출신의 피트니스 전문가 알 아널드Al Arnold였다. 그는 1970년대 초 이 질문에 대한 답을 찾기 위한 도전에 나서 두 번의 실패 끝에, 1977년 마침내 성공했고, 이후 수백 명의 모험가들을 같은 도전에 빠뜨렸다. 나는 그동안 수십 개의 울트라 레이스를 완주했고, 그중 몇 번은 우승도 했지만, 여전히 배드워터 135를 최고의 도전으로 여긴다.

여섯 번째 배드워터 135 출발선에 섰을 때, 긴장이 엄습하며 익숙한 질문이 다시 떠올랐다. '내가 정말 이걸 또 하고 싶은 걸까?' 대회는 7월 중순, 1년 중 가장 더운 시기에 열린다. 다른 계절에 달린다면 배드워터의 의미가 사라지기 때문이다. 이 레이스의 진짜 목적은, 내면 깊숙이 있는 것을 긁어내고, 그 자리를 내가 진정 어떤 사람인지에 대한 더 깊은 깨달음으로 채워넣는 데 있다.

모든 참가자는 반드시 자체 지원팀을 데리고 와야 한다. 코스 중간에 보급소aid station가 전혀 없기 때문이다. 지원팀 없이는 완주는커녕 살아남기도 어려운 대회다. 그해 내 지원팀은 모두 신참이었지만, 적어도 나를 죽게 내버려두지는 않을 거라 믿었다. 동료 러너들과

> "다리에 느껴지는 고통은 단순한 고통이 아니었다. 해마다 나를 이곳으로 다시 데려오는, 깨달음을 주는 고통이었다."

함께 출발선에 섰을 때, 고개를 들어 바위벽에 새겨진 '해수면sea level'이라는 글자를 바라보았다. 머리 위 86미터였다. 오전 10시 출발 시간이 되자, 우리는 마치 느릿한 거북이 떼처럼 앞으로 나아갔다. 나는 빠른 러너들을 앞서 보내며, 휘트니산까지 217km이 남아 있다는 걸 상기했다. 초반의 비교적 평온한 구간을 즐기려 했으나 오래 가진 않았다. 얼마 지나지 않아, 시계는 53°C를 가리켰다. 그나마 좋은 소식이었다. 나쁜 소식은 지표면 온도가 93°C에 달해, 설명하기 어려운 '광활한 공간에서 느끼는 폐소공포' 같은 감각을 불러일으켰다는 것이다. 퍼니스 크리크Furnace Creek를 지나, 주름진 모래 언덕을 넘어 스토브파이프 웰스Stovepipe Wells에 도착했다. 해수면까지 도달하는 데만 68km 완만한 오르막을 걸었다. 어떤 러너들은 모텔 수영장에 뛰어들었지만, 내게는 뜨거운 욕조처럼 느껴져 그냥 계속 걸었다. 이후 27km을 올라 해발 1,500미터 타운패스Towne Pass를 넘었다. 그 다음에는 16km 내리막을 달려 파나민트 밸리Panamint Valley로 내려섰다.

재미가 두 배

배드워터Badwater에서 감당해야 할 도전은 거리만이 전부가 아니다. 이 코스는 두 개의 산맥을 가로지르며, 누적 상승 고도는 5,790미터를 넘는다. 그럼에도 불구하고, 일부 남성, 그리고 여성들은 '데스 밸리 300Death Valley 300'(왕복 주행), '배드워터 트리플Badwater Triple'(세 번 횡단), 심지어 '배드워터 쿼드Badwater Quad'(두 번 왕복)로 불리는 도전들을 성공적으로 완수했다.

왼쪽부터: 마운트 휘트니 결승선 근처를 달리는 러너들; 더위와 탈수는 끊임없는 위험 요소.
이전 페이지: 배드워터 분지의 기온은 130°F(54°C)까지 상승할 수 있다.

해가 지면서 온도는 다소 내려갔고, 보랏빛 하늘은 지금까지의 수고에 대한 아름다운 보상이었다. 완전한 어둠이 깔릴 무렵, 도로 한가운데에서 방울뱀을 보고 깜짝 놀랐다. 72마일 지점에서 파나민트 스프링스 리조트를 지나, 파더 크롤리 전망대Father Crowley's Turnout를 통과해, 90마일 지점에서 다윈Darwin 마을로 이어지는 갈림길에 도착했다. 'TV 없음, 와이파이 없음, 휴대전화 신호 없음, 상점 없음, 방문객 환영'이라고 적힌 표지판이 서 있었다. 기온이 36°C로 내려간 밤공기에 나는 헤드램프를 끄고, 숨 막히게 아름다운 밤하늘을 만끽했다. 몇 시간 뒤, 새벽이 밝아올 무렵 108마일 지점, 작은 광산 마을 킬러Keeler를 지나쳤다. 저 앞에는 휘트니산과 아침 햇살에 물든 시에라 산맥이 펼쳐져 있었다.

드디어 122마일 지점 론파인에 도착했을 때, 온몸에 에너지가 차올랐다. 그러나 진짜 힘든 구간은 바로 이 마지막 21km, 1,500미터를 오르는 구간이다. 산기슭을 오르며 기온은 떨어지고 바람은 강해졌다. 굽이굽이 이어지는 길을 돌 때마다, 끝없이 펼쳐진 사막이 새로운 모습으로 드러났다. 마지막 커브를 돌자, 해발 2,530미터 피니시라인 근처에 모인 작은 응원단이 보였다. 나는 절뚝이며 전력 질주했다. 완주까지 26시간 15분이 걸렸다. 마지막으로 뒤를 돌아보며, 나는 중얼거렸다. "안녕, 데스밸리. 다시는 안 올 거야."

하지만, 지금 이 글을 쓰고 있는 걸 보면… CE

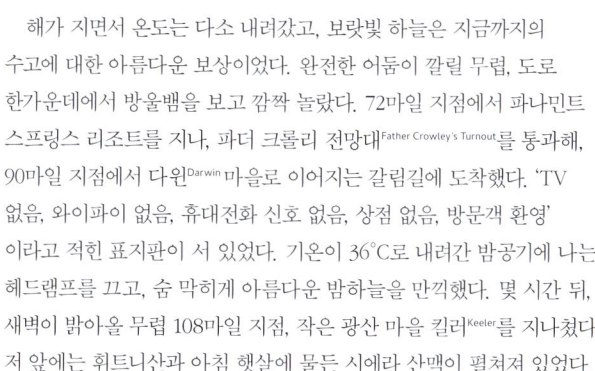

여행 개요

출발점// 배드워터 베이슨Badwater Basin
종료점// 휘트니 포털 로드Whitney Portal Rd 정상(캘리포니아 론 파인 위)
거리// 217km
가는 법// 라스베이거스로 비행 후, 퍼니스 크리크까지 225km 운전.
시기// 7월
숙소// 출발점 근처의 고급 옵션으로 더 랜치 앳 데스밸리www.oasisatdeathvalley.com 추천. 론 파인 근처 종료점에서는 다우 빌라 모텔www.dowvillamotel.com의 심플한 객실 이용 가능.
자세한 정보// www.badwater.com/event/badwater-135
알아둘 점// 대부분의 사람들이 열기에 초점을 맞추지만, 실제로는 건조한 공기가 더 큰 문제다. 도착 최소 일주일 전부터 수분을 충분히 섭취하기 시작해야 한다.

옆 페이지: 스파르타슬론에서
사이프러스 나무가 늘어선 언덕을
오르는 모습.

비슷한 도전을 찾아서
극한의 울트라마라톤

스파르타슬론 (그리스)

역사가 깊이 스며든 이 대회는 러너들을 시간여행으로 이끈다. 참가자들은 극한의 더위와 촉박한 제한 시간을 견뎌야 하지만, 기원전 490년, 마라톤 전투를 앞두고 페르시아에 대항해 그리스를 도울 원군을 요청하기 위해 페이디피데스Pheidippides가 아테네에서 스파르타까지 달렸던 경로를 그대로 따라가며 경이로운 경험을 할 수 있다. 매년 9월 개최되는 이 대회의 출발 지점은 아크로폴리스Acropolis 기슭이며, 코스는 고대의 지방 도로를 따라 구불구불 이어진다. 이 과정에서 참가자들은 올리브 숲과 광활한 포도원을 지나게 된다. 이후 해발 1,200m에 이르는 파르테논 산Parthenon Mountain을 오르는데, 전설에 따르면 이곳에서 페이디피데스가 판Pan 신을 만났다고 한다. 스파르타에 도착하면, 시민들은 러너들을 영웅처럼 환영하며, 완주자들은 레오니다스 왕King Leonidas 동상 앞에서 무릎을 꿇는다. 그리고 올리브 월계관을 쓰고, 고대 올림픽 선수들이 받았던 것처럼 에브로타스Evrotas 강의 물 한 그릇을 제공받으면서 마라톤 여정을 마무리한다.

출발점// 아테네 아크로폴리스
종료점// 스파르타
거리// 246km
추가 정보// www.spartathlon.gr/en/

애로우헤드 135, 미네소타주 (미국)

애로우헤드 135Arrowhead 135는 미국 본토에서 가장 추운 도시인 미네소타주 인터내셔널 폴스International Falls에서 한겨울의 혹독한 추위를 견디며 치러지는 극한의 레이스다. 코스는 다목적 트레일인 애로우헤드 주립 트레일Arrowhead State Trail을 따라 펼쳐지며, 넓고 평탄한 구간과 거친 구릉 지대가 섞여 있다. 도중에는 얼어붙은 호수와 시냇물이 등장하며, 무스, 늑대 발자국, 사슴, 스라소니lynx, 여우, 눈신토끼snowshoe hare 등의 흔적을 발견할 수도 있다. 트레일 남쪽 구간에서는 광활한 암반 지대와 거대한 바위들이 이어진다. 이는 고대 산맥이 빙하 침식에 의해 깎여나가며 남긴 흔적이다. 또한, 호수와 오래된 철광산을 내려다볼 수 있는 전망대, 그리고 거대한 면적을 차지하는 울창한 원시림의 활엽수 군락도 자리하고 있다. 길을 따라 세심히 살펴보면 물수리osprey, 흰올빼미snowy owl, 흰머리독수리bald eagle의 둥지도 발견할 수 있다. 레이스는 버밀리언 호수Lake Vermillion 근처에서 종료되지만, 완주율이 50% 미만일 정도로 극한의 도전이다. 많은 참가자들이 도중에 따뜻한 피난처를 찾아 경기를 포기하곤 한다.

출발점// 인터내셔널 폴스
종료점// 버밀리언 호수
거리// 217km
추가 정보// www.arrowheadultra.com

브라질 135, 미나스제라이스 (브라질)

브라질 135Brazil 135는 세하 다 만치케이라Serra da Mantiqueira 산맥에서 개최된다. 이 울창한 산맥은 리우데자네이루Rio de Janeiro와 미나스제라이스Minas Gerais 주를 가르는 자연 경계이며, 광활한 대서양 연안 우림Atlantic Coastal Rainforest이 남아 있는 몇 안 되는 지역 중 하나다. 브라질 135는 브라질에서 가장 어려운 울트라마라톤으로 꼽히지만, 그만한 가치가 있는 도전이다. 경이로운 풍경이 발에 생긴 물집의 고통을 잠시나마 잊게 해줄 만큼 장관을 선사하기 때문이다. 이 대회는 매년 1월 유명한 순례길인 '카미뉴 다 페Caminho da Fé (신앙의 길)' 중에서도 가장 험난한 구간에서 진행된다. 참가자들은 코스를 따라 아담한 마을들, 친절한 숙소, 그리고 훌륭한 현지 음식을 경험하게 된다. 또한, 경로는 여러 국립공원 및 주립공원을 가로지른다. 완주 제한 시간인 60시간은 넉넉해 보이지만, 제시간에 완주하려면 꾸준히 움직여야 한다. 특히 비가 내릴 경우, 도전은 더욱 가혹해진다.

출발점// 상조앙 다 보아 비스타
종료점// 파라이소폴리스
거리// 217km
추가 정보// www.brazil135.com.br

- EPIC RUNS OF THE WORLD -

베이 투 브레이커스
—BAY TO BREAKERS—

샌프란시스코의 가장 유명한 러닝 레이스는 기록이나 속도와는 거리가 멀다.
오히려 깃발을 높이 들고, 빠른 걸음으로 행진하는 항의 시위에 가깝다.

샌프란시스코를 가로지르는 베이 투 브레이커스 Bay to Breakers 레이스의 초반 구간, 나는 하워드 스트리트 Howard St를 올라가며 사람들이 나를 유난히 쳐다보는 것 같다고 느꼈다. 그날 나는 희귀한 존재였다. 실제로 러너처럼 보이는 몇 안 되는 참가자 중 하나였으니까.

5월 말, 선선한 일요일 아침, 내 주변에는 팬더 인형 탈을 쓴 여성, 검은색 타이츠에 형형색색 발레 치마와 노란 형광빛 깃털 목도리를 두른 남자 둘, 그리고 블루스 브라더스로 분장한 남자 둘이 있었다. 더 가까이에는 온몸에 초록색 옷을 맞춰 입고, 석유 시추와 삼림 파괴, 그리고 지구 온난화를 규탄하는 플래카드를 멘 러너들이 뛰고 있었다. 오른쪽에는 '지네 팀'이라 불리는 러너들이 작은 끈으로 서로 연결된 채 나란히 달리고 있었다. 그리고 물론, 나체 러너들도 있었다. 오직 러닝화와 가벼운 배낭만 걸친 남녀가 아무렇지 않게 뛰고 있었다.

이 대회에 등록할 때만 해도, 나는 베이 투 브레이커스가 어떤 성격의 대회인지, 그리고 많은 사람들에게 어떤 의미인지 제대로 이해하지 못했다. 이 대회가 늘 이렇게 기괴한 인간 군상을 끌어모으는 건 알고 있었지만, 아마 더 놀라운 건 우리 모두—5만 명이나 되는 사람들이—샌프란시스코 동쪽 끝의 만에서 시작해 서쪽 끝 태평양까지 11km를 달린다는 사실이었다.

내게 베이 투 브레이커스는 원래 다가오는 마라톤을 위한 간단한

몸풀기 대회일 뿐이었다. 그러나 출발 전에 이미 깨달았다. 나는 철저한 아웃사이더라는 사실을. 출발선으로 향하는 인파 속에서, 고무 오리 튜브를 두른 러너들은 단체로 안무를 맞춰 준비 운동을 하고 있었고, 엘비스 복장을 한 참가자는 'Love Me Tender'를 부르고 있었다. 땀 흡수 기능 티셔츠에 나일론 러닝 팬츠, 낡은 나이키 페가수스를 신은 나는, 한편으로는 우스꽝스럽게 느껴졌고, 다른 한편으로는 이 독특한 대회의 본질을 놓쳤다는 부끄러움마저 들었다. 지금은 안다. 이 레이스는 세계에서 가장 괴상한 대회이자, 샌프란시스코에서 가장 의미 있는 행사 중 하나라는 것을.

출발 직후, 금융 지구를 가로지를 때는 이미 다음 번에 이 대회를 다시 뛴다면 어떤 코스튬을 입을지 고민하고 있었다. 슈퍼히어로일까? 커다란 귀가 달린 토끼일까? 아니면 그냥 형광색 스피도 수영복 하나만 입을까? 이 대회에서는 목표 기록 같은 건 한낱 하찮아 보였다.

베이 투 브레이커스는 세계에서 가장 상징적인 러닝 대회 중 하나다. 1912년 시작된 가장 오래된 대회 중 하나일 뿐만 아니라, 대회를 탄생시킨 도시 특유의 열정과 에너지를 가장 진하게 담고 있기 때문이다. 1906년 대지진 이후 침체된 도시 분위기를 되살리기 위해 시작된 이 대회는, 수십 년 후 지금과 같은 대규모 거리 축제로 변모했다. 단순한 레이스를 넘어, 이 도시는 자기표현, 개인 건강, 정치적 행동주의, 그리고 반문화 해방을 상징하는 축제를 만들어냈다.

"맞아요, 이건 커다란 파티예요. 하지만 단순한 파티 이상의 의미가 있어요. 샌프란시스코가 지닌 하나의 전통이죠."

10년 넘게 '지네 팀'으로 매년 참가해온 한 러너의 말이다.

"그냥 재미 삼아 코스튬을 입기도 하지만, 자신이 지지하는 사회적 이슈를 알리기 위한 수단이 되기도 해요."

몇 마일쯤 지나자, 내 옆에서 달리던 두 여성—분홍색 스포츠 브라, 분홍색 스판덱스 반바지, 분홍색 러닝화, 그리고 밝은 분홍색 가발까지 풀세트를 갖춘—이 전혀 이상해 보이지 않았다. 코스는 하워드 스트리트에서 9번가를 지나 헤이스 밸리로 이어졌다. 그곳에서 악명 높은 헤이스 스트리트 힐Hayes St Hill을 오르기 시작했다. 경사도는 최대 11%에 이르고, 600m를 기어오르다시피 해야 하는 구간이다. 정상에 도착하니, 현관에 나와 파티를 즐기는 주민들과, 거리에서 그레이트풀 데드Grateful Dead 커버곡을 연주하는 밴드가 러너들을 맞아주었다.

1970년대 미국에 러닝 붐이 처음 일었을 때, 베이 투 브레이커스 참가자는 수백 명에서 수천 명으로 폭증했다. 이후에는 세계 최대 규모의 러닝 이벤트로 성장했다. 최근에는 참가비 인상과 과도한 일탈에 지친 주민들의 불만으로 규모가 조금 줄었지만, 여전히 수천 명의 비공식 참가자들bandit runners들과 10만 명이 넘는 열성적인 구경꾼들이 몰려든다.

골든게이트 공원 인근의 팬핸들Panhandle과 헤이트-애쉬버리Haight Ashbury 지역은 코스의 중간 지점이다. 이곳에서 나는 첫 번째 '지네 팀'에게 추월당했다. 서로 1.5m 간격의 줄로 연결된 상태에서, 마일당 5분 30초대의 속도로 달리는 팀의 모습은 경이로웠다.

기록 보유 대회

1912년부터 매년 열리고 있는 베이 투 브레이커스 Bay to Breakers는 동일한 코스와 거리로 세계에서 가장 오랜 기간 연속 개최된 달리기 대회다. 제2차 세계대전 동안에는 참가자가 50명 이하로 줄어들기도 했지만, 대회는 중단 없이 계속되었다. 그러나 2020년과 2021년, 코로나19 팬데믹으로 인해 대회가 가상 행사로 전환되면서 그 연속 기록이 중단되었다. 이후 2022년에 다시 현장 레이스가 개최되었다. 세계 최대의 러닝 이벤트로 자리잡은 이 대회는 특히, 1986년에 11만 명의 러너가 참여해 최대 인원 기록을 세웠다.

위에서부터 시계 방향으로: 필수 레이스 장비; 골든 게이트 브리지; 50,000명의 참가자. 이전 페이지: 러너이자 축제 참가자들이 알라모 광장에 모였다.

> "금융가를 달리며 다음번엔 어떤 코스튬을 입을지 고민했다. 슈퍼히어로? 토끼? 아니면 그냥 스피도만 입어볼까?"

- EPIC RUNS OF THE WORLD -

골든게이트 공원을 달리며, 돔형 온실인 컨저버터리 오브 플라워스 Conservatory of Flowers와 일본 다도 정원 앞을 지나쳤다. 이곳은 코스의 가장 높은 지점이기도 하다. 이후 존 F 케네디 드라이브F Kennedy Dr를 따라 내리막길을 달리자, 이후 몇 마일은 거의 흐릿하게 지나갔다. 목표 기록은 이미 포기한 지 오래였다. 대신 사람 구경에 빠졌다는 걸 깨달았기에, 드디어 속도를 올리는 느낌이 꽤 상쾌했다. 약간의 지그재그를 그리며 마틴 루터 킹 주니어 드라이브Martin Luther King Jr Dr로 접어든 뒤, 공원 남서쪽 구석에 있는 네덜란드풍 머피 풍차Murphy Windmill를 지나쳤다.

마지막으로 그레이트 하이웨이로 접어들며, 오른쪽으로 처음 태평양을 마주했다. 거센 파도가 부서지는 풍경이, 마지막 수백 야드 내내 함께했다. 피니시 라인을 통과한 후, 나는 묘한 후회를 느꼈다. 예상보다 빨리 달리지 못해서가 아니었다. 레이스 내내 기록을 신경 쓴 스스로가 부끄러웠다. 곧장 해변으로 나가, 나보다 늦게 들어오는 사람들을 구경하며, 이 독특한 축제의 잔향을 한 모금 더 들이마셨다.

나는 세계 곳곳에서 수많은 레이스를 뛰었지만, 진정 훌륭한 대회란 그 장소의 물리적·문화적 풍경을 그대로 반영하는 곳이라고 생각한다. 뉴욕 마라톤이 다섯 개 독립구boroughs를 달리며 뉴욕을 보여주듯, 베이 투 브레이커스는 샌프란시스코의 영혼을 그대로 드러낸다. 이 대회는 절대 빠르게 달리는 것이 중요하지 않다. 어쩌면, 달리기 자체도 중요하지 않다. 중요한 건, 표현이다. **BM**

여행 개요

출발점// 하워드 스트리트와 스튜어트 스트리트 근처
종료점// 그레이트 하이웨이(오션 비치Ocean Beach)
거리// 12km
가는 법// 샌프란시스코 국제공항에서 출발선까지 약 56km거리.
시기// 5월 셋째 주 일요일.
숙소// 출발선 근처의 추천 숙소로는 호텔 그리폰www.hotelgriffon.com과 하얏트 리젠시 샌프란시스코www.hyatt.com.
복장// 현지 분위기와 어우러지는 독특한 경험을 만끽하려면 코스튬을 입거나 자선 달리기에 참여하자. 단, 12km는 꽤 긴 거리이므로 편안한 러닝화를 잊지 말자. 가짜 오리발을 신고 달리는 건 권하지 않는다.
자세한 정보// www.baytobreakers.com
알아둘 점// 스마트폰을 챙겨 사진 찍는 것을 잊지 말자. 이 대회는 추억을 남기기에 안성맞춤이다.

– EPIC RUNS OF THE WORLD –

옆 페이지: 라스베이거스 스트립은 해가
진 뒤 열리는 하프 마라톤의 무대가
된다.

비슷한 도전을 찾아서
즐거움을 보장하는 러닝 코스

인간 대 말, 란우르티드 웰스 (웨일스)

이 대회는 1980년, 한 펍에서 시작된 논쟁에서 비롯되었다. 과연 인간이 말과의 달리기 경주에서 이길 수 있을까? 짧고 평탄한 코스에서는 두 발로 달리는 인간이 말에게 승산이 없지만, 길고 험준한 산악 코스라면 가능성이 있을지도 모른다. 뉴애드 암스 펍Neuadd Arms Pub의 주인장 고든 그린Gordon Green은 이 논쟁을 해결하기 위해 공식적인 경주를 개최하기로 결정했고, '인간 대 말Man v Horse 레이스'가 탄생했다. 그리고 첫 인간 우승자에게는 1,000파운드의 상금이 걸렸다. 이후 대회는 매년 열리는 전통적인 이벤트로 발전했고, 수백 명의 인간과 기수들이 참여하는 대형 레이스로 자리 잡았다. 그리고 마침내 2004년, 역사적인 순간이 찾아왔다. 휴 롭Huw Lobb이 가장 빠른 말보다 2분 앞선 2시간 5분 만에 결승선을 통과하며 최초의 인간 우승자가 되었다. 그는 여태까지 누적된 상금 2만 5,000파운드를 획득하며 전설을 남겼다. 그로부터 3년 후, 플로리안 홀팅거Florien Holtinger가 인간으로서 두 번째 승리를 거두었으나, 이후 말들이 다시 경주를 지배했다. 그러던 중, 2022년, 산악 러너fell-runner 리키 라이트풋Ricky Lightfoot이 우승을 차지하며 말의 연승을 끊었다. 그리고 2023년, 다니엘 코놀리Daniel Connolly가 그 업적을 다시 한번 재현했다.

출발/종료점// 란우르티드 웰스
거리// 34km
추가 정보// www.green-events.co.uk/whole-earth-man-v-horse

록 앤 롤 라스베이거스 하프 마라톤, 네바다주 (미국)

러닝 대회 중 가장 화려한 볼거리 중 하나인 이 2월 레이스는, 연중 몇 차례만 차량 통행이 제한되는 라스베이거스 스트립Las Vegas Strip을 오르내리며 진행된다. 대회는 유명 음악 공연과 화려한 불꽃놀이와 함께 시작되며, 러너들은 "Welcome to Las Vegas" 표지판을 지나 만달레이 베이Mandalay Bay, 룩소르Luxor, 엑스칼리버Excalibur, MGM 그랜드MGM Grand, 시저스 팰리스Caesar's Palace, 벨라지오The Bellagio 등 전설적인 카지노들을 가로지른다. 또한, 웨딩 채플, 전당포, 그리고 프리몬트 스트리트 익스피리언스Fremont Street Experience의 눈부신 조명 쇼도 이 코스의 하이라이트다. 풀코스 마라톤은 2022년에 폐지되었으며, 현재 10K와 5K 레이스는 여전히 진행되고 있지만, 하프마라톤이 가장 이상적인 거리로 꼽힌다. 스트립의 주요 명소를 충분히 감상할 수 있을 뿐만 아니라, 완주 후에도 베이거스의 밤을 만끽할 체력을 남길 수 있기 때문이다.

출발점// 도시바 플라자
종료점// 미라지 호텔 카지노
거리// 21km
추가 정보// www.runrocknroll.com

오스트레일리안 더니 더비, 윈턴, 퀸즐랜드 (호주)

'변비 스테이크Constipation Stakes'라는 별칭으로 불리는 이 대회는 매년 9월 퀸즐랜드Queensland의 외딴 지역에서 열리는 아웃백 페스티벌Outback Festival의 일부로 진행되는, 말 그대로 '지저분한' 이동식 화장실 경주다. 화장실 유머는 차치하더라도, 이 대회는 직접 제작한 이동식 화장실에 바퀴를 달아 달리는 혼돈의 질주다. 각 팀은 5명으로 구성되며, 한 명의 '기수jockey'가 '변기 왕좌throne' 위에 앉아 있고, 네 명의 러너 중 두 명은 앞에서 끌고, 나머지 두 명은 뒤에서 밀어 '인간 말human horses' 역할을 한다. 대회는 르망 스타일Le Mans-style 출발 방식으로 시작된다. 우선 기수가 전력 질주하여 자신의 '좌석'에 앉고, 이후 팀원들은 간이 화장실에 달라붙어 일련의 장애물을 헤쳐 나가며 200m를 질주한다. 결승선은 지역 펍pub 앞이며, 서로의 무용담을 나누는 영웅적인 음주historic drinking가 이어진다.

출발/종료점// 에릭 렌턴 메모리얼 레크리에이션 그라운드
거리// 200m
추가 정보// www.outbackfestival.com.au

- EPIC RUNS OF THE WORLD -

퀘벡시 겨울 웜업
—A WINTER WARM-UP IN QUÉBEC CITY—

가장 좋아하는 도시 러닝 코스를 독차지하는 유일한 방법은
기온이 영하로 떨어지고 대부분의 사람들이 아직 잠든 이른 아침에 뛰는 것이다.

겨울 아침은 러너에게 결코 친절하지 않다. 단, 퀘벡시에서라면 얘기가 다르다. 나는 매년 일정 기간 퀘벡시에 머물며 겨울이 이 도시의 문화와 풍경의 일부라는 사실을 알게 되었다. 덕분에 평소에는 조금 더 침대에 머물고 싶어지는 내면의 갈등이 이곳에서는 사라진다. 겨울이면 알람 소리가 들리자마자 기상해 창밖에 얼마나 눈에 덮였을지, 날씨가 얼마나 추울지 궁금해 하며 여러 겹의 옷과 4계절 러닝 기어—보온 속옷, 투크tuque(털모자), 그리고 야크트랙스YakTrax(미끄럼 방지 러닝 체인)—를 챙겨 입고 문을 나선다.

밖은 항상 영하 몇 도 아래로 내려가 있고, 입김이 구름처럼 뿜어져 나온다. 내가 가장 좋아하는 도시 러닝 코스는 몇 번이나 뛰어도 그 길에 펼쳐진 수백 년의 역사와 아름다운 자연 경관으로 인해 질리지가 않는다. 매주 몇 번씩 뛰는 이 코스는 가장 추운 계절에 더 매력적이다. 물론 겨울에도 퀘벡시는 사람들로 북적이지만, 이른 아침은 조용히 하루를 시작할 수 있는 완벽한 시간이다.

퀘벡시는 세인트로렌스강과 세인트찰스강 사이, '캡 디아망Cap Diamant'이라 불리는 절벽 위에 자리잡고 있다. 올드 퀘벡이 자리한 곳은 원래 이로쿼이족Iroquois 마을이었으며, 1608년 프랑스 탐험가이자 퀘벡시의 창립자인 사뮈엘 드 샹플랭Samuel de Champlain이 이곳을 정착지로 선택했다.

지형 덕분에 퀘벡 구시가는 위아래로 나뉘어 있다. 언덕 위에는 역사가 스며든 구불구불한 거리와 웅장한 성벽, 그리고 인상적인 샤토 프롱트낙 호텔Château Frontenac hotel이 자리하고 있다. 언덕 아래에는 '프티 샹플랭 지구Quartier Petit Champlain'라 불리는 곳이 있는데, 올드 포트

AMERICAS

Old Port로 이어지는 이 지역은 믿을 수 없을 만큼 좁은 자갈길과 아기자기한 상점들로 가득하다.

나는 언제나 시내에서 가장 큰 도심 공원인 플레인즈 오브 아브라함Plaines d'Abraham 근처에서 달리기를 시작한다. 특히 영하 15도 정도로 매우 추운 날이면 이곳에서 몸을 푸는데, 다른 계절에는 평평한 잔디밭과 나무로 둘러싸여 있던 정원들은 겨울이 되면 크로스컨트리 스키 코스, 스케이트장, 스노우 러닝 트랙이 있는 거대한 눈밭 놀이터로 변한다. 플레인즈 남쪽 끝에 도착하여 공원 중심부로 이어지는 비포장 트레일로 접어든다. 가로등 불빛 아래, 얼음이 된 눈더미가 반짝이고, 아침 스키어들이 유유히 미끄러져 지나가며, 몇몇 러너들은 고요한 공기 속에 얼어붙은 숨소리를 남긴다.

올드시티에 도착할 즈음에는, 대개 나 혼자뿐이다. 길 위에는 아무도 밟지 않은 신선한 눈이 쌓여 있고, 발 아래에서 리드미컬하게 눈 밟는 소리만 들린다. 이곳은 1759년 프랑스와 영국이 퀘벡시의 주도권을 두고 피비린내 나는 전투를 벌였던 바로 그 땅이다.

앞쪽에는 북미에서 가장 잘 보존된 요새 중 하나인 200년 된 시타델Citadelle이 보인다. 퀘벡의 화려한 고드름 장식으로 덮인 의회 건물 맞은편, 생루이 성문Porte St Louis을 지나, 성채처럼 생긴 퀘벡 시청과 1647년 처음 세워진 노트르담 대성당Notre-Dame de Quebec Basilica 앞을 지난다. 이렇게 이른 시간에, 이 모든 장소를 나 혼자 차지할 수 있다는 건 더할 나위 없이 멋진 일이다.

강변으로 향하는 길에서는, 에스칼리에 카스쿠Escalier Casse-Cou(목숨을 걸어야 할 정도로 가파른 계단)를 내려간다. 돌로 된 가파른 계단 난간을 꼭 잡고, 얼음에 미끄러지지 않도록 조심스럽게 내려간다. 곧이어, 북미에서 가장 오래된 상업 지구인 프티 샹플랭 지구Quartier Petit Champlain의 좁은 자갈길로 들어선다. 이 작은 상점들은 400년 전부터 이 자리에서 물건을 팔아왔으며 오늘날 관광객들로 넘쳐나는 곳이지만, 아침 이른 시간에는 조용하다. 자갈 위에 살짝 덮인 아삭거리는 눈 덕분에, 여름보다 오히려 겨울이 더 미끄럽지 않다.

자갈길을 지나면, 세인트로렌스강을 따라 뻗은 샹플랭 대로Blvd Champlain가 나타난다. 이곳의 강폭은 1킬로미터가 넘는데, 아침 햇살 아래 강물에서 수증기가 피어오르고, 물살에 떠밀려 내려오는 얼음 덩어리들이 낮은 해를 받아 반짝인다.

여기서부터 포장된 산책로를 따라 북쪽 올드 포트까지 달린 뒤, 다시 남쪽으로 방향을 틀어 프티 샹플랭 지구로 돌아간다. 이제는 오르막이다. 평소 같으면 관광객들로 꽉 찼을 좁은 프티 샹플랭 거리가 이른 시간엔 텅 비어 있다. 시간이 되면 대부분의 사람들이 바로 옆 푸니쿨라funicular를 타고 오르내리지만, 지금은 가게들이 문을 열기 전이라, 불 켜진 쇼윈도 조명만 새하얀 눈 위로 따뜻한 노란빛을 비추고 있다.

마침내, 상징적인 샤토 프롱트낙 호텔Château Frontenac hotel에 도착한다. 포르트 프레스콧 시타델 게이트Porte Prescott city gate 아래를 지나며, 눈앞에

겨울 찬가

퀘벡시는 추운 겨울을 너무나 사랑한 나머지 매년 2월이면 10일 동안 이어지는 겨울 카니발을 개최한다. 이 기간 동안 사람들은 썰매sleigh와 터보건toboggan (앞쪽이 위로 구부러진 길쭉한 썰매) 타기를 비롯한 상상 가능한 모든 겨울 활동을 즐기며 도시는 활기로 가득 찬다. 축제에서는 눈과 얼음 조각 전시, 음악 공연, 김이 모락모락 나는 겨울 음식, 그리고 화려한 퍼레이드가 펼쳐진다. 이 모든 것의 중심에는 수천 개의 투명한 얼음 블록으로 만들어진 거대한 얼음 궁전이 있으며, 영화 속 한 장면처럼 환상적인 조명으로 생동감을 더한다.

위에서부터 시계 방향으로: 눈으로 뒤덮여 새로운 모습이 된 퀘벡시의 공원; 미끄럼 방지 밑창이 러너들의 균형을 지켜준다; 올드타운이 깨어나기 전에 도로를 질주. 이전 페이지: 퀘벡시의 랜드마크, 샤토 프롱트낙.

> "자갈길 위에는 바삭하게 얼어붙은 눈이 얇게 덮여 있어, 여름보다 오히려 미끄럽지 않았다."

- EPIC RUNS OF THE WORLD -

거대한 성채가 펼쳐진다. 1893년 호텔로 지어진 샤토는 동화 속 성처럼 화려하고, 뾰족한 첨탑과 가파른 구리 지붕 위에는 눈이 군데군데 쌓여 있다. 떠오르는 아침 햇살을 받아, 마치 마법 같은 겨울 성으로 빛나고 있다. 그 성을 더 가까이 보기 위해 돌계단을 오르자 테라스 뒤페랭Terrasse Dufferin 나무데크가 모습을 드러낸다. 폭신한 나무 바닥 덕분에 발밑 감촉이 좋다.

마지막으로, 300계단을 오르며 잃었던 고도를 다시 회복한다. 다행히 중간중간 평탄한 구간이 있어 숨을 돌릴 수 있다. 얼어붙은 계단에서 미끄러지지 않도록 발밑을 주시하며 조심스럽게 오른다. 이 코스를 반대로 달린다면, 이 계단은 훨씬 아찔할 것이다.

드디어 정상에 올라 시타델 옆, 플레인즈 오브 아브라함으로 돌아온다. 도시는 이제 깨어나, 내 발자국 위로 출근길 사람들이 발자국을 더하고 있다. 어떤 사람들은 스키를 타고 출근하고, 또 어떤 사람들은 아침 러닝을 즐긴다. 하지만 겨울 태양은 여전히 낮게 걸려, 얼굴을 은은하게 데워준다.

기온이 오르며 녹은 눈으로 질척해진 길을 따라 공원을 가로질러 돌아간다. 투크를 벗고, 차갑고 맑은 아침 공기를 마지막까지 만끽한다.

물론, 눈이 녹은 뒤에도 이 코스는 훌륭하다. 특히 낙엽을 밟으며 달리는 가을이 아름답다. 하지만 내게 최고의 코스는, 온전히 나만의 시간이 되는 한 겨울 새벽 러닝 코스다. **GM**

여행 개요

출발/종료점// 플레인 다브라함Plaines d'Abraham

거리// 약 9km

가는 법// 퀘벡 시티 장 르사주 국제공항Québec City's Jean Lesage international airport 으로 비행하거나 기차로도 도착 가능. 몬트리올에서 기차로 약 3시간 30분 소요.

시기// 퀘벡시의 겨울 러닝을 경험하려면 12월에서 3월 사이에 방문. 이 시기에는 대개 눈이 쌓여 있다.

숙소// 플레인 다브라함 바로 맞은편에 위치한 독특한 C3 아트 호텔www.lec3hotel.com은 퀘벡 시티 러닝을 시작하기에 완벽한 장소.

자세한 정보// www.toursvoirquebec.com/en/

알아둘 점// 추운 겨울 러닝을 위해 긴 러닝 바지와 몸통을 덮어 줄 보온 레이어를 챙길 것. 가벼운 방풍 러닝 재킷, 따뜻한 모자나 헤드밴드, 방풍 장갑, 방수 양말, 올웨더 러닝화, 신발용 스노우 그립도 필수 아이템이다.

옆 페이지: 몬트리올의 몽 루아얄 천사.

비슷한 도전을 찾아서
캐나다의 겨울 러닝 코스

몽 루아얄 공원, 몬트리올

몬트리올 도심의 동쪽에는 280헥타르 규모의 몽 루아얄 공원^{Mt Royal Park}이 자리하고 있다. 이 공원은 뉴욕 센트럴 파크^{Central Park}를 공동 설계하기도 했던 프레더릭 로 옴스테드^{Frederick Law Olmsted}와 칼버트 복스^{Calvert Vaux}가 조성했다. 몽 루아얄 공원에는 100km에 달하는 트랙과 트레일이 펼쳐져 있으며, 겨울이 되면 완전히 새로운 모습으로 변신한다. 비버 호수^{Beaver Lake}에서는 아이스 스케이팅을 즐길 수 있고, 크로스컨트리 스키 코스와 다운힐 스키장도 마련되어 있다. 물론, 겨울 러닝 코스도 예외는 아니다. 갓 내린 눈이 쌓인 후, 나뭇가지마다 하얀 눈이 살포시 내려앉은 풍경 속에서 단단하게 다져진 설원 트레일^{snow-packed trails}을 따라 달리는 경험은 특별하다. 여기에 허벅지를 불태우는, 해발 233m 몽 루아얄 정상을 향한 오르막 코스까지 더해지면, 이것이야말로 몬트리올에서 놓칠 수 없는 러닝 경험이 된다.

출발/종료점// 르 서펜틴 트레일 (웨스트 파인 애비뉴 인근)
거리// 5~10km
추가 정보// www.lemontroyal.qc.ca/en

시그널 힐, 세인트 존스 (뉴펀들랜드)

해발 73m의 시그널 힐^{Signal Hill}은 세계 최초의 대서양 횡단 무선 신호가 전송된 장소로 유명하다. 가혹한 오르막이지만, 정상에서의 경치는 그 노력을 충분히 보상해 준다. 출발점은 세인트 존스^{St. John's} 도심으로, 항구 위에 자리한 형형색색의 나무집들 사이로 좁은 골목길이 미로처럼 얽혀 있는 풍경을 지나게 된다. 이후 해안선을 따라 북서쪽으로 이동해 내로스^{The Narrows}의 북쪽 끝으로 향한다. 여기서부터는 일련의 산책로와 계단을 따라 정상까지 오르게 된다. 세인트 존스는 매년 3m 이상의 강설량을 기록하지만, 시그널 힐 트레일^{Signal Hill Trail}은 적설과 해빙이 반복되는 도시의 기후 특성 덕분에 비교적 눈이 쌓이지 않은 상태로 유지되는 경우가 많다. 그러나 강풍이 불 때는 코스가 위험할 수 있으므로, 바람이 잠잠한 날 방문하는 것이 좋다. 코스 길이는 출발 지점에 따라 왕복 8~10km 정도다.

출발/종료점// 세인트 존스 시내 중심부
거리// 8~10km
추가 정보// www.parks.canada.ca/lhn-nhs/nl/signalhill

몽 트랑블랑, 퀘벡

퀘벡에서 가장 유명한 스키 리조트의 경사면에서 눈이 녹기 시작하면, 지역 트레일 러너들은 곧바로 러닝화를 꺼내 든다. 이곳의 대표적인 러닝 코스는 요한센-소메-그랑 브륄 루프^{Johannsen-Sommets-Grand Brûlé circuit}로, 총 17km에 이르는 순환 코스이며, 몽 트랑블랑 빌리지^{Mt Tremblant Village}에서 시작해 같은 곳에서 마무리된다. 이 코스는 언덕이 많고 기술적인 난이도가 높은 트레일로, 울창한 숲, 풀밭으로 덮인 스키 슬로프, 거센 산악 계곡, 그리고 폭포를 지나게 된다. 총 600m 이상의 고도 상승을 견디며 몽 트랑블랑과 픽 요한센^{Pic Johannsen} 정상에 오르면 스키 마을과 주변 경관을 내려다보는 압도적인 전망을 만끽할 수 있다.

출발/종료점// 몽 트랑블랑 빌리지
거리: 17km
추가 정보// www.tremblant.ca

- EPIC RUNS OF THE WORLD -

빅서 마라톤
―THE BIG SUR MARATHON―

캘리포니아의 험준하고 아름다운 1번 하이웨이는 깊은 생각과 자기 성찰에 완벽한 장소다. 물론 허벅지가 타들어가는 통증을 잊을 수 있다면 말이다.

- EPIC RUNS OF THE WORLD -

3 6km 지점에서 나는 완전히 벽에 부딪혔다. 그 순간을 지금도 또렷이 기억한다. 종아리 근육은 마치 실뭉치처럼 뭉쳐버렸고, 근육 경련이 일었으며, 숨조차 쉴 수 없을 것 같았다. 이미 그 악명 높은 3km짜리 허리케인 포인트Hurricane Point 오르막을 버텨냈고, 광활한 바다 풍경과 파도 소리에 힘을 얻어 빅스비 브리지Bixby Bridge도 넘었다. 하지만 이제 단 한 번의 가파른 언덕만 남았는데도, 나머지 6km를 완주하는 것이 불가능하게 느껴졌다. 더 심각한 건, 그 순간에는 완주하지 못한다면 내 인생도 완전히 망가질 것 같은 기분이 들었다는 것이다.

사실 내가 캘리포니아 중부 해안을 따라 달리는 빅서 마라톤에 참가한 이유는, 내 삶이 계획대로 풀리지 않았기 때문이다. 흔히 말하는 슬럼프였고 더 솔직히 말하면, 그냥 엉망이었다. 몸은 불어났고, 싱글에, 아무것도 나를 설레게 하지 못했다. 가진 것이라곤, 별로 좋아하지도 않는 일을 하는 데 필요한 컴퓨터와 약간의

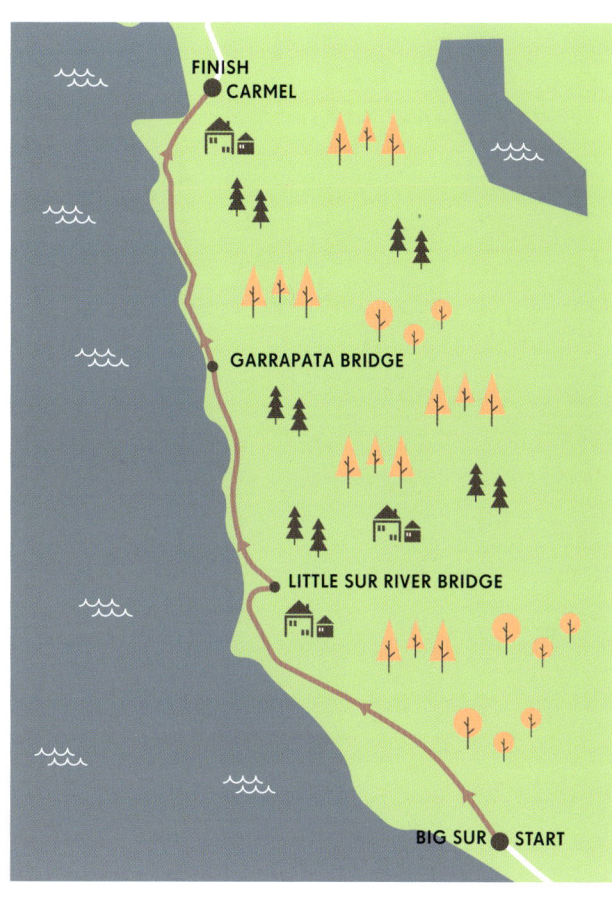

빚뿐이었다. 삼십 대의 지친 작가이자, 알코올 중독 초기 단계, 무엇보다도, 이런 내 상황에 무감각해져 가는 내가 더 두려웠다.

아마도 의도적이라기보다는 생존 본능에 가까웠을 것이다. 나는 인생에서 늘 곁을 지켜준 단 하나의 것, 달리기에 다시 의지하기로 했다. 내 친구 브라이언의 사무실 벽에는 늘 빅서 마라톤 포스터가 걸려 있었다. 어느 날, 그 포스터를 줄 수 있냐고 물었고, 다음날 내 사무실로 가져와 그 지긋지긋한 컴퓨터 바로 옆에 걸었다. 그리고 그 포스터는 이후 42.195km짜리 레이스를 준비하는 석 달 내내 그 자리에 걸려 있었다. 빅서와 카멜을 잇는 하이웨이 1번 도로는 평소에는 자동차 여행객들로 가득하지만, 레이스 날만큼은 차량이 없는 VIP 코스로 변신한다. 빅서 국제 마라톤에는 매년 약 4,500명의 러너가 참가하는데, 대부분이 다른 주나 해외에서 온 사람들이다. 누구도 이곳에서 기록을 노리거나, 다음 출전권에 목을 매지 않는다. 모두가 오로지 바다 풍경과 구불구불한 언덕, 그리고 거친 해안 야생을 만끽하기 위해 달린다. 대회의 모토도 "서쪽 세계의 거친 가장자리에서 달리기Running on the Ragged Edge of the Western World"다. 여기서 '거친ragged'이란 말은 이 코스가 얼마나 험준한지 단적으로 보여준다. 해발 상승 고도는 665m, 하강 고도는 770m로 개인 최고 기록을 노릴 대회는 절대 아니다.

이곳에서는, 주황빛 바위 절벽에 부서지는 거대한 파도 소리에 귀를

The Big Sur Marathon

- EPIC RUNS OF THE WORLD -

기울이고, 하늘에 닿을 듯 솟아오른 붉은 삼나무와 초록빛 양치식물이 뒤덮인 해안 산맥을 응시하며 달린다. 사실 훈련 과정만으로도 내 우울감을 해소하는 데 도움이 됐다. 나는 대회 출발지에서 몇 시간 거리 북쪽에 있는 버클리Berkeley라는 독특한 대학가 주변에서 익숙한 언덕 코스를 뛰며 준비했다. 이를테면 UC 버클리 캠퍼스의 멋진 석조 건물과 잔디밭 주변을 뛰거나 틸든 공원Tilden Park의 포장된 트레일을 따라 달리면서 내 몸은 더 단단하고 강해졌고, 무엇보다 정신이 맑아졌다. 비록 나는 한 번도 마라톤을 완주한 경험이 없고, 훈련 중 가장 길게 뛴 거리가 29km에 불과했지만 준비가 됐다는 느낌이 들었다.

레이스 당일, 나는 다른 러너들과 어울렸다. 맨 앞에는 엘리트 러너 몇 명과, 이 대회를 다른 대회 준비용으로 여기는 진성 마니아들이 있었다. 그리고 나처럼, 중간 그룹에서 뛰는 러너들도 많았다. 차가운 해안 안개 속에서 약간 떨리는 몸을 웅크리고, 서로 레이스 전략을 이야기했다. 공식 목표는 '완주'였지만, 솔직히 속마음은 브라이언의 기록인 4시간 10분을 깨고 싶었다.

출발 직후엔 내륙 구간이었지만, 드디어 캘리포니아의 아름다운 해안선이 눈앞에 펼쳐지자 러너들은 일제히 탄성을 질렀다. 페이스가 빨라졌고, 여기저기서 환호성이 터졌다. 중간지점에 있는 빅스비 브리지는 이 코스에서 가장 유명한 랜드마크로 주최 측은 턱시도를 입은 피아니스트를 배치해, 장대한 연주로 후반부를 응원했다. 커브진 다리 위에서 바라보는 해안 절경은 단연 최고였다. 너무 아름다운 풍경조차 슬슬 지겨워질 무렵, 또 다른 라이브 음악과 기괴한 복장의 응원단이 나타났다. 하지만 그 옆, 구급 텐트 앞에 널브러져 있는 러너들도 보였다. 바로 그때, 나 역시 내 불안정한 상태를 떠올리기 시작했다. 잠시 멈춰 깊이 숨을 들이쉬고, 종아리를 풀고, 바나나를 씹어 삼켰다. 그리고 다시 움직이기 시작했다. 빠르진 않았지만, 앞으로 나아갔다. 한 걸음, 또 한 걸음. 하늘을 올려다보고, 부서지는 파도를 내려다보고, 뒤돌아 솟구친 산맥을 바라보았다. 그때 비로소 뭔가를 깨달았다. 그리곤 속도가 붙기 시작했다. 무언가 뚫린 기분이었다. 그 순간은 바로 '지금 여기'에 있는 느낌이었다.

36km지점에서 찾아온 카타르시스는 눈 깜짝할 사이에 지나갔다. 그리고 마지막 몇 마일을 달리며, 비록 4,500명의 러너와 함께 뛰고 있었지만, 사실 나는 혼자 이 레이스를 뛰고 있음을 깨달았다. 마찬가지로, 내 직장, 내 컴퓨터, 내 삶에 대한 불만족도 전적으로 나 자신과 관련된 문제였다. 매일매일, 매 순간, 지금 이 순간의 나에게만 집중할 수 있다면, 나는 괜찮을 거라는 확신이 들었다. 어떤 사람들은 이걸 러너스 하이runner's high라고 부를지도 모른다.

어쨌든, 그 순간 덕분에 나는 마지막까지 해안 절경을 온전히 만끽할 수 있었다. 무엇보다 중요한 건, 브라이언의 기록을 깨는 데 성공했다는 것이다. 내 기록은 4시간 2분이었다. **GB**

- EPIC RUNS OF THE WORLD -

왼쪽부터 시계 방향으로: 러너스 하이; 자동차가 통제된 해안 도로를 달리는 드문 기회; 절벽 위의 전망은 계속 흥미진진하다; 일부 언덕은 협조적이지만, 대부분은 힘들다. 이전 페이지: 빅스비 브리지가 나타나면 절반을 온 동시에 절반이 남은 것이다.

"이곳에 오는 러너들은 기록을 세우거나 자격을 따기 위해 뛰지 않는다. 그들은 거친 해안선과 바다 전망을 만끽하러 온다."

경치를 품은 레이스

빅서 마라톤의 창립자인 빌 버레일리Bill Burleigh는 매일 빅서Big Sur와 몬터레이Monterey 사이를 출퇴근길 삼던 캘리포니아 고등법원의 판사였다. 집으로 돌아가는 길에 그는 항상 빅서까지 26마일 남았다는 표지판을 지나쳤다. 그러던 어느 날, 번뜩이는 아이디어가 떠올랐다. 취미로 뛰어봤을 뿐 마라톤을 완주한 적이 없었던 그는 시험 삼아 대회를 열어보기로 결심했고, 그렇게 첫 대회는 1986년에 열렸다.

여행 개요

출발점// 빅서Big Sur
종료점// 카멜Carmel
거리// 42km
가는 법// 몬터레이에 공항이 있지만, 산호세나 샌프란시스코로 가는 항공편이 더 저렴하다(각각 북쪽으로 160km, 210km 거리). 카멜과 몬터레이에서 출발 지점으로 가는 셔틀이 있다.
시기// 4월 마지막 주 일요일.
숙소// 빅서에는 세계에서 가장 아름다운 캠프장과 신혼여행에 어울리는 고급 호텔들이 있다. 보다 저렴한 B&B는 카멜이나 몬터레이에서 찾을 수 있다.
자세한 정보// www.bigsurmarathon.org
알아둘 점// 해안가의 레드우드 숲, 환상적인 레스토랑, 몬터레이 아쿠아리움을 탐방하기 위해 며칠을 더 할애할 것을 추천한다.

반대쪽: 오리건주의 케이프 루카우트
트레일을 달리는 모습.

비슷한 도전을 찾아서
거친 미국 해안 러닝 코스

아우터 뱅크스 마라톤, 노스캐롤라이나주

아우터 뱅크스 Outer Banks는 노스캐롤라이나 연안에 자리한 길게 이어진 장벽 섬으로, 장관을 이루는 해안 전망과 거대한 모래언덕으로 유명하다. 매년 11월에 개최되는 아우터 뱅크스 마라톤 Outer Banks Marathon은 키티 호크 Kitty Hawk에서 출발하는데, 이곳은 라이트 형제가 세계 최초의 동력 비행을 성공시키며 역사에 이름을 남긴 곳이다. 이후 코스는 나그스 헤드 우즈 생태 보호구역 Nags Head Woods Ecological Preserve을 가로지르며, 단단히 다져진 흙길을 따라 달리게 된다. 그 다음에는, 미 동부 해안에서 가장 큰 모래언덕 아래를 몇 마일에 걸쳐 지나가는 구간이 이어진다. 마지막 구간에서는 활 모양의 워싱턴 바움 브리지 Washington Baum Bridge를 질주하며, 마침내 로어노크 섬 Roanoke Island으로 향해 결승선을 통과하게 된다.

출발점// 키티 호크
종료점// 만테오
거리// 42km
추가 정보// www.obxse.com/outer-banks-marathon

기치가미 주립 트레일, 미네소타주

기치가미 주립 트레일 Gitchi-Gami State Trail은 482km에 이르는 슈피리어 하이킹 트레일 Superior Hiking Trail의 일부 구간과 나란히 이어진다. 이 트레일은 미네소타주 덜루스 Duluth의 슈피리어 호수 Lake Superior 남서쪽 끝에서 시작해, 북쪽으로 캐나다 국경까지 이어지는 코스이다. 이 인기 있는 오지 backcountry 캠핑 루트를 따라가다 보면, 수많은 절경을 만날 수 있으며, 너무 험난한 기술적인 지형을 정복하지 않고도 미네소타에서 가장 아름다운 명소들을 경험할 수 있다. 이 코스는 약 32km 길이로, 테테구쉬 Tettegouche, 스플릿 록 등대 Split Rock Lighthouse, 구즈베리 폭포 Gooseberry Falls 등이 있는 세 곳의 주립공원을 연결한다. 이 트레일을 달리며 폭포에서 폭포로 이어지는 경로를 따라가고, 거친 암석 해안과 등대를 지나며, 태평양과 대서양 해안선에 견줄 만한 장엄한 경험을 할 수 있다.

추가 정보// dnr.state.mn.us/state_trails/gitchigami/index.html

케이프 루카우트, 오리건주

이 험준한 7.5km 왕복 코스는 이끼와 양치식물이 우거진 숲과 삼나무 숲을 지나 태평양을 내려다보는 전망대로 이어진다. 넘어진 나무와 미끄러운 뿌리들이 코스를 달리는 데 기술적인 요소를 더하며, 완만한 지그재그 경사가 오르막 구간을 조금이나마 완화해 준다. 이곳은 태평양 북서부 지역답게 비와 진흙이 예상되지만, 이를 받아들이며 계속 나아가면 장엄한 곶 cape과 122m 높이의 절벽 아래 바다, 야생화, 그리고 마치 세상의 끝처럼 느껴지는 최종 전망대가 펼쳐진다. 이 트레일은 세계적으로 유명한 치즈 공장이 자리하고 있는 오리건주의 틸러묵 Tillamook에서 쉽게 접근할 수 있으며, 오리건 해안 Oregon Coast 중 비교적 한적한 지역으로, 하이킹, 카약, 다양한 모험 스포츠를 즐기기에 최적의 장소다.

출발/종료점// 케이프 루카우트 트레일헤드
거리// 7.5km
추가 정보// www.oregonstateparks.org

— EPIC RUNS OF THE WORLD —

깨달음의 라파스 오르막길
— AN ILLUMINATING ASCENT IN LA PAZ —

볼리비아의 해발 2마일 고도에 지친 이들에게, 이 도시를 가로지르는
달리기는 복잡한 사회경제적 층위를 경험하며 감사함을 느끼게 만든다.

수십 년 전, 볼리비아 라파스^{La Paz}에서 살며 일하던 시절, 나는 이 도시를 향해 끊임없이 욕설을 퍼부었다. 숨막히는 공기 속에서 해발 4,050미터에 자리한 고원까지 헉헉대며 올라갈 때마다 그랬다. 마치 헝겊 인형처럼 몸을 질질 끌고 협곡 가장자리까지 한 발, 한 발 내디뎠다. 두 걸음 걷고 헐떡이고, 다시 두 걸음 걷고 숨 고르고… 하늘 끝에 자리한 수도에서의 삶은 그렇게 극도로 짜증스러웠다. 어쩌면 남미의 대도시라면 어디서나 마주치는 소음, 쇠락, 교통체증이 산소가 부족한 이 공기 속에서 새로운 차원으로 나를 짓눌렀는지도 모른다.

그러나 협곡 끝자락, 이른바 알티플라노^{altiplano}(고원)로 이어지는 평지에 가까워질 무렵, 문득 절실하게 필요했던 시각이 열렸다. 알티플라노는 칠레 국경까지 이어진 광활한 고원이다. 그곳에 서자 나는 문자 그대로든 비유적으로든, 세상 꼭대기에 서 있는 듯한 기분이 들었다. 지구의 곡률이 보이는 듯했으며, 티티카카^{Titicaca} 호수와 고대 왕들의 기운이 느껴졌다. 그리고 라파스라는 도시가 새로운 빛 속에서 보이기 시작했다. 이상하게도 그 순간, 내가 신은 아식스 러닝화 한 켤레가 이 도시 주민 상당수의 한 달 수입보다 더 비싸다는 생각이 스쳤다.

당시 나는 라파스에서 거의 1년 가까이 살면서 볼리비안 타임즈^{Bolivian Times}의 신참 기자로 일하고 있었다. 처음 10개월 동안은 숨겨진 골목길, 코르디예라 레알^{Cordillera Real} 산맥이 펼쳐 보이는 장엄한 풍경, 터질 듯한 밤문화에 매료됐다. 그러다 강도를 당했다. 그리고 최소 여섯 번은 소매치기를 당했다. 배탈은 거의 일상이었고, 저녁 한 끼와 콜라 한 캔이 1달러면 되는 도시에서 나는 늘 빈털터리였다. 라파스는 나의 적이 되었고, 나를 부수려는 강력한 상대처럼 느껴졌다.

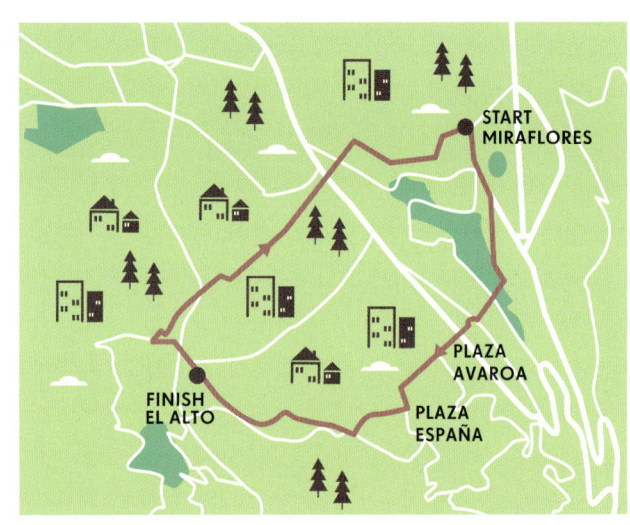

특히 무너질 것 같던 어느 날, 나는 운동화를 신고 땀을 흘려야겠다고 결심했다. 몇 달째 뛴 적이 없어 코스도 정해두지 않았지만 한 가지는 확실했다. 내 집에서 출발해, 이 도시에서 가장 부유한 동네와 가장 가난한 동네를 모두 통과할 계획이었다. 지갑도, 도둑맞을 물건도 없이, 외부인들은 좀처럼 발길을 들이지 않는 판자촌까지 질주할 요량이었다. 도시의 가장 낮은 곳에서 가장 높은 곳까지, 시야를 확장하기 위해서였다.

내가 사는 미라플로레스^{Miraflores} 지구는 좁은 골목길과 믿을 수 없을 만큼 가파른 도로로 이어진다. 때로는 흙과 벽돌로 된 계단을 기어오르는 수준이었다. 신문사에서 비상사태를 취재하며

처음으로 최루가스를 맡았던 기억이 떠올랐다. 그때, 한 무리의 소년 갱단들로부터 철사로 목이 졸려 죽을 뻔한 적도 있었다. 와인, 맥주, 코카잎으로 밤을 지새우던 끝없는 파티도 스쳤다.

이어 국립경기장을 지나 급격한 내리막길을 따라 시내 중심부로 질주해 라파스의 아찔한 협곡을 가로지르는 아메리카스 Americas 다리를 건넜다. 라파스는 초케야푸 Choqueyapu 강이 만든 극도로 가파른 협곡에 지어진 도시다. 어디를 달리든, 오르막 아니면 내리막뿐이다. 나는 다시 오르막을 향해 가고 있었다.

협곡 동쪽에 있는 소포카치 Sopocachi 지구로 접어들었다. 부유한 젊은 지식인들이 살고, 밤마다 술잔을 기울이며 즐기는 동네다. 나 역시 이곳에서 많은 밤을 보냈다. 예전에는 가장 좋아하는 동네 중 하나였지만, 그날은 산소 부족과 싸우며, 울퉁불퉁한 보도와 자갈길을 힘겹게 차오르는 동안 이 도시의 극심한 불평등을 더 선명하게 느꼈다. 거리에는 대학에 다니고, 몽고스 Mongo's 같은 레스토랑에서 햄버거를 사고, 아프면 병원에 갈 수 있는 사람들이 가득했다. 나도 그들 중 하나였다.

소포카치를 벗어나 더 높이 오를수록, 집들은 점점 허름해졌다. 자갈길은 흙길로 바뀌고, 벽돌로 지은 집들은 진흙과 아도비 adobe (점토)로 지은 집들로 변했다.

> "라파스는 가파른 협곡에 세워진 도시다. 어디로 뛰든, 오르막이거나 내리막이다."

더 위로 올라가자, 라파스 원주민 대다수가 사는 지역이 나타났다. 아이마라 Aymara 왕족과 잉카 정복자들의 후손들이 지금도 라마를 제물로 바쳐 파차마마 Pachamama (대지의 어머니)에게 기원하는 곳이다. 가난하지만 극도로 자부심이 강하고, 외부인에게는 배타적인 이들은, 한 세기 넘게 외세에 땅을 빼앗긴 아픈 역사를 품고 있다.

이곳은 처음이 아니었지만, 진정한 의미에서 두 눈을 뜨고 본 건 아마도 처음이었다. 기자로서 이 지역 원주민 지도자들을 인터뷰했고, 판지와 진흙, 양철로 지은 집에서 사는 사람들을 만났으며, 하루 2달러도 안 되는 돈으로 살아가는 농부들, 그리고 혁명과 투쟁을 강렬한 붉은색과 주황색으로 그려내는 예술가들을 만난 적도 있었다. 그러나 나 역시 저지대로 돌아오면 이들의 고된 삶을 너무 쉽게 잊곤 했다.

이 지역은 언제나 약간의 위험이 도사리고 있지만, 그만큼 강렬한 울림도 준다. 이번에는, 이곳만의 독특한 리듬과 문화적 결이 얼마나

이상한 묘약

라파스의 메르카도 데 라스 브루하스Mercado de las Brujas(마녀 시장)의 좁은 골목길을 따라가다 보면, 알파카 스웨터, 직물, 조각품 등 다양한 지역 특산품을 발견할 수 있다. 또한, 이곳에서는 검은 옷을 입은 야타리yatari(전통 치유사)들도 마주칠 수 있다. 그들은 이곳에서 엘릭서elixir(묘약)의 재료를 구입하는데, 그중에는 라마 태아, 큰부리새 부리, 코카 잎, 그리고 각종 질병과 통증을 치유한다고 전해지는 기묘한 물건들이 포함되어 있다.

왼쪽부터: 라파스의 가옥들이 가파른 언덕에 자리잡고 있다; 볼리비아의 수도에는 원주민 문화가 깊이 뿌리내려 있다. 이전 페이지: 네바도 일리마니 산이 도시 위로 웅장하게 솟아 있다.

생동감 넘치고, 불완전함 속에서도 얼마나 아름다운지 뼛속 깊이 느꼈다.

그곳에서 나는 넓은 협곡을 내려다보았고, 멀리 미라플로레스에 있는 내 집도 보았다. 말굽 모양 협곡 가장자리 너머까지 시야가 확장되며, 라파스에서 가장 가난한 엘알토El Alto 지역이 한눈에 들어왔다. 100만 명에 가까운 사람들이 우울한 아파트와 진흙집에서 살아가지만, 그 안에서 나는 분명 희망의 기운과 변화의 흐름을 느꼈다.

볼리비아 최초의 원주민 대통령 에보 모랄레스Evo Morales 정부 아래, 이곳 최빈층의 삶은 조금씩 개선되고 있었다. 정치적 격변도 있었지만, 그와 함께 더 큰 평등과 경제 발전이 뒤따랐다. 이제는 시내에서 내가 서 있는 엘알토로 연결된 곤돌라까지 생겼다.

협곡을 내려가기 전, 숨을 고르며 저 멀리 풍경을 바라보았다. 마음속 깊은 곳에 자리 잡았던 좌절감이 서서히 사라지고, 그 자리에 감사라는 감정이 스며들기 시작했다. 나는 라파스를 다시 사랑하게 되었다. 무엇보다, 이제껏 느껴보지 못한 감정이 나를 가득 채웠다. 바로 깊은 감사였다. **GB**

여행 개요

출발점// 미라플로레스Miraflores
종료점// 엘 알토El Alto
거리// 9.5km(고도 상승 약 600미터)
가는 법// 엘 알토 국제공항El Alto International Airport(해발 4,050미터에 위치)에서 시내까지 택시로 이동.
시기// 겨울(5월~10월)에는 상쾌하고 맑은 날씨를 즐길 수 있지만 높은 고도에서는 매우 추울 수 있음.
숙소// 최고급 호텔들은 소포카치Sopocachi 지역과 마녀 시장 주변에 위치.
자세한 정보// www.lapazlife.com/running-in-la-paz/
알아둘 점// 3,658미터 이상의 고도에서 달리기 전에 며칠간 고도에 적응하는 시간을 가지는 것이 중요하다. 먼저 조나 수르Zona Sur 지역 계곡에서 가벼운 하이킹으로 몸을 풀어보자.

- EPIC RUNS OF THE WORLD -

비슷한 도전을 찾아서
남아메리카 러닝 코스

파타고니아 인터내셔널 마라톤 (칠레)

파타고니아 인터내셔널 마라톤^{Patagonian International Marathon}은 칠레의 토레스 델 파이네 국립공원^{Torres del Paine National Park}에서 9월에 개최된다.

코스는 완만한 자갈길을 따라 이어지는 포인트 투 포인트^{point-to-point} 방식이며, 결승점은 리오 세라노 호텔^{Hotel Rio Serrano}에 위치한다. 경기 중 러너들은 공원의 장엄한 봉우리, 반짝이는 빙하, 그리고 황금빛 초원의 절경을 감상할 수 있다. 레이스 전반부는 비교적 평탄하지만, 후반부는 오르내림이 심한 지형이 기다리고 있다. 특히 29km 지점에서는 약 100m의 고도 상승과 하강이 반복되며, 마지막에는 길게 이어지는 내리막 구간을 지나 결승선으로 향하게 된다. 풀코스(42km) 외에도 10K와 21K 코스가 동일한 구간 일부에서 진행된다 참가자들은 세계 최남단 도시 중 하나인 푼타 아레나스^{Punta Arenas}로 비행기로 이동한 후, 대회의 주요 거점 역할을 하는 푸에르토 나탈레스^{Puerto Natales}에서 출발 준비를 한다.

출발점// 토레스 델 파이네 국립공원
종료점// 리오 세라노 호텔
거리// 10~42km
추가 정보// www.patagonianinternationalmarathon.com

빌카밤바 (에콰도르)

에콰도르 남부의 저지대에 자리한 푸른 계곡 속 작은 안데스 마을, 빌카밤바^{Vilcabamba}는 사방이 안개에 휩싸인 산맥으로 둘러싸여 있다. 이곳에서 러닝을 즐길 때 가장 좋은 점은, 대개 해발 3,000m 이상에 위치한 에콰도르의 주요 관광지에서 내려와, 상대적으로 산소가 풍부한 해발 1,500m 지대에서 달릴 수 있다는 것이다. 빌카밤바에서 가장 인기 있는 코스 중 하나는 엘 팔토 폭포^{El Palto waterfall}까지 왕복 15km에 이르는 도전적인 러닝 코스다. 경로를 따라 농경지와 작은 강을 지나며, 앞에 펼쳐진 계곡의 장관을 감상할 수 있다. 정상에서 마주하는 장엄한 폭포는 마지막까지 힘을 내서 도달할 만한 가치가 충분하다. 그리고 이후에는 오로지 내리막길이 이어진다. 빌카밤바는 온화한 기후, 장수하는 주민들, 스파, 그리고 뉴에이지 치료 센터로도 유명하다. 이 러닝을 마쳤다면, 당신이 생각해 둔 한 시간짜리 마사지를 받을 자격은 충분할 것이다.

출발/종료점// 빌카밤바
거리// 15km
추가 정보// www.go2vilcabamba.com/en_us

발파라이소 (칠레)

발파라이소^{Valparaiso}는 시인과 거리 예술의 도시다. 하지만 이 항구 도시는 극한의 언덕 러닝을 경험할 수 있는 곳이기도 하다. 가장 인기 있는 코스 중 하나는 소토마요르 광장^{Plaza Sotomayor}에서 시작된다. 첫 번째 언덕을 오르면, 팔라시오 바부리사^{Palacio Baburizza}에 도착하는데, 이곳은 훌륭한 예술 박물관이자 만^{Bay}을 내려다보는 멋진 전망대이다. 이후 다음 목적지까지 이어지는 언덕길은 길 찾기가 쉽지 않다. 가장 좋은 방법은 일단 평지로 내려갔다가 다음 언덕의 기슭으로 이동한 후 다시 오르는 것이다. 그렇게 하다 보면, 결국 '뮤세오 아 시엘로 아비에르토^{Museo a Cielo Abierto}(야외 미술관)'의 경이로운 벽화들 앞에 다다르게 된다. 이곳에서는 도시에서 손꼽히는 최고의 스트리트 아트를 감상할 수 있다. 마지막으로, 칠레의 유명한 시인 파블로 네루다^{Pablo Neruda}의 언덕 위 저택인 라 세바스티아나 박물관^{La Sebastiana Museum}까지 추가로 가파른 오르막을 오르는 것도 충분히 가치 있는 여정이 될 것이다.

출발점// 소토마요르 광장
종료점// 라 세바스티아나 박물관
거리: 5km

AMERICAS

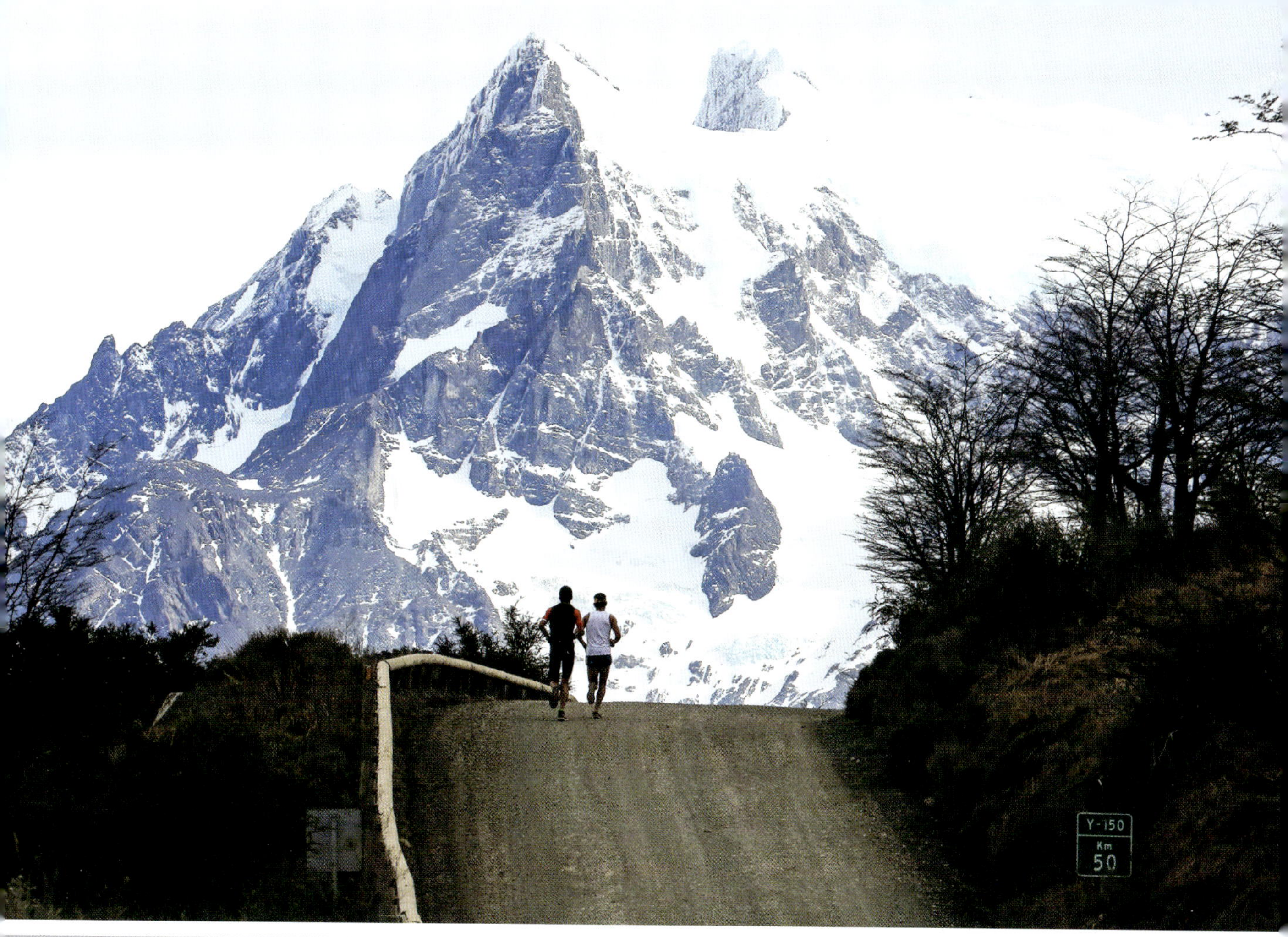

Philip Lee Harvey for Lonely Planet

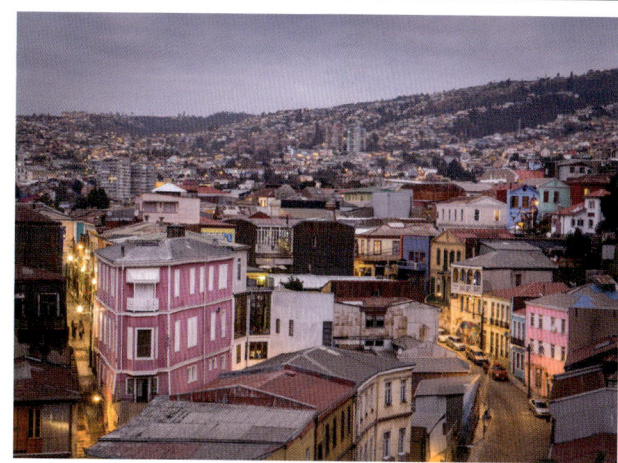

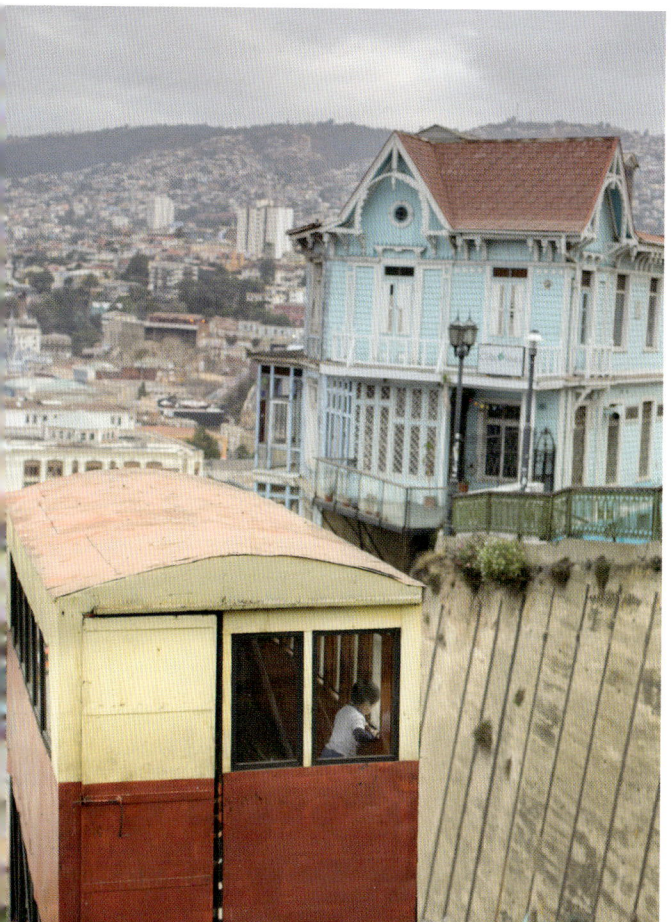

위에서부터 시계 방향으로:
토레스 델 파이네 국립공원에서
펼쳐지는 파타고니아 마라톤;
언덕 위 항구 도시 발파라이소;
발파라이소의 가장 가파른
16개의 거리에는 푸니쿨라
(케이블철도)가 운영된다.

- EPIC RUNS OF THE WORLD -

포틀랜드 에픽 파크 런
―PORTLAND'S EPIC PARK RUN―

포레스트 파크는 미국 최고의 도심 속 야생지 중 하나로 이 광대한 오아시스에서 달리다 보면 자신이 도심 한가운데 있다는 사실조차 잊게 된다.

오리건주 포틀랜드에는 기대를 저버리지 않는 명소 두 곳이 있다. 하나는 웨스트 번사이드에 위치한 독립서점 '파월스 시티 오브 북스Powell's City of Books'다. 한 개 블록 전체를 차지할 정도로 방대한 규모를 자랑하는 곳이다. 또 하나는 (부두 도넛Voodoo Doughnut에게는 미안하지만) 바로 포레스트 파크다. 재미있게도, 파월스와 포레스트 파크는 공통점이 많다. 두 곳 모두 규모가 어마어마하고, 방문객들을 강하게 끌어당긴다. 또한 두 곳 모두 몇 시간쯤은 기꺼이 길을 잃고 헤매고 싶어지는 곳이다. 하나는 책을 위한 성당이라면, 다른 하나는 자연을 위한 성당이다.

그러나 포레스트 파크가 유독 특별한 이유는, 까다로운 아웃도어 마니아들과 활동적인 사람들의 기대까지 충족시키기 때문이다. 바다와 산이 모두 차로 가까운 거리에 있는 도시답게, 포틀랜드의 공원들에 대한 기대치는 상당히 높다. 다운타운에서 윌래밋Willamette

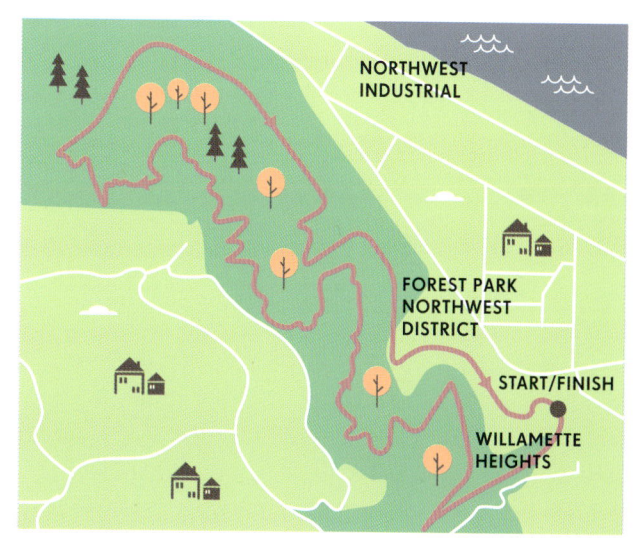

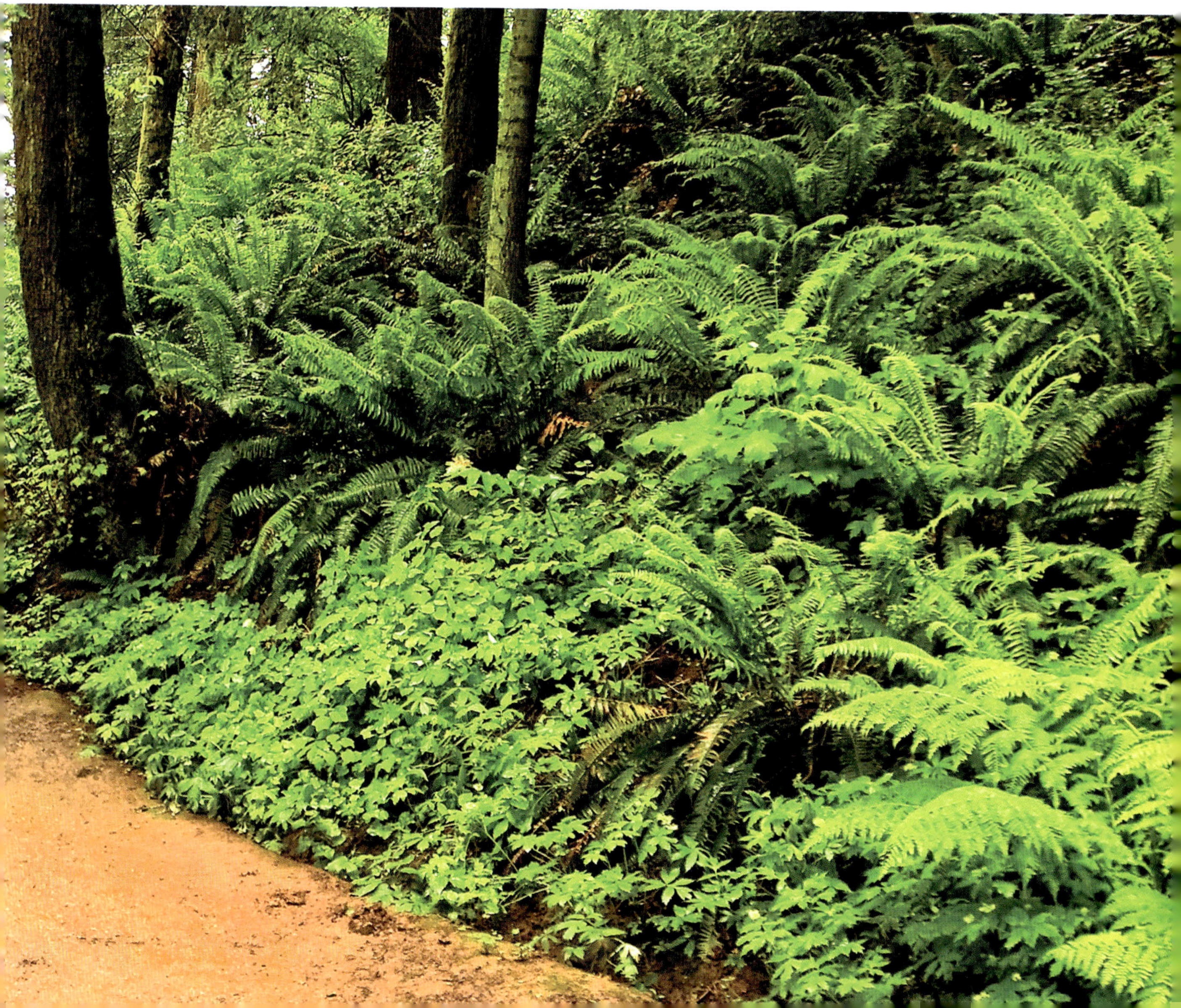

강을 건너면 바로 나타나는 이 공원은, 도시 서쪽 해안 전체를 따라 넓게 펼쳐져 있다. 포틀랜드에서 4년을 보내며, 나는 이 공원에서 엘리트 러너부터 아기들을 데리고 나온 가족들까지, 모든 유형의 사람들을 만났다. 이곳은 도시 안에서 고요함과 새로운 시각을 찾고자 하는 이들을 끌어당기는 자석 같은 곳이기도 하다. 사실, 포틀랜드는 그다지 스트레스가 심한 도시는 아니지만, 우리도 때때로 도심 탈출이 필요하다. 나 역시 포레스트 파크를 그런 장소로 늘 의지해왔다.

얼마 전 여름 일요일, 나는 고요함과 새로운 시각이 모두 간절했다. 일과 삶의 긴장감에, 끝없이 이어지는 끔찍한 뉴스들까지 겹쳐 한 주가 유난히 버거웠다. 그래서 평소보다 더 도전적인 19km 코스를 선택했다. 내가 가장 좋아하는 두 코스를 조합한 루트였다. 또, 혼자만의 시간이 필요해, 사람들이 덜 찾는 와일드우드 트레일Wildwood Trail에서 한동안 시간을 보낼 계획이었다. 나는 이 루트를 '체스트넛 루프Chestnut Loop'라 부른다.

집에서 I-84 고속도로로 진입해 북동쪽 동네를 벗어나자, 공원 남쪽 끝의 푸르른 녹음이 지평선 위로 살짝 모습을 드러냈다. 10분이면 도착할 거리였다. 이미 기분이 한결 나아졌다. 포틀랜드 북서부 서쪽 경계를 따라 11km 넘게 이어진 포레스트 파크는 규모가 엄청나다. 약 21제곱킬로미터에 달하는 이 도심 숲은 더글러스 전나무, 솔송나무, 붉은 삼나무, 큰잎 단풍나무가 빽빽이 들어서 있어 미국 최대 규모의 도시 숲 중 하나로 꼽힌다. 숲 아래로는 트레일과 방화도로, 포장 구간까지 합쳐 거의 128km에 달하는 길이 나 있다. 그중 와일드우드 트레일은 48.6km에 이르는 좁고 굽이진 기술적 난도가 높은 코스고, 리프 에릭슨 드라이브Leif Erikson Drive는 18km로 폭이 넓고 비교적 부드럽다. 내 체스트넛 루프는 포레스트 파크 남쪽 끝 로어 맥레이 파크Lower Macleay Park에서 시작해 같은 곳에서 끝난다. 바로 근처에 훌륭한 베이글 가게와 커피숍이 있어, 주차 자리를 찾기 어려운 곳이지만, 그날은 운 좋게 자리를 잡았다. 차를 잠그고 곧장 출발했다.

로어 맥레이 트레일은 포장도로로 시작되지만, 몇 걸음 만에 흙길로 바뀌며 발밑으로 발치 개울Balch Creek이 흐르기 시작한다. 그리고 1 마일도 안 되어 스톤 하우스Stone House에서 와일드우드 트레일과 만난다. 스톤 하우스는 '마녀의 성'이라는 별명으로도 불리는 구조물로 1929년 지어져 한때 화장실과 수도 시설을 갖춘 휴게소였으나, 1962년 폭풍으로 심하게 훼손되어 폐허로 남았다. 지금은 그래피티로 뒤덮여 셀카 명소가 되었다. 그대로 와일드우드를 따라가면 피톡 맨션Pittock Mansion과 오리건 동물원까지 이어지지만, 나는 오른쪽으로 방향을 틀어, 포레스트 파크 깊숙이 들어갔다. 와일드우드는 마치 지형도가 뒤엉킨 것 같은 길이다. 들어서자마자 오르막과 바위, 나무 뿌리가 길을 가로막아 한 발 한 발 신중히 내디뎌야 한다. 리듬을 찾으려 애쓰며 거의 전부 오르막 구간인 8km를 달렸다. 완만한 구간도 있었지만, 빠른 걸음으로 걸어야 할 구간도 많았다. 하지만 괜찮았다. 나는 포레스트 파크에서 빨리 달리려는 게 아니다. 헨리 데이비드 소로의 말을 빌리자면, '사색적으로 달리기run deliberately' 위해 오는 것이다.

비밀스러운 거주자들

2004년, 한 남성과 그의 12살 딸이 포레스트 파크Forest Park에서 4년 동안 몰래 거주해온 사실이 밝혀졌다. 그들은 언덕을 파내어 캠프를 만들고, 근처에 작은 채소밭을 가꾸며 생활했다. 아버지는 베트남 참전용사였으며, 낡은 백과사전을 사용해 딸을 직접 교육했다. 이 이야기는 책으로 출간되었고, 이후 2018년 선댄스 영화제에서 초연된 영화 '흔적 없는 삶Leave No Trace'으로도 제작되었다. 영화에서는 벤 포스터Ben Foster가 아버지 역할을 맡았다.

위에서부터 시계방향으로: 가을이 포틀랜드 스카이라인을 감싼다; 포레스트 파크에서 만나는 또 다른 오르막길; 숲속에는 많은 장애물들이 있다. 이전 페이지: 다양한 경로와 잘 알려지지 않은 트레일을 발견하는 기쁨.

"거의 13km에 이르는 험난한 지형을 오르내린 후 잠시 숨을 고를 수 있어 감사했다."

- EPIC RUNS OF THE WORLD -

포레스트 파크, 특히 와일드우드에서 사색적으로 달리기는 쉬운 일이다. 페이스 같은 건 잊고, 대신 그 외의 모든 것에 집중할 수 있다. 새소리와 머리 위 비행기 소리, 그리고 내 발소리만이 들리는 깊은 녹음 속에서 나는 혼자 달렸다. 다른 러너들과 가볍게 인사만 나눌 뿐, 이곳에서만큼은 언제나 혼자 달린다. 9.5km쯤, 와일드우드와 파이어레인 1 Firelane 1이 만나는 넓은 공터에서 잠시 숨을 돌렸다. 다시 몸을 추슬러 고도 82미터 아래로 반 마일에 걸쳐 단숨에 내달렸다. 이후는 계속 내리막이었다. 하지만 거친 지형 탓에 멍하니 달릴 수는 없었다. 오히려 눈앞의 길에 더욱 집중하며, 작은 커브와 장애물을 미리 읽고, 거의 무의식적으로 몸을 조절해 나갔다. 아이러니하게도, 이런 극도의 집중이 오히려 내 머릿속 다른 부분들을 자유롭게 풀어준다. 마치 백그라운드에서 하드 드라이브 조각 모음을 하는 것처럼. 바로 이런 점이 모든 훌륭한 트레일 러닝이 가진 마법이다.

체스트넛 트레일에 도착하자, 좁은 싱글트랙이 잡초 사이로 이어졌다. 이 길은 다시 탁 트인 리프 에릭슨 드라이브로 이어졌다. 13km 넘게 험난한 길을 오르내린 후, 비교적 편안한 길이 반가웠다. 팔을 털어내고, 마지막 구간에서는 보폭을 넓히며 페이스를 끌어올렸다. 마무리 구간에서는 아이들과 소풍 나온 가족, 산책객들, 자전거를 타는 사람들이 늘어나며, 도심과의 재회가 서서히 이뤄졌다. 왼편 나무 사이로 윌래밋 강과 포틀랜드 북서부 산업지대도 언뜻언뜻 보였다. 문명으로의 점진적 복귀. 그 순간 나는 이미 준비가 되어 있었다. **MR**

여행 개요

출발/종료점// 로어 맥레이 파크 트레일헤드 Lower Macleay Park Trailhead
(NW 업셔 스트리트Upshur St 근처)

거리// 19.5km

가는 법// 로어 맥클레이 트레일헤드는 포틀랜드 국제공항에서 약 30분 거리. NW 업셔 스트리트를 따라 서쪽으로 이동하면, 길 끝에 트레일헤드가 나온다.

시기// 늦봄부터 가을까지가 가장 안전한 시기. 겨울철 폭우는 흙길을 손상시킬 수 있음.

숙소// 시내 호텔은 모두 로어 맥레이 파크에서 자전거, 대중교통 또는 자동차로 가까운 거리.

자세한 정보// www.forestparkconservancy.org/forest-park

알아둘 점// 트레일헤드 외에는 식수가 없으니 물을 충분히 준비해야 한다. 트레일 안내도를 주머니에 챙기고, GPS에 의존하지 않는 것이 좋다. 포레스트 파크Forest Park에서는 모바일 수신이 매우 불안정하다.

An Epic Park Run in Portland

… EPIC RUNS OF THE WORLD …

비슷한 도전을 찾아서
자연과 어우러진 미국 도시공원 서킷

센트럴 파크, 뉴욕시티

1857년에 조성된 이 341헥타르 규모의 도심 속 자연 보호구역은 맨해튼의 한가운데에 오아시스처럼 자리잡고 있으며, 폭 약 1km, 길이 약 4km에 걸쳐 뻗어 있다. 러너, 철인 3종 경기 선수, 사이클리스트뿐만 아니라, 바쁜 일상을 벗어나고 싶은 뉴욕 주민과 관광객들이 밤낮없이 이곳으로 몰려든다. 이곳에는 생각보다 복잡한 길과 트레일 네트워크가 펼쳐져 있지만, 가장 인기 있는 코스는 파크 드라이브Park Drives를 활용하는 루트다. 그중에서도 가장 대표적인 '풀 루프full loop' 코스(10km)는 공원의 주요 명소를 두루 지나며, 북쪽의 할렘 힐스Harlem Hills와 라스커 링크Lasker Rink, 동쪽의 메트로폴리탄 미술관Metropolitan Museum of Art, 서쪽의 쉽 메도우Sheep Meadow와 스트로베리 필즈Strawberry Fields를 거쳐 달린다. 이곳을 달리며 누릴 수 있는 보너스 한 가지는 숨을 한결 편하게 쉴 수 있다는 점이다. 오랜 세월 동안 시민단체들의 요구가 이어진 끝에, 2018년 여름부터 공원이 공식적으로 차량 통행금지 구역이 되었다.
출발/종료점// 엔지니어스 게이트 (이스트 90번가 2번지)
거리// 10km
추가 정보// www.centralparknyc.org

그리피스 파크, 로스앤젤레스

북미에서 가장 큰 도시 공원 중 하나로 꼽히는 그리피스 공원Griffith Park은 로스앤젤레스 북부에 17평방킬로미터 이상을 차지하며, 도시를 한눈에 내려다볼 수 있는 광활한 전망을 제공한다(공원의 여러 지점에서 할리우드 간판Hollywood Sign을 볼 수 있다). 이 거대한 공원에는 다양한 시설이 자리하고 있다. 골프장, 테니스장, 축구장, 철도 박물관, 세계적인 수준의 천문대, 로스앤젤레스 동물원 등이 있지만, 놀랍게도 상당 부분은 여전히 손길이 닿지 않은 야생 그대로 보존되어 있다. 러너들에게는 112km 이상의 오프로드 트레일, 방화도로fire roads, 승마로bridle paths가 마련되어 있다. 공원의 동쪽과 북쪽 구간을 탐험하는 14km 루프 코스를 원한다면, 로스 펠리즈 블러바드/리버사이드 드라이브Los Feliz Blvd/Riverside Dr 입구에서 시작해 크리스털 스프링스 드라이브Crystal Springs Dr를 따라 북쪽으로 이동한 후, 그리피스 파크 드라이브Griffith Park Dr를 지나 주 드라이브Zoo Dr와 크리스털 스프링스 드라이브Crystal Springs Dr를 통해 출발점으로 돌아오면 된다.
출발/종료점// 로스 펠리즈 블러바드와 리버사이드 드라이브 교차점 (윌리엄 멀홀랜드 기념비 근처)
거리// 14km
추가 정보// www.laparks.org/griffithpark/griffithpark

위사히콘 밸리 파크, 필라델피아

이 728헥타르 규모의 협곡에는 총 92km에 이르는 트레일이 펼쳐져 있다. 그중에서도 가장 유명한 코스는 포비든 드라이브Forbidden Drive (또다른 이름은 위사히콘 밸리 파크 트레일Wissahickon Valley Park Trail)로, 위사히콘 천Wissahickon Creek을 따라 약 8km 이어지는 자갈길이다. 공원의 상부 트레일은 더 좁고 가파르며 험준한 지형에 숲이 울창하게 우거져 있다. 또한, 공원에는 역사적인 가로변 식당 밸리 그린 인Valley Green Inn과 필라델피아에서 마지막으로 남아 있는 지붕 덮인 다리covered bridge 등 여러 명소가 자리하고 있다. 짧은 7km 루프 코스를 원한다면, 키친스 레인Kitchens Lane 주차장에 차를 세우고 오렌지 트레일Orange Trail (수도원 마구간Monastery Stables 근처)을 따라 위사히콘 천의 동쪽 가장자리를 따라 달리면 된다. 이후 핑거스팬 브리지Fingerspan Bridge와 데블스 풀Devil's Pool을 지나 밸리 그린 로드Valley Green Rd에서 강을 건너, 다시 남쪽으로 포비든 드라이브를 따라 이동한 후 키친스 레인 브리지Kitchens Lane Bridge를 지나 출발점인 주차장으로 돌아오며 마무리된다.
출발/종료점// 모나스터리 스테이블스 (1000 키친스 레인)
거리// 7km
추가 정보// www.fow.org

AMERICAS

위에서부터: 로스앤젤레스의 그리피스 파크 천문대; 뉴욕의 센트럴 파크는 도시를 위한 러닝머신이다.

An Epic Park Run in Portland

- EPIC RUNS OF THE WORLD -

그랜드 캐니언 림 투 림 챌린지
―THE GRAND CANYON'S RIM TO RIM CHALLENGE―

오프로드 울트라마라톤 거리를 목표로 한다면 애리조나의
이 광경만큼 영감을 주고 강렬한 도전 의식을 불러일으키는 곳은 없다.

- EPIC RUNS OF THE WORLD -

그랜드 캐니언 가장자리에 처음 섰던 순간, 나는 말 그대로 무릎에서 힘이 빠졌다. 바로 다음 날, 친구 두 명과 함께 이 거대한 협곡을 가로질러 왕복 완주하겠다는 버킷리스트에 도전할 테지만 한 발 내딛기도 전에 다리가 이미 후들거렸다.

이 도전은 본질적으로, 세계 어느 곳에서도 찾아보기 힘든 극단적인 고도 변화가 있는 오프로드 울트라마라톤이다. 물론, 일부는 한쪽 끝에서 반대편까지 한 번만 건너 반대편에 대기해둔 차를 타고 돌아가기도 한다. 하지만 우리는 왕복 68km의 풀 코스를 선택했다.

피닉스로 날아가 렌터카를 빌린 뒤, 해가 지기 전에 그랜드 캐니언과 첫 대면을 하자는 일념으로 북쪽으로 3시간 반을 달렸다. 거의 20분을 남기고 매더 포인트 Mather Point 전망대에 도착해, 서둘러 가장자리로 향했다. 목이 메이고, 덩어리진 감정이 올라왔다. 다리는 저릿하고, 북쪽 림 North Rim 의 반환점은 보이지도 않았다. 그러나 지금 보이는

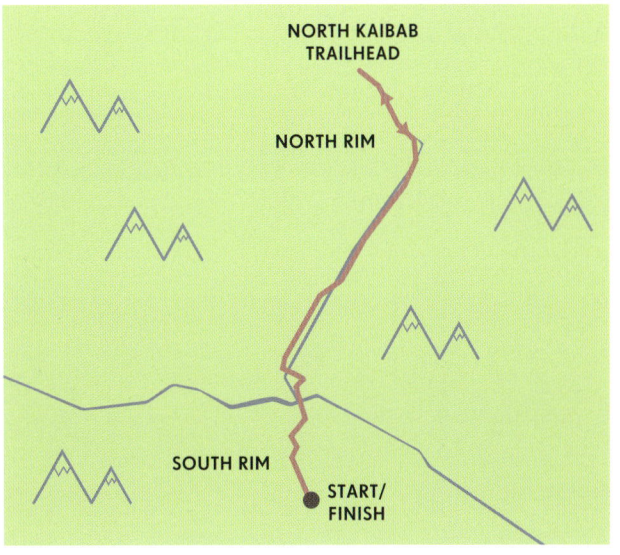

Stephen Yelverton Photography/Getty Images

- EPIC RUNS OF THE WORLD -

광경만으로도 이미 압도적이었다.

그랜드 캐니언을 왕복하는 이 도전은 러닝계에서 '림 투 림 투 림Rim to Rim to Rim' 또는 간단히 'R2R2R'로 불리며, 세계에서 가장 험난한 트레일 러닝 중 하나로 꼽힌다. 이전에 50km 트레일 레이스를 한 번 완주한 경험이 있었지만, 거의 평지 코스였다. 그래서 이번 도전을 위해 몇 달간 하루에 해발 760m를 오르내리는 9.5km 루프 코스를 네 바퀴 도는, 강도 높은 훈련도 했다. 하지만 이 모든 훈련도, 숨통을 조이는 열기를 대비하는 데는 아무런 도움이 되지 않았다. 여름이면 협곡 내 기온은 49°C까지 치솟는다.

실제로 그랜드 캐니언을 본 사람이라면 누구나 공감할 것이다. 어떤 사진도 이 풍경을 제대로 담아내지 못한다는 사실을. 446km 길이, 32km 너비, 그리고 깊이만 해도 1.6km가 넘는다. 내가 평생 마주한 가장 경이로운 광경이었다. 다음 날 아침 5시 15분, 사우스 카이밥 트레일에서 출발할 때는 사방이 칠흑 같아, 헤드램프 불빛 외에는 아무것도 보이지 않았다. 덕분에 친구들과 함께하는 평범한 트레일 러닝처럼 느껴졌다. 그러나 우리 앞에는 11km에 걸쳐 1,430m를 내려가는 구간이 펼쳐져 있었다.

부드러운 흙길을 내리막으로 달리는 일은 의외로 수월했고, 예상보다 쌀쌀한 날씨 속에서 다리의 긴장을 푸는 데 도움이 됐다. 해가 떠오르기 시작하자, 우리의 시선은 점점 눈부신 퇴적암 지형으로 향했다. 붉게, 그리고 주황빛으로 빛나는 거대한 바위 기둥과, 고대의 강과 바다가 빚어낸 기이한 암석층이 드러났다.

출발 한 시간 만에 이미 바닥에 도착한 우리는 거대한 화강암 지대를 뚫고 만든 터널을 지나, 길이 135m의 나무 판자 다리를 건너 팬텀 랜치 롯지Phantom Ranch lodge에 도착했다. 이곳은 그랜드 캐니언 바닥에 자리한 유일한 숙소다. 배낭에서 간식을 꺼내고, 다섯 개의 급수 펌프 중 첫 번째에서 물을 채웠다. 이제 북쪽으로 향하는 카이밥 트레일 North Kaibab Trail로 접어들자, 초반의 들뜬 기분은 사라지고, 브라이트 엔젤 크리크Bright Angel Creek를 따라 완만히 오르는 자갈길을 천천히 뛰었다. 22km에 걸쳐 해발 1,740m를 올라 북쪽 림에 도달해야 하는 가혹한 오르막이 시작된 것이다. 붉은 바위 협곡의 경이로운 풍경을 바라보며, 때때로 각자 고요한 사색에 잠긴 채 우리는 묵묵히 걸음을 옮겼다. 드문드문 피어난 야생화, 거대한 유카 식물, 그리고 마치 만화처럼 6m까지 솟아오른 기이한 용설란agave 줄기를 지나쳤다. 오전이 되며 기온은 26°C에 가까워졌지만, 다행히 구름이 자주 햇빛을 가려주었다.

정오 무렵, 마침내 반환점에 도착했다. 이곳은 꽤 쌀쌀하고 습해, 바람막이 재킷과 털모자, 장갑까지 꺼내 착용했다. 잠시 머뭇거리며 '림 투 림 편도만으로도 충분하지 않을까'라는 생각이 스쳤다. 그러나 북쪽 카이밥 트레일로 몇 걸음 내딛자, 완주할 수 있겠다는 자신감이 되살아났다.

- EPIC RUNS OF THE WORLD -

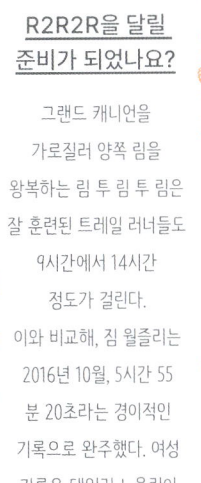

R2R2R을 달릴 준비가 되었나요?

그랜드 캐니언을 가로질러 양쪽 림을 왕복하는 림 투 림 투 림은 잘 훈련된 트레일 러너들도 9시간에서 14시간 정도가 걸린다. 이와 비교해, 짐 월즐리는 2016년 10월, 5시간 55분 20초라는 경이적인 기록으로 완주했다. 여성 기록은 테일러 노울린이 2018년 말에 세운 7시간 25분 58초이며, 지원 없이 혼자 달리는 unsupported R2R2R의 기록은 라스 아르네손이 2020년에 세운 6시간 38분 42초다..

왼쪽부터: 사우스 림 근처의 카이밥 국유림; 노새 사슴이 주변 야생 지역을 순찰한다. 이전 페이지: 노스 림에서 그랜드 캐니언을 바라 본 모습.

그 자신감 덕분에 22.5km을 다시 내려가며, 팬텀 랜치Phantom Ranch 까지는 비교적 가벼운 발걸음을 유지했다. 이제 기온은 32°C로 다시 치솟았고, 다리에는 극심한 피로가 밀려왔다. 팬텀 랜치에서 물을 다시 채우고, 남은 간식을 모두 비웠다. 이미 56km을 넘겼지만, 남은 11km은 수직으로 1,600m에 가까운 상승 구간이었다. 이날 가장 큰 도전이 기다리고 있었다.

사우스 카이밥South Kaibab을 다시 오르기 시작했을 때는 몇 마일 정도는 그럭저럭 버텼다. 그러나 점차 발걸음이 무거워지고, 앞서 가는 친구들 뒤에서 한 발 한 발 끌어내듯 느릿하게 걷기 시작했다. 트레일의 계단 하나하나가 점점 더 높아지는 듯했고, 먼저 무너질 것이 몸일지, 정신일지 고민하기 시작했다.

그때, 배낭 깊은 곳에 숨겨두었던 페이데이PayDay 땅콩카라멜 바가 떠올랐다. 세 입에 집어삼키고, 남은 물 두 모금까지 마셨다. 그리고 몇 분도 지나지 않아, 온몸에 기운이 다시 돌았다. 다시 달리고 싶었다.

마지막 1마일 남짓한 구간에서, 꾸준한 보폭으로 지그재그 길을 올라가며, 앞서가던 친구들을 따라잡았다. 나란히 뛰며 저녁 6시 30분, 마침내 사우스 카이밥 트레일 정상에 도착했다. 우리는 서로 하이파이브하고 끌어안았다. 그리고 하루의 끝은, 하루의 시작과 똑같았다. 나는 다시 그랜드 캐니언 가장자리에 섰고, 또다시 어김없이 무릎에 힘이 풀렸다. **BM**

여행 개요

출발/종료점// 그랜드 캐니언 남쪽 림South Rim, Grand Canyon

거리// 약 68km

가는 법// 피닉스의 스카이 하버 국제공항에서 그랜드 캐니언 빌리지까지 차로 약 3시간 30분, 라스베이거스의 맥캐런 국제공항에서는 약 4시간 30분 소요.

시기// 3월과 4월, 9월 중순에서 11월 초순 사이에는 모든 급수대가 작동.

숙소// 그랜드 호텔 앳 더 그랜드 캐니언www.grandcanyongrandhotel.com (투사얀Tusayan, 애리조나), 또는 그랜드 캐니언 롯지www.grandcanyonnorth.com (북쪽 림North Rim).

자세한 정보// www.nps.gov/grca

알아둘 점// 협곡 하단의 팬텀 랜치 식당Phantom Ranch Canteen에서 추가 음식을 구매해야 할 경우를 대비해 최소 현금 $20를 지참하자.

비슷한 도전을 찾아서
미국 국립공원 러닝 코스

아카디아 국립공원, 메인주

2017년, 트레일 러너 크리스 베넷Chris Bennet과 앤드류 롬바르디Andrew Lombardi는 마운트 데저트 아일랜드Mt Desert Island에 위치한 이 공원 내 거의 모든 고봉을 연결하며, 비공식적인 아카디아 마운틴 마라톤Acadia Mountain Marathon을 개척했다. 이 코스는 해발 466m인 캐딜락 마운틴Cadillac Mountain을 포함하며, 총 42.2km 거리에 2,100m 이상의 누적 상승 고도를 기록한다(참고로, 공식 대회인 마운트 데저트 아일랜드 마라톤Mt Desert Island Marathon은 훨씬 평탄하고 난이도가 낮다). 이 정도의 코스는 대부분의 트레일 러너들에게 엄청난 도전이지만, 이 외에도 5~16km에 이르는 다양한 트레일이 마련되어 있어 자유롭게 탐험할 수 있다. 단, 비옷rain shell을 챙기는 것을 잊지 말 것. 메인주 해안은 연간 강수량이 태평양 북서부 다음으로 많다.

출발점// 로어 해독 폰드
종료점// 뉴포트 코브
거리// 42km
추가 정보// www.acadiamountainmarathon.com

쿠야호가 밸리 국립공원, 오하이오주

총 201km에 이르는 트레일 네트워크를 자랑하는 이 광활한 트레일 러닝 명소는 오하이오 북동부Northeastern Ohio에 위치하며, 미 중서부 여러 도시와 인접해 있다. 공원 내에는 다양한 트레일이 연결되어 있어 자유롭게 탐험할 수 있지만, 그중에서도 오하이오 & 이리 토우패스 트레일Ohio & Erie Towpath Trail은 남쪽에서 북쪽으로 이어지는 31.8km의 아름다운 루트로 특히 유명하다. 이 길은 원래 1827년부터 1912년까지 뮬mule(노새)이 운하를 따라 애크런Akron에서 클리블랜드Cleveland까지 배를 끌던 경로로 사용되었다. 코스 전체가 완전히 평탄한 길로 이루어져 있어, 마라톤 훈련을 위한 코스로도, 트레일 러닝의 아름다운 목적지로도 이상적이다.

출발점// 보츰 트레일헤드 (배스 로드)
종료점// 록 39 트레일헤드 (록사이드 로드)
거리// 32km
추가 정보// www.nps.gov/cuva

자이언 국립공원, 유타주

그랜드 캐니언을 가로지르는 러닝과 가장 유사한 장거리 포인트-투-포인트point-to-point 코스를 찾는다면, 바로 인근 유타 남부의 자이언 국립공원Zion National Park이 그 답이다. 특히 북서쪽에서 남동쪽으로 이어지는 78km의 자이언 트래버스Zion Traverse는, 강한 폐활량과 강철 같은 다리, 그리고 굳건한 의지가 없으면 도전하기 어려운 극한의 코스다. 그러나 이 긴 코스 중에서도 왕복out-and-back으로 부담 없이 달릴 수 있는 멋진 구간들이 존재한다. 특히, 엔젤스 랜딩Angel's Landing까지 이어지는 터프한 러닝-하이킹 코스는 인기 있는 도전 구간 중 하나다. 자이언 국립공원에는 총 209km 이상의 트레일 네트워크가 펼쳐져 있으며, 대부분의 코스에서 이 공원의 상징인 붉은 암석 지형을 먼 거리에서 감상하거나, 가까이에서 직접 탐험할 수 있다.

출발점// 리 패스 (콜롭 캐니언즈 로드)
종료점// 이스트 림 트레일헤드 (하이웨이 9)
거리// 78km
추가 정보// www.nps.gov/zion

위에서부터: 아카디아 국립공원;
자이언 국립공원의 전망 포인트

The Grand Canyon Rim to Rim

- EPIC RUNS OF THE WORLD -

만리장성 마라톤
—THE JINSHANLING GREAT WALL MARATHON—

중국에서 러닝 붐이 일어나고 있다는 것은, 아시아의 놀라운 건축물 위에서 개인 최고 기록을 세우는 꿈을 꾸어 본 이들에게 더없이 좋은 소식이다.

진산링 만리장성 마라톤에서 약 10km 지점, 만리장성의 가장 높은 봉화대 중 하나를 통과할 때, 나는 문득 깨달았다. 기원전 7세기에 이 기념비적인 구조물을 구상하고, 건설하고, 유지해 온 고대 문명과, 오늘날 중국에서 새롭게 태동한 러닝 붐 사이의 선명한 대비가 나를 강타했다. 구불구불한 돌길과 진산링 산맥의 장관, 그리고 형형색색의 네온 복장을 한 러너들이 장성 위를 뛰는 풍경은, 두 세계가 이렇게 극적으로 충돌하는 장면 그 자체였다.

매년 4월에 열리는 진산링 만리장성 마라톤은 베이징에서 북동쪽으로 약 130km 떨어진, 복원된 만리장성 구간에서 열린다. 이곳은 현지 및 외국 관광객들이 장성을 쉽게 접할 수 있도록 조성된 현대식 공원 안에 있다. 사실 대회 코스 중 실제 장성 위를 달리는 구간은 일부에 불과하지만, 장성을 벗어난 구간에서 펼쳐지는 다양한 지형과 장성 자체를 감상할 수 있는 멋진 경관 덕분에 아쉬움은 없다.

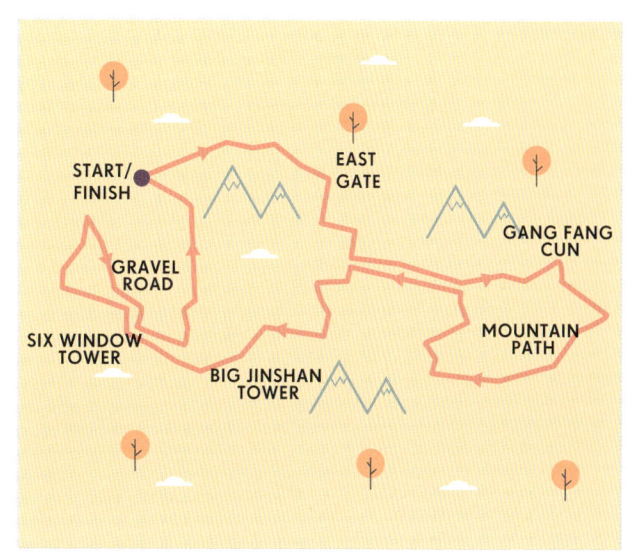

Bobby Chen; 500px

- EPIC RUNS OF THE WORLD -

반드시 장성 위를 달리지 않더라도, 그 거대한 힘과 역사, 그리고 상징성은 충분히 느껴진다.

나는 중학교 역사 수업에서부터 만리장성에 매료되었다. 수세기 전, 현대적 기계도 없이 길이 8,850km에 달하는 거대한 구조물이 세워졌다는 사실이 어린 나를 사로잡았다. 특히 돌을 고정하는 데 쌀가루가 섞인 모르타르가 사용됐다는 사실, 그리고 이 장성이 유목민들의 침입을 막기 위해 세워졌다는 점이 무척 흥미로웠다.

출발선으로 향하는 길, 차가운 아침 공기 속에서 러너들은 서로 어색한 미소를 지으며 몸을 풀고 있었다. 하루 전 워싱턴 DC에서 베이징까지 14시간 비행을 마친 터라, 몸도 마음도 무거웠다. 그러나 약 1,500명의 참가자들 사이에서 영어를 쓰는 러너들의 대화가 들려오자 약간의 안도감이 들었다. 특히 홍콩에서 온 영국과 호주 교민들이 많았다. 대다수는 베이징 인근 인구 밀집 지역에서 온 중국인 초보 러너들이었고, 이들은 건강과 즐거움을 과시하는 공공 이벤트로 이 대회에 참가한 듯 보였다. 하지만 이 대회는 확실히 국제적인 감각을 갖추고 있었다.

출발 시간이 가까워지자, 현지 특유의 활기가 살아났다. 베이징 러닝 그룹은 출발선 배너 아래에서 기념사진을 찍었고, 분홍색과 주황색 러닝복을 똑같이 맞춰 입은 중국인 여성 두 명은 서로를 꼭 끌어안으며 응원을 주고받았다. 뉴욕 양키스 모자를 쓴 한 중년 중국 남성은 나를 향해 엄지를 치켜세웠다. 잠시 후 시끄러운 신시사이저 팝 음악이 울려 퍼졌고, 세 명의 레이스 홍보대사가 작은 무대에 올라 열정적인 플래시몹식 준비운동을 이끌었다. 마치 90년대 초반 피트니스 비디오와 베이징 클럽 댄스 플로어가 결합된 듯한 광경이었다.

곧 출발선에 참가자들이 모였고, 모두가 준비를 마쳤다. "우!… 쓰!… 산!… 얼!… 이!" 사전 녹음된 출발 총성이 울리며 레이스가 시작됐다. 대회는 공원의 새로 포장된 도로에서 내리막으로 시작됐다. 첫 3km 동안 러너들이 길게 늘어지며 코스는 오르막으로 이어졌고, 곧 청록색과 청동색으로 정교하게 장식된 대형 벽돌문을 지나게 됐다. 헉헉대는 러너들은 언덕길을 일렬로 오르며, 결국 장성의 봉화대 중 하나에 도달했다. 과거 이곳은 병사들이 군사 메시지를 전달하고, 침입자가 접근하면 봉화를 올리던 곳인데 그림자가 드리운 미로 같은 계단통stairwells과 아찔하게 가파른 돌계단이 러너들의 앞을 가로막는 장애물 역할을 했다.

이처럼 만리장성 위를 달리는 것은 쉽지 않았다. 실제로는 울퉁불퉁한 산길을 달리는 것과 비슷했다. 손으로 몸을 지탱하며 올라가야 하는 가파른 구간도 많았고, 평탄한 구간도 고르지 않은 돌바닥이 이어졌다. 풍경을 감상하고 싶지만, 발밑을 끊임없이 주시해야 했다. 어느 구간도, 어느 한 걸음도 같은 법이 없었다. 8km 지점에서 발이 돌에 걸려 중심을 잃고 휘청거렸다. 그대로 앞으로 넘어질 뻔했지만, 간신히 균형을 되찾았다.

마침내 계단을 따라 장성에서 벗어나, 나무와 덤불 사이를 흐르는 개울가 트레일로 접어들었다. 이 길은 오래된 마을로 이어졌다. 몇몇

여전히 굳건하게

만리장성의 가장 오래된 부분은 기원전 7세기에 건설되었지만, 이후 여러 왕조를 거치며 재건되고 유지·보수되었다. 오랜 세월 동안 여러 구간이 확장되어 중국 전역에 걸쳐 총 길이 21,000km를 초과했다. 오늘날에는 약 8,850km만이 온전한 상태로 남아 있다. 현재 남아 있는 만리장성의 대부분은 1368년에서 1389년 사이 명나라 시대에 건설되었으며, 이후 1567년에서 1575년 사이에 대대적으로 보수되었다. 가장 잘 보존된 구간은 후산에서 간쑤성까지 이어진다.

위에서부터 시계 방향으로: 험준한 산악 지형으로 인해 오르막과 내리막이 많다; 만리장성의 한 구간을 따라 달리는 모습; 이 레이스에서는 관중이 거의 없다. 이전 페이지: 진산링 산맥을 따라 완벽하게 복원된 만리장성 구간.

ASIA

- EPIC RUNS OF THE WORLD -

주민들은 봄 농사를 준비하고 있었고, 카키색 바지에 파란 스웨터를 입은 어린 소년은 색색의 손인형을 흔들며 러너들에게 인사했다. 세계 주요 도시 마라톤과 달리, 이 대회의 유일한 관중은 러너들의 가족과 친구들이었다.

중간 지점에 있는 급수대도 독특한 지원 방식을 보여주었다. 레이스 중반쯤, 나는 물과 바나나, 그리고 방울토마토를 집어 들었다. 다시 가파른 흙길을 따라 장성으로 향하는 구간이 시작됐다. 이번에는 장성의 남쪽 그늘진 면 바로 옆에서 약 800m 정도 따라가는 코스였다. 그 길을 따라가며, 이 거대한 구조물이 얼마나 난공불락인지 온몸으로 체감할 수 있었다. 마침내 또 다른 입구를 통해 장성 위로 올라섰고, 다시 한 번 허벅지를 불태우는 계단 구간이 시작됐다. 끝없는 오르막과 싸우는 고된 여정의 반복이었다.

코스의 약 3분의 2 지점에서, 드디어 장성을 완전히 벗어나 공원의 도로와 트레일로 돌아왔다. 다행히도 그 시점에서 내 다리는 이미 한계에 도달해 있었기에, 장성 구간을 벗어난 것이 오히려 안도감을 주었다. 마지막 8km는 거의 질질 끌리듯 걸으며 간신히 버텼다.

결국 진산링 만리장성 마라톤을 5시간 조금 넘겨 완주했다. 개인 최고 기록과는 거리가 멀었지만, 아름다운 자연 언덕 위로 솟아 있는 웅장한 봉화대를 올려다보며, 중학교 역사 시간에 꿈꿨던 그 장성에 대해 이제는 누구보다 생생하고 멋진 보고서를 쓸 수 있겠다는 생각이 들었다. **BM**

여행 개요

출발/종료점// 진산링 만리장성 공원 Jinshanling Great Wall Park
거리// 42.2km, 또한 10km와 하프 마라톤도 함께 개최된다.
가는 법// 베이징 국제공항에서 출발 지점까지 약 135km.
시기// 4월
숙소// 출발 지점과 가까운 진산 호텔 JinShan Hotel, 또는 좀 더 시내 중심부에 위치한 플라자 호텔 베이징 Plaza Hotel Beijing.
자세한 정보// www.rungreatwall.com
알아둘 점// 풀코스 마라톤은 중국 정부의 허가가 필요하며, 일부 해에는 개최되지 않을 수도 있다. 이 대회는 전 세계 러너들을 끌어들이며, 대회 조직위원회에서는 참가자들을 위해 만리장성 외의 역사적인 명소를 포함한 여행 패키지를 제공한다. 또한, 9월에 별도로 열리는 대회(www.rungreatwall.com/jinshanling-greatwall-100)에서는 100K와 50K 울트라 마라톤, 그리고 30K와 6K 단거리 코스 등 다양한 레이스가 진행된다.

- EPIC RUNS OF THE WORLD -

비슷한 도전을 찾아서
고대 불가사의 러닝 코스

더 월 울트라마라톤, 노섬벌랜드 (잉글랜드)

2013년부터 매년 6월 개최되는 이 원데이 one-day 울트라마라톤은 잉글랜드 북부를 가로지르며, 스코틀랜드 국경 바로 아래를 통과하는 코스다. 코스는 험준한 지형이 이어지며, 2세기 로마 제국이 건설한 하드리아누스 방벽 Hadrian's Wall 의 흔적을 따라 달린다. 이 방벽은 당시 로마 제국의 영토였던 브리튼 Britain 남부를 북쪽 변경에서 내려오는 약탈자들의 공격으로부터 보호하기 위해 세워졌다. 코스는 길고 때로는 울퉁불퉁하지만, 대체로 평탄한 편이며, 경로 곳곳에 넉넉한 보급을 제공하는 피트스톱 pit stops 이 마련되어 있다. 26시간의 제한 시간이 적용되며, 평균 시속 5km/h로 이동해도 완주할 수 있어 첫 울트라마라톤에 도전하는 러너들에게도 적합한 대회다. 이 코스를 달리며 고대 요새, 마일캐슬 milecastles, 그리고 다양한 자연 경관을 지나게 되며, 그 속에 깊이 스며든 역사와 전설을 직접 경험할 수 있다. 참가 인원이 제한된 인기 있는 대회이므로, 빠른 등록이 필요하다.

출발점// 칼라일 성
종료점// 발틱 키 (게이츠헤드)
거리// 113km
추가 정보// www.ratrace.com/the-wall-ultramarathon

페트라 사막 마라톤 (요르단)

페트라 사막 마라톤 Petra Desert Marathon 은 요르단 남부 사막 지역에서 열리는 역사적으로 영감을 주는 42.195km 레이스로, 영화 '인디아나 존스-최후의 성전'에 등장한 장대한 유적들 사이를 달리는 코스다. 기원전 9,000년에 조각된 분홍빛 사암 도시 페트라 Petra 입구 근처에서 출발하는 이 대회는 9월에 개최되며, 고대 무덤과 사원, 산자락에 새겨진 조각과 동굴을 지나 요르단 사막의 메마르고 달 표면 같은 풍경 속으로 이어진다. 코스의 전반부는 모래와 아스팔트 구간이 이어지며, 후반부는 포장도로와 자갈길을 따라 급격한 오르막을 올라야 한다. 약 35.5km 지점에서 해발 약 1,400m의 최고점을 찍는다. 그러나 이 극적인 등반의 보상은 바로 결승선까지 이어지는 약 6.5km의 내리막 구간이다.

출발점// 페트라
종료점// 와디 무사
거리// 42km
추가 정보// www.petra-desertmarathon.com

이집티안 마라톤, 룩소르 (이집트)

이집티안 마라톤 Egyptian Marathon 은 아프리카 및 중동 지역에서 가장 오래된 연례 러닝 이벤트 중 하나로, 1994년부터 참가자들은 '파라오보다 더 빨리 달리기 outrun the pharaohs' 에 도전해 왔다. 레이스는 기원전 15세기에 건설된 여왕 하트셉수트 Queen Hatshepsut 의 신전에서 시작되며, 이후 러너들은 이집트의 찬란한 고대 유적지들 사이를 지나게 된다. 경로에는 하부 신전 Temple of Habu, 람세움 Ramesseum (람세스 2세의 장제 신전 mortuary temple), 그리고 아멘호테프 3세 Amenhotep III 의 장제 신전 입구를 지키던 거대한 멤논의 거상 Colossi of Memnon 이 포함된다. 대회는 1월에 개최되며, 이 시기의 기온은 섭씨 18~23도로 비교적 온화한 편이다. 풀코스 마라톤 외에도, 하프 마라톤 거리인 룩소르 런 Luxor Run, 12K 람세스 런 Ramses Run, 5K 하트셉수트 런 Hatshepsut Run 등이 운영된다.

출발/종료점// 여왕 하트셉수트 신전
거리// 5km~42km
추가 정보// www.egyptianmarathon.com

위에서부터: 이집트의 쌍둥이 멤논 거상은 아멘호테프 3세를 형상화한 것; 요르단 페트라 유적 아래 펼쳐진 사막 트레일.

- EPIC RUNS OF THE WORLD -

홍콩 빅토리아 피크
―HONG KONG'S VICTORIA PEAK―

이 수직의 도시를 탐험하며, 멀리 푸르른 전원 풍경까지 한눈에 담고 싶다면 해질녘, 홍콩에서 가장 높은 봉우리를 달려 올라보자.

시차 극복에는 여러 방법이 있다. 실내에서 선글라스를 끼거나, 멜라토닌을 복용하거나, 심지어 무릎 뒤쪽에 강한 빛을 쬐는 방법도 있다(검색해 보시라)! 하지만 가장 좋은 방법은? 간단하다. 높은 언덕을 뛰어오르는 것이다. 그러면 새로운 도시에서 첫날 오후를 문화적 충격, 그리고 졸음과 싸우며 보내는 대신, 햇볕을 쬐고 엔도르핀을 듬뿍 얻을 수 있다.

어디선가 이런 이론을 본 적이 있던 나는 홍콩에 도착하자마자 이를 시험해 보기로 했다. 홍콩하면 화면 보호기에서 수없이 보아온 미래 도시 이미지가 떠오른다—빛과 레이저로 춤추는 거대한 빌딩들, 그리고 항구에 반사되어 더욱 높아 보이는 풍경. 그러나 현지인들은 입을 모아 말한다. 홍콩은 야외 활동에 적합한 도시이며, 녹지와 산, 섬이 가득한 러닝 천국이라고. 이 두 얼굴을 한 번에 볼 수 있는 완벽한 러닝 코스로, 홍콩 섬 최고봉인 빅토리아 피크를 추천받았다.

오후 5시 직전, 졸음이 몰려올 시간, 나는 비몽사몽한 상태로 홍콩

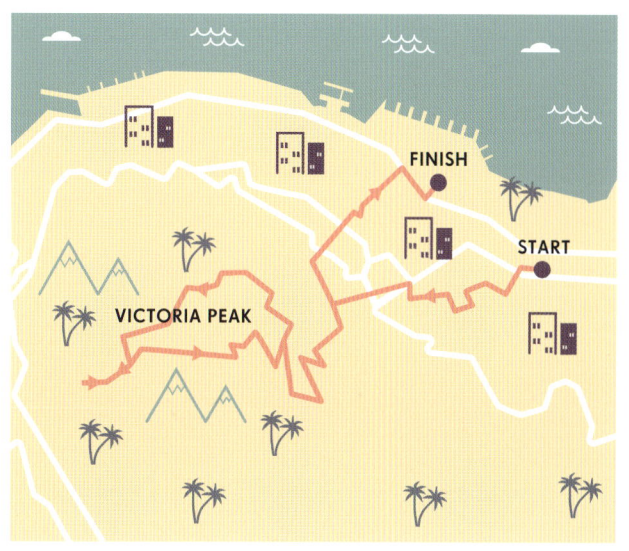

Mike Pickles / Alamy Stock Photo

- EPIC RUNS OF THE WORLD -

공원 역에 내렸다. 원래 역에서 바로 달리기 시작할 계획이었지만, 도심 한복판에 발을 디딘 첫 순간이라 그런지 그냥 걸으며 구경하고 싶어졌다. 사방으로 솟은 초고층 빌딩들이 나를 압도했다. 그런데 다른 방향으로 시선을 돌리자, 빌딩들은 산자락을 따라 물러서고 그 위로 초록빛이 살짝 보였다. 공원은 사람들로 붐볐고, 태극권 정원, 거북이 연못, 놀이터가 뒤섞인 낯선 풍경이 펼쳐졌다. 나는 도시의 거대함에 짓눌리고, 아시아의 대도시에 선 이방인이라는 기분에 불쑥 휩싸였다. 하지만 그것은 시차 탓이라는 걸 알기에, 나는 언덕을 향해 억지로 몸을 움직여 느릿하게 달리기 시작했다. 처음에는 끔찍했다. 시작부터 가파르고, 사람도 많아 제대로 리듬을 찾을 수 없었다. 익숙지 않은 열대 기후는 숨을 막았고, 수많은 갈림길 중 어느 쪽으로 가야 할지도 확신이 서지 않았다. 차라리 침대에 누워있을 걸 하는 생각도 들었다. 하지만 어느 순간, 내 페이스가 경사와 맞아떨어지기 시작했다. 심박수와 호흡이 점차 안정을 찾고, 다리도 점차 적응해갔다. 홍콩 동식물원^{Hong Kong Zoological and Botanical Gardens}을 지나, 구 피크 로드^{Old Peak Rd}에 접어들었다.

차 없는 이 길은 황당할 정도로 가파르게 이어졌다. 등산객들은 헉헉댔고, 어떤 사람들은 종아리 근육을 쉬게 하려 뒤로 걸을 정도였다. 나는 간신히 발을 들어 올려 작은 보폭으로 조금씩 앞으로 나아갔고 걷는 사람들을 하나둘 추월했다. 몇몇은 응원의 미소를 지었지만, 어떤 이는 고개를 저으며 내가 무슨 고생을 하려는지 알겠다는 듯한 표정을 지었다.

도시의 소음은 내 거친 숨소리에 묻혔다. 열대 나무들이 길을 그늘지게 덮었다. 눅눅한 공기가 비행의 피로를 씻어냈다. 다리가 움직일 때마다 장거리 비행으로 부은 발목의 부기가 조금씩 빠져나가는 듯했다. 고개를 숙이고, 나는 오르막을 오르는 단순한 육체적 행위에 몰두했다. 다리가 타들어가는 느낌이 오히려 즐거웠다.

그렇게 어느덧 정상에 도달했다. 왼쪽으로는 세계에서 가장 비싼 거리에 자리한 주택과 콘도가 보였고, 위로는 7층짜리 에스컬레이터가 유리 안으로 들여다보이는 모루 형태의 피크 타워^{Peak Tower}가 있었다. 그 뒤편으로 펼쳐질 풍경이 궁금했지만, 여기서 멈추고 싶지는 않았다.

진짜 재미는 지금부터였다. 오른쪽으로 방향을 틀어, 유명한 루가드 로드^{Lugard Rd} 순환로에 접어들자 사람들은 즉시 줄어들었다. 길은 곧 가파른 산비탈에 난 고른 포장길로 이어졌고 검은 철제 난간이 절벽 아래로 떨어지는 길을 따라 설치되어 있었다. 그리고, 나무 사이 틈이 열린 곳에서, 바로 기대하던 그 풍경이 펼쳐졌다. 발아래, 세계에서 가장 수직적인 도시가 항구를 중심으로 펼쳐져 있었다. '동양의 진주'라 불리는 이 도시는 남중국해의 저녁 햇살 아래 반짝였다. 빅토리아 항구를 따라 늘어선 마천루들은 그 뒤로 이어지는 녹색 산과 완벽한 대비를 이뤘다. 사방으로 초록빛 산봉우리가 펼쳐졌고, 해안선은

- EPIC RUNS OF THE WORLD -

오프로드

홍콩은 세계에서 가장 인구 밀도가 높은 지역 중 하나로 알려져 있다 (모나코, 싱가포르, 마카오만이 이를 앞선다). 하지만 실제로는 전체 땅의 25%만 개발되어 있다. 나머지 75%의 땅은 보호된 자연 지역으로, 이곳에는 트레일 네트워크가 잘 조성되어 있어 홍콩을 아시아에서 가장 달리기 친화적인 도시 중 하나로 만들어준다. 트레일 네트워크에 대한 더 자세한 정보는 www.hiking.gov.hk에서 확인할 수 있다.

왼쪽부터: 빅토리아 피크에서 내려다본 홍콩; 루가드 로드는 도시 속 일몰을 감상하기에 최적의 장소.
이전 페이지: 이 트레일은 방향을 틀 때마다 놀라운 전망을 제공한다.

빼곡하게 들어선 고층 건물들이 만든 새로운 지형처럼 보였다. 그 사이를 가르며, 바다가 황금빛으로 빛났다. 그 힘든 오르막을 오른 뒤에도 내게 숨이 조금이라도 남아 있었다면, 이 파노라마 같은 풍경에 마지막 숨결마저 빼앗겼을 것이다. 다시 정신을 차리고 발을 떼자, 러닝 자체의 즐거움도 느껴지기 시작했다. 발밑은 로드 러닝 코스처럼 매끈했지만, 주변 풍경은 완벽한 트레일 러닝이었다. 순환 코스인 만큼, 구석을 돌 때마다 새로운 섬 풍경이 펼쳐지고, 뒤로는 항구가 조금씩 사라져갔다. 드디어 내가 듣던 아웃도어 홍콩이 눈앞에 나타났다. 푸른 섬과 수많은 배, 멀리 보이는 마을들이 이어졌다. 해가 지는 순간, 나는 다시 루가드 로드로 돌아왔다.

그리고 내가 가장 사랑하게 된 그 전망대에서 멈춰 섰다. 앞으로 한 시간 동안 홍콩은 완전히 다른 모습으로 변할 것이다. 낮에는 자연 속에 자리한 도시로 보였지만, 어둠이 깔리면 인간의 힘과 생동감이 응축된 풍경으로 변신한다. 교통은 빛의 리본을 그리고, 빌딩 외벽에는 거대한 생명체가 나타나고, 물고기들이 헤엄치며, 구름이 떠다닌다. '블레이드 러너'의 도시가 눈앞에서 살아 숨 쉬는 순간이었다.

난간에 기대어, 식어가는 땀을 느꼈다. 오후 7시, 나는 완전히 깨어 있었다. 시차도, 문화적 충격도 사라졌다. 한 시간 더 이곳에 머물며 도시의 불빛을 바라보고, 오늘 밤은 깊이 잘 수 있을 것이다. 그리고 내일, 이 도시를 마음껏 탐험할 준비가 되어 있을 것이다. **PP**

여행 개요

출발점// 애드미럴티 역 Admiralty Station
종료점// 센트럴 역 Central Station
거리// 13.5km
가는 법// MTR노선의 애드미럴티 역은 홍콩섬과 본토에서 모두 쉽게 접근 가능. 트램은 경치가 더 좋지만 훨씬 느림.
시기// 홍콩은 연중 온화한 기후를 유지.
숙소// 출발점 근처의 가성비 좋은 미니 호텔 센트럴 www.minihotel.hk, 또는 여유가 있다면 트웬티 원 휘트필드 www.twentyonewhitfield.com 추천. 이 초고층 고층 건물은 29층 이상에서 놀라운 전망을 제공.
자세한 정보// www.greatruns.com/hong-kong-peak-circle
알아둘 점// 일몰을 즐기려면 하산 시 사용할 좋은 조명을 챙길 것. 트레일은 저녁 무렵 매우 캄캄해진다.

비슷한 도전을 찾아서
도시 언덕 러닝 코스

더니든 (뉴질랜드)

기네스 세계 기록Guinness Book of World Records에 따르면, 세계에서 가장 가파른 도로는 뉴질랜드 더니든Dunedin에 위치한 볼드윈 스트리트Baldwin St다. 이 도로의 길이는 단 350m에 불과하지만, 오를수록 경사가 더욱 가팔라지며, 최고 35%에 달하는 극한의 경사도를 자랑한다. 남섬South Island에 위치한 이 지역은 당연하게도 러너들에게는 천국과도 같은 곳이다. 잘 정비된 트레일 네트워크가 언덕을 따라, 해안선을 따라, 그리고 알바트로스로 유명한 오타고 반도Otago Peninsula까지 이어진다. 더니든 식물원Dunedin Botanic Garden에서 출발해 노스 로드North Rd와 노우드 스트리트Norwood St를 따라 이동하면, 볼드윈 스트리트를 오르고 아놀드 스트리트Arnold St로 내려오는 짧은 우회를 할 수 있다(단순히 "해냈다!"라고 말하기 위한 도전으로도 충분하다). 이후, 베튠스 걸리Bethunes Gully에서 시작되는 트레일을 따라 소나무 숲과 원시림을 지나가면, 마침내 마운트 카길Mt Cargill 정상에 도착할 수 있다. 정상에서는 오타고 반도를 내려다보는 멋진 전망이 펼쳐진다.

출발/종료점// 더니든 식물원
거리// 17km
추가 정보// www.dunedin.govt.nz/community-facilities/walking-tracks

리스본 (포르투갈)

리스본Lisbon의 알파마Alfama와 바이루 알투Bairro Alto 지역은 가파르고 좁은 미로 같은 골목길, 석회암 포석길, 야자수가 드리운 광장, 그리고 갑작스럽게 나타나는 탁 트인 전망으로 유명하다. 늦은 밤이나 이른 아침에 이곳을 탐험하는 러너들은 고대 리스본을 가슴 뛰는 투어 코스로 경험할 수 있다. 이 미로 같은 지역에서는 하나의 명확한 루트를 정해 따라가기보다는, 여러 지점을 목표로 삼고 자유롭게 달리는 것이 훨씬 더 흥미롭다. 알파마에서는 상 조르제 성Castelo de São Jorge, 세 대성당Sé Cathedral, 미라도우루 데 상타 루지아Miradouro de Santa Luzia(Miradouro는 '전망대'라는 뜻)는 꼭 들러야 할 명소다. 바이루 알투에서는 미라도우루 데 산타 카타리나Miradouro de Santa Catarina와 미라도우루 데 상 페드루 데 알칸타라Miradouro de São Pedro de Alcântara를 지나면, 이 지역을 제대로 탐방했다고 할 수 있다. 길을 잃을 가능성이 크고, 수많은 계단을 올라야 하겠지만, 그 과정 자체가 리스본 러닝의 묘미가 될 것이다.

출발/종료점// 로시오 광장 지하철역
거리// 6~10km

트빌리시 (조지아)

이제 유럽에서 코카서스Caucasus 지역으로 저가 항공편이 운항되면서, 유럽과 아시아의 경계에 위치한 이 거의 아시아적인 나라들의 매력이 점점 더 알려지고 있다. 조지아Georgia의 수도 트빌리시Tbilisi는 산악 지형의 중심에 자리하고 있어, 시내 한복판에서도 종아리를 불태우는 험난한 러닝 코스를 쉽게 찾을 수 있다. 트빌리시의 정수를 달리며 경험하려면, 61번 버스를 타고 바케 공원Vake Park으로 가는 것이 좋다. 거기서부터 터틀 호수Turtle Lake를 지나 600m를 힘겹게 올라 1,000m 정상에 도달하면, 이후에는 길게 이어지는 내리막길을 즐길 수 있다. 내리막길은 마타츠민다 공원Mtatsminda Park을 지나며 탁 트인 전경을 감상할 수 있고, 솔롤라키 능선Sololaki Ridge을 따라 어머니 조지아Mother Georgia 동상을 지나, 4세기부터 구시가지를 내려다보고 있는 나리칼라 요새Narikala Fortress까지 이어진다. 그곳에서 코테 압하지 거리Kote Abkhazi를 따라 구시가지 성벽을 지나 자유 광장Freedom Square까지 달리며 마무리하면 된다.

출발점// 바케 공원
종료점// 자유광장
거리// 14km

위에서부터: 더니든의 볼드윈 스트리트는 세계에서 가장 가파른 거리 중 하나로 알려져 있다; 조지아 트빌리시의 산비탈에 자리한 가옥들.

Hong Kong's Victoria Peak

- EPIC RUNS OF THE WORLD -

인도 어드벤처 런
—AN ADVENTURE RUN IN INDIA—

함피의 바위 지대와 유적지에서 러닝을 즐길 때 가장 큰 위험은,
장엄한 고대 힌두 사원과 세계적 수준의 클라이밍 루트에 정신을 빼앗기는 것이다.

인도 함피Hampi에서는, 고대 힌두 왕국 비자야나가르Vijayanagar의 유적들과 그 주변을 뒤덮은 초현실적 화강암 바위 풍경이 거의 맞닿아 있다. 마치 자연계와 초자연계가 만나는 지점을 그린 길예르모 델 토로 영화의 한 장면을 연상시킬 정도다. 벵갈루루Bengaluru에서 북쪽으로 350km 떨어진 카르나타카Karnataka 중앙 평원에 펼쳐진 이 유적지는, 열대 햇살 아래 세월의 흔적이 담긴 끝없는 암벽을 오르는 세계적 수준의 화강암 클라이밍을 즐길 수 있는 매력에 이끌려, 점점 더 많은 클라이머와 볼더러들boulderers을 끌어들이고 있다. 그러나 헥스와 캠 세트(암벽의 틈새에 끼워 고정하는 등반용 보호 장비)를 갖추지 않은 사람이라도, 달리기를 사랑하는 이라면 누구든 이곳에서 충분히 모험을 즐길 수 있다.

적당한 어프로치 슈즈만 있으면, 함피의 언덕들은 '전 지형 장애물 코스'로 변신한다. 여기서 달리고, 저기서 기어오르고, 때로는 자유 등반까지, 사라진 문명의 유적에 둘러싸여 즐기는 모험이다. 그리고 입장료와 관문이 있는 고대 도시의 일부 구역은 공원을 가볍게 산책하는 코스가 아니라, 뱀처럼 구불구불한 흙길은 발목을 접질리기 쉽고, 둥근 화강암은 손과 무릎에 생채기를 내기 쉬운 치즈 강판cheesegraters 같은 존재다.

어느 날 아침, 게스트하우스의 모든 이들이 코를 골며 자고 있을 때, 나는 문 옆에서 자고 있던 접수 직원을 깨워 문을 열고, 첫 햇살이 비치는 함피 거리로 나섰다. 이 시간의 함피 바자르Hampi Bazaar는 사람보다

원숭이의 세상이었다. 벽 위를 돌아다니는 붉은털 원숭이 무리는, 내가 마을을 벗어나 비자야나가르^{Vijayanagar} 시대 건축 유적을 지나고 헤마쿠타 언덕^{Hemakuta Hill}의 화강암 경사면을 따라 달려가는 동안 점점 더 불어났다. 지난 여행에서는 이 언덕을 올라, 마을의 여행자 절반과 함께 비루팍샤 사원^{Virupaksha Temple} 위로 지는 석양을 감상했지만, 오늘의 목표는 언덕 꼭대기에 자리한 화강암 바위 무리였다. 여명 속에서 그 바위들은 마치 거대한 버섯이나 다육식물처럼 보였다.

바위 사이에 끼어 있는 조잡한 움막들을 피하며, 나는 집채 만한 두 개의 바위 사이 갈라진 틈을 발견했다. 그 틈이 몸을 비집고 올라가기 딱 알맞아 보였다. 클라이밍 테이프로 손가락을 두툼하게 감아도, 정상에 오를 때쯤엔 손등이 피로 물들었다. 그 자리에서 나는 유적과 바위들 사이의 동선을 계획한 후, 다시 지면으로 내려와, 고대 비자야나가르의 번화한 시장 중 하나였던 넓은 석조 아케이드를 따라 달리기 시작했다.

첫 번째 목적지는 함피 바자르 동쪽 능선 너머였다. 침식된 지지대들이 시간의 흔적을 간직한 아츄타라야 사원^{Achyutaraya Temple}을 둘러싸고 있는 이곳은 평소라면 붐볐을 테지만 이른 아침에는 고푸람^{gopurams}(탑)과 기둥들만이 묵묵히 서 있었다. 나는 고대 비자야나가르의 홍등가 역할을 했던 넓은 대로인 술레 바자르^{Sule Bazaar} 양옆의 흥미로운 볼더링 루트들을 하나씩 공략하며 시간을 보냈다. 한참 들여다보니,

> "희미한 빛 속에서 언덕 꼭대기의 바위들은 커다란 버섯이나 다육식물처럼 보였다."

그 바위들 중 상당수는 사실 사원이 될 예정이었던 것들이었다. 자연스럽게 형성된 선들은 차츰 질서 정연한 구멍들의 배열로 바뀌었고, 그 흔적은 고대 석공들의 손길을 말해주고 있었다.

하루 종일 이 흥미로운 유적들을 탐험하며 잊혀진 보물들을 찾고 싶었지만, 애초부터 이건 러닝이었음을 상기하며, 초크백을 허리춤에 넣고 본격적인 달리기에 나섰다. 비탈진 주 트랙을 벗어나, 비탈라 사원^{Vittala Temple} 뒤쪽 목동들이 다니는 길로 들어섰다.

이곳에서부터 함피는 러닝 코스라기보다 장애물 코스에 가까웠다. 거친 덤불 사이를 비디오 게임 속 캐릭터처럼 뛰어넘고, 바위에서 바위로 도약하고, 가시덤불을 피해 달렸다. 능선 끝에서는 나무들로 된 코라클^{coracles}(전통 원형 배)에 사료를 싣는 농부들을 만났다. 간단한 흥정 끝에, 나는 이들과 함께 강을 건너 북쪽 강변의 하얀 마을 아네군디^{Anegundi}에 도착했다.

이곳에서는 명상 같은 평온함 대신, 오토바이 경적, 시장 상인들의 외침, 그리고 미친 듯 달리는 외국인을 좇는 아이들의 웃음소리가 반겼다. 그러나 이 소란도 잠시, 마을을 벗어나자 다시 평화가

ASIA

전설

힌두 학자들에 따르면, 함피는 힌두교 서사시 '라마야나Ramayana'에 나오는 신화 속의 장소 키슈킨다Kishkinda, 즉 원숭이 신 하누만Hanuman의 고향과 동일 지역으로 알려져 있다. 전설에 따르면, 라마 경Lord Rama의 가장 충직한 신하인 하누만은 아네군디Anegundi 마을 근처에 있는 안자나드리 언덕Anjanadri Hill 에서 태어났으며, 수천 년 동안 황야를 돌아다니다가 악마왕 라바나Ravana 로부터 시타Sita를 구출하기 위한 영웅적인 여정을 시작했다고 한다.

왼쪽부터: 함피 유적에 시선이 빼앗기는 건 어쩔 수 없다; 짧은 우회로를 따라가면 고대 조각을 가까이서 볼 수 있다. 이전 페이지: 바위로 둘러싸인 비루팍샤 사원.

찾아왔다. 나는 최대한 포장도로를 피하고, 밭 가장자리를 따라 이어진 흙길로 달렸다.

다시 황토빛 바위들이 섬처럼 떠 있는 초록빛 들판을 지나, 더 높은 곳을 향해 나아갔다. 목표는 안자나드리 언덕Anjanadri Hill 꼭대기의 안자나 마타 사원Anjana Matha Temple이었다. 전설에 따르면, 이곳은 라마야나Ramayana 시대에 원숭이 신 하누만Hanuman이 태어난 장소다.

열대의 아침 햇살 아래 570개의 계단을 뛰어올라 온몸이 땀범벅이 된 나는 정상의 시원한 바람과 탁 트인 전망을 만끽하며 잠시 쉬었다. 함피 바자르로 돌아가는 길은 그저 산책 같은 평온한 여정이었다. 농지를 가로질러 투풍가바드라Tungabhadra 강변 마을 비루파푸르 갓디Virupapur Gaddi 에 도착했다. 강을 건너는 배를 한 번 더 타고 비루팍샤 사원 아래 나 있는 계단식 제방에 닿았다. 사리를 입은 여성들이, 한때 사원과 궁전을 받치고 있던 돌 위에서 마을의 빨래를 힘껏 두들기며 삶의 리듬을 울려퍼뜨리고 있었다.

그 모습을 보며 기분 좋은 마무리를 느꼈다. 지금 내 땀에 절은 러닝복도 한 시간 안에 그 빨래 더미에 섞이게 될 것이다. 그리고 나는 망고나무 그늘 아래 여행자 카페에서 가장 더운 시간대를 여유롭게 보낼 것이다. **JBS**

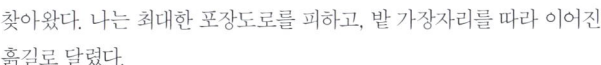

여행 개요

출발/종료점// 비루팍샤 사원(함피 바자르Hampi Bazaar)

거리// 14km

가는 법// 벵갈루루Bengaluru는 세계 여러 지역에서 정기 항공편이 운행되며, 기차로 호사페테Hosapete까지 이동한 후, 함피 바자르까지는 짧은 버스 이동으로 도달 가능.

시기// 10월~4월

숙소// 함피 바자르와 아네군디에는 게스트하우스가 많으나, 지역 내 숙소 운영이 제한된 적이 있으므로 방문 전에 확인 필수.

자세한 정보// www.tourismofindia.com

알아둘 점// 접지력이 좋은 솔을 가진 어프로치 슈즈가 전통적인 러닝화보다 적합하며, 날카로운 바위를 오를 때 유용한 러닝 장갑도 챙기는 것이 좋다. 또한, 보트 요금을 지불할 인도 화폐를 반드시 준비할 것.

옆 페이지: 평탄하고 빠른 러닝
지형으로 둘러싸인 미얀마 바간 파고다
위로 열기구들이 떠오른다.

비슷한 도전을 찾아서
유적 속을 달리기

무굴, 파테푸르 시크리 (인도)

인도의 찬란한 무굴Mughal 유적 대부분은 현재도 신앙 활동이 이루어지는 예배 장소이기 때문에, 몸에 밀착되는 라이크라Lycra 러닝복을 입고 달리기에는 적합하지 않다. 하지만 파테푸르 시크리Fatehpur Sikri에는 조용한 공간이 충분히 있어, 현지 문화에 어긋나지 않는 적절한 복장—느슨한 조거 팬츠와 티셔츠 같은 단정한 옷차림—을 선택하면 부담 없이 달릴 수 있다. 불운하게도 오래 지속되지 못한 악바르Akbar 황제의 수도였던 이곳은 주변 농지까지 유적이 넓게 펼쳐져 있으며, 현재도 예배가 이루어지는 곳은 자마 마스지드Jama Masjid뿐이다. 궁전들 사이를 자유롭게 탐방한 후에는, 한때 무굴 상인들이 야영을 했던 거대한 여행자 숙소 카라반사라이caravanserai로 향해보자. 그리고 그곳을 지나 인도의 푸른 시골 들판을 따라 달리며 고즈넉한 풍경을 만끽할 수 있다.
출발점// 페이트푸르 시크리 기차역
종료점// 시크리 히사 IV 마을
거리// 5~15km

코 케르 (캄보디아)

캄보디아에서는 앙코르와트Angkor Wat가 모든 주목을 받지만, 그보다 몇 시간 더 북쪽의 우거진 열대우림 속에도 또 다른 웅장한 폐허의 사원 도시가 숨어 있다. 이곳은 밀림을 휘감은 덩굴과 크메르Khmer 조각이 가득하면서도 관광객이 훨씬 적어, 이국적인 식물과 고대 유적을 감상하며 벌레 소리만이 들리는 조용한 환경에서 달리고 싶은 러너들에게 이상적인 장소다. 유적지 근처의 롯지에서 하룻밤을 묵는다면, 계단식 사원과 무너져 내린 부조들, 그리고 텅 빈 바라이baray (저수지)가 만들어내는 초현실적인 풍경을 온전히 혼자 만끽할 수도 있다. 하지만 한 가지 주의할 점이 있다. 코 케르Koh Ker 전체는 아직 완전히 지뢰가 제거되지 않았으므로, 현명한 러너들은 발굴된 사원을 연결하는 주요 트레일 안에서 달리는 것이 필수적이다.
출발점// 코 케르 마을
종료점// 코 케르 프라삿 프람
거리// 3~15km
추가 정보// www.tourismcambodia.org

바간 (미얀마)

아시아의 경이로운 유적지 중 하나로 손꼽히는 바간Bagan의 사원 평원은 러닝에 이상적인 장소다. 평탄하고 건조한 지형에 수레길과 농로가 거미줄처럼 얽혀 있는 이 러닝 코스의 완벽한 마무리 지점은 아예야르와디Ayeyarwady 강변으로, 그곳에서 붉게 물든 태양이 안개에 휩싸인 언덕 너머로 서서히 저무는 장관을 감상할 수 있다. 러닝은 늦은 오후의 선선한 시간대에 맞추는 것이 좋다. 이때 빛이 녹아내리듯 황금빛으로 변하며, 붉은 벽돌로 지어진 파고다들이 실루엣을 이루며 마치 숲처럼 펼쳐진다. 바간의 사원들은 26평방킬로미터에 걸쳐 흩어져 있어, 다리의 힘과 남은 햇빛이 허락하는 한 오래 달릴 수 있다. 눈부시게 빛나는 쉐지곤 파야Shwezigon Paya에서 올드 바간Old Bagan 성문까지 짧은 코스를 선택할 수도 있고, 뉴 바간New Bagan과 냥우Nyaung-U 사이의 들판을 가로지르며 외곽에 위치한 수많은 스투파Stupa(사리탑)를 지나 몇 마일씩 달리는 것도 가능하다.
출발점// 쉐지곤 파야 (냥우)
종료점// 올드 바간 보트 선착장
거리// 5~20km

- EPIC RUNS OF THE WORLD -

교토 카모 강변
—KYOTO'S KAMO RIVERFRONT—

일본 사찰들의 수도에서 우연히 하게 된 러닝은 숨겨진 보물들과
우리가 흔히 지나쳐버리는 진짜 삶의 한 조각을 보여준다.

습기가 가득한 어느 초여름 저녁, 나는 일본 교토의 시내 중심역에서부터 우연히 짧은 러닝을 시작했다. 가족을 도쿄행 신칸센에 태워 보낸 뒤, 피곤하고 배도 고팠다. 머물고 있는 교외 숙소로 돌아가는 가장 적절한 대중교통 수단을 찾으려다 결국 포기하고, 그냥 달리기 시작했다. 내 현위치와 대략적인 방향도 알고 있었지만, 정확한 경로는 알지 못했다. 그러나 그 우연한 러닝은 내 인생에서 가장 기억에 남는 러닝 중 하나가 되었다.

나는 이 러닝을 '이치고 이치에(一期一会)' 러닝이라 부른다. 일본에 머무는 동안 알게 된 이 개념은 '지금 이 순간, 다시는 오지 않을 시간' 정도로 번역할 수 있다. 어떤 사람들은 '일생에 단 한 번뿐인 순간'이라고도 한다. 익숙한 개념이었지만, 러닝과 연관 지어 생각해본 적은 없었다. 지금 돌이켜보면, 일본에서 세 번째로 큰 도시인 교토—도쿄와 비교하면 한적한 시골 마을 같은 곳—는 '이치고 이치에' 순간들이 골목마다 숨어 있는 도시였다. 도시의 고요함은 언제 어디서든 놀라운 우연들이 펼쳐질 가능성을 품고 있었다.

교토는 삼면이 산으로 둘러싸여 있고, 녹지가 풍부한 도시다. 인구는 약 150만 명으로 결코 작은 도시는 아니지만, 도쿄의 830만 명에 비하면 한없이 작아 보인다. 특히 교토는 전통 가옥인 마치야가 제2차 세계대전의 공습을 피해 살아남은 몇 안 되는 대도시 중 하나다. 도쿄에서 신칸센으로 두 시간 반을 달려 도착해 역 밖으로 나서는 순간, 시간이 느려지고, 도시 전체가 부드러운 황금빛으로 덮인 듯한 느낌을 준다.

도시의 가장자리에는 무질서하게 뻗어나가는 외곽 대신, 숲과 강, 그리고 삼면을 둘러싼 산들이 자리하고 있다. 바로 내가 상상하고 기대했던 일본, 즉 목조 다리와 붉은 도리이가 있는 신사, 호쿠사이와

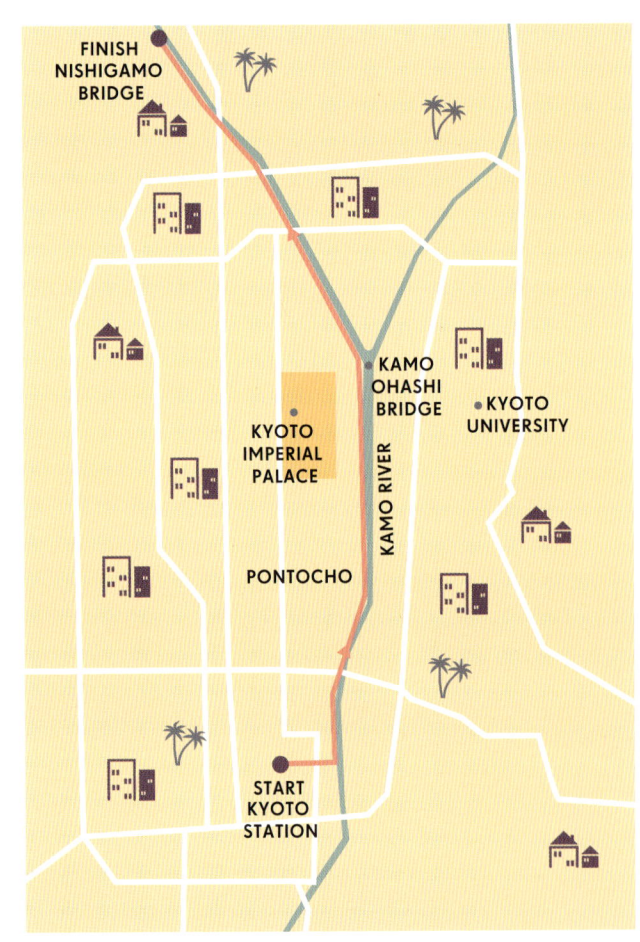

ASIA

- EPIC RUNS OF THE WORLD -

히로시게 목판화에서 보던 그 풍경이 펼쳐져 있었다. 처음 교토를 걸었을 때는 마치 건물 두 채 걸러 한 채가 사찰인 듯한 착각이 들었다. 과장처럼 들릴 수도 있지만, 실제로 교토에는 1,600곳이 넘는 사찰이 있다.

이번 여행에서도 이미 몇 차례 러닝을 하긴 했지만, 모두 계획된 코스였다. 도심 북쪽의 울창한 황궁 부지나, 긴카쿠지에서 난젠지까지 약 2.4km 이어지는 '철학의 길'을 따라 달린 적이 있었다. 난젠지의 곡선 지붕, 정교하게 정돈된 자갈 정원, 그리고 백로가 그려진 황금빛 병풍들 사이를 달리면, 마치 히로시게의 목판화 속을 달리는 기분이었다.

하지만 나는 가모 강을 간과하고 있었다. 북쪽 산에서 시작해 남쪽 시모가모 신사까지 흐르는 이 강은, 도심을 가로지르는 하천답게 보행자들로 북적일 거라 생각했다. 즉, 천천히 걷는 관광객들 때문에 속도를 내기도 어렵고, 경치보다는 매연과 소음이 가득한 곳일 거라고 예상했다. 하지만 그날, 가모가와는 내가 A에서 B로 가는 가장 합리적인 길처럼 보였고, 나는 그렇게 강길로 접어들었다.

역 주변의 번잡함을 벗어나 강길로 들어선 순간, 믿을 수 없을 만큼 평온한 공간이 펼쳐졌다. 넓고 푸른 둔치에는 꽃들이 만발했고, 갈대가 강물에서 솟아나 있었다. 백로들은 물고기를 잡고 있었고, 벚꽃은 마지막 꽃잎을 바람에 날리고 있었다.

> "내가 상상했던 일본 그대로였다. 목조 다리, 붉은 도리이 문, 그리고 호쿠사이와 히로시게의 그림에서 본 풍경들."

몇 개의 다리를 지나며, 강이 얼마나 얕은지 깨달았다. 대부분 수심이 1m도 되지 않아, 곳곳에 마련된 거북이 모양 징검다리를 따라 폴짝폴짝 건널 수도 있었다. 잔잔한 물소리가 배경음악처럼 흐르는 가운데 현지인들은 낚시를 하고, 산책을 하고, 나처럼 러닝을 즐기고 있었으며 아이들은 물놀이에 푹 빠져 있었다. 가모 강은 유명한 기온 게이샤 지구를 지나지만, 대부분은 강변에서 보이지 않는다. 대신 폰토초 지역에는 테이블이 가득한 테라스가 있는 레스토랑이 물가에 바로 붙어 있었다.

목적지가 정해진 러닝에서는 속도를 높이기 마련인데, 그날 저녁만큼은 가능한 한 천천히 달리며, 모든 풍경을 음미했다.

몇 km쯤 달렸을까, 교토대 근처에서 우연히 즉흥 야외 연주회를 만났다. 처음엔 한 청년이 아름다운 바이올린 연주를 하고 있었는데, 몇백 미터 더 가자 플루트를 연습하는 연주자가 있었다. 또 몇백 미터 후에는 배터리로 작동하는 키보드를 연주하는 피아니스트가 있었고, 이어서 솔로 가수와 듀엣까지 등장했다. 조금 더 가서는 또 다른 바이올리니스트가 눈에 들어왔다. 나중에 알고 보니, 이곳은 교토대 음악과 학생들의 인기 연습 장소였다.

러닝의 끝자락에서 꿈같은 장면과 마주했다. 전통 기모노 차림의

산 속의 승려들

교토 위 산악 지대에는 히에이 산 Mt Hiei의 승려들이 살고 있다. 이들은 때때로 1,000일 동안 1,000번의 마라톤을 달리는 여정에 나서서 깨달음을 얻으려 한다. 지금까지 이 놀라운 지구력의 업적을 달성한 사람은 50명도 되지 않으며, 이를 해낸 사람들은 살아 있는 성인으로 존경받는다. 다행히도 일반 러너들은 극한의 울트라 러닝이나 성인이 되는 여정에 나서지 않고도 아름다운 트레일을 탐험할 수 있다.

위에서부터 시계 방향으로: 카모 강변에서 즐기는 식사; 러너들이 드물게 보였다; 봄이면 벚꽃이 흐드러지게 핀다. 이전 페이지: 카모 강 지류를 가로지르는 거북이 모양의 징검다리.

ASIA

- EPIC RUNS OF THE WORLD -

Rintaro Kanemoto for Lonely Planet

Yogi Studio/Getty Images

연인이 팔짱을 끼고 천천히 걷고 있었다. 여인은 연분홍 여름 기모노에 조리를 신고, 단정한 머리에 작은 가방을 두 손으로 들고 있었다. 남자는 어두운 색 기모노에 금색 오비를 맨 차림이었다. 교토에서는 내국 관광객들이 하루 동안 전통 의상을 대여해 유적을 돌아보는 것이 흔하다. 다소 연출된 듯하지만, 가모 강변에서는 그마저도 자연스러웠다. 마치 시간을 거슬러 과거로 돌아간 듯한 기분이었다.

매일 달리는 사람이라면, 나처럼 누구나 결국은 지겹도록 익숙한 코스를 계속 반복하게 된다. 시선은 자연스럽게 안으로 향하고, 차 소음이나 이제는 지긋지긋한 언덕 같은 것들을 애써 외면하게 된다. 하지만 낯선 곳에서의 러닝은 우리를 다시 '지금, 이 순간'으로 데려다 놓는다. 그리고 때로는 '이치고 이치에' 같은 순간들을 선물해 주기도 한다.

그날 나는 가모 강을 따라 계속 달릴 수도 있었고, 시간이 어떻게 가는 줄도 몰랐을 것이다. 그 러닝은 나에게 최고의 러닝이란 결국 모험과 탐험을 품은 러닝이라는 사실을 다시 일깨워주었다. 동시에 '이치고 이치에' 같은 순간들은 매일 반복하는 러닝 속에도 이미 존재하고 있다는 것도 깨달았다. 단지 우리가 너무 익숙해져서, 고개를 들어 바라보지 않을 뿐이다. KC

여행 개요

출발점// 교토역(시내 서쪽)

종료점// 니시가모 다리^{Nishigamo Bridge}

거리// 10km

가는 법//교토는 도쿄와 신칸센으로 연결되어 있음.

시기// 강 주변은 연중 지역 주민들에게 인기가 많으나, 벚꽃 시즌은 3월 말에서 4월 중순까지.

숙소//기온^{Gion}이 가장 그림 같은 지역이나, 시내 및 교토역 주변이 호텔 선택지가 가장 많으며 강과도 가까움.

자세한 정보// www.greatruns.com/kyoto-kamo-river-paths

알아둘 점// 카모가와^{Kamo River} 강변의 경로는 자전거 라이딩이나 서킷 트레이닝^{circuit training}에도 적합하다. 길가에 벤치와 운동 구역이 마련되어 있음.

옆 페이지: 도쿄 마라톤은 세계 7대
메이저 마라톤 중 하나로 세계적인
규모를 자랑한다.

비슷한 도전을 찾아서
일본 필수 러닝 코스

도쿄 마라톤

마라톤은 일본에서 국가적인 열광을 불러일으키는 스포츠이며, 엘리트 러너들은 국민적 영웅으로 추앙받는다. 아마추어로 도쿄 마라톤Tokyo Marathon에 참가하더라도, 코스 곳곳에서 "간바레! 간바레!(힘내라! 힘!)"라는 응원의 함성을 들을 수 있다. 결승선을 통과하면, 자원봉사자들이 양옆으로 줄을 서서 박수로 러너들의 완주를 축하해 준다. 코스는 도쿄에서 가장 넓고 평탄한 도로를 따라 이어지며, 황궁Imperial Palace 앞에서 피니시 라인을 통과하게 된다. 또한, 3월 마라톤 전날 열리는 5km 프렌드십 런Friendship Run에 참가할 기회가 있다면 놓치지 말자. 이 행사는 전 세계에서 온 러너들이 각국의 전통 복장을 입거나 국기의 색으로 얼굴을 칠하고 함께 달리는 흥겨운 축제다.

출발점// 도쿄도청
종료점// 황궁
거리// 42km
추가 정보// www.marathon.tokyo/en

하코네 트레일, 하코네

도쿄 하네다 공항Tokyo's Haneda Airport에서 기차로 불과 한 시간 반 거리에 간토Kanto 지역의 경이로운 트레일이 펼쳐져 있다. 맑은 날이면 이곳 트레일의 여러 지점에서 후지산Mt. Fuji의 장관을 감상할 수 있으며, 맑은 호수와 울창한 녹색 숲이 어우러진 풍경이 펼쳐진다. 일본에서는 도로 마라톤이 압도적으로 대중적인 반면, 트레일 러닝은 비교적 새로운 스포츠지만, 간토 지역에서는 지역 상점들이 주관하는 클럽 활동과 대회가 자주 열린다. 새해에 일본을 방문할 기회가 있다면, 도쿄와 하코네Hakone 사이를 오가는 릴레이 레이스인 하코네 에키덴Hakone Ekiden을 놓칠 수 없다. 이 경기는 수백만 명의 일본인이 열광하며 시청하는 전국적 행사다. 이 지역에는 여러 개의 작은 봉우리와 능선이 있어 러너들에게 다양한 도전을 제공한다. 가파른 등반을 원한다면 긴토키산Mt. Kintoki으로 향해보자. 이곳 정상에는 몇 개의 찻집이 자리하고 있다. 또는 아시 호수Lake Ashi 주변을 따라 이어지는 21km코스를 달리며 자연을 만끽할 수도 있다.

출발/종료점// 하코네 역
거리// 3~12km
추가 정보// www.hakone.or.jp

히에이 산, 교토

교토Kyoto 주변의 언덕은 계절에 따라 극적으로 변하는 아름다운 경관을 자랑한다. 봄에는 화려한 진달래가 피어나고, 가을에는 단풍이 물드는 이곳에는 다양한 트레일과 루트가 있지만, 어느 길을 선택하든 바위가 많고 울퉁불퉁한 지형이 기다리고 있다. 고도는 후지산Mt. Fuji(3,776m)과 비교하면 높지 않지만, 해발 848m에 이르는 이 루트는 충분히 도전적인 코스이며, 정상으로 오를수록 지형이 점점 변하는 모습을 체감할 수 있다. 코스 내내 경이로운 풍경이 펼쳐지며, 맑은 날에는 오사카Osaka까지도 한눈에 들어온다. 극한의 모험을 즐기고 싶다면, 교토 일주 트레일Kyoto Isshu Trail 전체 거리 69km를 도전해볼 수도 있다. 그러나 하루 코스로 즐기려면, 기차를 타고 슈가쿠인역Shugakuin Station으로 가는 것이 좋다. 인기 있는 루트 중 하나는 역에서 약 2.4km 떨어진 지점에서 시작해, 히에이산Mt. Hiei을 올라 유네스코 세계문화유산으로 지정된 엔랴쿠지Enryaku-ji 사원까지 이어지는 코스다. 내려갈 때는 케이블카를 이용하면 하산 부담을 줄일 수 있다.

출발/종료점// 슈가쿠인 역
거리// 왕복 11km

- EPIC RUNS OF THE WORLD -

앙코르 와트 하프 마라톤
—THE ANGKOR WAT HALF MARATHON—

동남아시아의 위대한 고대 사원들 사이에서 펼쳐지는 이 대회는 덥고, 끈적이며, 마법적이면서도 매우 무질서하다. 마치 캄보디아 그 자체처럼.

- EPIC RUNS OF THE WORLD -

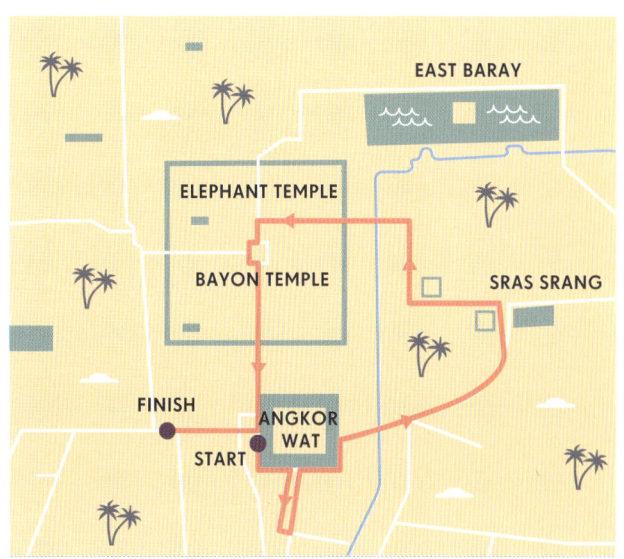

레이스 당일, 숨이 막힐 듯한 새벽 더위 속에서 깨어난 우리 부부는 목이 타들어 가는 갈증을 느끼며 러닝화를 단단히 묶고, 시엠립Siem Reap의 붐비는 거리로 발걸음을 내디뎠다. 기다리고 있던 툭툭에 올라타며 억지로 바나나를 삼키는 순간, 속이 울렁거렸다. 더위가 아니더라도 대회 날엔 어김없이 찾아오는 긴장감 탓이었으리라... 그런데 숙련된 툭툭 운전사가 복잡한 도로를 능숙하게 빠져나가는 동안, 얼굴을 스치는 익숙한 바람 속에서 묘한 편안함이 느껴졌다.

아직 어둠이 깔린 새벽, 우리는 앙코르 유적지로 향했다. 이곳은 9세기부터 수백 년에 걸쳐 세워진, 세계에서 가장 장엄한 유적들이 자리한 곳이다. 한때 인구 100만 명이 넘는 세계 최대 도시였던 앙코르는, 잔혹했던 크메르 루즈 정권과 그 이후의 혼란기 동안 거의 방치되다가 이제는 관광객들로 폭발적인 인기를 끌며 전성기를 맞이하고 있다. 한때 조용했던 시엠립은 이제 동남아시아의 변화한

"사원들은 여전히 웅장하게 서 있었다. 주변 정글의 뽕나무들이 그들을 삼키려 하고 있음에도 불구하고!"

관광 중심지로 탈바꿈했다. 매일 아침, 수백 명이 이 가장 큰 사원에서 해돋이를 보기 위해 모여들고, 매년 200만 명 이상의 관광객이 이 유적을 방문한다.

하지만 남편 조와 내가 처음 앙코르를 찾은 그날, 거리에는 관광객 대신 전 세계에서 모인 앙코르와트 국제 하프마라톤Angkor Wat International Half Marathon 참가자들을 실은 차량과 툭툭으로 가득했다. 사원 입구에 도착하기도 전에, 우리 툭툭은 멈춰 서 꼼짝도 하지 못했고 미소 짓는 툭툭 기사는 몇 분이면 도착할 거라며 안심시켰지만, 동남아에서의 경험이 많은 우리는 그 말을 곧이곧대로 믿지 않았다.

입구로 이어지는 좁은 문을 통과하기 위해 수십 대의 차량이 거북이걸음으로 움직이고 있었다. 이런 느슨한 운영은 대회 내내 이어질 것이었다.

결국 우리는 차에서 내려 남은 거리를 워밍업 삼아 뛰어가기로 했다. 그때 처음으로 사원들이 눈앞에 펼쳐졌다. 밀림 한가운데, 목을 조르듯 뒤엉킨 나무뿌리에 둘러싸인 채로도 여전히 당당하게 서 있는 모습이었다. 빽빽한 수풀 아래 소리도, 빛도 닿지 않는 그곳에서, 사원들은 잃어버린 세상의 외로운 증인이었다.

"이런 곳에서 우리가 레이스를 뛰다니 믿기지가 않아." 옆에서 조가 나직이 말했다. 멈춰서서 감상하고 싶은 마음을 꾹 눌러야 했다. 이미 땀이 비 오듯 쏟아지고 있었지만, 해는 아직 떠오르지도 않은 상태였다. 그런데도 스타트 신호는 요원했다. 해가 뜨면 기온이 폭발적으로 올라간다는 걸 알기에 초조함은 점점 커졌다.

결국 예정 시간보다 두 시간이나 지나서야 출발 신호가 울렸다. 나는 항상 레이스 초반의 그 설렘을 좋아한다. 과하게 앞서 나가는 러너들, 서로 몇 초라도 앞서겠다고 다투는 열기, 수많은 몸들이 한데 뒤엉켜 만들어내는 열기, 그리고 이 레이스가 어떤 날이 될지 모른다는 그 두근거림.

코스가 첫 번째 사원을 지나면서 우리는 목을 빼고 그 거대한 규모와 정교한 조각들을 감상했다. 수백 년을 버텨온 석재 블록들이 서로의 무게를 이기며 균형을 이루고, 한 블록 한 블록마다 이야기를 품고 있었다. 평소라면 관광객과 툭툭, 투어버스로 가득할 길 위에 우리와 몇 명의 러너들만 있었다. 덕분에 사원들은 평소에는 느낄 수 없을 고요한 위엄을 풍기고 있었다. 며칠 뒤 관광객들 틈에서 다시 찾았을 때야, 이 고요함이 얼마나 귀한 경험이었는지 깨달았다. 숨이 차오르며 가슴이 벅차오르던 건, 단순한 체력 소진 때문만은 아니었다. 장대한 건축과 역사에 푹 잠겨버린 탓이었다. 여기서 셀카를 찍는 러너들도 많았는데, 경쟁은 애초에 뒷전인 듯했다.

레이스를 시작한 지 한 시간쯤 지나자, 도로는 다시 일반인들에게 개방되었다. 덕분에 처음의 고요함은 사라졌지만, 이제는 나무 그늘 아래에서 지켜보는 현지인들과, 우리를 보고 깔깔대며 웃는 아이들이

액션!

앙코르의 타 프롬Ta Prohm 사원은 2000년대 초반 안젤리나 졸리 주연Angelina Jolie의 영화 '툼 레이더 Tomb Raider'의 배경으로 등장하면서 유명세를 탔다. 이 영화 촬영은 사원 보존에 큰 도움이 되었는데, 촬영팀이 현장에서 하루에 1만 달러라는 당시로서는 전례 없는 금액을 지불했기 때문이다. 이 비용은 전액 공원 보존을 위해 사용되었다.

왼쪽부터: 시엠립에서 러너들의 연료를 판매하는 상인들; 아침에는 러너들이 사원을 독차지한다; 툭툭들이 러너들을 출발점으로 데려다준다.
이전 페이지: 일몰에 물든 앙코르 와트.

등장했다. 아이들은 하이파이브를 하려고 코스 안으로 달려 나오기도 했다.

코스 후반부에는 우리처럼 외국에서 온 관중들이 다양한 언어로 응원을 보내주었다. 그 응원이 없었으면 끝까지 버티기 힘들었을지도 모른다. 보통은 후반부에 폭발적인 스퍼트를 내는 편이지만, 이날은 숨막히는 더위와 습도 때문에 한 발 한 발 내딛는 것조차 벅찼다.

그런데도 도착점이 가까워지자 익숙한 두 번째 기어가 들어왔다. 비틀거리며 걷는 러너들을 지나, 또 하나의 거대한 사원을 지나, 마침내 결승선을 통과했다. 그러나 결승선 너머엔 다른 대회처럼 사과나 물을 건네는 자원봉사자도, 환호하는 군중도 없었다. 단지 메달을 건네받고, 다시 캄보디아의 익숙한 교통 혼잡 속으로 돌아갈 뿐이었다.

다른 대회 같았으면 결승선은 곧 해산의 신호였겠지만, 이곳에서는 그 누구도 쉽게 자리를 뜨지 않았다. 대부분 평지 코스였지만, 툭툭과 차량, 관광객들, 그리고 무더위 덕에 21km가 평소보다 훨씬 길게 느껴졌다.

그럼에도 조와 나는 마무리 지점을 하릴없이 걷다가 낯선 사람들과 이야기도 나누며, 지금 이곳 말고는 어디에도 가고 싶지 않았다. 굳이 한 곳을 꼽자면, 다시 유적지로 돌아가 좀 더 깊이 탐험하고 싶을 뿐이었다. **AR**

여행 개요

출발/종료점// 바이욘 사원(앙코르 고고학 공원)
거리// 21km
시기// 매년 12월 첫 번째 주말
가는 법// 공원은 시엠립에서 고속도로를 통해 약 5~6.4km 거리. 툭툭이나 택시를 쉽게 이용할 수 있으나, 전날 밤에 게스트하우스나 호텔을 통해 차량을 예약하는 것이 가장 좋음.
숙소// 코트야드 시엠레아프www.marriott.com와 앙코르 팰리스www.angkorpalaceresort.com를 포함한 여러 호텔에서 대회 패키지를 제공.
자세한 정보// www.cambodia-events.org/angkor-half-marathon
알아둘 점// 더위와 습도가 이 대회의 가장 큰 도전 요소. 물이 제공되지만, 추가적인 개인 물품 준비를 강력히 추천함.

— EPIC RUNS OF THE WORLD —

옆 페이지: 태국의 코 피피 섬에는
평소에는 접근할 수 없는 해변으로
이어지는 흙길 트레일이 많이 있다.

비슷한 도전을 찾아서
고요한 동남아시아 러닝 코스

코 피피 (태국)

태국의 섬들을 떠올릴 때 가장 먼저 생각나는 것은 광란의 파티와 완벽한 해변이지, 달리기는 아닐 것이다. 하지만 러너들은 코 피피^{Ko Phi Phi}의 아름답고 잘 정비된 트레일을 활용해 관광객들로 붐비는 중심가를 벗어나 조용한 전망대와 한적한 해변으로 향한다. 먼저, 약 1.6km 길이의 콘크리트 계단을 오르거나, 더 완만하지만 긴 포장도로를 따라가면 세 개의 전망대에서 섬을 내려다볼 수 있다. 계단은 허벅지 근력을 불태우는 도전적인 코스지만, 포장도로는 표지판이 거의 없는 한적한 마을 길이라 더욱 평화로운 선택이 될 수 있다. 이후 트레일은 섬 반대편의 네 개의 해변—아오 토 코^{Ao Toh Ko}, 팍남^{Paknam}, 란티^{Rantee}, 로 바카오^{Lo Bakao}—으로 이어진다.

출발/종료점// 톤사이 빌리지
거리// 5~10km
추가 정보// www.tourismthailand.org/attraction/ko-phi-phi

하롱베이 헤리티지 마라톤 (베트남)

베트남 하롱베이^{Halong Bay}를 여행하는 가장 전형적인 방식은 느릿하게 항해하는 전통 정크보트^{junk boat}를 타는 것이다. 하지만 최근 들어 점점 더 많은 사람들이 하롱베이 헤리티지 마라톤^{Halong Bay Heritage Marathon}에 참가하기 위해 이곳을 찾고 있다. 이 레이스에서는 에메랄드빛 바다 위로 솟아오른, 울창한 열대우림이 덮인 석회암 절벽을 바로 눈앞에서 마주할 수 있다. 코스는 하롱베이의 가장 아름다운 경관을 한눈에 담을 수 있도록 설계되었다. 러너들은 동남아시아에서 가장 긴 단일 경간 다리인 바이짜이 다리^{Bai Chay Bridge}에서 숨 막히는 전경을 감상하며 출발한 뒤, 산악 지형과 작은 어촌 마을을 지나 해안길을 따라 달린다. 이 대회가 개최되는 11월의 평균 기온은 약 18°C로 비교적 쾌적한 조건에서 달릴 수 있다. 풀코스(42km) 외에도 하프 마라톤, 10K, 5K 코스가 마련되어 있다.

출발/종료점// 꽝닌 박람회 및 전시회 센터
거리// 42km
추가 정보// www.halongmarathon.com

방비엥 트레일 (라오스)

방비엥^{Vang Vieng}은 오랫동안 동남아시아 배낭여행객들의 필수 여행지였지만, 최근 몇 년 사이 파티 문화에서 모험 관광 중심지로 변모했다. 이 라오스의 작은 마을을 둘러싼 자연 그대로의 아름다움은 클라이밍, 카약, 그리고 이제는 카르스트 지형^{kast hills}이 펼쳐진 산악 지대에서의 트레일 러닝을 시작하기에 이상적인 환경을 제공한다. 방비엥 울트라마라톤^{Vang Vieng Ultramarathon}은 그야말로 괴물 같은 코스를 자랑한다. 이 대회의 최장 코스는 산을 넘고 구불구불한 오르막길을 따라 이어지며, 최고 고도는 약 1,125m에 이르고, 총 고도 상승이 4,875m를 초과한다. 참가자들은 86km, 또는 53km 울트라마라톤 코스를 선택할 수 있는데, 좀 더 짧고 부담 없는 32km, 또는 7km 코스도 준비되어 있다.

출발/종료점// 방비엥
거리// 7~86km
추가 정보// www.worldsmarathons.com/marathon/v-trail-laos

ASIA

— EPIC RUNS OF THE WORLD —

쿠르디스탄 러닝에서 찾은 자유
—FINDING FREEDOM ON A KURDISTAN RUN—

이라크 북부에서 '프리 투 런'이라는 자선단체의 러닝 코치로 활동하고 있는
사히라 하산이 야지디 여성들과 함께한 훈련 경험을 공유한다.

내가 러닝화를 신고, 이라크 두호크^{Duhok} 근처 샤르야^{Sharya} 마을 외곽에 있는 시나 올드 빌리지^{Sina Old Village}에서 익숙한 코스로 나설 때면, 떠오르는 태양은 여전히 지평선 가까이에 머물러 있다. 이곳은 이제 나의 일부가 되었으며, 약 3km에 이르는 이 길은 성장과 회복, 그리고 연결을 상징하는 길이 되었다. 이라크에서 여성들의 스포츠 참여는 흔하지도, 장려되지도 않는다. 그러나 나는 2018년에 스포츠 교사가 되면서, 여자아이들과 여성들을 위해 장벽을 깨뜨리겠다는 결심을 했다. 그리고 지금은 비영리 단체인 '프리 투 런^{Free to Run}'에서 매년 새로운 팀을 맡아, 어린 여성들이 달리기와 레이싱을 접하고 배울 수 있도록 코칭하고 있다. 우리는 이 길에서 자주 훈련하는데, 매년 새로운 팀원들로부터 가장 사랑받는 코스로 선정되곤 한다.

내가 코칭하는 주자는 모두 젊은 야지디^{Yazidi} 여성들이다. 이들은 박해받는 소수 종교·민족 공동체의 일원으로, 결코 평탄한 삶을 살아온 적이 없다. 그러나 이곳은 우리가 사랑하는 땅이며, 이곳에서 달리는 일은 이 젊은 여성들이 그동안 억눌려왔던 목소리를 되찾기 위한 한 걸음이기도 하다.

시나 마을을 벗어나 첫 1km 트레일 구간은 평탄하고 부드럽다. 나는 이 구간에서 일정한 페이스를 찾는다. 이른 아침, 고요하고 평온한 분위기 속에서 달리는 이 시간을 나는 무척 좋아한다. 발걸음을 계속 옮기며 도로가 부드럽게 굽어지는 곳을 지나면, 길은 마을 깊숙이 이어진다. 이 길은 수많은 발걸음이 지나간 익숙한 길이고, 나는 마을 사람들이 아침을 준비하며 하루를 시작하는 조용한 소리를 느낀다. 많은 주민들은 새벽부터 농장으로 나갈 준비를 하고 있고, 나는 지나치며 가족들에게 미소로 인사를 건넨다.

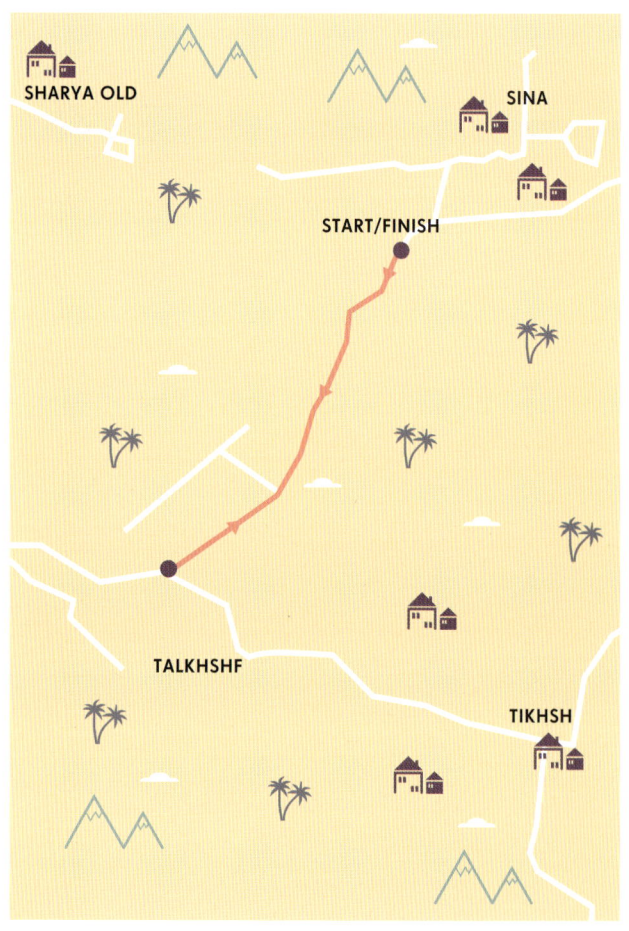

- EPIC RUNS OF THE WORLD -

내가 가장 좋아하는 구간은 마지막 직선 구간이다. 3km 지점을 달리며, 멀리 아침 햇살을 받아 빛나는 설산 봉우리가 보인다. 이 장면은 언제나 이 땅의 아름다움과 회복력을 상기시킨다. 수많은 시련에도 굳건히 서 있는 이 땅의 모습에서 늘 깊은 영감을 얻는다.

이 코스는 기쁨을 주는 요소들이 참 많다. 호기심 많은 길고양이와 강아지들이 길을 어슬렁거리다 나를 반기며 함께 뛰려는 듯 장난을 거는 모습에 웃음이 나온다. 새들이 지저귀는 소리가 발 아래 흙과 먼지가 부서지는 소리와 어우러지며, 비 온 뒤 흙에서 피어나는 싱그러운 냄새도 마음을 편안하게 만든다.

계절에 따라 이 코스는 또 다른 매력을 선사한다. 여름 아침에는 더위를 피해 일찍 나서는 편이며, 겨울 오후에는 상쾌하고 신선한 공기가 반긴다. 봄과 가을은 날씨가 온화해 더 오래, 더 깊이 이 순간을 즐기게 만든다. 훈련 단계에 따라, 우리 팀은 이 길을 왕복하며 필요한 거리를 채운다.

이곳에서의 러닝은 단순한 훈련 그 이상의 의미를 갖는다. 내게는 스스로를 돌아보고, 삶의 중심을 찾고, 이 땅과 주변 사람들에게서 힘을 얻는 시간이다. 프리 투 런 팀의 일원으로서, 우리는 서로의 신체적·정신적 한계를 밀어붙이며, 우리가 무엇을 할 수 있는지 세상에 보여준다. 어린 시절, 야지디 공동체에서 자란 나는 러닝이 내 정체성의 일부가 될 거라고는 상상조차 하지 못했다.

"러닝은 우리를 강하게 만들고, 서로를 지지하게 하는 강력한 도구다."

이제 프리 투 런의 코치가 된 나는, 이 길에서의 여정이 나에게 얼마나 깊은 의미를 갖는지 새삼 깨닫는다. 다른 여성들이 한계를 넘고, 자신의 강인함을 발견할 수 있도록 돕는 이 기회에 감사한다. 2023년, 내가 코칭한 루바^{Ruba}는 10대 소녀로서 에르빌 국제 마라톤$^{Erbil\ International\ Marathon}$에서 야지디 여성 최초로 풀코스 마라톤을 완주했다. 그 순간은 루바 개인뿐 아니라, 나에게도 강한 의미로 남아 있다. 2024년에는 팀원 디마^{Dima}가 같은 대회 하프마라톤에서 전체 상위 5위 안에 드는 성과를 올렸다. 이런 순간들이 바로 내가 이 일을 하는 이유이자, 러닝을 계속하는 이유다. 나와 프리 투 런 팀에게 러닝은 단순히 한 발씩 내딛는 행위도, 신체적 이득만을 위한 활동도 아니다. 러닝은 우리 스스로에게 힘을 실어주고, 서로를 지지하며, 우리 안에 잠재된 가능성을 확인하는 강력한 도구다. 목표를 설정하고, 장애물을 극복하고, 자신감을 키우며, 서로의 멘토이자 롤모델이 되고, 지역사회와 사회에서 적극적으로 목소리를 내는 데 도움을 준다. 이 길을 함께 달리며, 젊은 여성들에게 러닝이라는 행위가 자연스러운 일로 자리잡게 하는 과정 속에서 나는 늘 이런 생각을

희망을 키우며

아프가니스탄에서 여성 스포츠는 2021년 탈레반 정권에 의해 금지된 많은 기본 권리 중 하나였다. 하지만 일부 젊은 여성들은 이에 굴하지 않고, 프리 투 런Free to Run에 도움을 요청해 비밀 훈련 세션을 이끌어 나가기 시작했다. '오미드Omid(다리어로 희망을 뜻함)' 프로그램은 탈레반이 지배하는 사회 속에서도 여성들이 살아남을 수 있도록 돕는다. 이 프로그램은 요가, 근력 훈련, 의사소통 및 협상 기술 교육을 통해 여성들에게 힘을 실어주고 있다..

위에서부터 시계 방향으로: 이라크 쿠르디스탄 언덕에서 함께하는 Free to Run 팀; 러닝 프로그램의 중요한 요소인 우정과 공동체 의식; 시나 주변의 건조한 풍경.
이전 페이지: 정기적인 러닝 코스에서 달리고 있는 사히라 하산(왼쪽).

한다. 우리가 지금 만들어가는 이 길이, 앞으로 모든 여성과 소녀들이 자신만의 길을 찾아 나설 수 있는 미래로 이어지기를. 그 길이 꼭 이 길이 아니어도 상관없다. 어떤 길이든, 그들이 스스로 선택하고 당당히 걸어 나갈 수 있기를 바란다. **SH**

여행 개요

출발/종료점// 시나 올드 빌리지Sina Old Village
거리// 3km (포인트 투 포인트 코스)
시기// 날씨가 가장 온화한 늦은 봄 또는 초가을. 여름에는 최고 42°C까지 올라갈 수 있으며, 겨울에는 영하 1.6°C까지 떨어짐.
가는 법// 두혹은 쿠르디스탄의 에르빌 국제공항에서 택시로 약 2시간 30분(약 160km) 거리에 위치한다.
복장// 계절에 맞는 옷차림을 준비해야 한다. 여성의 경우 티셔츠와 레깅스 같은 단정한 러닝 복장을 착용하는 것이 좋다.
투어// 언테임드 보더스Untamed Borders에서 운영하는 이라크 쿠르디스탄 탐방 투어에 두혹에서의 1박 일정도 포함되어 있다.
알아둘 점// 두혹은 자연경관과 고대 역사가 유명한 다문화 도시로, 쿠르드족, 아시리아족, 아랍족, 야지디족이 함께 거주하고 있다.

옆 페이지: 2024년 에르빌 마라톤에서 풀코스를 완주한 최초의 야지디 여성 루바가 달리는 모습; Free to Run 회원이 에르빌 마라톤 결승선을 통과하는 순간.

비슷한 도전을 찾아서
중동 마라톤

이란 실크로드 울트라마라톤

이란 실크로드 울트라마라톤Iranian Silk Road Ultramarathon은 이란 케르만Kerman 주의 다쉬테 루트 사막Dasht-e Lut desert을 가로지르는 6단계, 7일간의 레이스이다. 테헤란Tehran에서는 여전히 남녀가 함께 달리는 것이 받아들여지지 않지만, 광활한 사막에서는 규제가 보다 자유롭다. 다쉬테 루트 사막은 지구상에서 가장 건조하고 뜨거운 지역 중 하나로, 기온이 50°C를 넘는 것이 흔한 곳이다. 이 극한의 환경을 견딜 수 있는 러너들에게는 화성을 연상시키는 용암 지대에서부터 소금 평원과 모래 언덕에 이르는 경이로운 풍경이 보상으로 주어진다.

출발/종료점// 다쉬테 루트 사막 (케르만 주)
거리// 250km (자율 보급 스테이지 레이스)
추가 정보// www.worldrunningacademy.com/wraextremeraces/isru

에르빌 마라톤, 쿠르디스탄 (이라크)

이라크 쿠르디스탄에서 열리는 에르빌 마라톤Erbil Marathon은 러너들에게 현대 이라크를 경험할 수 있는 기회를 제공하며, 국가의 다른 지역에서 발생하는 폭력으로부터 벗어난 환경에서 진행된다. 이 대회는 에르빌 마라톤 스포츠·평화 기구Erbil Marathon Organization for Sport and Peace가 주최하며, 평화와 비폭력의 가치를 전파하기 위해 남녀가 함께 달리는 방식으로 운영된다. 레이스 코스는 60m 높이의 순환도로ring road를 네 바퀴 도는 형태로 구성되며, 피니시는 사미 압둘라흐만 공원Sami Abdulrahman Park에서 이루어진다. 러너들은 이 과정에서 에르빌 시타델Erbil Citadel, 잘릴 카야트 모스크Jalil Khayat Mosque와 같은 도시의 대표적인 명소들을 지나게 된다. 보안 문제로 인해 대회는 2014년에 취소된 바 있으며, 2017년에는 안전상의 이유로 5km 및 10km 레이스만 진행되었지만, 그 인기는 여전히 식지 않았다. 매년 이라크 전역, 유럽, 그리고 세계 여러 지역에서 수천 명의 러너들이 이 대회에 참가하고 있다.

출발/종료점// 사미 압둘라흐만 공원
거리// 5km(가족·펀 런), 10km, 42km
추가 정보// www.erbilmarathon.org

팔레스타인 마라톤

팔레스타인 마라톤Palestine Marathon은 매년 봄철, 베들레헴Bethlehem에서 개최되며, 출발과 도착 지점은 예수 탄생 교회Church of the Nativity이다. 마라톤 코스는 두 번의 21km 루프 코스로 구성되며, 난민 캠프를 통과하고 이스라엘의 8m 높이의 분리 장벽separation wall 옆을 따라 달린다. 이 코스를 통해 참가자들은 제한된 환경 속에서 살아가는 팔레스타인의 현실을 직접 체험하는 기회를 갖게 된다. 이 대회는 원래 '움직일 권리Right to Movement'라는 비영리 사회 단체가 기획했으며, 달리기를 통해 분쟁에 대한 새로운 이야기를 전하고자 하는 취지에서 시작되었다. 이후 대회의 운영은 팔레스타인 올림픽 위원회Palestine Olympic Committee로 이관되었다. 가장 아름다운 경치를 자랑하는 마라톤은 아닐지라도, 그 의미와 보람 면에서는 단연 독보적인 대회라 할 수 있다.

출발/종료점// 메인저 광장 (베들레헴)
거리// 42km 외 21km, 10K, 5K 가족 레이스 옵션도 운영됨.
추가 정보// www.palestinemarathon.org

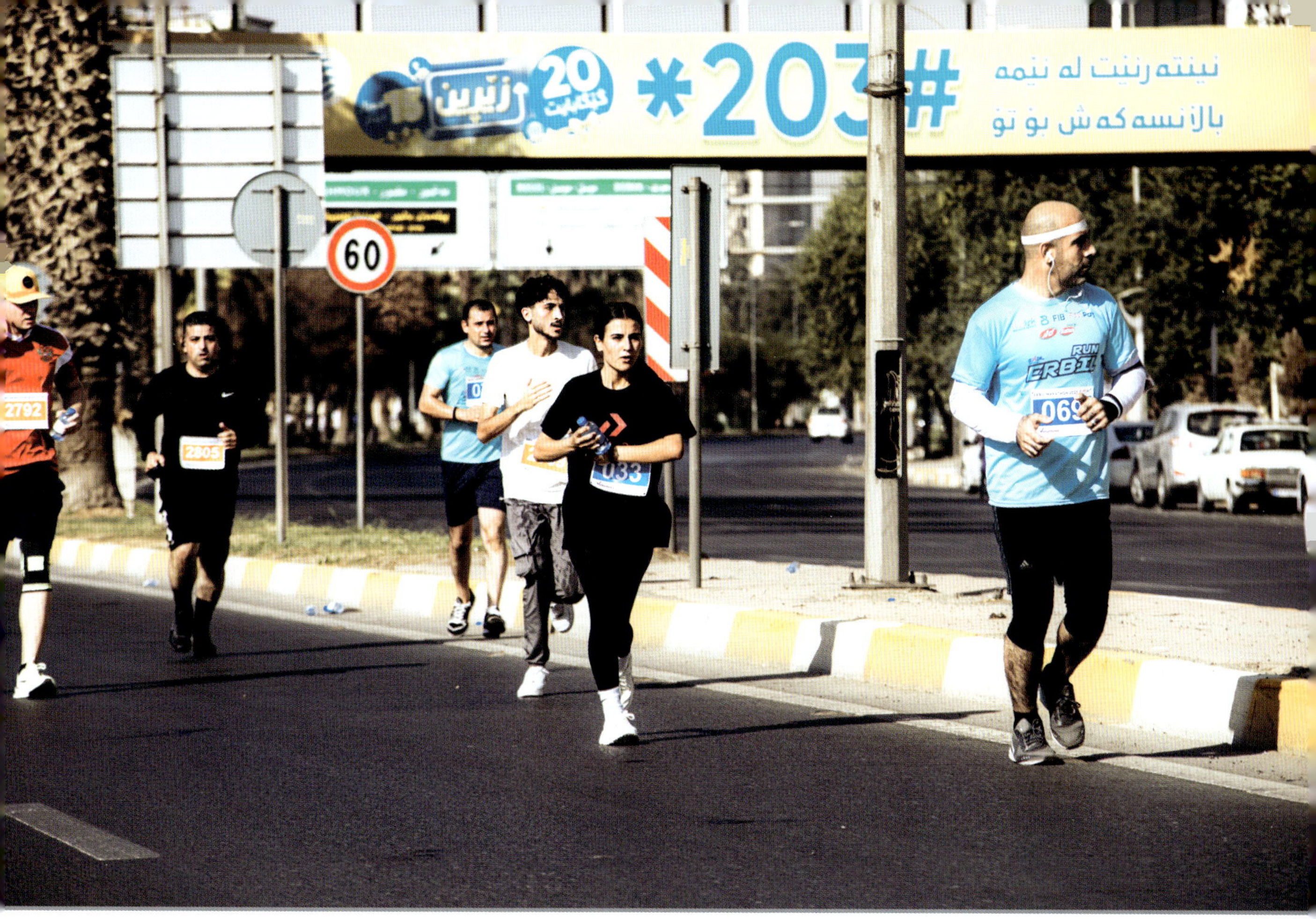
*203#
20
60
RUN
ERBIL

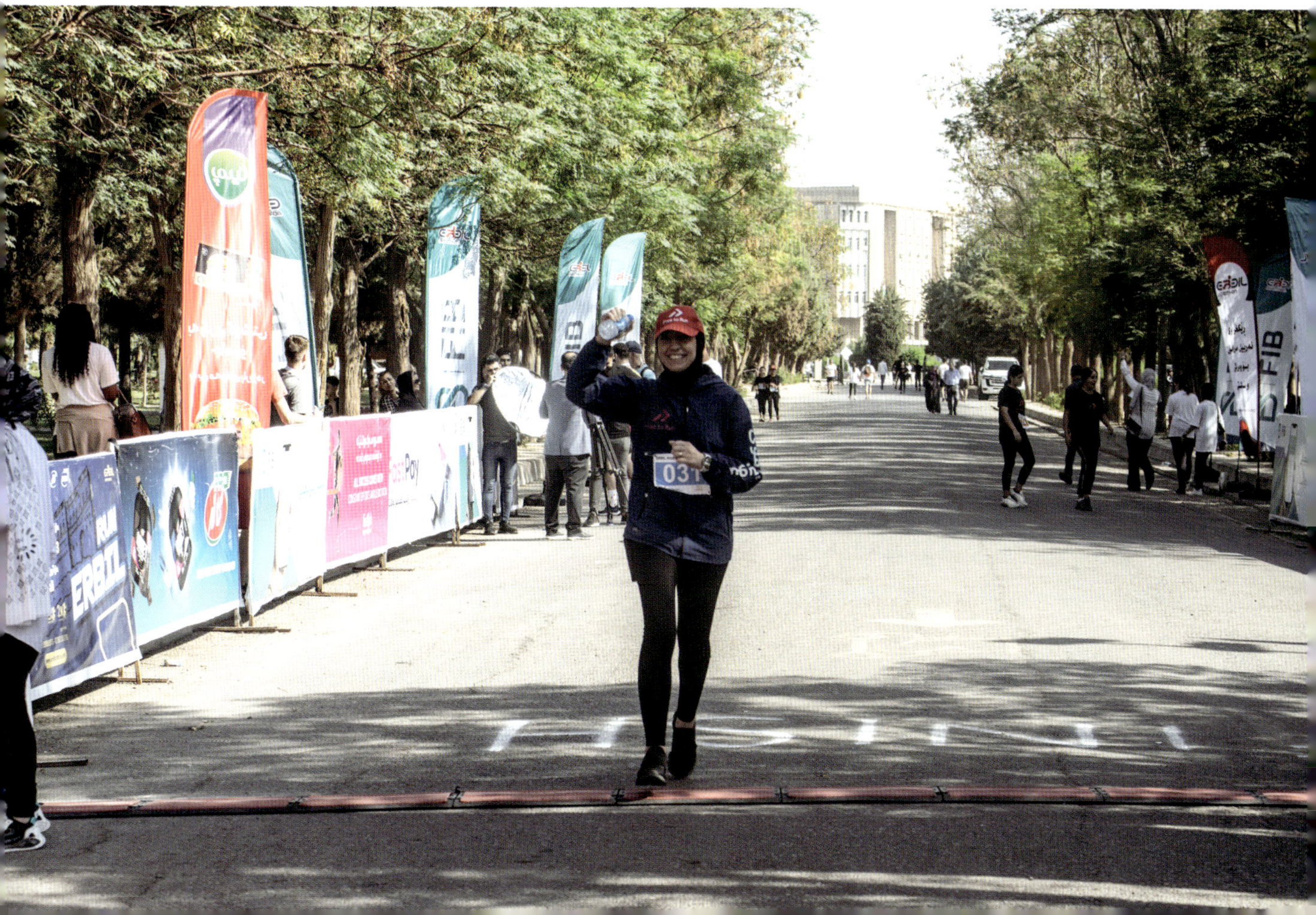
RUN
ERBIL
FIB

- EPIC RUNS OF THE WORLD -

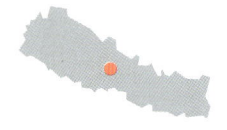

네팔 산기슭을 향한 오름길
A CLIMB INTO THE FOOTHILLS OF NEPAL

포카라의 페와 호수 남쪽에 위치한 숲이 우거진 능선은,
네팔 히말라야를 한눈에 조망할 수 있는 아름다운 순환 코스다.

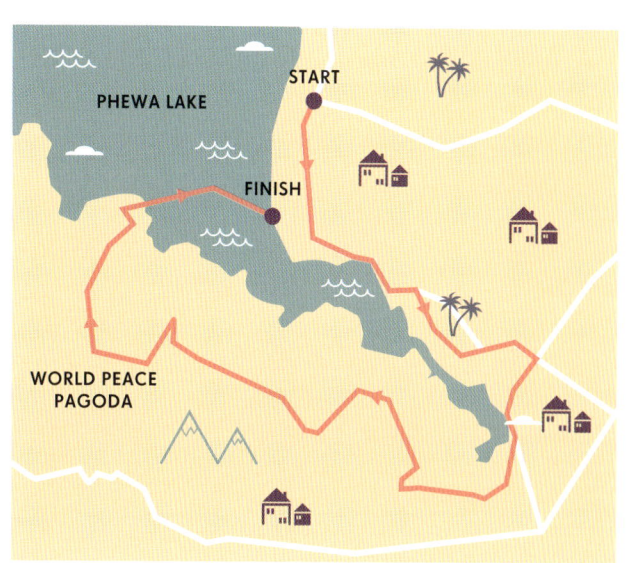

아시아를 여행할 때마다 늘 그렇듯, 네팔 포카라Pokhara에서도 해가 뜨기 전, 아침의 눅눅한 더위가 찾아오기 전에 러닝을 시작했다. 게스트하우스를 나설 때, 새벽빛이 막 거리를 비추기 시작했고, 고요한 페와 호수Phewa Tal 위로 드리운 회색 안개는 해가 떠오르고 나서야 비로소 걷힐 터였다.

아직 잠든 듯한 포카라 시내는 거의 텅 비어 있었고, 길가 포장마차에서 김이 모락모락 나는 네팔식 밀크티 '치야chi-ya'를 마시는 택시 기사들 무리만이 아침을 맞이하고 있었다. 고요함 속에서 가볍게 발을 내딛으며, 전통 네와르 양식의 다층 지붕을 이고 있는 바라히 만디르Varahi Mandir 사원의 옥상과 호숫가에 정박한 형형색색의 둥가doonga 보트들을 힐끗힐끗 바라보았다.

여행지에서 조용한 러닝 코스를 찾는 일은 언제나 쉽지 않다. 수십 번이나 운동화와 러닝복을 챙겨갔지만, 교통체증과 무더위, 그리고 매연에 밀려 포기한 적이 한두 번이 아니다. 하지만 네팔은

Feng Wei Photography/Getty Images

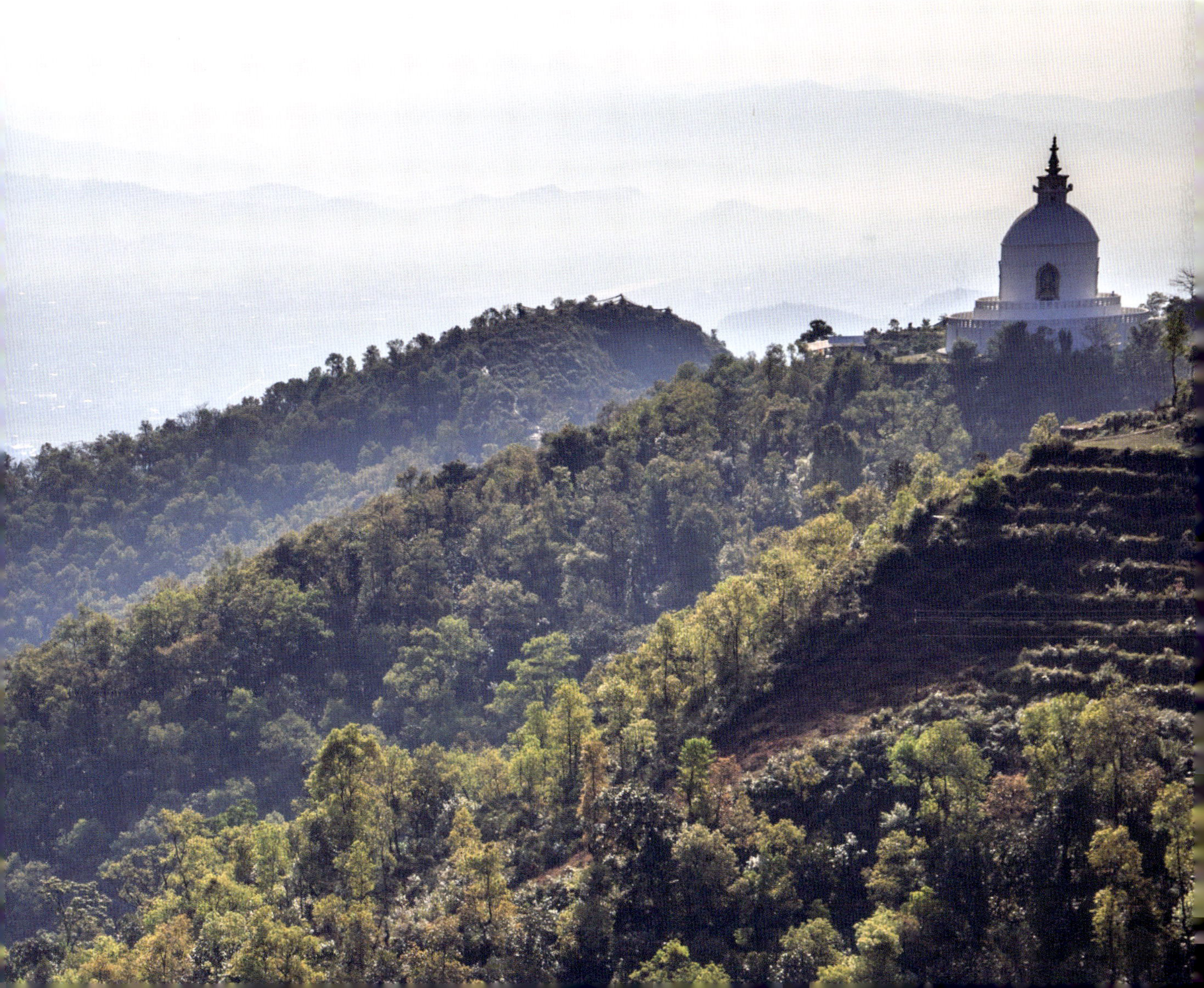

조금 다르다. 물론 카트만두 같은 도시에서는 아슬아슬한 교통, 숨막히는 열기, 목을 조이는 디젤 연기로 곤욕을 치르지만, 도시를 벗어나 히말라야의 청정한 공기를 한 번만 들이마셔 보면 왜 이 나라가 러너들에게 특별한 곳인지 바로 알게 된다. 포카라는 그런 히말라야 탐험을 준비하는 조용한 베이스캠프다. 몇 주간 이어지는 안나푸르나 트레킹이나, 죽음을 무릅쓴 히말라야 등반을 떠나는 이들이 발길을 먼저 멈추는 곳이 바로 이곳이다.

네팔의 험준한 지형은 해발 59m의 테라이^{Terai} 평원에서부터 8,848m의 에베레스트 정상까지 숨 막히는 속도로 솟아오른다. 그리고 정상에서 마라톤을 뛰는 슈퍼휴먼들을 위한 고산 마라톤과 울트라 대회도 매년 일정이 빼곡하다. 하지만, 평범한 러너들도 평생 잊지 못할 코스들이 있다. 특히 히말라야 바로 아래 펼쳐진 '미들 힐스$^{Middle\ Hills}$' 지역은 숲과 계단식 논으로 뒤덮인 능선들이 이어지는 곳으로, 꼭 고산이 아니더라도 환상적인 러닝을 경험할 수 있다.

미들 힐스에는 수많은 러닝 출발점이 있지만, 포카라만큼 매력적인 곳은 드물다. 단 하나의 계곡만 사이에 두고 안나푸르나의 험준한 산벽과 마주하고 있는 포카라에서는 사랑곳^{Sarangkot}, 카훈 단다$^{Kahun\ Danda}$, 월드 피스 탑$^{World\ Peace\ Pagoda}$ 같은 곳들이 러닝으로 쉽게 닿을 수 있는 지점들이다. 나는 일본의 닛폰잔 묘호지$^{Nipponzan-Myōhōji}$ 교단이 전 세계에 세운 평화의 탑 중 하나인 월드 피스 탑을 목표로 삼았다.

포카라는 깨끗한 산 공기로 가득한 작은 마을이다. 호텔 문을 나서는 순간부터 빵빵거리는 트럭과 오토바이 행렬에 시달릴 걱정 없이 바로 달릴 수 있다. 호숫가를 따라 달리다가, 마을 외곽 페와 댐 근처의 작은 다리를 건너면 탑으로 향하는 트레일이 시작된다. 아침의 상쾌한 공기에 기분이 좋아진 나는 페이스를 올렸다. 왼편으로는 평탄한 논이 펼쳐지고, 오른편으로는 울창한 숲에 덮인 아난다 힐$^{Ananda\ Hill}$이 우뚝 솟아 있었다. 네팔에서 늘 그렇듯, 정확한 길을 찾는 과정은 몇 번의 시행착오를 동반한다. 결국 야외 수도에서 머리를 감고 있던 현지 농부에게 길을 물어, 작은 힌두 사당에서 숲으로 들어가는 길을 찾았다. 이제부터 진짜 재미가 시작됐다.

네팔에서 러닝은 종종 가파른 언덕 오르기와 길 찾기 퍼즐이 결합된 형태가 된다. 나무에 새겨진 간헐적인 표식을 따라가며, 본능과 감각을 총동원해 능선을 향해 나아갔다. 울창한 숲 아래 지그재그로 이어지는 길은 온전한 평온함을 선사했고, 그 순간만큼은 길을 잃을 걱정조차 사치처럼 느껴졌다.

사람은 한 명도 보이지 않았지만, 덤불을 요란하게 헤치고 지나가는 덩치 큰 원숭이 가족과 마주쳤다. 고도 상승은 네팔 기준으로는 그리 크지 않은 350m 남짓이었다고 해도 평소 뛰던 코스와 비교하면 산악 마라톤이나 다름없었다. 산등성이 정상의 진흙투성이에 도착했을 때는 목도 타고 숨도 턱 끝까지 차올랐다.

그제야 달려온 이유가 눈앞에 펼쳐졌다. 가파른 오르막길을 거의 슈퍼히어로처럼 껑충껑충 뛰어오르며 마지막 구간을 넘어서자, 드디어 포카라의 랜드마크인 평화의 탑이 자리한 평탄하고 탁 트인 능선 위로

두 번째 봉우리

안나푸르나 산맥이 가까이에 있음에도 불구하고, 포카라^{Pokhara}에서 가장 상징적인 봉우리는 8,000m가 넘는 고봉이 아니라, 6,997m로 비교적 낮은 높이의 마차푸차레^{Machhapuchhare} 봉우리다.

포카라에서 바라보면 이 산은 주변 봉우리들과 분리된 채 돌과 얼음으로 이루어진 완벽한 피라미드처럼 보인다.

네팔어로 "물고기 꼬리"를 뜻하는 이 산의 이름은 주변을 트레킹하다가 숨겨진 두 번째 정상이 시야에 들어오는 순간, 그 의미를 더 분명히 알 수 있다.

위에서부터 시계 방향으로: 카트만두에 비해 한적한 포카라의 거리; 페와 호수에서 마무리되는 러닝 코스; 현지에서 즐기는 치야 한 잔이 활력을 더해 준다. 이전 페이지: 포카라를 내려다보는 평화의 탑.

"능선 정상에 도달하자, 내가 달려가던 목적지가 모습을 드러냈다. 히말라야 봉우리들이 펼쳐진 거대한 원형 극장!"

- EPIC RUNS OF THE WORLD -

올라 설 수 있었다. 숨을 돌리며 자리에 앉자, 포카라 시내의 끝없이 펼쳐진 거리와 아직 안개가 채 걷히지 않은 페와 호수를 배경으로, 히말라야의 봉우리들이 극적인 파노라마를 이루며 눈앞에 모습을 드러냈다. 히말라야 산맥은 자체적인 미세기후를 만들어내기 때문에, 평화의 탑에서의 전망은 운에 달린 경우가 많다. 하지만 이날은 행운이 따라 안나푸르나 산줄기 위로 얇은 붓 자국처럼 가느다란 구름 띠만 살짝 걸려 있었고 7,000m급 마차푸차레Machhapuchhare가 얼음 피라미드처럼 하늘을 찌르며 주변 봉우리들을 압도하는 모습을 온전히 볼 수 있었다. 마침 탑 옆 간이 매점이 문을 열고 있어 나는 뜨거운 차야 한 잔으로 팽팽하게 당긴 종아리와 허벅지를 달랬다.

힘겹게 오른 길은 내려갈 때 천국이 된다. 숲길을 가로지르며 능선 북쪽의 호숫가로 쏜살같이 내려가는 내내, 발끝에서 전해지는 흙과 돌의 감촉이 짜릿했다. 호숫가에 닿을 무렵, 이제 막 평화의 탑을 향해 오르기 시작한 하이커들과 스쳐 지나며, 나는 대기 중이던 배 한 척을 발견했다. 원색으로 알록달록하게 칠해진 둥가 보트를 타고, 노 젓는 소리를 들으며 포카라로 돌아가는 길, 하지만 아직 한 가지 보너스가 남아 있었다. 호수 한가운데쯤 이르러 배를 멈춰달라고 부탁하고, 신발과 양말을 벗고는 그대로 물속으로 뛰어들었다. 얼음장 같은 물에 숨이 턱 막혔지만, 이보다 더한 해방감은 없었다. 달리기의 진짜 의미는 인간 본연의 야성적 감각과 다시 연결되는 데 있다고 믿는다. 호수에서 첨벙거리며 숨을 몰아쉬는 순간, 내 안의 원초적 감각이 깨어나는 것을 온몸으로 느낄 수 있었다. **JBS**

여행 개요

출발점// 레이크사이드 구역(포카라Pokhara)

종료점// 페와 호수Phewa Tal

거리// 8km + 약 15분간 보트 이동

가는 법// 포카라 공항은 레이크사이드에서 3km 거리이며, 카트만두Kathmandu에서 정기 항공편이 운항.

시기// 10월, 11월, 또는 3월, 4월

숙소// 포카라에는 게스트하우스와 호텔이 많으며, 대부분 레이크사이드와 댐사이드Damside 지역에 위치.

자세한 정보// https://ntb.gov.np/pokhara

알아둘 점// 평화의 탑으로 향하는 트레일은 마을 남서쪽 가장자리에서 시작된다. 아침 일찍 출발하는 것이 가장 좋다. 포카라에서 도보 여행자들이 몰려오기 전에 여유롭게 이동할 수 있기 때문. 과거 이 지역에서 강도 사건이 발생한 적이 있으므로 약간의 주의가 필요하지만, 조깅하는 사람들은 도둑의 관심을 끌 가능성이 낮다.

- EPIC RUNS OF THE WORLD -

비슷한 도전을 찾아서
고지대 어드벤처

에베레스트 마라톤 (네팔)

많은 사람들이 에베레스트 베이스캠프 Everest Base Camp까지 걷는 것조차 망설이는데, 그 길을 달린다는 것은 마치 고통을 즐기는 사람만이 고려할 만한 일처럼 보일 수도 있다. 하지만 5월 개최되는 히말라야에서의 마라톤은 세계 최고봉의 어깨에 자리한 해발 5,380m의 베이스캠프를 방문한 후, 산을 내려와 남체 바자르 Namche Bazaar까지 이어지는 하향 코스다. 즉, 러너들은 베이스캠프까지 올라가는 2주 동안 고도에 적응할 시간을 갖게 되며, 레이스가 끝난 후에는 에베레스트 지역에서 유일하게 제대로 된 마을에서 근사한 식사와 시원한 맥주를 즐길 수 있다. 그럼에도 불구하고, 이 레이스는 트레일 러너 누구에게나 큰 도전이 될 만큼 험난한 코스이며, 수천 미터에 달하는 오르막과 가파른 내리막을 포함하고 있다. 그리고 60km 히말라야 울트라 Himalayan Ultra에 대해서 말하자면…

출발점// 에베레스트 베이스캠프
종료점// 나므체 바자르
거리// 42km
추가 정보// www.everestmarathon.com

파로에서 탁상 사원까지 (부탄)

부탄에서 가장 유명한 수도원은 구루 린포체 Guru Rinpoche가 창건한 것으로 전해지며, 그는 날아다니는 호랑이의 등에 올라 이 높은 은거지로 올랐다고 전해진다. 탁상 사원 Taktshang Goemba은 천사들의 머리카락으로 가파른 암벽에 고정되어 있다고 전해지는데, 러닝화를 신고 이곳까지 가려면 강한 의지와 상당한 준비가 필요하다. 또한 적절한 시간에 가이드와 만나 사원 단지에 입장할 수 있도록 철저한 계획이 필수적이다. 하지만 이 루트는 파로 Paro 주변의 전원 풍경을 탐험할 수 있는 매력적인 방법이기도 하다. 부탄의 유일한 국제공항이 위치해 있음에도 불구하고, 파로는 도시라기보다 작은 마을에 가깝기 때문에, 조용한 들판으로 쉽게 빠져나갈 수 있다. 마을을 벗어나 작은 길을 따라 달리다 보면 파로 추 Paro Chhu (chhu는 '강'이라는 의미) 강둑을 따라 북서쪽으로 이동하여, 탁상 사원으로 향하는 하이킹 트레일로 합류하게 된다.

출발점// 파로 (부탄)
종료점// 탁상 사원
거리// 12km

레에서 틱세이까지 (인도)

지상에서 가장 낙원 Shangri-la에 가까운 곳이라 할 수 있는 라다크 Ladakh의 산악 계곡에는 올림픽 선수도 탐낼 만한 고지대 트레이닝 코스가 거미줄처럼 펼쳐져 있다. 유일한 난관은 분주한 도로와 군부대가 둘러싸고 있는 도시 레 Leh를 벗어나는 일이다. 이 번거로움들로부터 벗어나는 방법은, 지역 버스를 타고 초글람사르 Choglamsar까지 이동한 뒤, 거친 농로를 따라 인더스 강 Indus의 강둑을 달리며 현대 문명을 뒤로하는 것이다. 강을 따라 동쪽으로 이동하면, 강가의 바위 절벽 위에 자리한 고대 불교 수도원들을 연달아 지나게 되며, 이후 레로 돌아가는 버스를 타고 귀환할 수 있다. 보다 장대한 도전을 원한다면, 셰이 Shey, 틱세이 Thiksey, 스타크나 Stakna, 마토 Matho, 스톡 Stok의 수도원들을 거치는 40km 루프 코스를 달려보자. 이렇게 칼로리를 태우며 쌓은 공덕 karma이 여정의 보너스가 될 것이다.

출발/종료점// 레(초글람사르)
거리// 10-40km

위에서부터: 네팔 에베레스트 마라톤의
시작점에서 숨을 고르는 러너들;
에베레스트 베이스 캠프에서 강인한
지구력을 보여주는 포터.

A Climb into the Foothills of Nepal

- EPIC RUNS OF THE WORLD -

서울 한강
SEOUL'S HAN RIVER

러너들이 여전히 낯선 존재로 여겨지는 도시를 찾기란 쉽지 않다.
하지만 서울은 새로운 러닝 문화의 시작을 목격할 수 있는 특별한 장소다.

분명히 해두자. 서울 도심에서 달리기를 하는 것은 결코 쉬운 일이 아니다. 하지만 점점 더 쉬워지고 있다. 그리고 바로 그 점이, 지금 이 순간 서울을 러너들에게 가장 흥미로운 도시 중 하나로 만들고 있다.

다른 아시아 대도시들과 마찬가지로, 서울은 광활하고 복잡한 메가시티다. 수도권 인구만 2,500만 명이 넘고, 그중 절반 이상인 1,000만 명이 서울이라는 도시 공간에 빽빽하게 모여 산다. 도시의 높은 인구 밀도와 비선형적이고 지그재그로 이어지는 도로 구조, 그리고 넓은 녹지가 부족한 점은, 러너들이 빠르게 이동할 수 있는 공간을 찾기 어렵게 만든다. 게다가 이곳에서는 러닝 문화가 이제 막 자리잡기 시작한 단계라, 각각의 러너들이 필요한 코스를 직접 찾아내야 하는 경우가 많다.

그러나 최근 5년 동안 한국은 기술, 비즈니스, 교육, 대중문화에서 글로벌 리더로 자리잡았다. 그리고 전통적이고 보수적인 사회 분위기가 점차 활기차고 젊으며 미래지향적으로 변해가는 과정에서, 러닝 또한 자신을 표현하는 수단으로 자리잡아가고 있다. 최근 몇 년 사이, 전국 곳곳에서 공식 레이스와 소셜 러닝 이벤트, 심지어 러닝 크루까지 등장하기 시작했다.

사실 내가 한국을 방문한 이유도, 서울에서 북서쪽으로 약 90분 떨어진 비무장지대DMZ 인근에서 열리는 3일간의 트레일 러닝

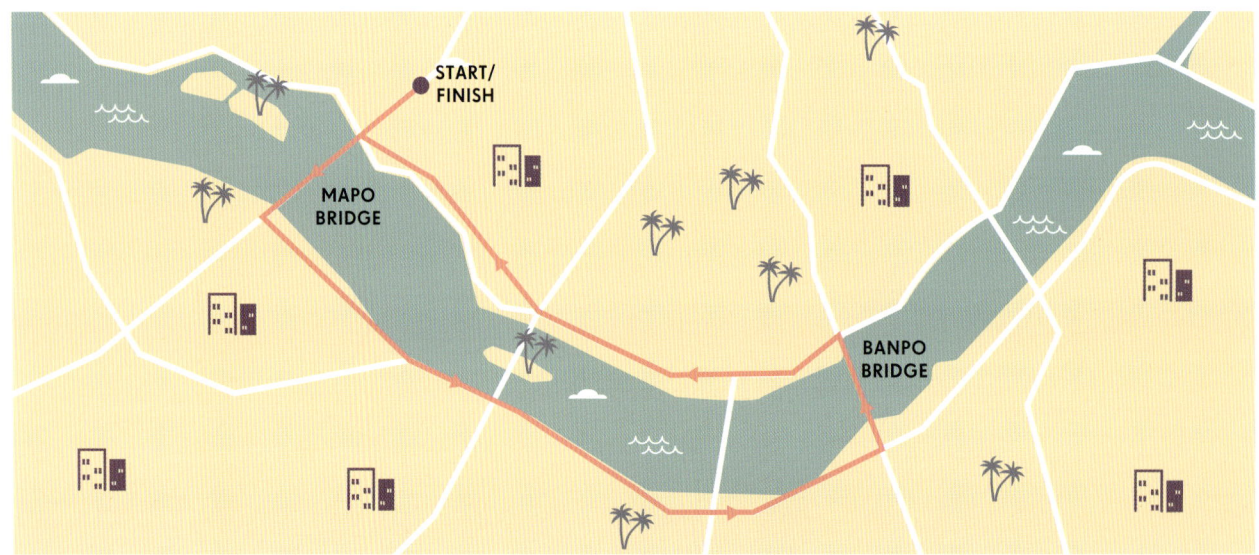

- EPIC RUNS OF THE WORLD -

"거리를 달리며, 변화하는
한국 사회를 가까이서 지켜보는 듯한
기분이 들었다. 그리고 그 변화에
직접 참여하는 느낌이었다."

이벤트에 참가하기 위해서였다. 이미 러닝을 목적으로 이곳에 온 만큼, 서울이라는 대도시 안에서는 과연 어떤 러닝 기회가 있을지 궁금해지지 않을 수 없었다.

비행기 안에서 간단히 검색해보니, 몇몇 블로그와 '서울 플라이어스 Seoul Flyers'라는 러닝 클럽 웹사이트를 발견할 수 있었다. 현지 러너와 외국인 러너들이 주 2~3회 모여 함께 달리는 모임이었다. 대부분의 정보는 한강변 러닝 코스를 추천하고 있었다. 서울 플라이어스의 회장인 미국 출신 조 반 도른Joe Van Dorn은 이렇게 썼다. "평탄한 코스에서 원하는 거리만큼 달리고 싶다면, 한강으로 가세요. 한강은 도시 한가운데를 동서로 가로지르는 강으로, 화장실과 식수대도 충분합니다." 하지만 정작 내가 실제로 러닝하는 다른 사람을 마주칠 수 있을지는 여전히 의문이었다.

샌프란시스코에서 출발한 11시간의 비행을 마친 지 몇 시간 뒤, 나는 한강을 향해 달리고 있었다. 마포구에 있는 호텔에서 출발해 간단한 루프 코스를 완성하는 게 목표였다. 여의대로를 따라 남쪽으로 내려가면서 강변 보행로를 찾으려 했다. 도심 곳곳에 사람들이 가득했지만, 초반 구간에서 눈에 띄는 사람들은 대부분 검정, 회색, 남색 정장을 입고 바쁘게 걸음을 옮기는 중장년 남성들이었다. 그러나 조금 더 달리자, 스타벅스와 맥도날드 앞에서 아이스커피를 마시거나 야외 카페에서 음악을 듣는 젊은이들이 보이기 시작했다. 전통적인 고깃집과 국수집 앞을 지날 때는 마늘과 김치 냄새가 공기 중에 퍼져 나왔고, 나는 서울이라는 도시의 변화를 러닝을 통해 몸소 체감하는 듯했다. 그리고 그런 내가, 이 변화의 일부가 된 듯한 기분이 들었다.

얼마 지나지 않아, 나는 마포대교로 이어지는 전용 보행로를 따라 달리기 시작했다. 몇몇 자전거 이용자들은 보였지만, 러너는 단 한 명도 보이지 않았다. 알고 보니 한국에도 러닝 문화는 오래전부터 존재했다. 실제로 서울국제마라톤(동아마라톤)은 아시아에서 세 번째로 오랜 역사를 가진 로드 레이스다. 여성 참가가 허용된 것은 1979년이었으며, 그 이후로도 오랫동안 러닝은 주로 나이 든 남성들의 스포츠였다.

그러나 최근 들어 20~30대 젊은 층이 러닝을 단순한 운동이 아닌, 사회적 활동의 하나로 받아들이기 시작했다. 나이키, 뉴발란스, 아디다스 같은 브랜드가 후원하는 '런 크루'도 점차 늘어나고 있다. 이러한 변화는 2004년, 한국에 주 5일 근무제가 도입된 이후 본격화된 것으로 보인다. "예전엔 한국이 워낙 가난했고, 쉬는 날이 하루뿐이었잖아요. 누구도 여유가 없었어요." 6년 차 러너이자 서울 플라이어스 회원인 젊은 그래픽 디자이너 최은진 씨의 설명이다.

마침내 나는 강 위의 다리에서 일정한 페이스를 찾았고, 한강 남서쪽 구간을 180도 파노라마처럼 내려다볼 수 있었다. 강을 따라 끝없이 이어지는 고층 빌딩들이 저녁 햇살에 붉게 물들고 있었다.

- EPIC RUNS OF THE WORLD -

클럽에 참여하기

한국을 방문한다면 서울 플라이어스 러닝 클럽 Seoul Flyers Running Club에 가입해 보자. 이 클럽은 서울 시내나 남산공원에서 단체 러닝을 운영한다. 특히 언덕이 많은 남산공원은 훌륭한 트레일 러닝 코스와 함께 아래로 펼쳐지는 서울의 아름다운 전경을 감상할 수 있는 곳이다. '경계 없는 러닝 클럽' 이라는 모토를 가진 이 클럽은 교사, 외교관, 셰프, 학생, 군인 등 약 20개국에서 온 다양한 구성원들로 이루어져 있다.

왼쪽부터: 서울의 길거리 음식; 한국에서 점점 인기를 얻고 있는 러닝 문화; 밤마다(4~10월 운영) 펼쳐지는 반포대교의 분수 쇼.
이전 페이지: 여명 속 한강의 풍경.

수요일 저녁임에도 불구하고 강변에는 예상보다 훨씬 많은 사람들이 나와 있었다. 연인과 가족들, 친구들이 삼삼오오 걸어 다니거나 자전거를 타고 있었고, 강가 잔디밭에는 텐트를 치고 캠핑을 준비하는 사람까지 있었다. 해가 점점 기울고 하늘빛이 흐려지자, 나는 반포한강공원 쪽으로 방향을 틀었다. 한강변에서 가장 큰 공원 중 하나다.

어둠이 내린 뒤에도 공원은 활기로 넘쳐났다. 사람들은 반포대교에서 펼쳐지는 화려한 음악 분수쇼를 보기 위해 모여들었다. '달빛무지개분수'라는 이름의 이 분수는 10,000개의 LED 조명과 380개의 물 분사 노즐이 어우러져 20분간 음악에 맞춰 춤을 춘다. 2009년 당시 오세훈 시장이 서울의 친환경 이미지를 홍보하기 위해 설치한 분수로, 강물을 끌어올려 순환 사용하는 방식이다.

나는 분수에서 뿜어져 나오는 물안개에 흠뻑 젖은 채 호텔로 돌아가는 길에 올랐다. 그때서야 강변에서 몇 명의 러너를 마주쳤다. 그날 저녁 약 16km를 달리는 동안 내가 보았던 러너는 손에 꼽을 정도였다. 가장 인상 깊었던 장면은 단연 빛과 물이 어우러진 분수쇼였지만, 한편으로는 이렇게 아름다운 여름밤에도 러너가 거의 없었다는 사실이 오래 기억에 남았다. 몇 년 뒤, 러닝 붐이 지금보다 더 커진다면, 이 강변길은 얼마나 붐비게 될까. 문득 그런 상상을 하며 서울의 밤을 마무리했다. **BM**

여행 개요

출발/종료점// 마포대교
거리// 8~16km
가는 법// 인천국제공항에서 서울 도심까지는 직행 열차로 약 1시간, 지하철로는 약 90분 소요.
시기// 4월, 5월 및 9월, 10월이 가장 적합한 시기로, 기온이 온화함.
숙소// 마포구에는 강변과 가까운 훌륭한 숙박 옵션이 많으며, 서울 가든 호텔 www.seoulgarden.co.kr/EN이 추천됨.
자세한 정보// https://seoulflyers.wixsite.com/seoulflyers
알아둘 점// 서울 도심에서 1시간 이내에 위치한 북한산 국립공원은 160km 이상의 트레일과 여러 높은 봉우리를 자랑하는 놀라운 공원이다.

비슷한 도전을 찾아서
대한민국 러닝 코스

DMZ 트레일 러닝 페스티벌

DMZ 트레일 런^{DMZ Trail Runs} 러닝 페스티벌의 일환으로 진행되는 이 대회의 마지막 20km 레이스(그리고 동시에 열리는 9km 단축 코스)는 1953년 한국전쟁 휴전 이후 남북한을 갈라놓은 비무장지대^{DMZ} 가장자리를 따라 달린다. 이 행사의 목적은 한국인 모두를 위한 평화, 생명, 소통, 그리고 화해를 기념하는 것이다. 20km 코스는 약 9.6km 동안 비교적 평탄한 길을 따라 이어지며, 임진강 강둑에서는 기관총으로 무장한 한국 군인들이 배치된 감시초소들이 눈에 들어온다. 이후 코스는 두 개의 마을을 돌아 논밭을 지나면서 점점 언덕이 많아지다가, 다시 강변 길로 합류한 후 결승점인 공원으로 돌아온다. 이 공원에는 여러 개의 평화 기념비와 선전물이 자리하고 있으며, 다소 이색적인 놀이공원도 포함되어 있다.
출발/종료점// 임진각 공원 (파주)
거리// 9~20km
추가 정보// www.dmzrun.co.kr

남산 공원, 서울

남산 공원은 서울 중심부에 자리한 산악 러닝의 오아시스로, 서울 플라이어스 러닝 클럽^{Seoul Flyers Running Club}의 수요일 밤 러닝 코스로도 유명하다. 이 공원에는 약 10km에 이르는 포장된 산책로가 구불구불 펼쳐져 있으며, 해발 262m 남산 정상으로 오르는 다섯 개의 서로 다른 경로가 있다. 정상까지의 경로는 가파르지만, 정상에서 바라보는 서울의 놀라운 전경이 그 노력을 충분히 보상해준다. 공원 내에는 몇몇 역사적인 유적지도 있는데, 특히 목멱산 봉수대 터^{Beacon Hill Site}가 있다. 이곳에 남아 있는 다섯 개의 벽돌 봉수대는 적의 침입을 알리기 위해 연기와 불빛으로 신호를 보내는 역할을 했었다.
출발/종료점// 숭례문
거리// 10km

청계천, 서울

이 콘크리트와 석재로 만들어진 산책로는 청계천을 따라 서울 도심을 서쪽에서 동쪽으로 흐르며 중랑천과 연결된다. 2005년 도시 재생 프로젝트의 일환으로 조성된 이 공간은, 한때 고가도로 아래 콘크리트로 덮여 있던 지역을 깨끗한 수질, 자연 서식지, 그리고 역사적 표지물이 있는 공공 휴식 공간으로 탈바꿈시켰다. 청계천은 덕수궁, 창덕궁, 창경궁 등 여러 궁궐을 지나가므로, 러닝 도중 혹은 러닝 후에 서울의 역사적인 명소들을 함께 둘러볼 수도 있다.
출발점// 청계광장
종료점// 중랑천
거리// 11km

위에서부터: 서울 청계천은 도시 재생 사업의 대표적인 성공 사례; 남산공원은 서울 플라이어스 러닝 클럽이 가장 즐겨 찾는 장소 중 하나.

Seoul's Han River

- EPIC RUNS OF THE WORLD -

아말피 해안을 따라 줄타기 런

A TIGHTROPE RUN ALONG THE AMALFI COAST

이탈리아 남부의 절벽 옆 '신들의 길'은 요즘 트레일 러닝 명소로 떠오르고 있다.
준비물은 고지대를 받아들일 마음과 가파른 계단을 오르기 위한 탄탄한 다리다.

보메라노Bomerano의 중심 광장에서 불과 500m 정도 올라왔을 뿐인데, 이미 풍경은 이 세상 것이 아닌 듯한 느낌이었다. 이탈리아 아말피 해안의 높은 산속, 커다란 돌 기념비에는 'Sentiero degli Dei'라는 글자가 새겨져 있었다. 남쪽으로 나폴리가 자리한, 48km 길이의 장관을 자랑하는 해안선 위였다. 굳이 영어-이탈리아어 사전을 찾지 않아도 그 의미는 금방 알아차릴 수 있었다. 고대 그리스인들이 개척하고, 신화적 의미를 부여한 이 '신들의 길Path of the Gods'은 계단식 밭과 아련한 봉우리가 어우러진 천상의 풍경으로 이탈리아 전역에 널리 알려져 있다.

몇 발자국 더 내디뎠을까, 또 하나의 기념비가 나타났다. 이번에는 이탈로 칼비노Italo Calvino와 D.H. 로렌스D.H. Lawrence의 글귀가 새겨진 비석이었다. 나는 잠시 멈춰 서서 이 짧은 시 구절들을 읽으며, 과연 어떤 문학 거장들이 이 길을 거쳐 갔을지 상상해봤다. 이들은 이 길을 걸었을까? 노새를 타고 지나갔을까? 아니면, 신들의 기운에 영감을 받아 나처럼 이 길을 달려보려 했을까? 앞으로 이어지는 절벽길을 보니, 웬만한 날개라도 달지 않는 한 제대로 뛰는 건 어려워 보였다.

이탈리아 아말피 해안은 레몬, 세라믹, 유서 깊은 해양 역사, 그리고 스타일리시한 여름 휴양객들로 유명하다. 하지만 그것만이 전부는 아니다. 관광객으로 붐비는 도시를 벗어나면, 언덕을 사랑하는 러너들에게는 천국 같은 곳이 펼쳐진다. 몬티 라타리Monti Lattari 산맥의

가파른 비탈을 배경으로 한 이 지역에는 평지가 거의 없다. 대신 중세 시대부터 이어져 내려온 튼튼한 돌계단들이 가파른 언덕을 누비고 있다. 강철 같은 허벅지는 필수, 내리막길을 버틸 강한 무릎 관절도 필수다.

아직까지 이 계단길에서 러너를 자주 볼 수는 없지만, 그 수는 점점 늘어나는 추세다. 요즘은 달리는 사람을 보고도 현지인들은 별다른 반응을 보이지 않는다. 다만 마을 개들이 시끄럽게 짖어댈 뿐이다. 실제로 이 지역에서는 최근 몇 년 사이 여러 울트라 러닝 대회가 자리 잡았다. 그중 대표적인 것이 아말피-포지타노 울트라 트레일^{Amalfi-Positano Ultra Trail}로, 신들의 길을 포함한 총 55km 코스다.

등반이라는 측면에서 보면, 신들의 길은 아말피 해안의 다른 트레일과는 성격이 다르다. 절벽 위 높은 곳에 자리하고 있지만, 전통적인 루트를 따르면 길 자체는 비교적 평탄하다. 보메라노에서 노첼레^{Nocelle}까지 이어지는 7.2km 구간은 최고의 트레일 러닝 코스라 할 만하다. 험준한 산악 지대로 빠르게 진입되는 이 경로는 안전하지만 약간 아찔하고, 쉽지는 않지만 지나치게 기술적이지도 않으며, 러닝 도중 아드레날린이 솟구치는 순간이 반드시 찾아오는 그런 코스다.

아말피 마을에서 버스를 타고 보메라노 중심 광장에 도착했다. 여기서 한적한 시골길을 따라 천천히 워밍업을 하며 달리기 시작했고, 몇 개의 무난한 계단을 지나자 곧 눈에 띄는 두 개의 환영 표지판이 나를 맞이했다. 이곳이 공식 코스의 시작점이다.

칼비노-로렌스 기념비를 지나자 안개에 휩싸인 계단식 밭과 붉은 지붕의 농가들이 눈앞에 펼쳐졌다. 길은 산을 따라 이어지고, 머리 위로는 비스코토 동굴^{Grotta del Biscotto}이 돌출부가 드리워져 있다. 절벽 바로 아래에 폐가가 자리한, 비현실적인 자연 지형이다.

운 좋게도 나는 하이킹 인파가 몰리기 전 아침 시간에 이 길을 선택했다. 서서히 안개가 걷히며 길게 이어지는 들쭉날쭉한 해안선과, 저 아래 점처럼 흩어진 마을들이 하나둘 모습을 드러냈다. 신들의 길에서 가장 큰 도전 요소는 좁은 길과 곳곳의 바위 지형이다. 간혹 노출 구간도 나오고, 때로는 숲으로 완전히 가려지는 구간도 있다. 이 길을 달리고자 한다면 고소공포증이 없어야 하고, 빠르게 하이커들을 피해 나갈 만큼 발놀림도 능숙해야 한다.

비스코토 동굴을 지나 처음 마주치는 랜드마크는 콜레 세라^{Colle Serra}의 중요한 갈림길이다. 여기서 높은 길과 낮은 길 중 하나를 선택할 수 있다. 나는 탁 트인 전망을 찾아 높은 길을 택했다. 낡은 석회 가마터와 버려진 농가들을 지나며, 끊임없이 펼쳐지는 지중해의 푸른 바다와 하얗게 부서지는 물결을 바라보면서 산등성이를 가로질렀다.

콜레 세라에서 남쪽으로 조금 내려가면, 프라이아노^{Praiano}에서 시작되는 대체 코스가 주 코스와 합류한다. 특히 마조히스트 성향의 러너들이 이 경사면을 즐긴다. 달리기보다는 계단 오르기 트레이닝에 가까운 이 구간은, 허벅지를 고문하는 1,000개의 계단으로 구성되어 있다.

높은 길과 낮은 길은 콜레 세라로부터 1마일 서쪽에서 다시

고대부터 이어진 아말피의 길

아말피 해안^{Amalfi Coast}은 고대인들의 발길이 닿은 산책로들로 연결되어 있다. 그 길들의 역사는 대부분은 이 해안이 독립된 도시국가였던 10세기와 11세기까지 거슬러 올라간다. 1850년대에 해안 도로가 건설되기 전까지, 이 산책로들은 이 지역의 주요 통행 수단이었다. 이탈리아의 주요 하이킹 단체인 CAI^{Club Alpino Italiano}는 이 지역에 124개의 번호가 매겨진 트레일 목록을 관리하고 있으며, 각각의 코스는 눈에 띄는 빨간색과 흰색 페인트로 표시되어 있다. 이 트레일의 총 길이는 약 530km에 달한다.

위에서부터 시계 방향으로: 라벨로를 향한 전망; 포지타노로 내려가는 계단; 러너와 하이커를 맞이하는 환영 표지판.
이전 페이지: 바다가 내려다보이는 아말피 타운의 절벽 위.
오프닝 페이지: 일몰 속 포지타노.

"나는 높은 길을 택했다. 지중해의 푸른 바다가 끝없이 펼쳐지고, 유유히 떠다니는 보트들이 점점이 박혀 있는 그 길!"

합쳐진다. 능선길에서의 상쾌한 기운 덕분에 나는 산 염소처럼 질주하며 내려왔다. 아직까지는 비교적 여유가 있었다. 하지만 이 길에서는 개인 기록을 노리기 어렵다는 사실을 인정할 수밖에 없다. 날카로운 바위, 아찔한 절벽, 그리고 길을 막고 있는 국제 하이커들의 행렬뿐만 아니라, 곳곳의 전망 포인트가 멈춰서 풍경을 즐기라고 유혹하기 때문이다.

그래서 나도 속도를 늦췄다. 아예 언덕 한쪽에 놓인 헤라클레스급 바위에 걸터앉았다. 주름진 산맥 위에서 새처럼 내려다보니, 목적지가 한눈에 들어왔다. 층층이 쌓인 포지타노의 집들, 그 너머에서 살짝 모습을 드러내는 고래 같은 카프리 섬까지.

이 지점부터 풍경은 급격히 변한다. 건조한 지중해 관목지대에서 그늘진 참나무와 밤나무 숲으로 바뀐다. 주 트레일은 서쪽 포지타노 방향으로 이어지다가, 거의 가려진 작은 동굴들을 지나 그라렐레 계곡 Valle Grarelle 으로 내려섰다. 그리고 다시 올라가 노첼레 Nocelle 마을의 공식 종착점에 도착했다.

꽃으로 둘러싸인 테라스에 자리한 작은 가판대가 시원한 음료를 내걸고 나를 맞이했지만, 나는 잠시 유혹을 참았다. 신들의 길을 걷는 많은 하이커들처럼, 나도 이대로 멈추지 않고 조금 더 가보기로 했다. 목적지는 세련된 휴양지 포지타노, 여기서 1,500계단만 내려가면 닿을 수 있는 곳이다. 왜 굳이 가느냐고? 그곳엔 아이스크림, 목을 따뜻하게 데워줄 레몬첼로 한 잔, 지친 몸을 식힐 바다, 그리고 무엇보다 아말피로 돌아가는 버스가 기다리고 있었기 때문이다. **BS**

여행 개요

출발점// 보메라노 Bomerano 또는 프라이아노 Praiano
종료점// 노첼레 Nocelle 또는 포지타노 Positano
거리// 7.2km
가는 법// 아말피에서 SITA 버스를 타고 아제로라 Agerola 로 이동, 보메라노 중심 광장에서 하차.
시기// 4월에서 6월, 또는 9월, 10월
숙소// 포지타노는 고급스러우나 비용이 높음. 아제로라와 동쪽의 미노리, 마요리, 체타라 등은 품질의 큰 차이 없이 더 나은 가성비를 제공. 아그리투리스모 Agriturismi (농장 숙박)는 더 평화로운 농촌 체험 옵션.
자세한 정보// www.caimontilattari.it ; Club Alpino Italiano의 웹사이트(www.cai.it)에서 아말피 지역의 모든 트레일, 특히 '신들의 길'에 대한 지도와 설명 제공.
알아둘 점// 노첼레에서 포지타노까지 걷는 게 너무 피곤하다면, 노첼레에서 하루 10회 운행하는 지역 버스를 이용할 수 있음.

위에서부터 시계 방향으로:
파스텔톤이 아름다운 이탈리아
친퀘테레의 베르나차 마을;
친퀘테레 안내 표지판; 자연
그대로 보존된 거친 해안선.

비슷한 도전을 찾아서
지중해 러닝 여행

친퀘테레 (이탈리아)

이탈리아에서 '신들의 길 Path of the Gods'에 필적할 만한 해안 트레일이 하나 있다면, 그것은 바로 센티에로 아쭈로 Sentiero Azzurro (푸른 길)다. 리구리아 Liguria 지역의 친퀘테레 Cinque Terre (다섯 개의 땅) 국립공원 내에 자리한 이 길은 제노바 Genoa 동쪽 유네스코 세계유산으로 지정된 풍경을 따라 12km 이어진다. 거센 바람이 스치는 올리브 숲과 경이로울 정도로 가파른 포도밭을 지나, 예상치 못한 순간 다섯 개의 고대 어촌 마을로 내려서며 역사적인 명소들을 만날 수 있다. 국립공원으로 보호되는 이 트레일은 약간의 이용료가 부과되지만, 그 가치는 의심할 여지가 없다. 또한, 이 루트는 기차로 쉽게 접근할 수 있으며, 각 마을마다 위치한 다섯 개의 기차역 덕분에 마지막에 같은 길을 달려서 되돌아오는 것이 싫다면, 대중교통을 이용해 간편하게 복귀할 수도 있다.

출발점// 리오마조레
종료점// 몬테로소 알 마레
거리// 12km
추가 정보// www.cinqueterre.eu.com

카보 데 가타 (스페인)

스페인의 1960년대 관광 붐 이전의 코스타 델 솔 Costa del Sol 을 기억할 만큼 나이가 많은 사람을 찾을 수 있다면, 아마 그들은 그곳이 지금의 카보 데 가타 Cabo de Gata 와 닮았다고 말할 것이다. 알메리아 Almeria 시 동쪽, 웅장한 절벽과 곶 사이에는 스페인에서 가장 아름답고 한적한 해변들이 자리하고 있으며, 어두운 화산 언덕이 반짝이는 터키색 바다로 급격히 떨어지는 풍경을 감상할 수 있다. 카보 데 가타가 완전히 미지의 땅은 아니지만, 여전히 거칠고 자연 그대로의 느낌을 간직하고 있으며, 여기저기 흩어진 작은 어촌 마을들도 여전히 소박한 분위기를 유지하고 있다. 이곳에서의 러닝은 고요한 즐거움을 선사하며, 특히 10월부터 4월까지 비수기 동안 날씨는 온화하지만 관광객이 거의 없는 시기에 더욱 추천할 만하다. 서쪽의 레타마르 Retamar 에서 동쪽의 아구아 아마르가 Agua Amarga 까지 해안을 따라 며칠에 걸쳐 총 61km의 장거리 모험을 즐길 수 있으며, 경로를 짧은 구간으로 나누어 여러 마을을 출발점으로 삼아 달릴 수도 있다. 이 루트를 탐험하기에 가장 편리한 거점은 하얀 벽이 인상적인 산 호세 San José 마을이다.

출발점// 레타마르
종료점// 아구아 아마르가
거리// 10~61km
추가 정보// www.cabogataalmeria.com

오로세이 만, 사르데냐 (이탈리아)

해안 트레일이 의외로 적은 이탈리아에서, 사르데냐 Sardinia 의 오로세이 만 Golfo di Orosei 은 새로운 차원의 경험을 선사한다. 이곳은 현대 관광객들이 좀처럼 접할 수 없는 지중해의 모습이다. 거칠고, 외딴 곳이며, 놀랍도록 때 묻지 않은 자연이 펼쳐진다. 아말피 해안 Amalfi Coast 이나 친퀘테레 Cinque Terre 트레일에서는 끊임없이 이어지는 열정적인 하이커들의 흐름을 피하며 조심스럽게 발걸음을 옮겨야 하지만, 이 도로 없는 지역에서는 양떼와 독수리, 그리고 드물게 휘파람을 부는 농부 외에는 아무도 없는 고요한 러닝이 가능하다. 칼라 고노네 Cala Gonone 와 바우네이 Baunei 사이, 사르데냐 동쪽 해안을 따라 이어지는 일련의 트레일은 보통 4일에 걸쳐 하이킹하는 코스로 알려져 있다. 하지만 강인하고 모험심 넘치는 준비된 러너라면 54km를 하루 만에 완주하지 못할 이유가 없다. 이 지역은 상대적으로 고립되어 있으므로, 지도 한 장을 꼭 챙기고, 충분한 물을 준비하며, 아침 일찍 출발하는 것이 중요하다. 경로를 따라 몇몇 해변 레스토랑과 산장 rifugio 이 있어 식사와 숙박을 해결할 수 있다.

출발점// 칼라 고노네
종료점// 바우네이
거리// 45km

The Amalfi Coast

- EPIC RUNS OF THE WORLD -

에든버러 한 바퀴 관광
A SIGHTSEEING LAP AROUND EDINBURGH

스코틀랜드의 활기 넘치는 수도 에든버러는 트레일, 계단, 가파른 길, 좁은 중세 골목길까지 갖춘, 러닝 투어에 더없이 완벽한 도시다.

- EPIC RUNS OF THE WORLD -

우리는 에든버러의 로열마일Royal Mile 한가운데에 있는, '미들로디언의 심장Hearth of Midlothian'이라는 모자이크가 새겨진 보도 위에 서 있었다. "여기가 바로 악명 높은 올드 톨부스Old Tollbooth 감옥이 있던 자리예요." 내 가이드 니콜이 설명했다. "수감자들은 끔찍한 환경에서 갇혀 지냈고, 많은 사람들이 바로 이곳에서 처형됐죠. 그래서 지나가며 여기에 침을 뱉는 게 이곳을 향한 경멸을 표현하는 동시에 행운을 부르는 전통이 됐어요." 나는 황급히 한 발 물러섰다가 뒤에 있던 다른 관광객과 부딪쳤다. 거대한 무리가 우리 쪽으로 밀려오고 있었다. 아마 방금 들은 '침 뱉기' 이야기를 들으려는 관광객들일 것이다.

"슬슬 출발하죠." 니콜이 미소 지으며 말했고, 우리는 땀에 젖은 운동복 차림으로 인파를 헤치며 달려나갔다. 도시 투어와 러닝은 언뜻 잘 어울리지 않는 조합처럼 보이지만 최근 전 세계 200곳 이상에서 도심 러닝 투어가 생겨났고, 그 수는 계속 늘고 있다. 분명

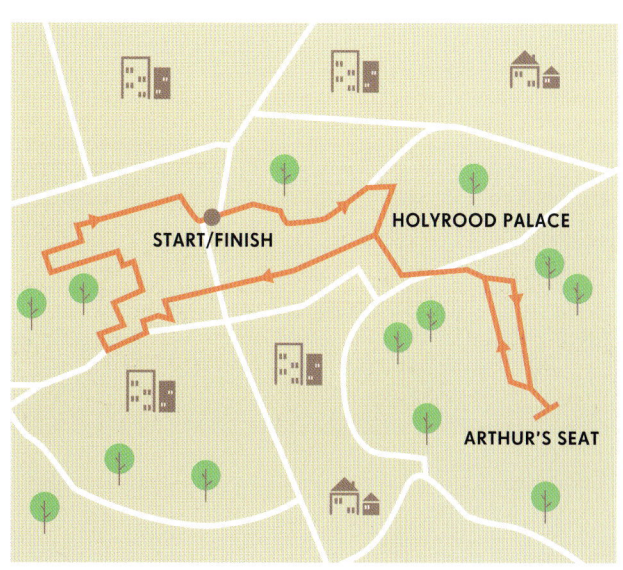

Zbynek Strnad/500px

> "우리는 도보 투어보다 훨씬 더 넓은 지역을
> 돌아보고 있었다. 그리고 이 좁은 길에
> 버스 투어라니, 상상만 해도 웃긴다."

사람들의 관심을 점점 끌고 있는 셈이다. 개념은 단순하다. 러너이자 현지 전문가인 가이드가 도시 곳곳을 달리며 안내해주는 방식이다. 좋은 러닝과 멋진 관광을 동시에 즐길 수 있는 것이다. 어떤 투어는 주요 명소 위주로 진행되고, 또 어떤 투어는 최고의 러닝 코스를 중심으로 구성된다. 최고의 투어는—내가 체험 중인 에든버러 러닝 투어처럼—이 두 가지를 모두 충족시킨다.

그날 아침, 나는 기차역에서 니콜을 만났다. 여름 관광객들 사이에서도 그녀를 한눈에 알아볼 수 있었다. 보라색과 검정색 레깅스를 입은 날렵한 몸매의 러너였고, 다른 도시 가이드들처럼 자신의 비즈니스를 알리는 로고를 여기저기 붙이고 있었다. 러닝복 차림으로 관광객들 사이에 서 있자니 묘하게 어색했고, 약간 불안하기까지 했다. 나는 러너인가, 관광객인가? 스스로 정체성에 대한 혼란이 잠시 찾아왔다. 하지만 그런 고민을 할 시간도 없었다. 간단한 안내(코스 중 화장실과 가게 위치, 그리고 페이스는 문제 되지 않는다는 점)를 듣자마자 우리는 바로 칼튼힐^{Calton Hill} 계단을 오르며 투어를 시작했다.

정상에 오르자, 왜 에든버러가 런던 다음으로 영국에서 가장 많은 관광객을 끌어모으는지 단번에 이해됐다. 해리 포터 속 호그와트^{Hogwarts}와 다이애건 앨리^{Diagon Alley}의 영감이 된 이 도시는 믿기 어려울 정도로 그림 같다. 낮은 능선에는 중세풍의 구시가지가 자리하고 있고, 구불구불한 골목길과 고딕 양식 건물들, 그 위로 상징적인 성이 우뚝 솟아 있다. 그 맞은편 능선에는 200년 된 신시가지가 자리하며, 우아한 조지안 양식 저택과 웅장한 광장, 널찍한 거리들이 펼쳐져 있다.

그것만으로도 충분히 근사하지만, 로열마일 끝자락, 도시 스카이라인을 지배하는 곳에 산이 있다는 사실이 에든버러를 세계 최고의 러닝 도시로 만들어준다. 아서스 시트^{Arthur's Seat}는 높이 251m에 불과하지만, 로버트 루이스 스티븐슨^{Robert Louis Stevenson}의 표현대로 '거대한 산의 품격을 가진 언덕'이라 부를 만하다'. 이날 우리가 달릴 완벽한 코스가 눈앞에 펼쳐졌다. 울퉁불퉁한 아서스 시트를 오르고, 홀리루드 궁전^{Holyrood Palace}에서 꼭대기 성까지 로열마일을 따라 달린 뒤, 신시가지를 돌아오는 90분짜리 러닝 투어였다. 에든버러의 진면목을 단번에 맛볼 수 있는 완벽한 코스였다.

홀리루드 궁전 앞에 이르러서야 나는 비로소 내가 관광객이면서도 관광객이 아닌 듯한 묘한 감각을 느꼈다. 우리는 궁전 정문 앞에 멈춰서 역사 설명을 들었다. 한 관광객이 슬그머니 다가와 니콜의 설명에 귀를 기울였다. 그녀가 말을 마치자, 우리는 아무 말 없이 다시 달리기 시작했다. 그 장면에 놀란 관광객의 표정이 인상적이었다. 아서스 시트는 딱히 '야생'이라고 할 정도는 아니었다. 인구 50만의 도시에 자리한 경치 좋은 봉우리에 사람이 붐비지 않을 리 없었다. 그럼에도 도시와는 전혀 다른 느낌임은 분명했다. 도로가 아닌 트레일 위에 있었고, 경사가 너무 가팔라 빠르게 걷는 것이 달리는 것보다 더 현실적인 상황이었다. 나는 일부러 질문을 던지며 니콜의 입을 열게 했고, 덕분에 숨 고르기에 집중하며 바위투성이 정상에 오를 수 있었.

하산을 시작하자 니콜은 속도를 높였다. "이쪽 길로 가면 같은 곳으로 가는데, 훨씬 한적해요." 그녀가 안내한 길은 진짜로 조용했다. 우리는 푸르른 잔디길을 달리며, 뒤쪽 절벽 너머로 도시와 관광객들을 남겨두고 있었다. 몇 분 동안은 에든버러에서 수백 킬로미터 떨어진 자연 속을 달리는 기분이었다. 우리의 숨소리와 발소리만이 경사를

벗겨진 야망

기록에 따르면 최초의 언덕 경주는 1064년 스코틀랜드에서 열렸다. 당시 말콤 2세 Malcolm II 왕은 가장 빠른 전령을 찾고자 했다. 이 경주에서 우승 후보였던 맥그리거 MacGregor 가문의 두 형이 나란히 경쟁을 펼치던 중, 막내 동생이 갑자기 그들을 추월했다. 전해지는 바에 따르면, 형들 중 한 명이 막내를 붙잡으려다 킬트 kilt (스코틀랜드 남자들이 입는 전통 치마)를 움켜쥐었다고 한다. 막내는 킬트가 벗겨졌지만 결국 1위를 차지했다.

왼쪽부터: 아서스 시트 정상에서 내려다본 도시 전경; 웅장한 에든버러성. 이전 페이지: 8월 에든버러 페스티벌 기간 동안 등장하는 대관람차.

따라 울려 퍼졌다.

하지만 러닝 투어의 진가를 깨달은 건 에든버러 성의 입구에서 관광객들 사이를 헤치고 나아가던 순간이었다. 우리는 칼튼힐과 아서스 시트를 올랐다. 또한 로열마일을 오르며 17세기 정원을 들르고, 세인트 자일스 대성당 St Giles Cathedral 내부를 둘러보고, 해리 포터의 다이애건 앨리 영감이 된 가파른 자갈길도 밟아봤다. 그리고 아직 4분의 1 구간이 남아 있다. 이제는 우아한 조지안 양식의 신시가지를 빠르게 둘러볼 차례다. 걷는 투어로는 절대 이렇게 많은 곳을 볼 수 없다. 이 좁은 중세 골목들을 버스로 돌아본다는 건 애초에 말도 안 되는 일이다.

기차에서 내렸을 때 느꼈던 불안감이 무엇 때문이었는지 그제야 깨달았다. 러닝과 도시 투어를 함께 하면 두 가지 모두 망치는 건 아닐까 하는 걱정 때문이었다. 제대로 달리지도 못하고, 도시 풍경도 놓치는 게 아닐까 싶었다. 하지만 성에서 가파른 길을 내달리면서, 나는 이미 완벽하게 설득당했다. 이 속도라면 어디든 갈 수 있고, 무엇이든 볼 수 있을 것 같았다. "이런 투어는 어떤 사람들이 주로 신청하나요?" 문득 니콜에게 물었다. "여행 갈 때 항상 러닝화를 챙기는 사람들이요." 그녀는 웃으며 대답했다. 그리고 마치 내 마음을 읽은 듯 덧붙였다. "러닝을 좋아한다면, 이게 도시를 가장 잘 보는 방법이에요. 소규모로, 혹은 딱 가이드와 나만 함께 뛰면서 우리만의 속도로 탐험할 수 있거든요. 달리면 더 많은 걸 볼 수 있어요." **PP**

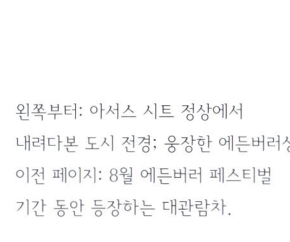

여행 개요

출발/종료점// 에든버러 웨이벌리 Edinburgh Waverley 철도역

거리// 11km

시기// 에든버러는 연중 내내 러닝에 적합한 도시. 도시 러닝의 장점 중 하나는 겨울 밤 러닝도 낮 러닝만큼이나 장관이라는 것.

숙소// 중급 숙박으로는 칼튼 힐 Calton Hill 기슭에 위치한 조지아풍 타운하우스인 2 힐사이드 크레센트 www.twohillsidecrescent.com 추천. 가성비를 중시한다면 에든버러 센트럴 유스호스텔 www.syha.org.uk 이 훌륭한 위치와 프라이빗 룸을 제공함.

자세한 정보// www.edinburghruntours.com

알아둘 점// 가이드를 선택할 때 그룹 크기를 확인할 것. 2~3명 이상의 그룹은 더욱 사교적이지만 속도가 느릴 수 있음. 전 세계 100개 이상의 도시에 대한 투어를 제공하는 www.runningtours.net을 확인할 것.

비슷한 도전을 찾아서
도시 러닝 투어

암스테르담 (네덜란드)

언덕을 정말 싫어한다면, 암스테르담이 딱 맞는 도시다. 네덜란드의 수도는 더치 팬케이크처럼 완전히 평평하다. 수로 네트워크를 중심으로 형성된 이 도시는 좁은 거리 덕분에 자동차보다 자전거가 더 많이 다니며, 유일한 오르막이라고 해봐야 수많은 다리를 건너는 것뿐이다. 암스테르담에는 수없이 많은 골목길이 있는 만큼, 코스의 변형도 무궁무진하다. 하지만 기본적인 목표는 국립미술관(Rijksmuseum)과 반 고흐 미술관(Van Gogh Museum)을 연결한 후, 마헤레 브루그(Magere Brug)를 지나 에르미타주(Hermitage)까지 이동하고, 다시 담 광장(Dam Sq)을 거쳐 안네 프랑크의 집(Anne Frank's House)으로 이어지는 루프를 완성하는 것이다. 이 도시는 사진 찍기 좋은 장소가 많아 예상보다 시간이 더 걸릴 수 있다. 암스테르담은 러너들에게 우연한 발견의 즐거움을 선사하는 곳이다.

출발/종료점// 레이체플레인 역/암스텔 강의 레이체브루흐(하지만 순환 코스이므로 정확한 지점은 크게 중요하지 않다.)
거리// 7.1km
추가 정보// www.touristrunamsterdam.com

방콕 올드타운 (태국)

방콕은 번잡한 고속도로, 좁고 움푹 팬 도로, 끝없이 이어지는 인파로 인해 방문객이 달리기 좋은 도시는 아니다. 하지만 아침 러닝 투어는 이 복잡한 도시를 효과적으로 탐험할 수 있는 훌륭한 방법이다. 올드타운(Old Town)의 유명한 명소를 둘러보는 코스나 강과 복잡한 수로를 탐험하는 코스도 있지만, 운동과 예술, 길거리 음식을 한꺼번에 즐길 수 있는 색다른 루트를 시도해보는 것도 좋다. 이 투어는 수라웡 로드(Surawong Rd)를 따라 달리며, 방콕의 세련된 현대 미술 갤러리를 지나 방락(Bangrak)으로 이어진다. 이곳은 세계적으로 유명한 스트리트 아티스트들이 작품을 남긴 곳이다. 이후 북쪽으로 이동해 황금 불상(Golden Buddha)을 지나면 차이나타운(Chinatown)에 도착하는데, 이곳에서는 스트리트 아트 대신 본격적인 미식 탐방이 시작된다.

출발점// 씨롬 MRT역
종료점// 야오와랏 로드 (차이나타운)
거리// 8km
추가 정보// www.gorunningtours.com/bangkok

마라케시 성벽 (모로코)

마라케시(Marrakesh)의 중세 메디나(medina)(도시)는 미로 같은 골목, 낮 동안 끊임없이 내리쬐는 태양, 그리고 당나귀조차 서로 지나가기 어려울 정도로 좁은 거리로 유명하다. 그래서 달리기에 적합한 장소로는 보이지 않을 수도 있다. 하지만 해가 너무 뜨겁게 달아오르기 전, 그리고 당나귀가 거리를 점령하기 전 이른 아침에 일어나 구시가지 성벽을 따라 달려보자. 어떤 구간에서는 높이 9m, 두께 2m에 이르는 거대한 성벽을 따라가기만 하면 되므로 길을 잃을 걱정이 적다. 하지만 코스 중간중간 성벽에 뚫린 여러 개의 문(babs)을 통해 잠시 안으로 들어가기도 해 보자. 바브 롭(Bab Rob)에서는 사디안 왕조의 무덤(Saadian tombs)을, 바브 데바그(Bab Debbagh)에서는 악취가 진동하는 가죽 무두질 공장(tanneries)을 지나게 된다. 마지막에는 쿠투비아(Koutoubia) 미나렛(Minaret)(첨탑)를 지나, 전설적인 광장인 제마 엘 프나(Djemaa El Fna)에 도착하게 된다. 이곳에서는 점쟁이, 곡예사, 음악가, 물장수들이 하루를 준비하며 막 자리를 잡기 시작하는 모습을 볼 수 있다.

출발/종료점// 제마 엘 프나 광장
거리// 12.75km
추가 정보// www.runninginmorocco.com

위에서부터: 암스테르담의 운하 옆 도로는 완벽한 러닝 코스; 방콕에서는 러닝 중 거리 간식의 유혹을 뿌리치기 어렵다.

Sightseeing Around Edinburgh

- EPIC RUNS OF THE WORLD -

체코 육상 영웅을 기리며
AN ODE TO A CZECH RUNNING HERO

체코의 잘 알려지지 않은 도로 레이스는 진정한 투지와 정신력을 몸소 깨닫게 해주고, 달리기라는 스포츠에 대한 새로운 경외심을 선사한다.

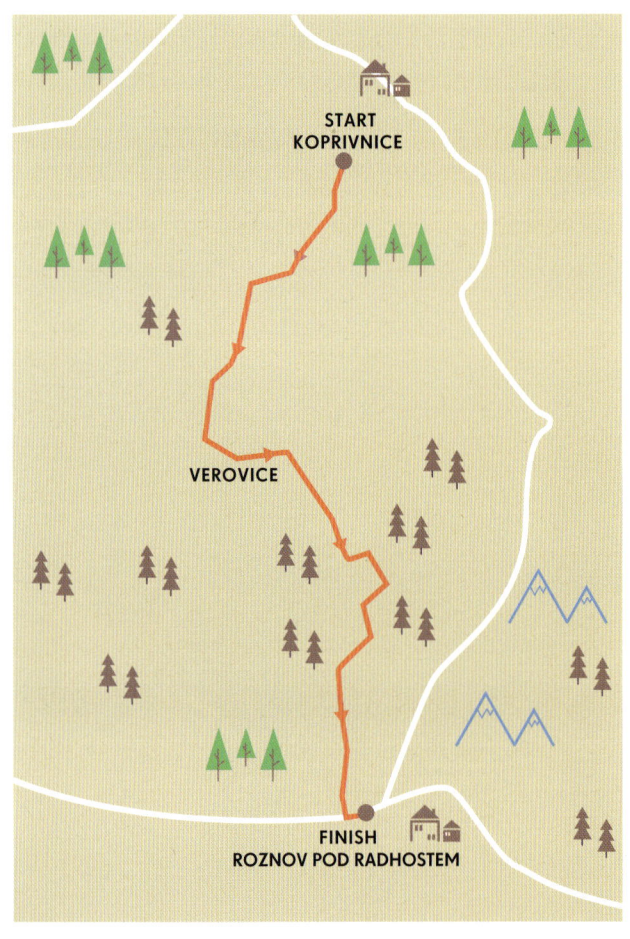

체코 동부 끝자락에 위치한 코프르지브니체^{Kopřivnice}에 도착했을 때, 가장 먼저 떠오른 단어는 '장엄하다'가 아니었다. '회색빛', 혹은 '기능적'이라는 단어가 더 어울렸다. 낡은 자동차 공장의 굴뚝이 천편일률적인 콘크리트 아파트 위로 솟아 있고, 자동차와 트랙터 박물관이 이곳의 주요 문화 명소로 자리잡고 있었다. 소련 시절을 그대로 간직한 듯한 음울한 분위기였다. 그러나 사실 코프르지브니체는 러너라면 반드시 찾아와야 할 가장 흥미진진한 목적지 중 하나다. 실제로, 달리기를 사랑하는 전 세계 러너들이 매년 9월, 명성 높은 22.5km(14마일) 도로 레이스에 참가하기 위해 이곳을 찾는다. 이 레이스를 특별하게 만드는 것은 바로 그 유래와 분위기다. 레이스 이름이 단서다. 베흐 로드님 크라엠 에밀라 자토페카 Běh rodným krajem Emila Zátopka, 즉 '에밀 자토페크의 고향을 달리는 레이스'다. 에밀 자토페크는 명실상부한 장거리 러닝의 전설이다. 그는 올림픽에서 5개의 메달을 목에 걸었고, 18개의 세계 기록을 세웠으며, 5,000m와 10,000m에서 넘을 수 없을 것 같던 장벽을 허물었다. 2013년, '러너스 월드'는 그를 역사상 가장 위대한 러너로 선정했다. 그는 바로 이 코프르지브니체에서 1922년에 태어났다.

대회 등록을 위해 북적이는 지역 학교 강당에 들어서는 순간, 코프르지브니체가 겉보기와는 달리 얼마나 따뜻한 곳인지 바로 느껴진다. 마치 마을 전체가 이곳을 찾은 방문객들에게 특별한 추억을 선사하려는 듯한 분위기다. 당신은 이 마을이 낳은 가장 위대한 인물을 기리기 위해 이곳에 온 것이기 때문이다. 2000년 11월에 세상을 떠난 자토페크는 분명 자랑스러워했을 것이다. 낯선 이들을 따뜻하게 환대하는 것은 그에게 가장 신성한 의무였으며, 모라비아인^{Moravian}으로서, 그리고 러너로서 그의 정체성 그 자체였다. 그의 아내 다나^{Dana} 또한

EUROPE

올림픽에서 금메달을 따낸 체코의 창던지기 선수로, 1952년 올림픽에서 남편이 5,000m 금메달을 딴 지 한 시간 만에 자신도 금메달을 따내며 전설을 남겼다. 다나는 남편이 세상을 떠난 2년 후, 부부의 생일인 9월 19일(부부가 같은 날 태어났다!)에 가장 가까운 토요일을 레이스 개최일로 삼아 이 대회를 시작했다. 2020년 다나도 세상을 떠났고, 지금은 부부가 로즈노프 포드 라드호슈쳄 Rožnov pod Radhoštěm 의 작은 목조 교회 옆에 함께 잠들어 있다. 이곳은 레이스가 끝난 후 러너들이 모여 뜨거운 음식을 나누고 시상식을 여는 곳, 바로 왈라키아 Wallachian 전통 마을이 위치한 곳이기도 하다. 코프르지브니체에서 로즈노프 포드 라드호슈쳄까지는 야보르니크 베스키드 Javornik Beskids 산맥이 가로막고 있지만, 이 레이스가 러닝 모험가들에게 반드시 경험해야 할 도전이 되는 이유는 험난한 산악 코스 때문만은 아니라 자토페크가 남긴 발자취를 따라 달릴 수 있다는 점 때문이다. 레이스 출발은 마치 거리 축제 같은 분위기다. 코프르지브니체 외곽을 벗어날 때쯤, 나는 이미 주민들의 따뜻한 응원 덕분에 기분이 한껏 들떠 있었다. 시골길은 한적하고, 아스팔트 양옆으로는 완만한 초원이 펼쳐지며, 그 너머로는 짙은 숲이 이어진다. 때로는 지나치게 한산해 조금 불안하기도 하다. 하지만 완만하게 이어지는 구간들은 빠르게 지나가고, 슈트람베르크 Štramberk, 젠클라바 Ženklava, 베르조비체 Veřovice 같은 마을이 나타날 때마다, 온 마을 사람들이 거리로 나와 간식도 건네고, 응원도 하고, 음악까지 들려준다.

1952년 7월, 자토페크는 8일 만에 올림픽 금메달 3개를 따냈다. 5,000m, 10,000m, 그리고 마라톤에서 모두 우승하며, 지금껏 누구도 이루지 못한 장거리 그랜드슬램을 달성했다. 특히 마라톤은 그의 첫 출전이었다. 이후 4년 뒤 멜버른 올림픽에서 두 번째이자 마지막 마라톤을 뛰었지만, 그때는 부상과 컨디션 난조 속에 섭씨 30도가 넘는 혹서까지 겹쳤다. 당시 그는 출발선에서 이렇게 말했다. "여러분, 오늘 우리는 조금씩 죽어갈 겁니다." 약 10km 지점에서 본격적으로 오르막길이 시작될 때, 나는 이 말을 되새긴다. 빽빽한 숲이 길을 덮고, 코스는 점점 거칠고 가파르게 구불구불 이어진다. 인정할 수밖에 없다. 정말 만만치 않다. 숨소리는 점점 커지고, 고도가 높아지며 공기는 더 차가워진다. 마침내 해발 695m에 이르러 라드호슈트 Radhošť 성산 서쪽 능선에 도달한다. 이곳은 유럽 대륙을 가르는 '등뼈'와 같은 지점이다. 젊은 시절 자토페크는 이 능선을 달리다 북쪽과 남쪽으로 번갈아 소변을 보며, 양쪽 대륙에 흔적을 남겼다고 한다. 험난한 지형을 지나며, 나는 자토페크가 마주했던 삶의 도전들을 떠올린다. 극심한 가난 속에 태어나, 선천적인 체력도 평범했던 그의 달리기 자세는 마치 '컨베이어 벨트 위에서 문어와 레슬링하는 남자' 같다고 조롱받았다. 그러나 끊임없는 혹독한 훈련을 통해 세계 최고의 선수로 거듭났다. 고통을 대수롭지 않게 여기던 그의 태도는 충격적일 정도였지만, 언제나

에밀의 신화

체코의 육상 슈퍼스타 에밀 자토페크는 고난을 즐기는 선수였다. 그는 비와 어둠 속에서, 숲과 언덕에서, 눈과 모래 위에서, 심지어 군화를 신고 훈련하며 모든 조건을 더 가혹하게 만드는 것을 주저하지 않았다. 항상 고통스러운 표정으로 달리며 자신을 몰아붙였던 그를 응원했던 팬들은 모두 하나씩 자토페크에 관한 이야기를 간직하고 있다. 병원에서, 비행기에서, 욕조에서, 심지어 아내를 등에 업고 훈련한 이야기까지. 그리고 대부분의 이야기는 사실이다.

왼쪽부터: 로즈노프 포드 라도호슈템의 왈라키아 야외 박물관은 애프터 파티 장소다; 1952년 헬싱키 올림픽에서 활약한 국가적 영웅. 이전 페이지: 많은 러너들에게 성지로 여겨지는 자토펙의 고향, 코프르지브니체.

유쾌함을 잃지 않았다. 그의 너그러움은 그의 실력에 필적할 정도였다. 자토페크는 냉전 시대의 분열을 개의치 않고, 자신의 가장 강력한 경쟁자들과도 깊은 우정을 나눴다. 심지어 경주 중에도 끊임없이 말을 걸었고, 이런 대화를 위해 독학으로 익힌 언어만 해도 여덟 개였다. 그는 용감하고 카리스마 넘치는 인물로, 당대의 무하마드 알리에 비견될 만한 존재였다. 1968년, 바르샤바 조약군 탱크가 체코슬로바키아에 진입해 '인간의 얼굴을 한 사회주의'를 꿈꿨던 프라하의 봄을 짓밟았을 때, 자토페크는 바츨라프 광장으로 나가 시위대를 독려했다. 그 용기는 혹독한 대가로 돌아왔다.

레이스 마지막 3분의 1 지점, 진정한 재미가 시작되는 이 마지막 7km는 본격적인 내리막길이다. 용기만 있다면 거의 전 구간을 전력 질주할 수 있지만, 날카로운 급커브들이 만만치 않다. 로즈노프 포드 라드호슈쳄에 도착할 때 다리가 후들거리지 않는다면, 내 경험상 굉장한 실력자다. 처음 이 레이스를 완주했던 2014년, 나는 현지 문화와 언어가 너무 낯설어 완주 후 짐을 찾는 방법조차 제대로 몰랐다. 국제 대회이긴 하지만, 이 레이스는 매우 '체코다운' 대회다. 그럼에도 넘치는 온정과 환대는 언어 장벽 따위는 가볍게 뛰어넘었다. 나는 이 레이스와 사랑에 빠졌고, 계속 돌아왔다. 세 번째 참가한 해에는, 전날 밤 자토페크의 아내 다나와 함께 에밀을 기리는 건배를 할 정도로 친숙해졌다. 아마 그 때문일까, 그해 기록은 살짝 아쉬웠지만 말이다. **RA**

여행 개요

출발점// 코프르지브니체 Kopřivnice
종료점// 로즈노프 포드 라드호슈쳄 Rožnov pod Radhoštěm
거리// 22.3km
가는 법// 오스트라바 공항에서 코프르지브니체까지 차로 약 30분 소요. 레이스 종료 후, 로즈노프에서 코프르지브니체로 돌아오는 레이스 버스 제공.
시기// 9월 19일에 가장 가까운 토요일.
숙소// 대회 전 분위기를 즐기기엔 코프르지브니체가 최적. 대회 후에는 경치가 더 좋은 로즈노프 추천. 코프르지브니체는 관광지 느낌이 덜함.
자세한 정보// www.zatopkuvbeh.cz; www.koprivnice.cz; www.roznov.cz
알아둘 점// 며칠 더 머물 수 있다면, 중앙 유럽에서 가장 유명한 성산인 라드호슈 Radhošť 를 하이킹해보는 것을 추천. 이 산은 대회 중간 지점 근처에 위치.

옆 페이지: 슬로바키아
로우 타트라스 지역의 절벽.

비슷한 도전을 찾아서
동유럽 마라톤 대회

벨카 쿤라티츠카, 프라하 (체코)

총 거리가 3km도 되지 않는 이 레이스가 '전설적인epic' 대회 목록에 포함된 이유가 궁금할 수도 있다. 답은 간단하다. 극도로 가파른 언덕, 진흙탕과 개울, 아름다운 숲속 풍경, 그리고 11월 첫 번째 일요일의 중앙유럽 날씨에서 예상할 수 있는 모든 것이 기다리고 있기 때문이다. 이 레이스는 프라하 모드자니Modřany 지구에 위치한 크루나티체 숲Krunatice Forest에서 열린다. 1419년, 위대한 국왕 벤체슬라스 4세King Wenceslas IV가 사냥 도중 생을 마감한 곳이기도 하다. 풀코스에서는 세 개의 개울을 건너고, 악명 높은 흐라데크 경사Hrádek slope를 포함한 세 개의 가파른 오르막을 올라야 한다. 1934년 처음 시작된 이 대회는 워낙 전통이 깊어, 국제올림픽위원회IOC 위원장이 50주년 기념 대회의 메달을 직접 수여했을 정도다. 대부분의 참가자는 단축 코스를 달리며, 풀코스 참가자리는 빠르게 마감된다. 1979년 이후 10분 58.9초라는 코스 기록이 여전히 깨지지 않고 있다.

출발/종료점// 쿤라티체 브룩 밸리
거리// 3km
추가 정보// www.velkakunraticka.cz

논스톱 로우 타트라스 종주 레이스 (슬로바키아)

코로나로 인해 중단되었다가 다시 돌아온 이 험난하고 짜릿한 산악 레이스는 슬로바키아의 로우 타트라스Low Tatras에서 매년 6월 마지막 토요일에 개최된다. 총 거리 49km, 누적 상승 고도 2,187m에 달하는 이 레이스는 극의 산악 러닝을 경험할 수 있는 대회다. 거점 도시는 역사적인 반스카 비스트리차Banská Bystrica이지만, 실제 출발과 도착 지점은 인접한 국립공원의 깊은 산속에 있다. 시작 지점인 트랑고슈카Trangoška에서 크루포바 호라Krupova Hoľa의 화강암 정상까지 첫 7km동안 무려 800m를 올라야 한다. 하지만 그곳의 풍경은 잊을 수 없을 만큼 압도적이며, 벨카 초추라Veľká Chochuľa에서 히아델스케 세들로Hiadeľské Sedlo까지 이어지는 내리막도 강렬한 인상을 남긴다. 이 구간을 건너낸다면 가장 힘든 부분은 지나갔다고 할 수 있으나, 마지막 10km을 버티며 달리는 것은 결코 쉽지 않다. 특히, 결승선을 앞두고 코지 흐르바트Kozi Chrbát까지 220m의 거의 수직에 가까운 오르막을 올라야 하는 구간은 괴물 같은 난이도를 자랑한다. 그러나 이 모든 고통을 이겨내고 마침내 도노발리Donovaly에 도착하면, 중앙유럽에서 가장 혹독한 산악 레이스 중 하나를 완주했다는 성취감에 휩싸이게 될 것이다.

출발/종료점// 로우 타트라스 국립공원
거리// 49km(30마일)
추가 정보// www.katarinabelicova.sk/non-stop-beh-hrebenom-nt

트란실바니아 100K 울트라마라톤 (루마니아)

트란실바니아 100K 울트라마라톤Transylvanian 100K Ultra은 브란Bran 마을의 고풍스러운 분위기 속에 자리한 드라큘라 성Dracula's Castle 아래를 출발점으로 삼은 특별한 레이스이다. 흡사 뱀파이어의 송곳니처럼 솟아오른 트란실바니아 알프스Transylvanian Alps를 가로지르는 도전에 나선 용감한 러너들은 루마니아의 전원 풍경을 감상하며 환상적인 트레일을 누비게 된다. 코스는 굴곡이 심한 싱글트랙과 곰이 서식하는 고대 숲, 고원지대와 거센 바람이 부는 능선을 지나며, 부체지 산맥Bucegi Range을 단 한 바퀴에 횡단하는 웅장한 여정을 만들어 낸다. 레이스 도중 참가자들은 수천 미터를 오르내리며 극한의 난이도를 경험한 후, 마침내 출발지였던 드라큘라 성으로 다시 돌아와 결승선을 통과하게 된다. 이제 10년이 넘은 이 대회는 매년 5월에 개최되며, 해가 길어 비교적 긴 러닝 시간을 확보할 수 있다. 그러나 이 대회만큼은 밤이 되기 전에 완주하는 것이 좋을지도 모른다… 마을을 준비해 두는 것도 나쁘지 않을 것이다. 100K 메인 레이스 외에도 20K, 30K, 50K, 80K 코스가 마련되어 있다.

출발/종료점// 드라큘라 성 (브란)
거리// 20~100km
추가 정보// www.transylvania100k.com

- EPIC RUNS OF THE WORLD -

과거로 통하는 문, 펨브룩셔
A PORTAL TO THE PAST IN PEMBROKESHIRE

웨일스의 서쪽 끝자락, 영국에서 가장 아름다운 국립공원 중 하나에 자리잡은 이 세계적인
트레일러닝 코스는 시간을 거슬러 올라가는 여정으로, 경이로운 고대 유적들을 지나며 펼쳐진다.

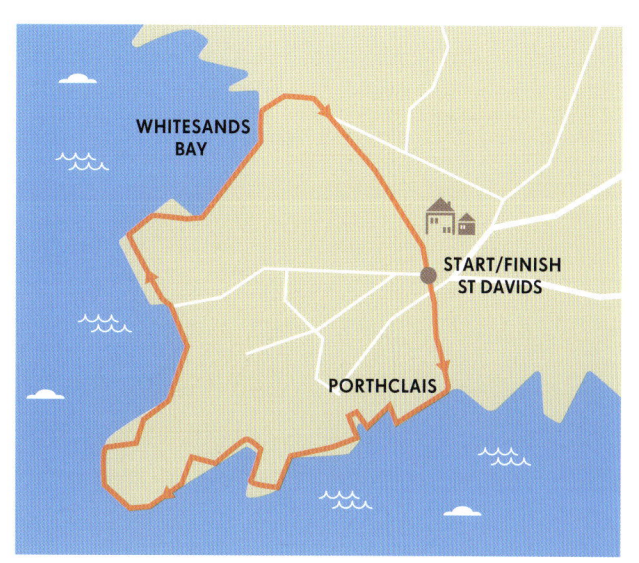

웨일스 남서쪽 끝자락은 지질학자들의 놀이터다. 바위에 새겨진 흔적과 층층이 쌓인 절벽이 지구의 과거를 생생하게 증언한다. 이 지역의 일부 암석은 다세포 생명체가 처음 등장하기 이전인 선캄브리아 시대까지 거슬러 올라간다. 게다가 고대 문명의 흔적이 해안 곳곳에 남아 있어, 이 웨일스 끝자락은 역사 애호가들에게도 천국과 같은 장소다. 영국에서 가장 오래된 건축가들은 북부 펨브룩셔Pembrokeshire의 암석을 특히 선호했는데, 스톤헨지를 세운 블루스톤 역시 인근 언덕에서 가져온 것이다. 하지만 나에게는 이 절벽과 해변을 따라 이어지는 길이 이런 모든 것보다도 더 흥미롭다. 바로, 영국에서 가장 아름다운 트레일 러닝 코스 중 하나이기 때문이다.

수년간 웨일스 곳곳의 러닝 코스를 모아온 나에게, 이 나라 서쪽 끝 반도를 감싸는 21km 코스는 여전히 최고의 러닝 코스로 남아 있다. 코스는 펨브룩셔 코스트 패스를 따라 비포장 해안길로 시작해,

Sarahstirling.com

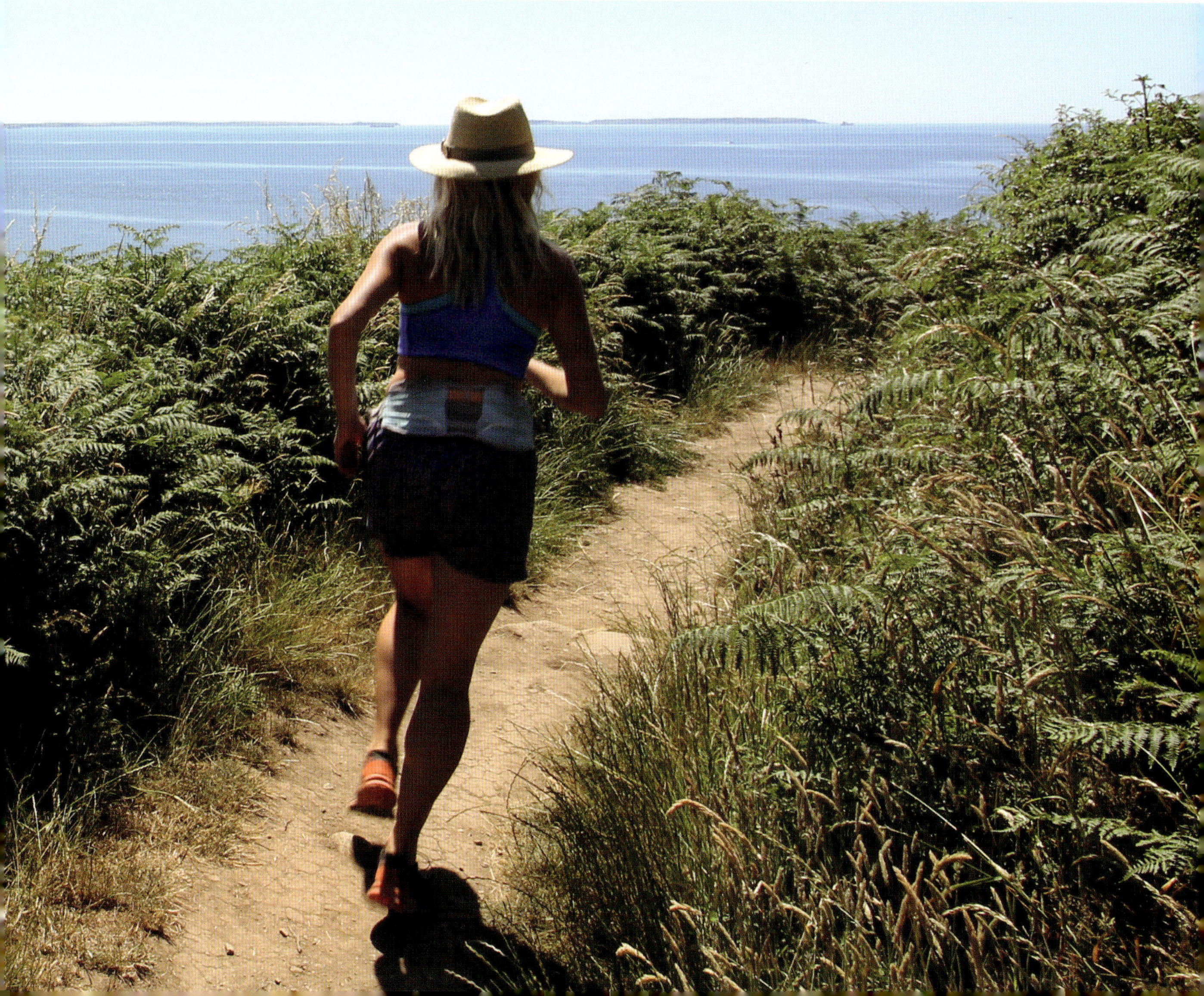

"이곳에는 철기시대 요새의 흔적이 아직 남아 있다, 그러나 바다는 서서히 그것들을 삼키고 있다."

시골길을 따라 한 바퀴를 도는 구성이다. 역사적·지질학적 아름다움도 감탄을 자아내지만, 자연 그대로의 흐름, 고립감, 그리고 거친 환경이 어우러져 마법 같은 분위기를 자아낸다. 이른 아침, 하프마라톤을 뛰기에 더없이 완벽한 장소다.

출발과 동시에 이 길이 선사하는 자유로움과 흥분이 온몸을 감싼다. 일부 구간은 바위투성이라도 발밑을 계속 응시해야 할 정도는 아니지만, 오히려 사방에 펼쳐진 암석들이 눈길을 뗄 수 없게 만든다. 깊은 자줏빛과 장밋빛을 띠는 절벽, 빨간색과 흰색 줄무늬가 마치 사탕처럼 보이는 해변의 자갈들, 원시적이고 살아 있는 듯한 절벽들이 시선을 사로잡는다. 앞길은 멀리까지 구불구불 이어지며, 분홍색, 파란색, 황금색 야생화들이 길을 수놓고 있다.

오늘도, 그리고 매번 이곳을 달릴 때마다, 이 길에는 깊은 영적 기운이 감돌고 있다. 이 분위기를 온전히 느끼기 위해서는 주변 환경에 깊이 몰입해야 한다. 그래야만 웨일스 신화 속 유령들을 마주치게 된다. 현대인의 손길이 거의 닿지 않은 이곳에는 잊혀진 석기시대 기념물, 무너져가는 청동기시대 원형 가옥, 철기시대 요새의 성벽, 암흑시대 예배당 터, 그리고 숨어 있는 중세 대성당이 곳곳에 자리하고 있다. 하지만 이들은 길을 따라 달리며 눈에 쉽게 띄는 게 아니라, 의식적으로 발걸음을 멈추고 길을 벗어나 살펴봐야 겨우 모습을 드러낸다.

무엇보다 이곳에는 사람이 거의 없다. 사실, 이 길을 달릴 때마다 마치 아무도 이곳을 찾은 적이 없는 듯한 기분마저 든다. 다행히도, 펨브룩셔와 다른 지역을 연결하는 불편한 시골길과 느릿한 트랙터, 길을 가로막는 양 떼 덕분에 이곳은 오직 굳게 마음먹은 사람들만 찾아오는 곳으로 남아 있다. 언젠가 사람들이 몰려오더라도, 1952년에 지정된 영국 최초의 국립공원 중 하나이고 현재도 영국 유일의 해안 국립공원으로 남아 있어 어느 정도 보호받을 것이다.

절벽 위를 달려 카르파이 만^{Caerfai Bay}의 끝자락에 도착해 잠시 멈춰 뒤를 돌아본다. 맞은편에는 자연이 만든 좁은 다리로 연결된 또 다른 땅이 바다 쪽으로 뻗어 있다. 철기시대 요새의 성벽과 해자가 희미하게 보이는데, 이마저도 서서히 바다에 잠기고 있다. 전설에 따르면, 이곳은 아서 왕이 해외에서 쳐들어온 부족들과 싸우던 곳이라고 한다. 훗날 앵글로색슨족이 잉글랜드를 지배하기 시작하면서 브리튼계 켈트인들을 '웨알흐스^{Wealhs}(외국인)'라 불렀고, 그것이 바로 웨일스^{Wales}라는 이름의 유래가 되었다.

출발한 지 불과 반 마일밖에 되지 않았지만, 발은 이미 길의 흐름에 맞춰 가볍게 날아간다. 까칠한 가시금작화 덤불을 몇 번 뛰어넘고, 마침내 성 넌^{St Non}의 예배당 터에 도착한다. 웨일스에서 가장 오래된 기독교 건축물 중 하나로 추정되는 이곳은 웨일스의 수호성인 데이비드(다윗)가 태어난 곳으로 전해진다. 1081년, 정복왕 윌리엄도 이 수도원을 순례했다. 얼마 지나지 않아 데이비드 수도원 자리에 성 데이비드 대성당이 세워졌고, 이곳을 두 번 순례하는 것이 로마 순례 한 번과 같은 공덕을 지닌다고 선언되었다.

가파른 내리막길을 조심스럽게 내려가면, 12세기에 돌로 지어진 소박하고 그림 같은 항구 포스클라이스^{Porthclais}가 나타난다. 한때 석탄과 목재를 들여오던 이곳은 오늘날 카약을 띄우기 좋은 장소로 바뀌었다. 바로 이곳에서, 나는 고대 세계를 뒤로 하고 이 공원의 미래로 발을 들인 듯한 기분을 느낀다. 형형색색 카약이 물살을 가르며, 암벽 등반가들의 장비 소리가 절벽에서 울린다. 포슬리스기 만^{Porthlysgi Bay}에서는 수영하는 사람들의 웃음소리가 들리고, 곧 하얀 모래 해변 화이트샌즈 베이^{Whitesands Bay}에서는 서퍼들이 파도를 타는 모습이 보일 것이다.

자연의 부름

4월에서 9월 사이, 펨브룩셔 해안 주변 섬들은 번식기가 절정에 달한 새들로 인해 시끌벅적한 '연애 도시'로 변신한다. 이 야생 동물들의 사랑 축제를 즐기기에 가장 좋은 섬은 스코머Skomer로, 남부 영국에서 가장 큰 대서양 퍼핀 집단이 서식하는 곳이다. 이곳에는 21,000마리의 퍼핀이 있으며, 관광객들에게 전혀 동요하지 않는 모습이 인상적이다. 따라서 발밑을 조심해야 한다. 또한 이곳에는 23,000마리의 바다오리와 7,000마리의 가위제비갈매기도 서식하고 있다!

왼쪽부터: 세인트 데이비드 성당; 펨브룩셔의 인상적인 퍼핀 서식지의 일원; 트레일 러너들의 꿈의 코스. 이전 페이지: 웨일스 해안이 아일랜드 해와 만나는 곳.

펜 달라데린Pen Dal-aderyn, 즉 웨일스 본토의 서쪽 끝에 이르러, 나는 절벽에 앉아 샌드위치를 베어 문다. 이곳은 물개와 돌고래를 관찰하기 좋은 장소다. 저 멀리 바다 위에는 관광객들을 실은 배가 보인다. 그들은 가까이에서 바다 생물을 관찰하고, 인근 섬에 터를 잡은 퍼핀puffin들이 뒤뚱거리며 걷는 모습도 보게 될 것이다. 오늘날 이렇게 평화로운 자연 놀이터가 된 이곳을 바라보며, 나는 펨브룩셔 해안의 유령들이 형형색색 고어텍스와 라이크라 차림의 우리를 보며 무슨 생각을 할지 문득 궁금해진다.

이어지는 절벽 구간은 시원하게 펼쳐지는 화이트샌즈 베이의 광활한 풍경으로 보답한다. 해변 너머, 푸른 언덕 위로 카른 리디Carn Llidi의 바위 꼭대기가 얼굴을 내민다. 언덕 경사면에는 이번 코스에서 가장 오래된 유적이 있다. 기원전 3,000년경 신석기 시대에 세워진 이끼 덮인 6m짜리 거석은 무덤 표시용으로 세워진 것이다. 주변에는 청동기 시대 원형 가옥과 가축 우리터도 남아 있다. 나는 가끔 길을 벗어나 이 유적을 살펴보는데, 낮은 돌담 사이를 넘어서면서도 자연스레 그 옛날 문을 통해 들어서는 기분이 든다.

시골길을 따라 남쪽으로 가면 마침내 세인트 데이비드 마을에 들어선다. 대성당 덕분에 영국에서 가장 작은 '도시'라는 타이틀을 지닌 이곳은 자연의 가치를 누구보다 잘 알고 있다. 환경에 관한 한 진보적인 이 지역 사회는 정기적인 해변 청소부터 탄소 중립 실천까지, 해안을 지키기 위해 끊임없이 노력하고 있다. 덕분에 이곳 절벽 위를 거니는 석기 시대 사람들, 전사들, 성인들, 왕들과 중세 순례자들은 앞으로도 아무런 방해 없이 자신들의 길을 계속 걸어갈 수 있을 것이다. **SS**

여행 개요

출발/종료점 // 세인트 데이비드 St Davids

거리 // 21km

가는 법 // 세인트 데이비드는 가장 가까운 기차역인 하버포드웨스트에서 26km 거리.

시기 // 봄과 여름에는 화려한 야생화 풍경을 감상할 수 있으며, 가을과 겨울에는 거대한 파도와 함께 고요함과 평온함을 만끽.

숙소 // 티 보야 B&B www.ty-boia.co.uk에서 따뜻한 켈트풍의 환대를 받을 수 있으며, 카이르바이 팜www.caerfaifarm.co.uk에서는 캠핑 가능.

자세한 정보 // www.pembrokeshirecoast.wales

알아둘 점 // 러닝을 마친 후에는 세인트 데이비드에서 지아니 Gianni's의 켈틱 크런치Celtic Crunch 아이스크림을 꼭 맛볼 것.

비슷한 도전을 찾아서
와일드 웨일스 곶 러닝

슬린 반도

슬린 반도^{The Llŷn Peninsula}는 스노도니아^{Snowdonia} 서쪽 바다를 향해 뻗은 손끝 같은 모양을 하고 있다. 이곳은 특히 고즈넉한 지역으로, 아베르다론^{Aberdaron} 마을 앞에는 광활한 백사장이 펼쳐져 있다. 해안길을 따라 서쪽으로 향하면, 반도의 남서쪽 끝인 펜 이 킬^{Pen y Cil}에 도착하게 되는데 혹시 돌고래와 물개를 보게 될지도 모른다. 이어서 북쪽으로 이동하면, 북웨일스 본토에서 가장 서쪽에 위치한 브라이흐 이 플^{Braich y Pwll}에 이르게 되며, 19세기에 세워진 영국에서 가장 높은 사각탑 등대가 자리한 바드시 섬^{Bardsey Island}의 풍경이 눈앞에 펼쳐진다. 그 풍경은 중세 순례자들이 1,500년 된 수도원을 방문하기 위해 이곳까지 배를 저어 왔던 모습을 쉽게 떠올리게 만든다. 고고학적 발견에 따르면, 이 섬에는 최소 4,000년 전부터 사람이 거주했던 것으로 밝혀졌다. 여기서 다시 왔던 길을 되돌아가거나, 작은 도로를 따라 돌아가는 루트를 선택할 수 있다.

출발/종료점// 아버다론
거리// 10km
추가 정보// www.nationaltrust.org.uk/visit/wales/llyn

홀리 아일랜드

앵글시^{Anglesey} 서쪽 해안 너머에는 다리로 연결된 작은 섬이 자리하고 있다. 이 섬의 가장 높은 봉우리인 홀리헤드 마운틴^{Holyhead Mountain}(220m)은 멀리서도 선명하게 보이며, 여름이면 하단 경사면이 보랏빛 히스로 뒤덮인다. 섬 곳곳에는 우뚝한 돌기둥과 고대 매장지가 흩어져 있어 '홀리 아일랜드^{Holy Island}'라는 이름이 붙었다. 사우스 스택^{South Stack} 주차장에서 출발해 해안길을 따라 올라가면, 앞바다의 작은 섬에 자리잡은 그림 같은 등대가 모습을 드러낸다. 봄철이 되면 바다오리^{guillemots}와 퍼핀^{puffins}이 이 절벽에서 번식하며 시끌벅적한 소리를 내고, 일 년 내내 초프^{choughs}(다리가 붉은 까마귀)를 볼 수도 있다. 길을 따라 노스 스택^{North Stack}으로 이동한 후, 홀리헤드 마운틴 정상까지 바위를 타고 올라가면 더욱 장엄한 전망을 감상할 수 있다. 이후 서쪽으로 하산하여 다시 주차장으로 돌아온다.

출발/종료점// 사우스 스택
거리// 7.2km
추가 정보// www.visitanglesey.co.uk

고어 반도

스완지^{Swansea} 서쪽 바다로 길게 뻗어 나온 이 땅은 1956년 '뛰어난 자연미를 지닌 지역^{Area of Outstanding Natural Beauty}'으로 지정되었으며, 그 이후로도 거의 변함없이 보존되어 왔다. 반도의 끝자락에는 5km에 걸쳐 펼쳐진 순수한 버터스카치 색 해변이 있으며, 그 뒤로는 롯실리 다운^{Rhossili Down}의 능선이 이어진다. 해변을 따라 달린 후, 길을 따라 북쪽 고어 반도^{Gower Peninsula}의 낮은 절벽 위로 올라간다. 이어서 폭스홀 포인트^{Foxhole Point}를 지나, 해변 뒤쪽의 모래언덕을 오르며 트레일을 따라가면, 마침내 더 비컨^{the Beacon}(193m)에 도달한다. 이곳에서는 롯실리 마을^{Rhossili}과 그 너머 바다로 뻗어나간 웜즈 헤드^{Worms Head}의 장관이 한눈에 내려다보인다. 웜즈 헤드는 바다로 가라앉았다가 다시 솟아오르는 좁고 길게 뻗은 곶이다. 마지막으로 가파른 내리막길을 따라 내려가 주차장으로 돌아온다.

출발/종료점// 롯실리
거리// 15km
추가 정보// www.enjoygower.com

위에서부터 시계 방향으로: 슬린 반도의 아베르다론 해변; 홀리 아일랜드의 사우스 스택 등대; 고어 반도의 로실리 베이 해변.

A Portal to the Past in Pembrokeshire

- EPIC RUNS OF THE WORLD -

바르셀로나의 바다에서 정상까지
BARCELONA'S SEA-TO-SUMMIT

고딕 지구는 잠시 잊어도 좋다. 바르셀로나의 활기찬 지중해 해안과 탁 트인 경관의 언덕까지 이어지는 이 길은 유럽 최고의 도심 러닝 코스 중 하나다.

- EPIC RUNS OF THE WORLD -

러닝을 시작한 지 불과 2분 남짓, 바르셀로나의 널찍한 해안선을 따라 달리던 내 눈에 프랭크 게리Frank Gehry가 설계한 엘 페이시El Peix가 들어온다. 초대형 지붕 조형물인 이 '물고기'는 9월 초 아침 햇살을 받아 반짝이고 있다. 지중해 너머로 해가 막 떠오르자, 나는 잠시 속도를 늦추고 그 풍경을 눈에 담는다. 길이 56m에 이르는 이 작품은 마치 비늘 같은 외벽 덕분에 더욱 돋보이는데, 도시의 옛 어촌 '바르셀로네타Barceloneta 지역에 오신 것을 환영한다'는 인상적인 인사말 같은 존재다. 본격적인 더위가 시작되기 전에 나온 게 기쁘다. 나는 마지막으로 반짝이는 조형물을 한번 더 돌아본 뒤, 금빛 모래 해변을 내려다보는 바르셀로나의 웅장한 해변 산책로를 향해 속도를 올린다.

내 앞에 야자수가 늘어선 탁 트인 길이 펼쳐지고, 그 너머로는 7km에 이르는 멋진 러닝 코스가 이어진다. 바르셀로네타에서 출발해 바르셀로나 고딕 지구의 가장자리를 스치듯 지나고, 이어서 포블레섹

Poble Sec을 통해 몬주익Montjuic 언덕 꼭대기까지 오르는 여정이다. 러닝의 시작과 끝은 각각 도시의 옛 해안 지구(1992년 올림픽 준비 과정에서 새롭게 단장된 곳)에서 출발해 항구 위 180m 높이에 자리한 300년 역사의 요새에 이르기까지, 몇 세기를 뛰어넘는 시간여행이기도 하다.

바르셀로나는 중세 골목과 아르 누보 건축물로 유명하지만, 구불구불한 돌길과 복잡한 인도로 가득한 도심은 러닝 코스로는 다소 난감할 때가 많다. 하지만 엘 본El Born 같은 중세 지구에서 조금만 벗어나면, 탁 트인 해안선을 따라 펼쳐진 평탄하고 널찍한 길이 러너들을 기다리고 있다.

여기에 바르셀로나를 상징하는 언덕을 힘겹게 오르는 구간, 그리고 아름다운 공공 조형물과 푸른 정원, 세계에서 가장 살기 좋은 도시 중 하나로 꼽히는 바르셀로나의 상징적 명소들이 어우러져, 유럽 최고의 도심 러닝 코스를 만들어낸다. 무엇보다 좋은 점은, 마지막에는 언덕을 걸어 내려가는 대신 편안하게 케이블카를 타고 해변으로 돌아올 수 있다는 것이다.

리듬을 잡고 달리자, 나와 같은 러너들, 파워 워커들, 그리고 다양한 아침형 인간들이 이 인기 코스를 함께 달리고 있다. 왼편에는 푸른 지중해가 황금빛 해변을 감싸 안고, 맨발로 모래를 밟으며 달리는

Barcelona's Sea-to-Summit

"저 아래로 바쁘게 움직이는 항구가 보인다. 거대한 화물선과 여객선들이 발레아레스 제도, 제노바, 탕헤르로 향하고 있다."

러너들의 모습도 눈에 들어온다. 오른편으로는 하늘로 치솟은 야자수 가로수 뒤로 나즈막한 건물들이 자리하고 있다.

엘 페이시를 지나자, 오른쪽으로 바르셀로네타의 격자형 길과 빼곡한 아파트 단지, 그리고 좁디좁은 골목들이 눈에 들어온다. 작은 발코니마다 빨래와 빨강-노랑 줄무늬의 카탈루냐 깃발들이 바람에 펄럭인다. 이 시간대에는 거리가 비어있지만, 점심 무렵이면 바르셀로네타의 식당들은 그릴에 구운 오징어, 부드러운 맛조개 등등 다양한 해산물 요리를 즐기려는 현지인들로 북적인다. 200년 넘는 해양 역사로 유명한 이 지역은 바르셀로나 최고의 신선한 해산물을 맛볼 수 있는 곳이다.

그러나 지금은 신선한 굴과 해산물 생각은 잠시 접어두고, 속도를 한 단계 끌어올려야 한다. 뒷바람이 가볍게 등을 밀어주자, 나는 일정한 페이스를 유지하며 해변을 따라 달린다. 그러다 문득, 해변 위로 아슬아슬하게 서 있는 10m 높이의 조형물이 눈에 들어온다. 독일 작가 레베카 혼Rebecca Horn의 작품인 '상처 입은 별L'Estel Ferit'은 기울어진 네 개의 금속 및 유리 큐브가 층층이 쌓여있다. 한때 해변을 따라 자리잡았던 초라한 해변 식당xiringuitos에 대한 헌사다.

1990년대 바르셀로나 해변 정비 작업 당시 공공 예술이 중요한 역할을 했고, 이제는 지역 주민들이 사랑하는 해안 풍경의 일부가 되었다. 이 코스는 미국 팝아티스트 로이 리히텐슈타인Roy Lichtenstein의 15m 높이의 모자이크 작품 '바르셀로나의 머리El Cap de Barcelona'도 지난다. 바르셀로나가 낳은 가장 유명한 예술가, 안토니 가우디Antoni Gaudi에게 바치는 작품이다.

이윽고 플라사 델 마르Plaça del Mar를 돌아, 그림 같은 정박지marina를 따라 달린다. 앞으로 1마일은 평탄한 길이 이어지니, 본격적인 언덕 구간을 앞두고 일정한 페이스를 유지하며 준비를 한다. 남쪽 끝 라 람블라La Rambla를 지나자, 포블레섹Poble Sec으로 향하는 오르막길이 시작된다. 타파스 바, 야외 카페, 보헤미안 감성의 술집들이 모여 있는 이 옛 정취의 동네는 관광객이 적어 더욱 매력적이다.

포블레섹 전망대에 도착할 즈음, 내 몸은 비명을 지르기 시작한다. 페이스는 거의 속보 수준으로 느려지고, 숨을 헐떡이며 한 발씩 끌어올리듯 언덕을 오른다. 마침내 작은 로터리(플라사 데 카를로스 이바녜스Plaça de Carlos Ibáñez) 옆에서 전망대가 눈에 들어온다. 도시 너머의 풍광이 저 멀리 산까지 펼쳐진다. 오래 머물고 싶지만, 다시 힘을 내어 위로 발걸음을 옮긴다.

종아리가 불타는 듯한 통증을 견디며 호안 브로사Joan Brossa 정원으로 들어선다. 길 양옆으로는 키 큰 사이프러스와 두툼한 야자수, 향기로운 소나무가 이어지며 머리 위로는 힘겹게 언덕을 오르고 싶지 않은 사람들에게 편안한 교통편이 되는 케이블카가 천천히 지나간다.

나는 공원을 빠져나와 이번 러닝의 마지막 구간을 마주한다. 길이는 비교적 짧지만 경사가 상당히 가파르다. 몬주익 성채가 눈앞에 모습을 드러낼 무렵, 내 발걸음은 이미 달팽이 걸음처럼 느리다. 18세기에 지어진 이 웅장한 요새는 두터운 벽돌 외벽과, 한때 대포가 설치되어 있던 어두운 총안embrasures, 그리고 지금은 물이 말라버린 넓은

- EPIC RUNS OF THE WORLD -

지하 벙커

스페인 내전 동안 바르셀로나는 치명적인 폭격을 겪었고, 이로 인해 주민들은 도시 곳곳에 수백 개의 방공호를 건설해야 했다. 그중 하나는 몬주익^{Montjuic} 언덕 기슭에 자리잡은 거대한 방공호다. 바르셀로나에서 가장 잘 보존된 방공호 중 하나인 '레퓨지307^{Refugi 307}'은 1937년 주민들이 직접 파서 만들었으며, 약 400미터 길이의 터널로 이루어져 있다.

왼쪽부터: 바르셀로나 언덕길을 오르는 러너; 그 유명한 사그라다 파밀리아 성당; 포트 벨의 보행자 전용 구역. 이전 페이지: 야경이 빛나는 항구 도시의 모습.

해자로 둘러싸여 있어 꽤나 위압적인 분위기를 풍긴다. 많은 카탈루냐 사람들에게 이곳은 프랑코 독재 시절 정치범들을 수감하던 장소로, 어두운 역사의 상징으로 남아 있다. 나는 두터운 성벽으로 이어지는 아치형 다리를 지나쳐, 남쪽을 향한 작은 전망대에서 오늘의 러닝을 마무리한다. 발아래로는 거대한 컨테이너선과 발레아레스 제도, 제노바, 탕헤르로 향하는 페리들이 분주하게 오가는 활기 넘치는 항구가 펼쳐져 있다. 한참을 머물며 시원한 바람이 땀에 젖은 옷을 스치는 감각을 느끼다가, 천천히 언덕을 내려와 텔레페리코^{teleférico} (케이블카) 승강장으로 향한다. 곧, 고전적인 빨간색 곤돌라에 몸을 싣고 해변으로 돌아가는 길에 오른다.

주위를 둘러보면 도시 전체가 한눈에 펼쳐진다. 해변에서 항구, 그리고 언덕까지 이어지는 풍경이 장관이다. 도심 한가운데, 가우디의 미완성 걸작 사그라다 파밀리아의 첨탑들 옆으로는 여러 대의 크레인이 떠 있고, 그 너머로는 촘촘한 대로가 푸른 콜세롤라 산자락^{Serra de Collserola}을 향해 길게 뻗어 있다.

이 곤돌라는 오늘 아침 달려온 길을 되돌아보기에 더없이 좋은 장소일 뿐 아니라, 앞으로 달려볼 미래의 코스까지 상상하게 만든다. 바르셀로나 북쪽 경계에 펼쳐진 저 숲에는 여전히 야생 멧돼지가 서식하고 있으며, 멋진 오프로드 트레일도 숨어 있다. 언젠가 다시 찾게 될 또 다른 날, 또 다른 러닝을 위한 멋진 초대장처럼 느껴진다. **RS**

여행 개요

출발점// 카지노 바르셀로나^{Casino Barcelona} 근처 워터프런트 산책로
(라 마리나 거리 19번지^{Carrer de la Marina 19})
종료점// 몬주익 성(카스텔 거리^{Carrer del Castell})
거리// 편도 8km
가는 법// 바르셀로나 국제공항은 도심에서 남서쪽으로 13km.
시기// 연중 내내 적합.
숙소// 바르셀로네타^{Barceloneta} 근처 숙소는 러닝과 고딕 지구 탐방에 모두 편리. 호텔 델 마르^{www.hoteldelmarbarcelona.com}는 바닷가를 바라보는 편안한 객실을 제공.
알아둘 점// 몬주익 성 근처에서 달리기를 마친 후, 케이블카를 타고 에스타시오 파르크 몬주익^{Estació Parc Montjuic}으로 내려갈 수 있음. 그리고 이곳에서 몬주익 언덕 밑으로 향하는 푸니쿨라 열차로 갈아탄 후 지하철로 연결 가능.

옆 페이지: 푸르비에르 대성당에서 바라본 리옹.

비슷한 도전을 찾아서
해변 도시에서 산 정상까지

리옹 (프랑스)

두 개의 그림 같은 강, 론강(Rhône)과 손강(Saône)이 흐르는 리옹(Lyon)은 기원전 43년경, 전략적으로 중요한 고지 아래에 세워졌다. 이 도시의 인상적인 루트는 강변의 아름다운 풍경을 따라 달리다가, 푸르비에르 언덕(Fourvière hill)의 도전적인 오르막을 올라 푸르비에르 대성당(Basilique Notre Dame de Fourvière) 근처의 장엄한 전망대를 만나는 보람 있는 코스를 제공한다. 출발 지점은 론강 동쪽 강변, 윈스턴 처칠 다리(Pont Winston Churchill) 북쪽이다. 여기서 시작해 남쪽으로 이동한 후, 기요티에르 다리(Pont de la Guillotière)를 건너 리옹 최대의 광장인 플라스 벨쿠르(Place Bellecour)를 가로지른다. 이후 보행자 전용 다리인 파스렐 생조르주(Passerelle St-Georges)를 통해 손강을 건넌다. 이제 손강 서쪽 강변을 따라 북쪽으로 달리다가, 세 개의 다리를 지나 네 번째 다리에서 좌회전하여 몽떼 생 바르텔레미(Montée St-Barthélémy) 길을 따라 오르막을 오른다. 이후 오트뢰르 공원(Parc des Hauteurs) 입구로 들어가 구불구불한 길을 따라 정상까지 올라간다. 마침내 푸르비에르 대성당 기슭에 도착하면, 프랑스에서 가장 아름다운 도시 중 하나인 리옹을 내려다보는 환상적인 전망이 펼쳐진다.

출발점// 윈스턴 처칠 다리
종료점// 노트르담 드 푸르비에르 대성당
거리// 6km

퍼스 (호주)

아름다운 해변, 푸르른 공원, 그리고 반짝이는 강변을 자랑하는 퍼스(Perth)는 끝없이 다양한 러닝 코스를 제공하는 도시다. 이 도시의 환상적인 코스는 스완강(Swan River) 남쪽 강변을 따라 시작해 내로스 브리지(Narrows Bridge)를 건너고, 킹스 파크(Kings Park)의 울창한 숲을 지나 마운트 엘리자(Mt Eliza) 정상까지 오르는 루트로 구성된다. 출발 지점은 옵터스 스타디움(Optus Stadium) 인근의 강변 러닝·사이클링 트레일이다. 강변을 따라 굽이치는 길을 달리며, 강 건너편으로 퍼스의 스카이라인이 펼쳐지는 멋진 경치를 감상할 수 있다. 내로스 브리지를 건너면 전망이 더욱 장관을 이루고, 강 북쪽으로 진입한 뒤에는 푸르른 킹스 파크를 향해 달린다. 이후 도로 북쪽에 자리한 작은 케네디 분수(Kennedy Fountain)를 지나면 본격적인 오르막이 시작된다. 여기서부터는 코코다 트랙(Kokoda Track)의 150개 계단을 올라야 하는데, 이 길은 제2차 세계대전 당시 파푸아뉴기니의 혹독한 코코다 트랙에서 싸운 호주 군인들을 기리기 위해 만들어졌다. 정상에 도달하여, 동쪽으로 몇 백 미터만 더 달리면 퍼스의 대표적인 기념비인 주 전쟁 기념관(State War Memorial)에 도착하게 된다.

출발점// 옵터스 스타디움
종료점// 주 전쟁 기념관
거리// 7km

시애틀, 워싱턴주 (미국)

러너들의 천국인 시애틀(Seattle)은 해안가, 도전적인 언덕, 그리고 서쪽의 올림픽 산맥(Olympic Mountains)과 남서쪽의 장엄한 레이니어 산(Mt Rainier)의 절경이 어우러진 매력적인 러닝 코스를 제공한다. 유니언 호수(Lake Union)는 거의 완벽한 10km 루프 코스를 이루고 있어 인기 있는 목적지이지만, 변화를 주고 싶다면 호수의 절반을 돈 후 캐피톨 힐(Capitol Hill)의 오르막을 포함한 6km 코스를 선택할 수도 있다. 출발은 프리몬트 애비뉴 N(Fremont Ave N)에서 시작한다. 프리몬트 브리지(Fremont Bridge)를 건너 웨스트레이크 애비뉴(Westlake Ave)로 내려간 후, 러닝·사이클링 트레일을 따라 남쪽으로 이동해 유니언 호수 공원(Lake Union Park)에 도착한다. 이후 북쪽으로 방향을 틀어 페어뷰 애비뉴(Fairview Ave)를 따라 달린다. E 블레인 스트리트(E Blaine St)에서 우회전하면, 캐피톨 힐을 향해 서서히 이어지는 오르막이 시작된다. 계단을 올라 계속 E 블레인 스트리트를 따라가다 보면 페더럴 애비뉴(Federal Ave)에 도착하며, 여기서 한 블록 더 이동한 후 E 갤러 스트리트(E Galer St)로 진입하면, 울창한 나무가 우거진 볼런티어 공원(Volunteer Park)으로 이어진다. 이곳에서는 스페이스 니들(Space Needle), 엘리엇 만(Elliott Bay), 그리고 날씨가 좋다면 장엄한 레이니어 산의 탁 트인 전망을 감상할 수 있다.

출발점// 프리몬트 애비뉴
종료점// 볼런티어 파크
거리// 6km

- EPIC RUNS OF THE WORLD -

호수 지역의 고전적인 라운드 코스
A CLASSIC ROUND IN THE LAKE DISTRICT

영국 산악 러닝의 성지라 불리는 이곳에서, 악명 높은 밥 그레이엄 라운드에 접근성 좋은 색다른 보너스 코스를 더해 달려보는 것만큼 매력적인 경험은 없다.

일요일 밤, 침대에 누워서도 밥 그레이엄 라운드 Bob Graham Round 가 머릿속을 떠나지 않았다. 세계문화유산으로 지정된 잉글랜드의 레이크 디스트릭트 국립공원 Lake District National Park 에서 이틀간 열린 큰 대회 두 개에 출전하고 돌아온 터라 이미 지쳐 있었고, 다음 날 장거리 운전을 앞두고 이른 기상은 물론 러닝은 더더욱 피하고 싶었다. 하지만 이 지역에 올 기회가 자주 있는 것도 아니고, 이곳만큼 펠 러닝—영국 특유의 산악 러닝으로, '펠 fell'은 노르드어로 언덕을 뜻하는 단어에서 유래했다—의 역사가 깊은 곳은 없다. 전설적인 러너들의 유령들이 귓가에 속삭이는 듯한 기분에 결국 새벽 6시로 알람을 맞추고 말았다.

미국에서 트레일 러닝 대회가 처음 열린 건 1905년으로 거슬러 올라가며 영국에서도 거의 같은 시기에 펠 러닝이 자리잡기 시작했다. 당시 마을 축제나 체육회의 일환으로 대회가 열렸고, 여위었지만 강단 있는 체구의 산악 가이드들이 서로의 실력을 겨루곤 했다. 이 지역에서 조스 네일러 Joss Naylor, 빌리 블랜드 Billy Bland, 니키 스핑크스 Nicky Spinks 같은 이름을 꺼내면 오늘날까지도 계곡을 울리는, 전설 같은 존재들이다. 1932년, 케스윅 Keswick 의 호텔 주인이었던 밥 그레이엄은 자신의 42번째 생일을 기념해 24시간 안에 42개의 봉우리를 오르는 도전에 나섰고, 이것이 바로 밥 그레이엄 라운드의 시초가 되었다. 'BG'라는 애칭으로도 불리는 이 코스는 106km 거리에 8,230m의 누적 상승고도를 기록하는데, 24시간 내에 완주해야 한다. 지금까지 2,000명 넘는 러너들이 이 밥 그레이엄 24시간 클럽의 일원이 되었고, 또 그만큼 많은 도전자들이 실패한 것으로도 유명하다. 나는 2016년에 이 라운드를 완주한 적이 있지만, 이 도전은 절대 질리지 않는다. 오히려 일종의 중독처럼 계속 나를 끌어당긴다.

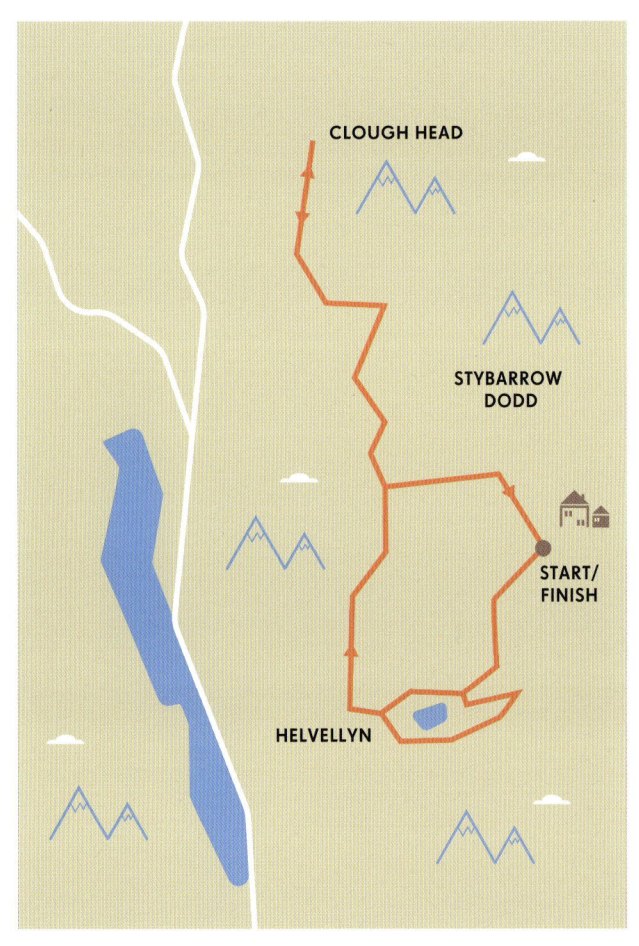

EUROPE

스마트폰 알람 소리에 반쯤 정신이 든 채 계단을 굴러 내려와, 이노브-8 X-탈론스Inov-8 X-Talons(영국 브랜드 Inov-8에서 제작한 트레일 러닝화)를 신고 몸이 눈치채기도 전에 이슬비 속으로 뛰쳐나왔다. 이번 플랜은 느슨하게 잡았다. 몇 시간밖에 여유가 없어서, BG의 제2구간인 헬벨린Helvellyn 산맥만 달리기로 했다. 문제는 이 구간으로 진입하려면 스트라이딩 엣지Striding Edge라는 악명 높은 곳을 지나야 한다는 점이었다. 이곳은 양쪽이 절벽으로 떨어지는, 마치 칼날 같은 1등급 암릉길이다.

이슬비 덕분에 잠은 확 깼다. 가파른 오르막길도 몸을 깨우는 데 한몫했다. 길은 바위와 풀밭이 섞여 있었지만, 대부분은 단단한 돌길이었다. 이윽고 양옆으로 구름이 피어오르며 엄청난 공간감과 몽환적인 풍경이 펼쳐졌다. 안개 속에서 거대한 바위가 길을 가로막으며 나타났을 때, 나는 스트라이딩 엣지에 도착했음을 직감했다. 젖은 바위 위에서는 제대로 된 러닝은커녕, 한 걸음 한 걸음 몸을 지탱하기도 버거웠다. 멀리서 보면 도저히 지나갈 수 없을 것 같은 길이지만, 가까이 다가가면 언제나 지나갈 틈이 보이는 법이다. 그래도 항상 최소한 세 군데는 몸을 고정할 접점을 만들어야 한다. 손을 써야 하는 구간이 많아지니 장갑을 안 가져온 게 후회됐다.

반대편으로 넘어가자 지형은 조금 나아졌지만 경사는 여전히 만만치 않았다. 한 번 더 비탈길을 올라서니, 드디어 화산암으로 이루어진 헬벨린 정상에 도착했다. 이곳이 바로 밥 그레이엄 라운드의 공식 루트와 만나는 지점이다.

대부분의 러너들은 이 코스를 시계 방향으로 돈다. 하지만 어렵게 오른 이 고도를 쉽게 포기하고 싶지 않아서, 나는 북서쪽으로 방향을 잡아 고도를 유지한 채 로어 맨Lower Man 정상으로 향했다. 이제 가장 힘든 구간을 넘겼으니, 가벼운 발걸음으로 봉우리들을 하나씩 정복하며 질주할 수 있을 터였다. 이곳의 산들은 세계적 기준으로 보면 높지 않다. 잉글랜드의 최고봉인 스카펠 파이크Scafell Pike도 이 호수 지구에 자리하고 있으며 978m를 조금 넘는 수준이다. 게다가 비도 자주 내려서 산들은 녹색 융단을 깔아놓은 듯하고, 정상부만 바위가 드러나 있다. 이곳에서 달리며, 하나씩 봉우리를 넘을 때마다 일종의 오토파일럿 모드로 전환되는 기분이 들었다.

잠시 동안, 하지만 너무도 찬란하게 구름이 왼편으로 걷혔다. 편지 봉투를 찢은 듯한 틈새로 워즈워스Wordsworth와 알프레드 웨인라이트Alfred Wainwright가 사랑했던 풍경—울퉁불퉁한 초록과 노란 고지들, 광활한 호수와 고대의 숲—이 신비로운 습기를 머금고 펼쳐졌다. 그리고 마치 꿈이었던 것처럼, 순식간에 구름 속으로 사라졌다.

스티배로 도드Stybarrow Dodd 정상에 오른 뒤, 거의 느껴지지 않는

현재 페이지: 레이크 디스트릭트의 웅장한 헬벨린 산맥.
이전 페이지: 스트라이딩 에지를 가로지르는 공중 횡단.

밥은 누구인가?

밥 그레이엄은 타고난 운동선수는 아니었다. 그는 키가 작고 다부진 체형이었으며, 술을 마시지 않고 채식주의자였다. 하지만 그는 레이크랜드 언덕 지형에 대한 뛰어난 지식을 가지고 있었다. 첫 '라운드'를 준비하며, 그는 맨발로 각각의 언덕을 걸어 다녔는데, 이는 발을 단련하고 체육관 신발을 아끼기 위해서였다. 그는 오르막은 걸었고, 내리막은 놀라운 속도로 뛰어 내려갔다. 그가 착용했던 것은 테니스화, 반바지, 그리고 '파자마 재킷'이라고 알려진 외투였다.

부드러운 경사를 따라 우측으로 내려와 그레이트 도드^{Great Dodd} 정상에 도착했다. 이날 여섯 번째 봉우리였다. 비교적 수월하게 몇 개의 봉우리를 더 정복하니 꽤나 만족스러웠다. 안개 속에서는 각 봉우리가 비슷해 보이지만, 돌무더기의 크기나 평탄한 정상부의 형태, 은근히 느껴지는 난이도가 조금씩 달랐다.

약 16km 지점에서, 클라우 헤드^{Clough Head}라는 마지막 봉우리를 오른 뒤 아쉬운 마음으로 되돌아섰다. 세 시간 동안의 러닝은 힘들었지만, 그만큼 보람도 컸다. 돌아가는 길에도 이곳 풍경의 또 다른 면모를 볼 수 있기를 바랐지만, 이번엔 전형적인 레이크 디스트릭트식 풍경이 기다리고 있었다. 아무것도 보이지 않는, 습하고 바람 세찬 이곳만의 풍경 말이다. 그럼에도, 이곳의 야성적이고 거친 분위기가 평범한 러닝을 마치 원정 탐험처럼 느끼게 해줬다.

레이즈 펠^{Raise Fell} 직전 고개에 도착하자, 이제 시간이 다 되었다. 세 시간 동안 여덟 개의 봉우리를 넘었고, 이제 내려가야 할 시간이었다. 조용한 마을 글렌리딩^{Glenridding}으로 이어지는 완만하고 쾌적한 길을 따라 빠르게 하산했다. 구름 아래로 내려오자, 아침에 출발한 지점이 금세 가까워졌다. 마을로 돌아왔을 때, 그동안의 모험이 만들어낸 잔잔한 행복감이 온몸에 감돌았다. 그 기분 덕분에, 이제 긴 고속도로 운전도 충분히 견딜 수 있을 것 같았다. **DH**

여행 개요

출발/종료점// YHA 헬벨린^{YHA Helvellyn}(글렌리딩^{Glenridding})

거리// 25km

가는 법// 개인 차량 없이 레이크 디스트릭트를 이동하기는 까다로울 수 있음. 기차를 이용하는 경우, 앰블사이드^{Ambleside}로 이동한 뒤 택시를 타고 YHA 헬벨린으로 가는 것이 좋음.

시기// 2월~11월
(한겨울 스트라이딩 엣지^{Striding Edge}는 위험할 수 있음).

숙소// 레이크 디스트릭트의 지역 유스호스텔은 아웃도어 애호가들에게 본부 같은 역할을 함. 출발 및 종료 지점인 YHA 헬벨린^{www.yha.org.uk/hostel/yha-helvellyn} 숙소 추천.

자세한 정보// www.lakedistrict.gov.uk

알아둘 점// 습한 날씨 때문에, 이 코스에서는 접지력이 뛰어난 트레일 러닝화를 착용하는 것이 필수.

옆 페이지: 블렌카트라 샤프 에지에서 조심스럽게 이동하는 러너.

비슷한 도전을 찾아서
영국 레이크 디스트릭트 클래식 러닝

블렌카트라

여러 개의 봉우리를 가진 블렌카트라 Blencathra(868m)는 밥 그레이엄 라운드 Bob Graham Round에 도전하는 승부욕 강한 러너들이 거치는 세 번째 정상이며, 현지인들에게는 컬트적인 인기를 누리는 산이다. 전형적인 레이크 디스트릭트 Lake District 산악 러닝 fell run 코스로, 거리는 길지 않지만, 총 773m의 고도 상승이 있어 다리에 상당한 부담이 가는 러닝에 대비해야 한다. 가파른 모우스트웨이트 콤 Mousthwaite Comb을 오르면 곧 탁 트인 장대한 전망이 펼쳐지고, 스케일스 벡 Scales Beck에 도달하면 아찔한 스릴을 선사하는 샤프 엣지 Sharp Edge와 보다 완만하고 직접적인 루트 중 하나를 선택해 정상으로 향할 수 있다. 정상에서는 날씨만 허락한다면 레이크 디스트릭트의 장관을 한눈에 담을 수 있는 압도적인 풍경이 펼쳐진다. 마지막으로 스케일스 펠 Scales Fell을 따라 짜릿한 속도로 하산할 준비를 하며 신발 끈을 단단히 조여야 한다.

출발/종료점// 화이트 호스 인 (스케일스)
거리// 7km
추가 정보// www.lakedistrict.gov.uk

그레이트 게이블, 그리고 그 너머

날씨가 좋다면, 그레이트 게이블 Great Gable(밥 그레이엄 라운드 BG의 정상 중 하나)에서는 레이크 디스트릭트 전역을 360도 전망으로 감상할 수 있다. 정상에 오르려면 상당한 노력이 필요하며, 전 구간을 뛰어오를 수 있는 사람은 많지 않지만, 그만한 가치가 있다. 폭우가 내린 후에는 사우어밀크 길 Sourmilk Ghyll 폭포가 놀라운 광경을 선사하며, 정상 직전에 지나게 되는 그린 게이블 Green Gable 또한 밥 그레이엄 라운드의 정상 중 하나로, '윈디 갭 Windy Gap'(바람 많은 틈새)이라는 이름이 어떻게 붙었는지 몸소 깨닫게 된다. 그레이트 게이블에서 스티헤드 Styhead까지는 가파른 내리막이지만, 앨런 크랙스 Allen Crags에서는 흥미로운 능선 러닝을 즐길 수 있고, 시스웨이트 Seathwaite로 이어지는 긴 완만한 하강 구간은 트레일 러너라면 누구나 꿈꿀 만한 환상적인 코스다. 이 루트는 총 12km로 비교적 짧지만, 완주하는 데 몇 시간이 걸릴 수 있다.

출발/종료점// 시스웨이트
거리// 12km
추가 정보// www.lakedistrict.gov.uk

유배로, 레드파이크, 스콧펠, 필러, 커크펠

좀 더 도전적인 코스를 원하고, 밥 그레이엄 라운드 BG의 가장 장엄한 구간을 경험하고 싶다면, 외딴 와즈데일 헤드 Wasdale Head에서 출발해 거대한 유배로 Yewbarrow를 힘겹게 올라야 한다. 이곳의 위용에 압도되어 BG 도전을 포기하는 러너들도 많다. 능선을 따라 내려가 모어 헤드 More Head를 지나 레드파이크 Red Pike 정상에 오른다. 모험심이 있다면, 거친 암벽 지형이 펼쳐진 스티플 Steeple(스콧펠 Scoat Fell과 연결된 봉우리)까지 왕복하는 추가 구간을 도전해볼 수도 있다. 이후 필라 Pillar로 향하며 완만하게 이어지는 내리막길에서 트레일 러닝의 재미를 만끽할 수 있다. 이 길은 블랙 세일 패스 Black Sail Pass까지 이어지며, 곧이어 커크펠 Kirk Fell의 거친 오르막을 마주하게 된다. 마지막으로 와즈데일로 돌아오는 가파른 내리막길에서는 무릎이 후들거릴 정도의 강한 충격을 감내해야 한다.

출발/종료점// 와즈데일 헤드
거리// 15km
추가 정보// www.lakedistrict.gov.uk

- EPIC RUNS OF THE WORLD -

베를린의 명소 총집합

BERLIN'S GREATEST HITS

세계에서 가장 빠른 메이저 마라톤 대회가 열리는 이 도시는 조금만 속도를 올리면 티어가르텐, 베를린 장벽, 그리고 그 사이 모든 것을 둘러볼 수 있다.

베를린의 대로들은 평탄하고 속도 내기 좋은 걸로 유명하다. 실제로 이 도시에서 세계 마라톤 기록이 가장 많이 세워졌다. 베를린은 내가 오래전부터 방문하고 싶었던 도시였고, 러너로서 유명한 레이스 구간을 일부라도 달려보는 단축 투어를 계획하지 않을 수 없었다. 게다가 이 코스들은 베를린의 대표적인 명소들—국회의사당 Reichstag, 브란덴부르크 문 Brandenburg Gate, 그리고 물론 베를린 장벽—을 지나가며, 베를린을 유럽 최고의 러닝 도시 중 하나로 만드는 길이기도 하다.

주말 동안 만날 내 친구들은 시내 중심부인 쇤베르크 Schöneberg에 살고 있었는데, 그곳은 유럽 최대 도시 공원 중 하나인 티어가르텐 Tiergarten 바로 남쪽에 위치해 있었다. 이 공원은 늘 러너들로 늘 붐빌 만큼 출발하기에 딱 좋은 장소였다. 그곳에서 출발해 도시 중심부를 동쪽으로 가로질러 슈프레 Spree 강까지 달릴 계획이었다. 슈프레 강은 다른 위대한 도시들의 강처럼, 역사적 건물들과 기념물들을 연결해주는 길이자, 달리기에 좋은 평탄한 지형을 제공한다. 그 외의 루트는 의도적으로 정하지 않았고, 상황에 따라 자유롭게 우회할 수 있도록 했다.

내가 도착한 날은 5월의 무더운 금요일 오후였다. 나는 도시에 대한 감을 잡고자 가벼운 속도로 달리기 시작했고 놀렌도르프플라츠

- EPIC RUNS OF THE WORLD -

Nollendorfplatz 역에 도착하자마자 공원을 향해 곧장 발걸음을 옮겼다. 포장도로를 벗어나 정원 산책로로 들어서는 순간부터 본격적인 달리기가 시작됐다. 도시의 거리를 뒤로한 채, 티어가르텐의 울창한 나무 그늘 아래서 몸을 푸는 기분은 정말 상쾌했다. 공기마저 약간 선선해졌다. 첫 번째 이정표는 높이 67m에 이르는 지크회졸레Siegessäule (승리의 기둥)였다. 프로이센가 덴마크-프로이센 전쟁에서 거둔 승리를 기념하기 위해 세워진 이 기둥은, 매년 마라톤 출발 지점에서 수많은 러너들에게 영감을 주는 상징적인 구조물이다.

기분 좋게 에너지를 얻은 나는 공원의 깊은 곳까지 달려갔다. 나는 언제나 이런 도시 공원을 좋아한다. 마치 시골 숲속을 탐험하는 듯한 기분을 느낄 수 있기 때문이다. 얼마 지나지 않아 도시 속 야생을 빠져나왔고, 노먼 포스터Norman Foster가 설계한 유리 돔이 반짝이는 라이히스탁Reichstag 건물이 눈앞에 나타났.

나는 남쪽으로 방향을 틀어 브란덴부르크 문으로 향했다. 이 역사적인 문은 베를린 장벽이 무너진 이후, 통일 독일을 상징하는 중심지로 자리잡았다. 이 아치 아래를 달릴 때 등골이 서늘해지는 기분이었다. 언젠가 베를린 마라톤에 참가해 이곳을 결승선으로 통과하는 상상을 하며 앞으로의 도전을 그려봤다.

옛 동베를린 구역인 운터 덴 린덴Unter den Linden을 따라 달리며, 건축물의 미묘한 차이를 감상했다. 그리고 멀리 전방에는 동독 시절을 대표하는 상징적인 건축물인 높이 368m의 페른세투름Fernsehturm(텔레비전 타워) 이 우뚝 솟아 있었다. 서쪽 슈프레 강을 건너 박물관 섬으로 들어서자, 푸른빛 돔을 가진 베를린 대성당이 눈길을 사로잡았다. 성당의 아름다움을 좀 더 가까이서 감상하고 싶어, 나는 성당 앞 루스트가르텐 잔디밭Lustgarten's lawn을 천천히 걸어 한 바퀴 돌았다.

슈프레 강 동쪽 강변을 따라 남쪽으로 향하던 중 공사장에 가로막혀 방향을 틀어야 했다. 나는 서둘러 동쪽 슈판다우어 슈트라세Spandauer Strasse 로 방향을 잡았다. 그 길 끝에서, 붉은 벽돌 탑과 역사적인 테라코타 부조로 유명한 로테스 라트하우스Rotes Rathaus(붉은 시청사)가 눈앞에 나타났다. 이때만큼은 길을 잃은 듯한 기분을 즐기며, 잠시 어디로 향할지 모르는 상태로 거리를 누볐다. 그러자 자연스럽게 페이스도 빨라졌다.

결국 나는 로란두퍼Rolandufer의 자갈길에 도착했고, 다시 슈프레 강의 경치를 감상할 수 있었다. 하지만 아직 한 군데 더 꼭 가보고 싶은 곳이 있었다. 홀츠마르크트 슈트라세Holzmarkt strasse로 방향을 틀자, 폐허가 된 건물들과 산업시설들이 눈에 들어오기 시작했다. 그러다 마침내, 나는 '장벽'과 마주했다. 바로 동베를린의 상징적인 구간인 이스트 사이드 갤러리East Side Gallery였다. 1990년 동서독이 통일되며, 이 1.6km의 장벽 구간은 105점의 벽화로 꾸며진 예술 공간이 되었다.

이 구간을 따라 달리며, 마치 한 장 한 장 넘겨지는 거대한 그림책을 보는 듯한 기분이었다. 디미트리 브루벨Dmitri Vrubel이 그린 '에리히 호네커 Erich Honecke와 레오니트 브레즈네프Leonid Brezhnev의 키스'에 대한 대중들의 초기 반응이 궁금했고, 피터 러셀Peter Russell의 역동적인 붓질이 담긴 '하늘과

역사의 벽을 따라서

베를린을 달리거나 걸을 때, 발밑의 이중 자갈길과 함께 'Berliner Mauer 1961-1989'라는 문구가 적힌 작은 명판을 주의 깊게 살펴보자. 이는 베를린 장벽의 원래 경로를 표시하며, 지방 정부의 주도적인 계획 하에 길을 휙 가로지르거나 주차장을 관통하는 등 지그재그로 이어지며 그 경로가 유지되고 있다.

이는 이 도시가 지난 반세기 동안 얼마나 많이 변화했는지를 상기시키는, 미묘하지만 가슴 아픈 상징이다.

위에서부터 시계 방향으로: 마라톤 결승선이 된 브란덴부르크 문; 슈프레 강변의 텅 빈 산책로; 베를린 스카이라인을 가르는 페른세투름 타워. 이전 페이지: 베를린의 빠르고 평탄한 도로는 러닝하기에 최적이다.

EUROPE

탐색자Himmel und Sucher'에 감탄하며, 티에리 누아르Thierry Noir 특유의 컬러풀한 캐릭터들이 눈앞에 펼쳐지는 광경에 마음이 들떴다.

장벽의 틈새로 빠져나오자, 강변에 조성된 이스트 사이드 파크가 나타났다. 포장된 산책로가 있어 나는 작은 우회로를 추가해 달렸다. 공원을 벗어나기 직전, 동화 속 성처럼 보이는 빨간 벽돌의 오버바움브뤼케Oberbaumbrücke 다리를 발견하고, 반사적으로 방향을 틀어 가까이에서 감상했다.

11km을 달리자, 마침내 슐레지셰스 토어Schlesisches Tor 역에 도착했다. 여기서 멈추고 대중교통을 타고 돌아가기에 딱 좋은 지점이었다. 하지만 가벼운 달리기로 몸이 오히려 가뿐해져서, 나는 서쪽 란트베어 운하Landwehr Canal 방향으로 계속 달려가기로 했다. 몇 마일 정도 더 주택가와 도시의 대로를 지나자, 마침내 운하와 그 곁을 따라 이어지는 푸른 녹지길이 나타났다. 그렇게 출발지였던 놀렌도르프플라츠 역에 다시 도착했을 때는, 총 19km를 달린 셈이었다.

이렇게 넓은 구간을 직접 달려보니, 예상과는 조금 다른 감흥이 밀려왔다. 단시간에 주요 명소들을 그렇게 많이 볼 수 있었다는 점도 놀라웠지만, 정작 가장 기억에 남는 건 큰 관광지 사이사이에 자리한 예상치 못한 풍경들이었다. 코스 상에서 우연히 마주친 동네들, 그리고 잘 알려진 명소들도 새로운 각도에서 바라볼 수 있었던 그 순간들이 훨씬 더 인상적이었다. **MP**

여행 개요

출발/종료점// U-놀렌도르프플라츠 역(쇤베르크Schöneberg)

거리// 19km

가는 법// 베를린의 대중교통 시스템(U-반, S-반, 버스, 트램)은 광범위하고 효율적이며 공항까지 연결됨.

시기// 5월, 6월, 9월, 10월은 따뜻하고 건조하며, 7월과 8월은 더 따뜻하지만 강우량이 많음.

숙소// 다스 슈www.das-stue.com는 1930년대 덴마크 외교 관저가 있던 곳에 자리한 부티크 호텔로, 티어가르텐Tiergarten을 앞마당처럼 사용 가능. 호텔의 수영장, 사우나, 스파는 피로한 다리를 달래기에 완벽.

자세한 정보// www.visitberlin.de/en

알아둘 점// 길을 잃는 것도 즐겁지만, 베를린은 큰 도시이므로 지도를 휴대하거나 스마트폰을 사용해 경로를 확인하고, 필요 시 대중교통을 이용할 직불카드를 준비하자.

비슷한 도전을 찾아서
도심 관광 러닝

런던 (잉글랜드)

템스강Thames을 따라 달리는 것은 런던의 매력을 만끽할 수 있는 최고의 방법이다. 강은 도시 중심을 가로지르며 런던의 대표적인 명소들을 지나고, 잘 알려지지 않은 운하들은 조용한 수로를 따라 이어지며, 도심 한복판이라는 사실이 믿기지 않을 정도로 평온한 분위기를 자아낸다. 총 29km에 이르는 이 도전적인 루트는 템스강과 운하를 모두 포함할 뿐만 아니라, 런던의 네 개의 아름다운 왕립 공원Royal Parks도 지나게 된다. 출발점은 빅벤Big Ben으로, 이후 템스강 북쪽 둑을 따라 동쪽으로 이동하며, 세인트 폴 대성당St Paul's, 더 샤드The Shard, 테이트 모던Tate Modern, 타워 브리지Tower Bridge 등의 명소를 감상할 수 있다. 그리고 라임하우스 베이슨Limehouse Basin에서 좌회전해, 운치 있는 리젠츠 운하Regent's Canal를 따라 북쪽으로 이동한 뒤, 서쪽으로 방향을 튼다. 리젠츠 파크Regent's Park 가장자리를 스치고 나면, 운하 옆길을 따라 가다 리틀 베니스Little Venice에 도착한다. 여기서부터는 도로변 인도를 따라 남쪽으로 이동하며 하이드 파크Hyde Park에 진입한 뒤, 서펜타인 호수The Serpentine 가장자리를 따라 달리는 쾌적한 러닝 구간이 이어진다. 마지막 구간에서는 그린 파크Green Park, 세인트 제임스 파크St James's Park, 호스 가즈 퍼레이드Horse Guards Parade를 지나, 빅벤까지 짧은 전력 질주로 마무리하게 된다.

출발/종료점// 빅벤
거리// 29km

파리 (프랑스)

자르댕 데 플랑트Jardin des Plantes 정상에서 출발하는 이 9km 코스는 역사적인 식물원을 가로질러, 세느강Seine 좌안Left Bank으로 빠져나오며 본격적으로 시작된다. 이곳에서는 가로등이 비추는 다리들과 크림색 루테시아 석회암Lutetian limestone으로 지어진 웅장한 건물들이 어우러진 아름다운 풍경을 감상할 수 있다. 이후, 자갈이 깔린 강변 산책로를 따라 서쪽으로 달리다 보면, 복원된 파리 노트르담 대성당Cathédrale Notre-Dame de Paris과 시테 섬Île de la Cité을 지나게 된다. 다음으로, 세련된 보행자 전용 다리인 퐁 데 자르Pont des Arts와 파세렐 레오폴드-세다르-상고르Passerelle Léopold-Sédar-Senghor (보행자 전용 다리)를 이용해 잠시 우안Right Bank으로 건너갔다가 다시 돌아올 수 있다. 이 구간에서는 루브르 박물관Louvre과 그 앞에 자리한 유리 피라미드glass pyramids를 감상할 수 있다. 세느강이 굽어지는 지점을 따라 계속 달리면, 에펠탑Eiffel Tower의 그림자 아래를 지나게 되고, 곧이어 이엔 다리Pont d'Iéna를 건너며 다시 강을 횡단한다. 마지막 구간에서는 트로카데로 정원Jardins du Trocadéro의 언덕길을 따라 오르며, 개선문Arc de Triomphe에서 나만의 결승선을 통과하게 된다.

출발점// 자르댕 데 플랑트
종료점// 개선문
거리// 9km

멜버른 (호주)

멜버른의 고요한 야라강Yarra River은 도심 중앙 비즈니스 지구CBD를 지나 구불구불 흐르며, 한적한 숲속 공원을 가로지른다. 이 15km 코스는 강 북쪽에 위치한 건축적 경이로움, 웹 브리지Webb Bridge에서 출발하며, 이후 마천루 아래를 지나 사우스 와프South Wharf, 야라Yarra, 사우스뱅크Southbank의 산책로를 따라 이동한 뒤, 메인 야라 트레일Main Yarra Trail로 접어든다. 나무가 우거진 이 길은 로열 보타닉 가든Royal Botanic Gardens을 스치며, 이후 헤링 아일랜드Herring Island, 코모 파크 노스Como Park North, 위니프레드 크레센트 리저브Winifred Crescent Reserve를 지나며 구불구불 이어진다. 맥로버트슨 브리지MacRobertson Bridge를 건너면, 코스는 로이스 패독 리저브Loy's Paddock Reserve를 지나, 다시 도시 중심부로 향하는 메인 야라 트레일을 따라간다. 이 트레일의 일부는 강 위를 떠 있는 보행로floating boardwalk로 이어져 특별한 경험을 제공한다. 도심으로 돌아오면, 플린더스 워크Flinders Walk를 따라 프린스 브리지Princes Bridge를 지나, 플린더스 스트리트 역Flinders Street Station에서 마무리하게 된다.

출발점// 웹 브리지
종료점// 플린더스 스트리트 역
거리// 15km

위에서부터 시계 방향으로: 템스강을 가로지르는 런던의 타워 브리지; 멜버른의 로열 전시관; 파리의 에펠탑.

Berlin's Greatest Hits

- EPIC RUNS OF THE WORLD -

런던 마라톤
THE LONDON MARATHON

런던 마라톤이 열리는 하루만큼은, 런던 시민들도 미소를 짓고 자발적인 환호와 응원을 보내며, 이 도시가 사랑하는 연례 행사에 온 마음을 쏟는다.

나는 런던에서 나고 자란 런던 사람이다. 하지만 하나 고백할 게 있다. 나는 한 번도 런던 마라톤을 직접 본 적이 없다. TV 중계로 몇 번 본 적이 있지만 거리로 나가 줄을 지어 콩가 춤을 추는 것 같은 러너들의 행렬을, 하이파이브와 온갖 색깔의 자선 단체 러닝복들이 뒤섞인 그 광경을, 직접 본 적이 없다. 그래서 내가 직접 출발선에 서게 됐을 때, 어떤 일이 펼쳐질지 전혀 감을 잡을 수 없었다.

그날은 장거리 레이스의 전설급 선수들도 출전한다고 해서, 어쩌면 몇몇 러닝 팬들이 나와 있을지도 모른다고 생각했다. 버킹엄궁 앞 결승선 근처는 꽤 시끌벅적할 거라는 예상도 했다. 하지만 그 42.195km 동안은? 글쎄, 따뜻한 봄날 일요일에 런던 사람들은 공원에서 피크닉을 하거나, 펍 정원에서 맥주를 마시거나, 축구를 보고 있지 않을까 싶었다. 그런데 내가 얼마나 크게 착각하고 있었는지 곧 깨닫게 됐다.

마라톤 날의 런던은 완전히 다른 도시가 된다. 평소 거의 프로급에 가까운 냉소적인 태도, 눈 마주침 회피, 낯선 사람과 대화 금지라는 규칙들이 이날만큼은 사라져 버린다. 출발지인 그리니치Greenwich로 가는 만원 열차 안에서, 주변을 둘러보니 온통 러너들뿐이었다. 나처럼 다리 여기저기에 거미줄처럼 키네시오 테이프를 붙인 남자와 긴장한 채 이야기를 나눴다. 출발 지점은 찾기도 쉽다. 그저 수많은 러너들 틈에 몸을 맡기면, 그리니치 공원과 블랙헤스Blackheath 상공에 떠 있는 색색의 커다란 기구 세 개가 보이는 곳으로 자연스럽게 흘러가게 된다.

아치 아래에 모인 후, 드디어 출발. 초반 몇 마일은 정말 기묘할 정도로 조용했다. 런던 남동부의 잠들어 있는 거리들을 지나며 들리는 건 수천 명의 운동화가 아스팔트를 두드리는 둔탁한 소리뿐. 그러다 옆에서 달리던 한 남자가 이름도 밝히지 않은 채, 자기의 레이스 계획과 기대, 꿈을 아무나 들어주길 바라듯 늘어놓기 시작했다. 그의 이름은 닐. 몇몇 러너들이 가볍게 대꾸했지만, 대부분은 아직 '런던 사람' 모드에서 벗어나지 못한 상태였다. 마라톤 날 특유의 변신이 일어나기엔 아직 이르다. 울리치 아스널Woolwich Arsenal 쪽으로 한 바퀴 돌고 다시 그리니치로 돌아오자, 눈앞에 전혀 예상치 못한 풍경이 펼쳐졌다.

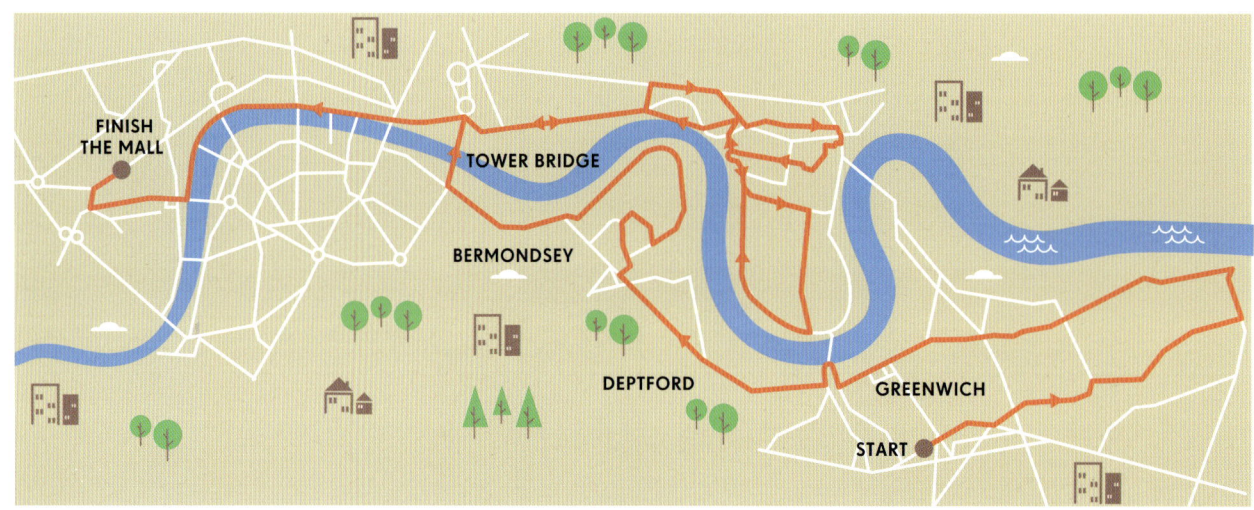

바로 150년 된 범선, 커티 사크 클리퍼Cutty Sark clipper가 우뚝 서 있던 것이다. 영화 세트장에서 튀어나온 듯한 우아한 목조 선체, 돛대와 제1사장bowsprit까지 그대로였다. 내가 왜 그렇게 놀랐는지 모르겠지만, 나도 모르게 중얼거렸다. "저 배... 나머지 364일 동안에도 저기 있는 거 맞아?"

물론 런던은 역사로 가득한 도시고, 마라톤 코스 곳곳에서 그 역사를 지나게 된다. 중세 영국의 토지대장Domesday Book에 기록된 버몬지Bermondsey, 엘리자베스 시대 조선소였던 로더히스Rotherhithe, 그리고 배가 다닐 수 있는 넓은 강 바닥 아래로 뚫린 최초의 통행로 브루넬의 템스 터널Brunel's Thames Tunnel까지. 약 16km쯤 지나자 러너들은 다소 조용해졌지만, 거리의 응원 열기는 점점 뜨거워졌다. 많은 사람들이 "닐!"을 외치며 응원했고, 그때 문득 '나도 이름을 유니폼에 써둘 걸' 하는 생각이 들었다. 타워 브릿지가 나타나자 분위기는 완전히 달라졌다. 양쪽에서 관중들이 내지르는 환호성, 카메라 플래시, 진행 요원들 모두 손에 닿을 듯 가까워 마치 협곡을 통과하는 느낌이었다. 그 광경에 압도되어 오히려 다리를 건너며 안도의 한숨이 나왔다. 그렇게 절반을 통과했다. 여기가 바로 내가 기억하는 런던 마라톤의 시작이다. 일명 '하이웨이'라 불리는 구간에서, 각 러닝 클럽들은 자기 팀 깃발과 현수막을 내걸고, 동료 러너들을 응원하며 사기를 끌어올린다. 나도 내 클럽을 발견했고, 온 힘을 다해 내 이름을 외쳐주는 친구들을 보니 기분이 날아갈 것 같았다. 적어도 다음 반 마일 동안은 아드레날린 덕분에 날아다녔다.

'닐은 매 순간 이런 기분으로 달리는 걸까?' 하는 생각도 들었다.

카나리 워프Canary Wharf 구간은 마치 블랙홀 같아서 한번 들어가면 쉽게 빠져나오지 못한다고 들었다. GPS도 종종 말썽을 부린다던데, 실제로는 응원 인파가 너무 뜨거워서 그 분위기에 완전히 휩쓸려 버렸다. 기억나는 건 강하게 내리쬐던 햇살과 반짝이는 유리 외벽뿐. 여전히 내 옆에는 닐이 있었고, 우리는 어느새 형제 같은 사랑과 미움이 뒤섞인 관계가 되어 있었다. "잘하고 있어!"라며 헉헉거리며 건네는 닐의 한 마디가 고맙기도 하고, 동시에 또 그의 이름이 들릴까 두렵기도 했다.

39km 지점에서는 닐에게서 도망치기 위해서라면 내 신장 하나쯤은 기꺼이 내줄 수 있을 것 같았다. 버드케이지 워크Birdcage Walk에 들어서자, 이제 결승선까지 반 마일 남짓. 더 중요한 건, 바로 여기서 내 아이들이 날 기다리고 있다는 사실이었다. 마지막 구간은 감정의 소용돌이 그 자체였다. 관중들의 응원이 소음처럼 뭉쳐서, 머리로는 이해되지 않을 정도였다. 그런데도 익숙한 클럽 동료의 목소리가 들려왔다. "가자, 케이트!" 그리고 맞다, 닐은 여전히 내 옆에 있었다. 마지막 코너를 돌아 결승선을 향했다. 버킹엄궁과 아름다운 튜더 양식의 세인트 제임스 궁전이 눈앞에 펼쳐졌다. 그리고 마침내 결승선을 넘었다. 기념 가방, 음식, 물, 그리고 메달을 받았다. 몸은 텅 비어버렸지만, 머릿속엔 단 하나의 생각만 가득했다. "꼭 다시 뛴다. 맙소사, 이건 꼭 다시 해야 해."

그리고 또 하나. "닐은 어디 갔지? 닐은 잘 마쳤을까?" **KC**

기상천외한 세계기록

런던 마라톤은 세계에서 가장 큰 기금 모금 행사 중 하나로, 특이한 복장을 하고 참가하는 것이 이 대회의 중요한 전통이 되었다. 매년, 기네스 세계 기록 심사위원단이 코스에 나와 참가자들의 의상을 확인하고 기록을 검증한다. 이를 통해 연필, 똥 이모티콘, 패딩턴 베어, 풀아머를 착용한 기사 등 다양한 복장을 한 참가자들의 첫 완주 기록들이 탄생했다.

왼쪽부터 시계방향으로: 마라톤의 날, 활기로 가득 찬 런던; 빅벤을 지나치는 러너들; 템스강변의 런던 타워.
이전 페이지: 타워 브리지를 건너는 러너들.

여행 개요

출발점// 그리니치 Greenwich, 또는 블랙히스 Blackheath
종료점// 더 몰 The Mall (런던)
거리// 42km
가는 법// 대회 기간 동안 런던 도로는 통제되므로 자동차 이용은 불가. 지하철 역으로는 블랙히스, 메이즈 힐, 또는 그리니치가 가까우며, 각각 출발선까지 도보로 약 20분 거리. 색상별 출발선(파랑, 빨강, 초록)에 따라 선택.
숙소// 킹스 크로스 King's Cross 주변은 새롭게 생긴 숙박 시설이 많고, 교통 연결이 매우 편리한 베이스 캠프가 됨.
자세한 정보// www.tcslondonmarathon.com
알아둘 점// 런던 마라톤은 추첨제로 운영되며, 전년도 대회 직후 며칠간만 접수 가능. 지원자가 매우 많으니 신속히 신청해야 함.

옆 페이지: 베를린의 슈프레 강변.

비슷한 도전을 찾아서
유럽 주요 마라톤 대회

베를린 마라톤 (독일)

베를린Berlin은 세계에서 가장 빠른 마라톤 코스를 보유한 도시 중 하나로, 여러 차례 마라톤 세계 기록이 탄생한 장소이다. 영국 런던처럼, 베를린 마라톤은 월드 메이저 마라톤World Major Marathons 시리즈를 구성하는 '빅 세븐Big seven' 중 하나이며, 매년 9월이면 약 4만 명의 러너들이 독일 수도의 넓고 평탄한 도로를 힘차게 내달린다. 코스가 완전히 평지pancake-flat이기 때문에, 개인 최고 기록PB을 목표로 하는 러너나 처음 마라톤에 도전하는 참가자 모두에게 이상적인 대회다. 레이스는 티어가르텐Tiergarten에서 시작하여 도심 미테Mitte를 지나, 울창한 녹음이 우거진 교외 지역까지 이어졌다가 다시 중심부로 돌아오는 루트로 진행된다. 많은 참가자들에게 가장 인상적인 순간은 브란덴부르크 문Brandenburg Gate 아래를 통과하며 달리는 경험이다.

출발점// 티어가르텐 공원
종료점// 브란덴부르크 문
거리// 42km
추가 정보// www.bmw-berlinmarathon.com

암스테르담 마라톤 (네덜란드)

암스테르담 마라톤Amsterdam Marathon 코스는 1928년 올림픽을 위해 지어진 올림픽 스타디움Olympic Stadium에서 출발해 도심으로 향한 뒤, 암스텔 강Amstel River을 따라 길게 이어지는 왕복 구간을 달리게 된다. 매년 10월에 열리는 이 대회는 완전히 평탄하고 속도를 내기 좋은 구조flat and fast course의 코스를 자랑하며, 런던이나 베를린 마라톤보다는 참가자 수가 적지만, 현지 주민들과 연주 밴드들의 뜨거운 응원을 받으며 달릴 수 있다. 풀코스 외에도 하프 마라톤(21km), 8km 코스, 그리고 어린이를 위한 펀런kids' fun run도 마련되어 있어 다양한 참가자들이 즐길 수 있다. 레이스 후에는 암스테르담의 대표적인 디저트인 애플파이apple pie가 완벽한 회복 음식이 되어줄 것이다.

출발/종료점// 올림픽 경기장
거리// 42km
추가 정보// www.tcsamsterdammarathon.nl

프라하 마라톤 (체코)

프라하 마라톤Prague Marathon은 평탄하고 빠르며, 경이로울 만큼 아름다운 코스로 유명하다. 매년 5월에 열리는 이 대회는 IAAF 골드 라벨IAAF Gold Label 인증을 받은 대회로, 세계적인 수준의 운영을 자랑한다. 사실, 체코의 'RunCzech' 조직이 주관하는 7개의 레이스 모두가 이 골드 라벨을 획득했으며, 이는 전 세계에서 가장 많은 수에 해당한다. 대회 하루 전, 체코의 대표적인 음식인 덤플링dumplings을 먹으며 탄수화물을 보충한 러너들은 대회 당일, 프라하의 멋진 자갈길로 둘러싸인 스타로몌스트스케 나므녜스티Staroměstské náměstí (구시가지 광장)에서 출발을 준비한다. 그리고 좁은 골목길을 벗어난 후, 레이스는 전통적인 체코 음악이 울려 퍼지는 가운데, 유서 깊은 카를교Charles Bridge를 건너게 된다. 프라하라는 도시 자체가 블타바강Vltava River을 따라 형성된 것처럼, 마라톤 코스 역시 강을 여러 번 건너며, 마지막에는 다시 구시가지 광장에서 결승선을 통과한다.

출발/종료점// 구시가지 광장
거리// 42km
추가 정보// www.runczech.com

- EPIC RUNS OF THE WORLD -

로마의 고요한 러닝
A QUIET RUN IN ROME

이탈리아 수도 로마에서 차 한 대 없는 새벽의
고요 속으로 나서며 고대 역사와 연결되는 시간을 가져보자.

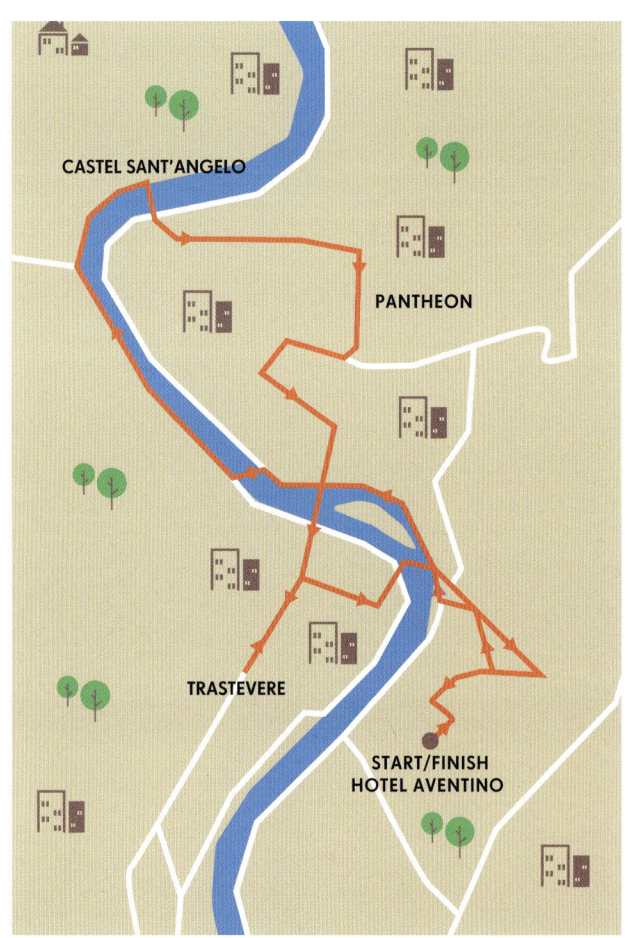

새벽, 로마의 거리는 고요한 정적에 휩싸여 있다. 말하자면, 이 도시의 평소 모습과는 전혀 다르다. 인도는 비어 있고, 카페는 문을 닫았으며, 잉크빛 푸른 하늘 아래 환히 빛나는 폐허는 침묵 속에 서 있다. 지금이야말로 내가 달리기를 시작할 시간이다.

로마에서는 역사적인 명소들이 커다란 공원 안에 따로 격리되어 있지도 않고, 멀리서 감상하기만 해야 하는 높은 단 위에 놓여 있지도 않다. 이곳에서는 그 모든 유적들이 도시 자체로, 일상 풍경의 일부로, 당신 눈앞에 바로 펼쳐져 있다. 그렇기에 베스파 오토바이와 야외 젤라또 카페에 몰린 인파 같은 로마 특유의 풍경들이 가끔은 그 역사적 판타지를 깨버리기도 한다.

하지만 새벽이 되면, 인류 역사상 가장 오랫동안 지속된 제국이 이룬 승리와 고난, 전 세계를 변화시킨 종교의 탄생, 그리고 오늘날 우리가 알고 있는 예술과 문화를 새롭게 정의한 르네상스 시대의 숨결을 상상하기 쉬워진다. 물론, 부카티니 알 아마트리치아나 bucatini all'amatriciana 같은 로마의 미식 유산과 세 시간짜리 점심 식사도 로마인들에게서 물려받은 귀한 유산이지만, 그건 오늘 아침 달리기 후에 누리기로 하자. 나는 달리기를 시작할 때 심장을 뛰게 만드는 오르막을 먼저 찾는 걸 좋아한다. 그래서 아벤티노 Aventino 지구의 아늑한 호텔에서 출발하자마자, 아벤티노 언덕의 자갈길 골목을 힘차게 오른다. 언덕 꼭대기에는 완벽하게 손질된 오렌지 정원 Giardino degli Aranci 이 자리하고 있다. 그곳에서 잠들어 있는 도시를 굽어보는 멋진 전망이 펼쳐진다. 이 시간의 도시 풍경은 순수하고 깨끗해 보이며, 로맨틱한 본래의 모습에 한층 더 가까워 보인다. 현대의 혼란과 번잡함은 아직 어둠 속에 가려져 있고, 남아 있는 건 오직 역사뿐이다.

도시를 내려다보며, 분명히 어떤 것들이 빠져 있다는 걸 깨닫는다. 경적을 울리는 피아트 자동차도, 콜로세움 앞에서 '진짜 검투사'와 사진을 찍으려는 인파도, 노점상도, 인도를 가득 메운 카페 테이블도 없다. 아직 도시 전체가 꿈속에 잠겨 있는 이 시간, 나 역시 로물루스와 레무스 형제가 티베르강 기슭에 버려졌던 전설을 떠올려 본다. 로마의 배들이 제국 곳곳으로 곡물을 실어 나르던 풍경과, 전쟁에서 승리하여 황금과 전리품을 가득 싣고 돌아오던 로마 군단의 모습도 머릿속에 그려본다.

오렌지 정원에 도착할 무렵, 다리는 이미 충분히 풀렸고, 달리기는 여전히 가벼운 놀이처럼 느껴진다. 나는 언덕 아래로 빠르게 내려가며 잠들어 있는 경찰들, 그리고 날이 밝기 전 부모님 몰래 귀가하려는 연인들을 스쳐 지나간다. 마치 네 살짜리 아이처럼 신나게 언덕을 내려와, 마침내 티베르강으로 향한다.

로마를 가로지르는 티베르강에는 고대와 현대를 아우르는 수십 개의 다리가 있다. 나는 달릴 때마다 강을 최소 한 번, 때로는 몇 번씩 건너는 것을 즐긴다. 로마에서의 러닝은 잦은 멈춤과 재출발의 연속이지만, 티베르강 아래로 내려가면 잠시나마 방해받지 않고 달릴 수 있는 멋진 트레일이 펼쳐진다. 이 트레일을 따라 달리며, 원형 창이 독특한 시스토 다리 Ponte Sisto를 지난다. 이런 독특한 건축적 요소들이야말로 로마 제국만의 유산이다.

고요 속에서 강변을 달리다 보면, 역사적 풍경들이 하나둘 살아나는 듯하다. 저 멀리 바티칸 시국의 모퉁이와 원형 요새인 산탄젤로 성 Castel Sant'Angelo이 보인다. 특히 강 건너편의 좁고 구불구불한 골목길들은 내가 가장 좋아하는 구역이다. 그래서 나는 산탄젤로 다리를 건너, 미로 같은 중앙 로마의 골목길로 들어선다. 평소 관광객들로 발 디딜 틈 없는 이곳도, 지금은 텅 비어 있어 마음껏 달리며 탐험하기에 더없이 좋다.

결국 나는 늘 그렇듯 판테온 앞에 이끌리듯 도착한다. 118년경에 세워진 이 거대한 건물은 마치 보이지 않는 힘으로 사람을 끌어당기는 듯하다. 내부에는 르네상스 거장 라파엘로의 무덤도 있다. 판테온 앞에서 잠시 숨을 고르며, 천장에 뚫린 원형 창 oculus 아래에서 이 건축물의 천재적인 설계와 시공을 생각해본다. 숨을 돌리는 이 순간, 마치 로마의 신들 앞에서 예를 갖추는 기분이다. 메르쿠리우스 Mercury (전령의 신)가 나를 들어 올려, 여정의 끝으로 데려다 줄 것만 같다.

하지만, 나를 끝까지 데려다 줄 이는 아무도 없다. 스스로의 힘으로 달려야 한다. 이제 막 잠에서 깨어나는 여러 동네를 지나,

중요한 요새

바티칸 근처에는 과거 하드리아누스Hadrian의 묘이자 한때 로마에서 가장 높은 건물이었던 산탄젤로 성Castel Sant'Angelo이 있다. 성 내부에는 과거 성을 방어하는 데 사용된 무기들이 전시되어 있고, 이 성과 바티칸을 연결하고 있는, 13세기에 만들어진 통로가 있다. 많은 교황들이 이곳으로 피신했던 기록이 남아있으며, 그중에는 1527년 로마 약탈 때 이곳에 몸을 숨긴 교황 클레멘스 6세Pope Clemente VI도 있다.

왼쪽부터 시계 방향으로: 키르쿠스 막시무스에서 검투사들의 발자취를 따라 달리는 러너들; 로마 마라톤 대회; 산타 사비나 대성당.
이전 페이지: 고요한 아침의 콜로세움.

캄포 데 피오리Campo de' Fiori 광장으로 향한다. 상인들이 하나둘 장터를 준비하는 풍경을 보며, 광장이 평소보다 훨씬 더 넓고 웅장하게 느껴진다. 그리고 다시 티베르강을 건너 트라스테베레Trastevere로 향한다. 레스토랑과 트라토리아trattorias(이탈리아식 간이식당)를 지나며 골목 위로 늘어진 초록 덩굴을 올려다보는 사이, 점심 생각이 절로 난다.

가장 쉬운 귀갓길은 아벤티노 언덕을 다시 넘어 따뜻한 샤워와 아침 코르네토cornetto(이탈리아식 크로와상)가 기다리는 호텔로 가는 것이다. 하지만 나는 달리기의 피날레를 조금 더 극적으로 마무리하기로 한다. 티베르강을 한 번 더 건너, 고대 전차 경주가 열리던 키르쿠스 막시무스Circus Maximus로 향한다. 그리고 광활한 경기장을 가로지르며 남은 에너지를 모두 쏟아낸다. 수천 명의 군중이 함성을 지르고, 힘줄이 선명한 말들이 전차를 끌던 소리가 귓가에 울리는 듯한 상상을 하며, 마지막 스퍼트를 올린다.

아벤티노로 돌아가는 길, 몸은 지쳤지만 마음은 더 많은 곳을 탐험하고 싶은 열망으로 가득하다. 사실, 어떤 시간대에 보더라도 로마는 역사로 가득한 강력한 아우라를 지닌 도시다. 하지만, 평소의 소음과 번잡함이 사라진 이 시간대의 로마는, 단순한 배경을 넘어 상상력을 마음껏 펼칠 수 있는 살아 있는 캔버스가 된다. **GB**

여행 개요

출발/종료점// 아벤티노 호텔Hotel Aventino
거리// 10km
가는 법// 이 코스의 출발 지점은 로마 지하철 치르코 마시모Circo Massimo 역 근처.
시기// 여름은 더울 수 있으나 연중 러닝에 적합.
숙소// 아벤티노 지역에는 아벤티노 호텔www.aventinohotels.com/aventino과 호텔 산 안셀모www.aventinohotels.com/sananselmo 같은 훌륭한 호텔이 있음. 트라스테베레 지역에서 숙박하는 것도 매우 만족스러운 선택.
자세한 정보// www.rome.net
알아둘 점// 로마의 도로는 밤사이 물청소가 이루어지는 경우가 많아, 아침 시간에는 미끄러울 수 있음. 일반적으로 로마의 거리는 시간대에도 안전하지만, 인적이 드문 시간에는 주의를 기울일 필요가 있음.

옆 페이지: 베네치아에서 산마르코 광장은 해안가 러닝의 출발점이 된다.

비슷한 도전을 찾아서
로맨틱한 도시 러닝

베네치아 (이탈리아)

베네치아에서 달리는 것은 결코 쉬운 일이 아니다. 하지만 이른 아침, 관광객들보다 먼저 거리를 나설 수 있다면(혹은 성수기를 피해 방문한다면), 산마르코 광장St Mark's Sq에서 시작해 리바 델리 스키아보니Riva degli Schiavoni 해안을 따라 자르디니 푸블리치Giardini Pubblici의 푸른 길까지 달리는 코스는 하루를 시작하는 환상적인 방법이 될 것이다. 베네치아의 중심이자 복잡한 교차로 역할을 하는 산마르코 광장은, 화려한 모자이크로 장식된 산마르코 대성당이 자리한 곳이다. 러닝 복장으로 내부에 들어갈 수는 없지만, 출발 전에 성당 외벽의 모자이크를 감상하는 것도 좋다. 광장에서 출발하면, 고딕 양식의 두칼레 궁전Palazzo Ducale을 지나 리바 델리 스키아보니 해안산책로로 향하게 된다. 이곳에서는 속도를 내어 달릴 수 있으며, 18세기 피에타 교회Church of Pietà를 비롯해 여러 역사적인 건물과 그림 같은 다리들을 지나 자르디니 푸블리치 정원에 도착하게 된다. 공원을 한 바퀴 돌며 마무리한 후, 다시 산마르코 광장으로 돌아와 따뜻한 코르네토cornetto와 카푸치노cappuccino 한 잔으로 여유롭게 아침을 마무리하자.

출발점// 산마르코 광장
종료점// 자르디니 푸블리치(반환점이기도 함)
거리// 4km
추가정보// www.en.venezia.net

마드리드 (스페인)

웅장한 건축물, 타파스 타베르나tapas tavernas(선술집), 풍부한 햇살, 그리고 활기 넘치는 분위기로 가득한 마드리드Madrid는 역사적인 도심 한가운데에서도 멋진 러닝 코스를 제공하는 도시다. 출발점은 프라도 미술관Prado Museum, 여기서부터 스페인 수도의 삶, 문화, 정치의 중심축이 되는 '영원히 살아 숨 쉬는 대로', 즉 파세오 델 프라도Paseo del Prado를 따라 달린다. 이후 환상적인 넵투누Neptuno, 아폴로Apolo, 시벨레스Cibeles 분수를 지나, 프라도 미술관을 벗어나면, 방대한 정원과 기념비적인 건축물이 어우러진 부엔 레티로 공원Parque del Buen Retiro이 펼쳐진다. 이곳에서는 아름다운 금속과 유리 구조로 만들어진 팔라시오 데 크리스탈Palacio de Cristal을 놓치지 말자. 이곳에서는 가끔 예술 전시회도 열린다.

출발/종료점// 프라도 미술관
거리// 6km
추가 정보// www.esmadrid.com/en/running-in-madrid

뮌헨 (독일)

파리의 세느강Seine이나 로마의 티베르강Tiber처럼, 뮌헨의 이자르강Isar River 역시 독일에서 가장 아름다운 도시 중 하나인 뮌헨을 탐험하는 완벽한 러닝 코스를 제공한다. 가장 인기 있는 왕복 코스는 막스-요제프 다리Max-Joseph-Brücke 동쪽에서 출발해 남쪽으로 향하는 루트로, 도시의 푸르른 녹지 공간을 지나며 달리는 코스다. 경로를 따라가다 보면 황금빛 천사상이 있는 프리덴젠겔Friedensengel, 독일 의회 건물Parliament Building, 그리고 코스 최남단에 위치한 뮌헨 동물원을 지나게 된다. 또한, 길을 따라 비엔나 광장Vienna Square과 인상적인 교회가 있는 마리아힐프플라츠Mariahilfplatz로 짧게 우회하는 것도 좋은 선택이다. 다만, 번화한 도심과 장엄한 성 페터 교회St Peter's Church, 그리고 뮌헨에서 가장 유명한 비어 가든beer gardens에 가려면 강을 건너야 한다. 그러나 이자르강 동쪽에서 바라보는 뮌헨의 풍경만으로도 이 바이에른의 수도가 얼마나 그림 같은 도시인지 충분히 실감할 수 있다.

출발/종료점// 막스-요제프 브뤼케
거리// 10km
추가 정보// www.muenchen.de

- EPIC RUNS OF THE WORLD -

거칠고 바람 거센 더블린 반도
DUBLIN'S WILD AND WINDSWEPT PENINSULA

아일랜드 수도에서 만날 수 있는 작은 야생의 한 조각, 하우스 헤드의 해안 절벽과
탁 트인 전망은 도심 속 러너들에게 쉽고도 매력적인 탈출구가 되어준다.

더블린 만의 북쪽을 감싸고 있는 바위투성이 하우스 헤드 Howth Head는 고대부터 아일랜드의 전설과 시, 문학에 꾸준히 등장해온 장소다. 5,000년 된 무덤이 자리한 이곳은 또 다른 세계로 향하는 문으로 여겨졌고, 바이킹 약탈자들의 상륙지였으며, 제임스 조이스 James Joyce의 『율리시스』에서는 레오폴드 블룸이 몰리에게 청혼한 장소이기도 하다. 거친 지형과 가파른 절벽, 고립된 듯한 분위기는 도심에서 멀리 벗어나지 않고도 오프로드 러닝을 즐기고 싶은 러너들에게 강한 매력을 발산한다.

오늘날 하우스는 더블린에서 가장 선호되는 고급 주거지로, 부유층과 유명인들이 많이 사는 곳이기도 하다. 아기자기한 마을에는 다채로운 레스토랑과 활기찬 펍, 파머스 마켓, 그리고 고급 생선 가게가 자리하고 있다. 하지만 이곳 주민들은 하우스 헤드의 자연 그대로의 모습을 철저히 보호하고 있으며, 덕분에 손대지 않은 황야가 여전히 남아 있어 도시에서 잠시 벗어나기에는 더없이 좋은 곳이다.

중앙 더블린 어디에서든 DART 열차를 타고 북쪽으로 향하면 단 25분 만에 하우스 역에 도착하고, 역사 문을 나서자마자 돛대에 부딪히는 와이어 소리를 따라 하우스의 작은 마리나로 향할 수 있다. 몇 분만 지나면 동쪽 방파제를 따라 마을을 벗어나 아일랜드의 끝자락으로 달려나가게 된다.

그날 아침, 비교적 이른 시간이어서 거의 나만의 트레일처럼 느껴졌다. 전형적인 순환 코스는 약 10km로, 절벽 위를 따라 거의 인적 드문 경로가 이어지며, 작은 골짜기를 내려갔다가 보이지 않던 봉우리를 넘어가면 탁 트인 바다 풍경이 펼쳐지는 코스다.

내 앞에는 자유롭게 구불구불 이어지는 길이 펼쳐졌고, 대부분 오프로드였으며, 큰 오르막은 없지만, 끊임없이 이어지는 지형의 기복 덕분에 몸과 정신 모두 온전히 집중해야만 했다. 그러나 내가 이곳을 가장 사랑하는 이유는 바로 그 고요함과 고립감이다. 도시의 남쪽에 있는 던레어리 Dún Laoghaire와 킬리니 Killiney도 훌륭한 러닝 코스로 손꼽히지만, 주말이면 러너들로 붐비는 데다 여전히 도시적인 분위기가 강하다. 반면, 하우스는 뜻밖의 선물처럼 도심 러너들의 가슴을 뛰게 만드는 곳이다.

바스카든 만$^{Balscadden Bay}$의 작은 해변을 지나 언덕을 오르니, 위쪽에 든든하게 자리잡은 마텔로 타워$^{Martello\ tower}$가 보였다. 19세기에 프랑스의 침략을 막기 위해 지어진 수많은 타워 중 하나다. 그러나 이곳에서 멈추지 않았다. 이보다 훨씬 웅장한 풍경이 앞에 기다리고 있었기 때문이다. 곧 도로는 좁아지고, 나무들이 우거져 마을은 시야에서 사라졌다. 나뭇가지 사이로 아일랜드스 아이$^{Ireland's\ Eye}$ 섬도 눈에 들어왔다. 맑은 날이면, 저 멀리 다운 주의 모언 산맥$^{Mourne\ Mountains}$까지 보이곤 한다. 하지만 이날은 어둡고 불길한 구름이 몰려오고 있었다. 연극 무대처럼 드라마틱한 하늘 아래, 섬 위로는 태양빛이 모든 디테일을 드러내는 반면, 그 배경은 깊고 어두운 청회색$^{slate\ grey}$이었다. 다리는 점점 예열되어, 완만한 오르막에서도 속도는 자연스럽게 올라갔다. 이제는 포장도로를 벗어나 움푹 팬 트레일과 좀 더 도전적인 구간을 달리고 싶어졌다.

WB 예이츠$^{WB\ Yeats}$가 어린 시절을 보낸 발스카덴 하우스$^{Balscadden\ House}$를 지나, 도로는 점차 오르막이 되어 킬록^{Kilrock} 주차장에 이르고, 그곳에서 자갈길은 본격적으로 헤드랜드(곶)로 이어졌다. 때마침 구름이 걷히며 회색 아침은 찬란한 햇빛 아래 변신했다.

나는 뿌리와 움푹 팬 자국을 넘고, 길을 막은 가시덤불을 뛰어넘으며 경치 속으로 몸을 던졌다. 이곳은 내가 가장 좋아하는 구간이다. 드넓은 하늘과 탁 트인 전망, 그리고 멀리 뒤로 밀려난 도시. 앞서 달리던 러너 한 명이 굽이진 길 너머로 사라질 때까지 일부러 속도를 늦추며 나만의 시간을 즐겼다.

나는 이 코스를 혼자 달리는 걸 좋아한다. 물론 완전히 혼자였던 건 아니다. 새들은 날카롭게 울었고, 골짜기에서 바람이 불어왔으며, 물개들은 바위 위에서 햇볕을 쬐고, 파도는 절벽 아래에서 부서지고 있었다. 이제 해발 약 46m 지점. 가파른 절벽 아래 반짝이는 물 위로 갈매기, 바다오리, 가위제비갈매기 같은 새들이 날아다녔다.

내륙 쪽으로는 바위 봉우리가 우뚝 솟아 있고, 경사면은 노란색 가시금작화와 보라색 히스, 싱그러운 양치식물로 뒤덮여 있다. 바위와 거칠게 다듬어진 계단을 넘으며, 가능한 한 풍경과 트레일 모두에 집중하려 애썼다. 길은 완만하게 오르내렸지만, 길을 살짝만 벗어나도 큰 추락 위험이 있어 한 걸음 한 걸음 신경을 곤두세웠다.

마침내 눈앞에 펼쳐진 건 오직 탁 트인 바다뿐이었다. 멈춰 서서 그 광경을 감상하는 순간, 어김없이 비가 쏟아졌다. 이곳에서 비가 올지 말지는 선택 사항이 아니다. 언제 내리느냐의 문제일 뿐이다. 하지만 그마저도 즐거웠다. 악천후는 언제나 모험의 느낌을 더해준다. 빗방울이 얼굴을 타고 흘렀고, 코끝에 맺힌 빗방울을 불어 날려보내며, 다시 길을 나서는 나 자신이 무적처럼 느껴졌.

비가 그치자, 햇살과 함께 히스와 금작화, 바다 냄새가 공기 중에 가득 퍼졌다. 이제 더블린 만 건너 위클로^{Wicklow} 산맥이 마치 아코디언처럼 겹겹이 펼쳐지는 광경이 눈앞에 나타났다.

앞쪽으로는 200년 넘게 바다를 지켜온 베일리^{Baily} 등대가 바위 끝에 우뚝 서 있었다. 이 지점부터 길은 다시 변화해, 나무들이 길을 덮고,

아일랜드의 해적 전설

전설적인 해적 여왕 그라니아 니 왈리아$^{Gráinne\ Ní\ Mháille}$(영어식 이름은 그레이스 오말리$^{Grace\ O'Malley}$)는 16세기 말 아일랜드 서해안을 장악했던 인물이다. 그녀는 런던에서 엘리자베스 여왕을 만난 것으로 유명한데, 귀국길에 하우스 성$^{Howth\ Castle}$에 들렀다가 성문이 닫혀 있는 것을 발견하고 격분한 나머지 하우스 경의 아들을 납치했다. 그러고선 성문을 열어두고 만찬을 위한 별도의 자리를 마련해야만 아들을 돌려주겠다고 선언했다. 성문을 열어두는 이 전통은 오늘날까지 이어지고 있다.

위에서부터 시계 방향으로: 하우스 헤드 절벽 위 핑크빛 야생화; 달리기 좋은 해안 길; 더블린에서 30분 거리의 전원 풍경. 이전 페이지: 하우스 헤드 끝에 자리한 올드 베일리 등대.

"하우스 주민들은 이곳의 자연을 철저히 보호한다. 덕분에, 여전히 도시에서 벗어난 아름다운 피난처로 남아 있다."

- EPIC RUNS OF THE WORLD -

자갈 해변이 나타나고, 담장과 정원 울타리가 오르락내리락 이어졌다. 바위와 계단을 지나며 마침내 도시가 눈앞에 나타났다. 더블린은 위클로 산맥을 배경으로 그림엽서처럼 아름다웠지만, 그와 동시에 참 멀게 느껴졌다. 다시 도시를 뒤로하고, 바람을 피해 내륙으로 방향을 틀었다.

보라색 화살표가 가시덤불 사이로 이어진 길을 따라가라는 신호를 보냈다. 숲을 벗어나자, 더블린의 탁 트인 전망이 또 한 번 눈앞에 펼쳐졌다. 숨을 고르며 잠시 멈춰섰다. 아까까지 느꼈던 우쭐함은 사라지고, 조용한 희열감이 밀려왔다. '이래서 달리는 거구나.' 문득 그런 생각이 들었다. 어떤 날씨든, 얼마나 귀찮게 느껴지든, 하우스 헤드에서의 달리기는 한 번도 후회한 적이 없다.

마침내 풀숲 사이를 헤치고 나왔을 때, 내 앞에 그 이름도 재미있는 '개구리 늪Bog of Frogs'이 나타났다. 기분 좋은 희열감은 여전했지만, 다리가 슬슬 아파오기 시작했고 숨도 거칠어졌다. 아래쪽 구간에서 너무 기세 좋게 달린 대가였다. 그래도 계속 오르막을 오르다 보니, 마침내 해발 171미터, 하우스 헤드에서 가장 높은 블랙 린Black Linn 아래로 펼쳐진 금작화와 히스 초지 위로 올라섰다. 그 지점부터는 본격적인 내리막이 시작됐다. 언덕은 순순히 내 발길을 받아줬고, 내 몸은 매 순간 수천 번의 미세한 균형 조정을 하며 자연스레 속도를 높였다. 그러다가, 별안간 아무 특징 없는 주택가로 툭 하고 떨어졌다. 그렇게 하우스 역으로 이어지는 내리막길을 따라 다시 일상으로 돌아갔다. **EO**

여행 개요

출발/종료점// 하우스 역 (다트DART 이용)

거리// 12km

가는 법// 더블린 시내에서 경전철 다트를 타고 하우스로 이동.

시기// 이른 아침이나 늦은 저녁이 가장 적합. 주말 오후에는 도보 여행객들로 붐비며 트레일이 좁아 이동이 어려울 수 있음.

숙소// 더블린 중심부 어디에서든 숙박하면 다트를 이용해 하우스로 쉽게 이동 가능.

자세한 정보// www.visitdublin.com

알아둘 점// 최고의 경치를 즐기려면 시계 방향으로 달릴 것. 시간이 부족하면, 일찌감치 블랙 린 루프로 향해 정상을 밟은 다음 마을로 돌아오는 도전을 추천. 시간이 여유롭다면, 도시가 보이기 시작할 때 내륙으로 돌아서는 대신 해안길을 계속 따라갈 것. 그 경로를 따르면 부유한 지역인 서튼Sutton에 도착하며, 거기서 다시 다트를 타고 시내로 돌아올 수 있음.

비슷한 도전을 찾아서
아일랜드 오프로드 러닝

모허 절벽 해안 트레일, 카운티 클레어

아일랜드 서부 카운티 클레어County Clare 해안에는 최대 200m 높이에서 대서양으로 곧장 떨어지는 장엄한 절벽이 펼쳐져 있다. 이곳은 어두운 석회암이 조각해낸 절경의 곶headlands이 연속적으로 이어지는 곳으로, 많은 관광객이 몰려든다. 주요 전망대는 관광버스와 인파로 북적이지만, 리스카노르Liscannor에서 둘린Doolin까지 해안 트레일을 따라 달리면, 완벽한 고요 속에서 이 경이로운 풍경을 만끽할 수 있다. 트레일은 절벽 꼭대기를 따라 구불거리며 이어지며, 방목된 가축들이 뛰노는 들판을 지나간다. 이곳에서는 절벽과 해식 아치, 그리고 바다에 우뚝 솟은 암석 기둥이 만들어낸 광활한 골웨이 만Galway Bay의 반짝이는 풍경을 감상할 수 있다. 퍼핀puffins, 세가락갈매기kittiwakes, 풀머갈매기fulmars 같은 바다새들이 둥지를 트는 곳이며, 운이 좋다면 검푸른 바닷속에서 거대한 돌묵상어basking sharks를 목격할 수도 있다. 절벽에는 난간이 없으므로, 너무 가까이 다가가지 않도록 주의해야 한다. 레이스를 마친 뒤에는 전통 아일랜드 라이브 음악이 끊이지 않는 둘린의 전설적인 펍들을 방문할 시간을 남겨두는 것이 좋다.

출발점// 리스카노르
종료점// 둘린
거리// 20km
추가 정보// www.cliffsofmoher.ie

올드 켄메어 로드, 킬라니 국립공원, 카운티 케리

올드 켄메어 로드Old Kenmare Rd는 아이랜드에서 가장 긴 장거리 트레일 중 하나인 케리 웨이Kerry Way의 일부로, 이끼로 덮인 참나무 숲, 드넓은 황야, 그리고 산악 고원을 가로지르는 잘 정비된 길이다. 이 루트는 아일랜드에서 가장 인기 있는 국립공원인 킬라니 국립공원Killarney National Park을 지나지만, 킬라니 시내와 그림 같은 석회암빛 호수들로 몰려드는 관광객들과는 거리를 둔 한적한 코스이다. 출발점은 격렬하게 쏟아지는 토르크 폭포Torc Waterfall 상류로, 트레일은 토르크 산Torc Mountain과 망거튼 산Mangerton Mountain 사이를 흐르는 오웬개리프 강Owengarriff River의 물줄기를 따라, 울창하게 얽혀 있는 숲을 가로지르며 점진적으로 상승한다. 길을 따라가다 보면, 아일랜드 최고봉인 캐런투힐Carrantuohil(1,039m로 맥길리커디 산맥Macgillycuddy's Reeks에 위치)과 붉은빛을 띠는 깊은 산비탈, 그리고 그림 같은 호수 지대의 탁 트인 전경이 펼쳐진다. 이후, 고지대의 습지를 가로지르는 목재 보드워크를 지나, 에스카나머키 협곡Eskanamucky Glen과 루트의 최고점인 윈디 갭Windy Gap에 도달하게 된다.

출발점// 토르크 폭포 상단 주차장
종료점// 켄메어
거리// 16km
추가 정보// www.killarneyguide.ie/oldkenmare-road

포트발린트레이 코즈웨이 루프, 카운티 앤트림

유네스코 세계문화유산UNESCO World Heritage으로 등재된 카운티 앤트림County Antrim의 코즈웨이 코스트Causeway Coast를 따라 이어지는 이 짧지만 인상적인 코스는 거센 바람이 부는 해변과 모래언덕을 지나, 초현실적인 풍경을 자아내는 '자이언츠 코즈웨이Giant's Causeway'까지 이어진다. 이곳은 해안을 뒤덮은 수많은 육각형 돌기둥이 장관을 이루는 곳으로, 마치 이 세상과 다른 차원에 존재하는 듯한 느낌을 주는 특별한 장소다. 관광객들에게 인기 있는 명소지만, 방문자 센터를 거치지 않고 해안 트레일을 따라 이른 아침에 도착하면, 이 신비로운 장소를 홀로 만끽할 수도 있다. 루트는 소박한 항구 마을 포트발린트레이Portballintrae의 해변에서 출발하며, 부시 강Bush River을 건너 부드러운 모래사장이 펼쳐진 부시풋 스트랜드Bushfoot Strand로 이어진다. 이 강은 바로 상류에 위치한 부시밀스 증류소Bushmills Distillery에 물을 공급하는 수원 역할을 한다. 그 후, 절벽 꼭대기 트레일을 따라 달리다가, 자이언츠 코즈웨이로 내려가, 기묘하게 규칙적인 암석들 사이를 지나면서 바닷가로 내려서게 된다. 경로는 '오르간The Organ'이라는 기암을 지나, 가파른 '셰퍼드스 패스Shepherd's Path' 계단을 올라 다시 포트발린트레이 방향으로 되돌아오게 되며, 마지막 구간에서는 해안 철도와 모래언덕을 따라 루프를 완성하게 된다.

출발/종료점// 포트발린트레이 비치 로드
거리// 9km
추가 정보// www.walkni.com

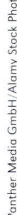

위에서부터 시계 방향으로: 클레어 주의
모허 절벽; 킬라니 국립공원의 폭포;
포트발린트레이 근처 던루스 성 유적.

Dublin's Wild Peninsula

- EPIC RUNS OF THE WORLD -

아테네 마라톤

THE ATHENS MARATHON

마라톤에서 아테네로 이어지는 이 원조 코스를 달리다 보면, 급수대도
배번표도 없던 시절, 장거리 러닝이 무엇을 의미했는지 자연스레 깨닫게 된다.

전설에 따르면, 기원전 490년경 그리스 병사 페이디피데스 Pheidippides는 마라톤에서 아테네까지 약 40km를 달려, 훨씬 규모가 컸던 페르시아 군을 상대로 그리스 군이 영웅적인 승리를 거뒀다는 소식을 전했다고 한다. 그리고 소식을 전한 직후, 탈진한 그는 쓰러져 숨을 거뒀다.

몇 년 전, 아테네 오리지널 마라톤의 출발선에 서서 1만여 명의 참가자들과 함께 몸을 풀고 물을 마시며 출발을 기다리던 나는, 이 역사적이고도 경이로운 이야기가 우리 앞에 펼쳐질 레이스, 더 나아가 전 세계 모든 마라톤의 기원이 되었다는 사실을 곱씹고 있었다.

1896년 그리스에서 열린 첫 번째 근대 올림픽 마라톤 코스는 바로 수세기 전 페이디피데스가 달렸던 길을 기리기 위해 만들어졌다고 한다(상징적으로, 이 첫 올림픽 마라톤 금메달리스트도 그리스인인 스피리돈 루이스 Spyridon Louis였다).

물론, 지난 수천 년 동안 이 도시는 엄청난 변화를 겪었고, 특히 최근 수십 년 사이에는 그 변화의 속도가 더욱 빨라졌다. 그러나 도시 곳곳에 여전히 고대 유적이 남아 있어, 페이디피데스가 달리던 시절의 모습을 어렵지 않게 상상할 수 있다.

고등학생 시절 중거리 선수로 활약하던 나는 역사 수업 시간에 들었던 페이디피데스의 이야기에 완전히 매료됐었다. 그래서 서른 살이 되기 전에 마라톤에 꼭 도전하겠다고 결심했을 때, 내가 달려야 할 레이스는 이미 정해져 있었다. 그때 역사 시간에 나와 나란히 앉아있던 친구 톰도 함께 하기로 했다. 그 역시 학창 시절 육상 선수였고, 우리 둘은 역사 선생님 헤네시 씨의 수업을 함께 들었던 사이다.

마라톤을 둘러싼 언덕 위로 해가 떠오르던 그날 아침, 나는 그리 크지도, 특별히 아름답지도 않은 경기장 앞 마른 잔디에 앉아 있었다. 하지만 그곳엔 분명히 역사의 기운이 감돌았고, 타오르는 성화가 그 분위기를 더욱 극적으로 만들었다. 페이디피데스의 이야기로 머릿속을 가득 채우며 도무지 긴장감을 가라앉히지 못하던 나는 주위에

가짜 청동 흉갑과 헬레니즘 스타일의 갑옷을 입은 채 출전한 몇몇 참가자들을 보고 그나마 조금 덜 두려워졌다.

출발선에 빽빽이 모여 선 참가자들 속에서, 톰과 나는 활짝 웃었다. 스피커에서는 '조르바의 춤 Zorba's Dance'이 울려 퍼지고 있었다. 고대와 현대가 어색하게 부딪히는 순간, 우리는 출발 신호를 기다렸다.

아테네 정통 마라톤은 마라토노스 대로 Marathonos Ave.를 따라 시작되며, 이후 대부분 주요 도로를 통해 수도의 중심부로 이어진다.

첫 번째 급수대가 있는 네아 마크리 Nea Makri에서는 몇몇 할머니들이 올리브 가지를 내밀고 '브라보! 브라보!'를 외치며 따뜻하게 응원해줬다. 이 코스에는 가파른 언덕은 없지만, 약 9.5km 지점 이후로는 21km에 걸쳐 완만한 오르막이 이어진다. 나는 이 구간에서 일정한 리듬을 찾기 위해 애썼다. 키프로스 나무를 제외하면, 먼지 덮인 하얀빛 풍경은 내 고향인 호주 빅토리아 주와 꽤 닮아 있었다.

조금 더 가니, 작은 길가 교회들과 소박한 상점들, 공사 중인 아파트, 몇몇 역사적 기념비들, 그리고 드문드문 붉은 양귀비꽃이 보였다. 엽서에서 보던 그리스와는 거리가 멀었지만, 이곳은 그리스 현지인들의 일상 속 진짜 그리스였다.

중간 지점을 지날 때까지도 나는 예상 외로 컨디션이 좋았다.

그때 내 옆에는 정통 그리스 정교회 사제복을 입고, 검은 운동화를 신은 러너가 달리고 있었다. 제법 연세가 있어 보였지만, 나와 같은

"그리스 할머니들은 올리브 가지를 흔들며 우리를 응원했다. '브라보! 브라보!' 따뜻한 환호가 이어졌다."

페이스를 가뿐히 유지했다. 풍성한 수염과 묵주를 손에 쥔 그는, 응원 인파를 지날 때마다 어마어마한 환호를 받았다.

그러다 마침내, 진짜 젖산 피로가 밀려들 무렵, 톰과 나는 소나무 그늘 아래 놓인 테이블을 지나쳤다. 테이블 위에는 정성스럽게 잘라 놓은 바나나 조각들이 가득했다. 별거 아닌 것처럼 들릴 수 있지만, 허겁지겁 바나나를 입에 욱여넣고 나니 다시 한 번, 힘의 신 헤라클레스가 나를 밀어주는 듯한 기분이 들었다. 페이스를 조금 더 올려 메소게이온 대로 Mesogeion Ave로 접어들었다. 이곳은 서구 문명의 요람, 고대 아티카 Attica의 심장부로 향하는 길이었다. 그렇게 공포의 '벽'을 돌파한 기쁨이 밀려왔다. 막바지에 이르자, 온몸의 근육이 하나하나 경직되기 시작했다. 주변에는 이제 관중들이 빽빽했고, 그들의 함성은 점점 커졌다. 그 사이, 꿀빛을 머금은 도시 풍경 뒤 수평선 너머로 아크로폴리스 Acropolis가 우뚝 솟아있었다.

그러나 파나티나이코 경기장 Panathenaic Stadium이 눈에 들어온 순간, 남아 있던 에너지가 급격히 바닥났다. 나는 부유한 거리 이로드 아티쿠 구간 Hrodou Attikou St에서 이를 악물고, 입안 가득 욕설을 삼키며 내리막길을

올림픽의 기원

파나티나이코 스타디움Panathenaic Stadium은 '근대' 올림픽의 발상지일 뿐이다. 진정한 올림픽의 기원은 기원전 776년에 열린 고대 올림픽으로, 펠로폰네소스 반도에 위치한 고대 올림피아Olympia에서 시작되었다. 이곳에는 많은 역사적인 유적들이 있는데, 그중 가장 유명한 것은 제우스 신전Temple of Zeus 이다. 오늘날에도 올림픽 성화는 이곳에서 점화되며, 공식적인 성화 릴레이가 시작되는 장소이기도 하다.

왼쪽부터 시계방향으로: 그리스에서 누리는 영광; 파나티나이코 경기장에 마련된 결승선; 아테네 마라톤 완주 기념 메달. 이전 페이지: 아테네를 내려다보는 리카비토스 언덕.

달려갔다. 그런데 신기하게도 점점 가까워지는 경기장을 보며, 다시금 페이디피데스가 떠올랐다. 아테네 중심에 도착한 직후 '승리!'를 외쳤던 그의 모습이 생생히 그려졌다.

기원전 566년에 순백의 대리석으로 지어진 이 고대 경기장은 한쪽이 트여 있어, 마치 오래전부터 레이스의 결승 구간으로 쓰이기 위해 만들어진 듯한 느낌을 주었다(기원전 330년에도 같은 방식으로 사용되었다). 덕분에 결승선으로 향하는 마지막 직선 코스에 들어서기도 전에, 먼저 도착한 러너들이 아치 아래에서 두 팔을 번쩍 들고 환호하는 모습이 눈에 들어왔다. 그 모습은 나에게도 마지막 남은 힘을 끌어올릴 수 있는 응원이나 다름없었다. 과거와 현재에서 동시에 영감을 받은 나는, 페이디피데스를 계속 떠올리며 달렸고, 동시에 인간이라면 누구나 자신의 한계를 뛰어넘을 수 있는 놀라운 능력을 가졌다는 사실을 새삼 깨달았다. 젤리처럼 후들거리는 다리로 회복 구역에 도착해 스트레칭을 하며 사막에서 구출된 사람처럼 물을 벌컥벌컥 들이켰다. 곧이어 톰도 비슷한 몰골로 결승선을 통과했다.

기운이라고는 남아있지 않았지만, 고대 러닝의 역사를 역사를 몸소 되짚었다는 벅찬 감동이 밀려왔다. 우리는 경기장을 빠져나오며, 아크로폴리스를 배경으로 기념사진을 남겼다. 그리고 무엇보다 중요한 문제에 집중하기로 했다. 과연 어디에서 양고기 수블라키lamb souvlakis (꼬치구이 요리)를 실컷 먹을 것인가 하는 문제 말이다. SN

여행 개요

출발점// 마라톤Marathon
종료점// 아테네Athens
거리// 42km
가는 법// 아테네 마라톤 이벤트에서는 도시 곳곳에서 출발 지점까지 이동할 수 있는 버스를 제공.
시기// 11월
숙소// 모나스티라키Monastiraki 중심가 근처에 머무는 것이 편리하며, 대회 후 축하를 즐길 때 활기찬 분위기를 제공.
자세한 정보// www.athensauthenticmarathon.gr
알아둘 점// 일정이 허락된다면, 대회 후 휴식을 위해 아테네에서 가까운 히드라 섬으로 미니 여행을 추천(이 섬에는 자동차가 없음). 바다에 몸을 한번 담그는 것이 몸을 회복하는 데 큰 도움이 될 수 있음. 페리 시간표를 반드시 확인할 것.

- EPIC RUNS OF THE WORLD -

옆 페이지 위에서부터: 카나번 협곡
국립공원 탐험; 슬로바키아 코시체 평화
마라톤 결승선.

비슷한 도전을 찾아서
역사 속을 달리는 대회

카나번 협곡, 퀸즐랜드 (호주)

카나번 협곡 Carnarvon Gorge은 오지 깊숙이 자리한 숨겨진 보석 같은 곳으로, 오랜 시간을 들여 찾아갈 가치가 충분한 장소이다. 이 국립공원에는 우뚝 솟은 사암 절벽, 수많은 협곡과 지맥, 광활한 고원 tablelands, 다양한 동식물군, 그리고 풍부한 원주민 암각화 Indigenous rock art가 자리하고 있다. 전체 코스는 87km 길이의 순환 루프 형태이며, 이 코스를 구간별로 나누어 달릴 수도 있다. 코스상에는 다섯 개의 캠핑장이 위치해 있어, 2~3일 동안 자급자족하며 달리는 미션 러닝을 추천한다. 혹은 1.5km부터 19km까지 다양한 루프 트레일을 선택하여 짧은 왕복 구간을 러닝할 수도 있다. 카나번 협곡에는 잔존 원시림, 이 지역 고유종인 카나번 부채야자 Carnarvon fan palms, 고대 소철 ancient cycads, 양치류 ferns, 꽃이 피는 관목, 그리고 유칼립투스 gum trees 등 중요한 식물종이 서식하고 있다. 특히, 황토색 안료로 찍은 손자국 스텐실 ochre stencils, 암각화, 자유로운 필치로 그려진 원주민 회화는 호주에서 가장 정교하고 뛰어난 원주민 예술 중 하나로 평가받는다.

출발/종료점// 카나번 협곡 방문객 센터
거리// 1.5~87km
추가 정보// www.parks.desi.qld.gov.au/parks/carnarvon-gorge

로스트 시티 마라톤 (멕시코)

유카탄 반도 Yucatán Peninsula 치아파스 Chiapas 지역의 울창한 열대우림 깊숙한 곳, 잃어버린 도시 팔렝케 Palenque는 마야 문명이 약 799년경 수수께끼처럼 사라진 후, 정글에 의해 완전히 뒤덮였다. 이 광활한 유적지는 해골의 신전 Temple of the Skull, 붉은 여왕의 무덤 Tomb of the Red Queen 등 신비로운 유적들로 가득하며, 그 자체로 경이로운 장소라 할 수 있다. 로스트 시티 마라톤 Lost City Marathon은 런던이나 보스턴과는 전혀 다른 환경에서 펼쳐지는 레이스이다. 참가자들은 정글 속 트레일과 야생의 강 wild rivers을 따라 달리며, 그 길목에서 그림 같은 목장과 작은 마을들을 지나게 된다. 레이스 도중, 울부짖는 원숭이, 형형색색의 새들과 수백 종의 나비를 마주칠 수도 있다. 혹시 마주치지 못하더라도 들려오는 소리로 반드시 그 존재감을 느끼게 될 것이다. 경기는 매년 2월에 개최되며, 다양한 지형과 가파른 경사를 포함하는 도전적인 코스이다. 날씨는 덥고 습도가 높아 땀이 많이 나는 환경이기 때문에, 참가자들은 혹독한 조건을 극복해야 한다.

출발점// 팔렝케 고고학 유적지
종료점// 라 치아파네카 레스토랑
거리// 42km
추가 정보// www.lost-city-marathon.com

코시체 마라톤 (슬로바키아)

이 마라톤은 매년 10월, 슬로바키아의 '제2 도시' 코시체에서 열리며, 1920년대로 거슬러 올라가는 유럽에서 가장 오래된 마라톤 대회 중 하나다(제2차 세계대전 동안에도 어떻게든 계속 개최되었던 저력의 대회다). 1924년 첫 대회가 열렸을 당시에는 단 8명의 러너만이 참가했지만, 오늘날에는 인기가 높은 대회로 자리잡았으며, 평탄한 도로 덕분에 세계에서 가장 빠른 마라톤 코스 중 하나로 평가받고 있다. 국제 평화 마라톤 International Peace Marathon이라는 이름으로도 알려진 이 대회의 코스는 고딕 건축과 소비에트 시대 건축물이 공존하는 거리를 가로지르며 이어진다. 현재 이 대회는 암과 싸우는 슬로바키아 어린이들을 위한 기금 마련을 목표로 진행되고 있다.

출발/종료점// 흐라브나 스트리트 (코시체)
거리// 42km
추가 정보// www.kosicemarathon.com

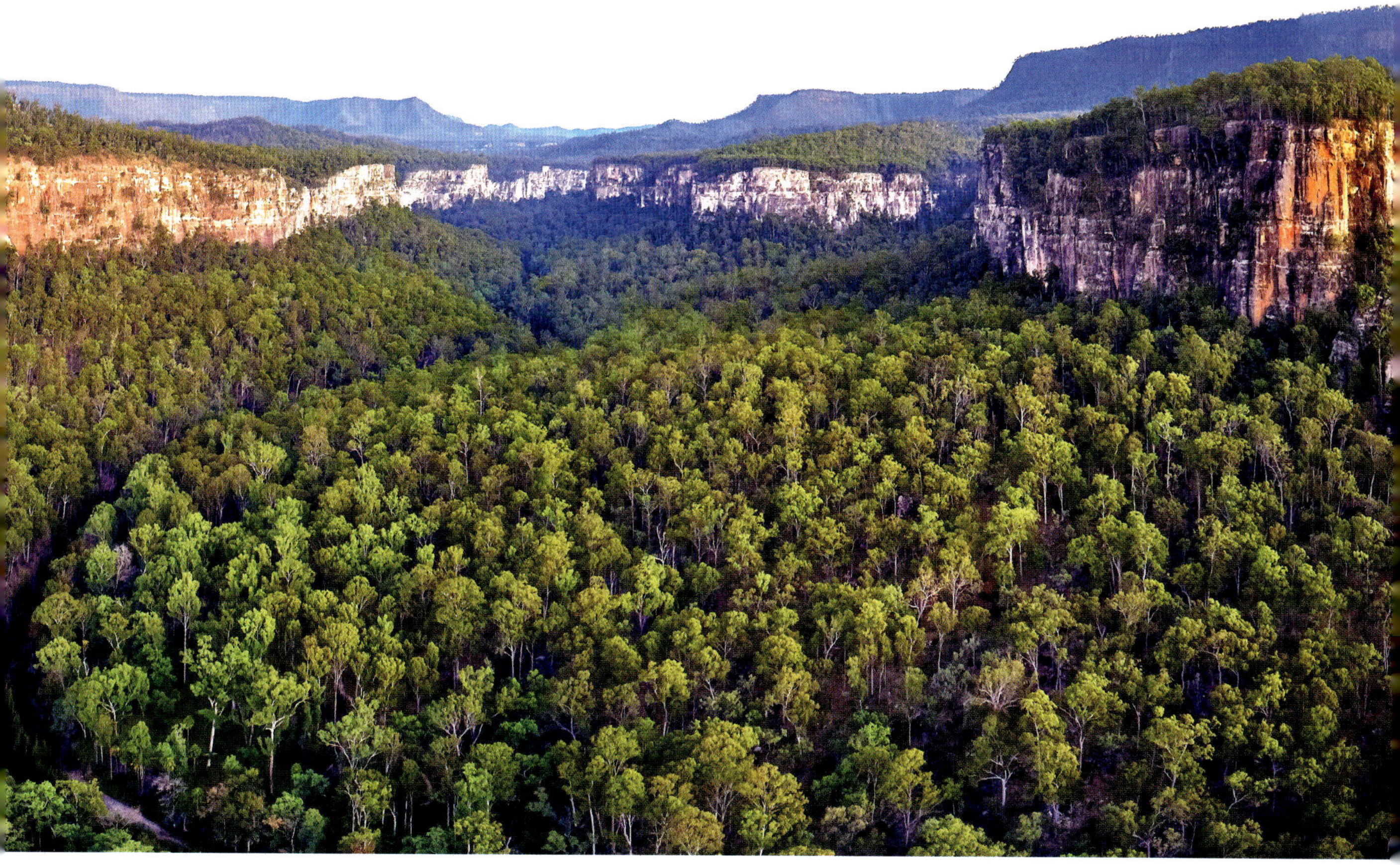

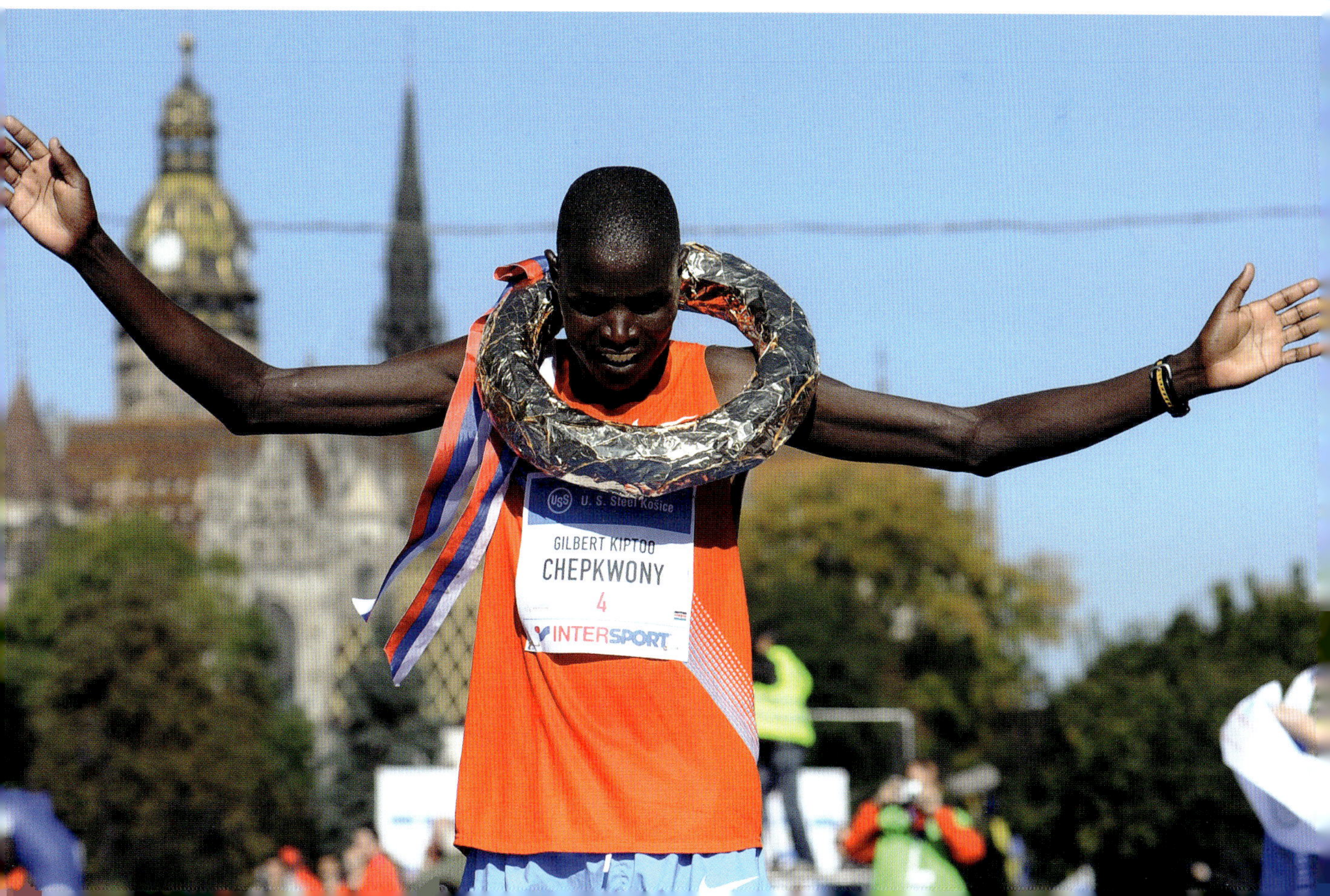
U. S. Steel Košice
GILBERT KIPTOO
CHEPKWONY
4
INTERSPORT

- EPIC RUNS OF THE WORLD -

아랑카비라
ARRANCABIRRA

알프스는 세계에서 가장 혹독한 트레일 러닝 대회들이 열리는 곳이지만, 1년에 단 하루,
수천 명의 사람들이 말도 안 되는 코스튬을 입고 술에 취해 달리는 18km 레이스가 펼쳐진다.

이탈리아 측 몽블랑 자락, 아오스타^{Aosta} 계곡에 자리한 쿠르마예르^{Courmayeur}는 스키어와 트레일 러너들에게 잘 알려진 곳이다. 열성적인 울트라 러너인 나 역시 쿠르마예르 하면 가장 먼저 떠오르는 것은 '토르 데 지앙$^{Tor des Géants}$'이나 전설적인 '울트라 트레일 듀 몽블랑^{UTMB}' 같은 극한의 경쟁을 펼치는 산악 울트라마라톤 대회들이었다. 그런데 아오스타 계곡에는 이보다 덜 알려졌지만, 이 두 대회를 직접 완주한 경험이 있는 나에게 어떤 면에서는 더 강렬한 인상을 남긴 레이스가 있다. 바로 알프스의 험준한 풍광을 배경으로 펼쳐지는, 맥주로 흠뻑 젖은 코스튬 파티 레이스, 아랑카비라^{Arrancabirra}다.

엄격한 식단 관리와 훈련 스케줄, 새벽 기상으로 대표되는 트레일 러닝의 세계에서, 가끔은 이렇게 마음껏 풀어지는 시간이 필요하다는 것을 나는 점점 더 깨닫게 되었다. 유럽 레이스 시즌의 끝자락인 10월에 열리는 아랑카비라는, 한 해 동안 쌓인 젖산 역치 훈련의 압박을 날려버릴 일종의 해방구다. 코스 일부는 앞서 언급한 명성 높은 대회들과 겹치기도 하지만, 현지 분위기 덕분에 아랑카비라는 훨씬 느긋하고 자유로운 느낌이다.

아직 아오스타 계곡 밖의 러너들에게는 거의 알려지지 않은 이 대회는 현지에서 대단한 인기다. 1,500명의 참가 신청이 접수 시작 며칠 만에 마감될 정도다. 이탈리아 친구들이 6월 접수일을 달력에 표시해두라고 신신당부할 정도였다. 2006년에 시작된 아랑카비라는 점차 팬층을 넓혀왔지만, 참가자 대부분은 여전히 이탈리아인이다. 그렇다고 이 레이스를 마냥 가벼운 이벤트로만 보면 큰 오산이다. 총 거리 18km에 누적 상승고도만 1,400m가 넘는 이 코스는, 어떤 트레일 러닝 대회와 비교해도 만만치 않은 난이도를 자랑한다.

보통 대회를 준비할 때는 코스 프로필을 분석해 훈련 계획을 세우는 게 기본인데, 아랑카비라에서는 상황이 다르다. 준비의 핵심은 코스튬이다. 맥주와 코스튬이 필수요건은 아니지만, 나는 이 둘 없이는 제대로 녹아들기 어렵다는 귀띔을 미리 들었다. 심지어 여기서는 가장 엉망진창인 모습으로 결승선을 통과한 러너들이 가장 큰 환호를 받는다. 반면, 술 한 방울 안 마시고 좋은 기록으로 들어오면 야유를

EUROPE

받을 수도 있다.

출발선에서 대기하는 동안, 그 충고가 얼마나 유용했는지 실감했다. 올해의 주제는 '리오 삼바'였고, 나는 노랑과 초록 프릴로 뒤덮인 의상에 깃털 머리장식까지 갖추고 등장했다. 처음엔 과한가 싶었지만, 곧 한 남성이 카약을 등에 메고 나타났고, 연이어 쫄쫄이 의상에 금발 가발을 쓴 두 남자와 남녀 혼성으로 구성된 발레 튀튀 팀을 보자, 괜한 걱정이었다는 걸 깨달았다.

오전 10시 정각, 참가자 전원이 쿠르마예르의 보행자 전용 거리를 가득 메우며 출발했다. 산을 향해 달리면서, 한쪽엔 추기경 복장을 한 남자, 다른 쪽엔 붉은 깃털로 온몸을 장식한 여성이 나란히 뛰고 있었다. 몇 분 지나지 않아 첫 번째 맥주 보급소에 도착했다. 본격적인 산길로 진입하는 지점이었다. 따뜻한 맥주 한 캔을 벌컥 들이키자, 자원봉사자가 내 배번호에 표시를 남겼다. 그리고 나는 추기경을 쫓아 산길로 뛰어들었다.

베르토네Bertone 산장까지 이어지는 숲길은 수백 미터를 오르며 정상까지 이어진다. 이곳은 훈련과 레이스에서 여러 번 지나쳤던 곳이라, 이번만큼은 잠시 멈춰서 맥주 한 잔과 함께 전망을 즐길 수 있다는 게 반가웠다.

베르토네에서 코스는 능선을 따라 몇 백 미터 더 올라갔다. 탁 트인 전망 덕분에 발 페레Val Ferret 계곡과 몽블랑 대산괴의 웅장한 풍경이 한눈에 들어왔다. 알프스의 험준한 봉우리들을 배경으로, 형형색색의 카니발 복장을 한 러너들이 우스꽝스럽게 뛰어가는 모습은 그야말로 비현실적이었다.

가장 높은 지점에 도착하자, 자원봉사자들이 물과 따뜻한 차를 건넸다. 처음엔 맥주가 아니라 살짝 실망했지만, 아래로 이어지는 바위길을 보고는 바로 납득했다. 머리 위의 깃털 장식은 여전히

코스튬 파티

이곳은 가장 빠른 사람에게 가장 많은 환호를 보내는 곳이 아니다. 가장 즐거운 시간을 보내고 가장 화려한 의상을 입은 러너들이 인기를 끈다. (자신을 너무 진지하게 여기는 러너들은 심지어 야유를 받기도 한다!) 따라서 경쟁적인 성향이라 하더라도, 최고의 기록이 아니라 최고의 의상에 초점을 맞춰보자. 과거 대회의 테마로는 '아란카 워즈Arranca Wars' (스타워즈의 이탈리아 버전)와 '가라 골리아르디카Gara Goliardica' (반지의 제왕을 패러디한 '음료의 제왕') 등이 있었다.

위에서부터 시계 방향으로: 보급소에서 물 대신 술이 제공되는 아랑카비라 마라톤; 첫 번째 규칙— 너무 진지하게 생각하지 말 것; 알프스 산맥 구간의 오르막은 여전히 힘들다.

이전 페이지: 개성 넘치는 복장을 한 참가자들이 출발선에 모이다.

멀쩡했고, 끝까지 이 상태로 유지하고 싶었다. 긴 치마를 한 손으로 걷어 올리고, 다른 손으로는 등산 폴을 꼭 쥔 채 바위길을 조심조심 내려갔다.

계곡 건너편 세 번째 체크포인트에 도착할 무렵엔 제법 정신이 말짱해졌다. 당연히 다시 맥주를 들이켰고, 옆에서는 바비큐 소시지를 씹는 러너들과 무지개색 마라카스^{maracas}를 흔들며 춤추는 아프로 가발 러너도 보였다.

마지막 하강 지점인 라 수체^{La Suche} 산장에 도착했을 때, 힘난한 트레일 구간이 거의 끝났다는 안도감이 밀려왔다. 이곳은 몇 시간이고 앉아 절경을 감상하고 싶은 곳이지만, 오래 머물다가는 맥주 기운이 온몸에 퍼질까봐 서둘러 출발했다.

마지막 맥주 보급소를 지나 도로 구간에 진입하자, 곧 결승선이 보였다. 물론, 결승선 너머엔 또다시 맥주가 기다리고 있었다. 피니시 텐트 앞 잔디밭에 털썩 누워, 너덜너덜한 차림으로 들어오는 참가자들을 구경하며 레이스를 마무리했다.

유럽 시즌을 이렇게 마치는 것은 완벽한 선택이었다. 1년 내내 수백 마일을 달리고 경쟁에 몰두하다 보니, 정신적 소진이 심했고, 대체 내가 왜 달리는지 의문이 들기 시작했다. 아랑카비라는 그 해답을 주었다. 러닝은 너무 심각해질 필요 없다. 이 대회는 그걸 상기시켜줬다. 내가 달리기를 시작한 이유도 기록이나 입상 때문이 아니었다. 미친 듯이 달리고, 비슷한 또라이들과 함께 산속에서 마법과 같은 경험을 하기 위해서였다.

그리고 애프터파티? 아랑카비라에서 벌어진 일은, 아랑카비라에 남겨두는 게 원칙이다. **SC**

여행 개요

출발/종료점// 쿠르마예르^{Courmayeur} (이탈리아)

거리// 18km

가는 법// 토리노^{Turin}로 비행 후, 대중버스를 이용해 쿠르마예르로 이동. 또는 제네바 공항^{Geneva Airport}으로 비행 후, 자동차를 렌트하거나 공항 셔틀로 샤모니^{Chamonix}까지 이동 후 샤모니 쉬드^{Chamonix Sud}에서 몽블랑^{Mont Blanc}을 거쳐 쿠르마예르로 가는 대중버스 이용 가능.

시기// 대회는 10월에 열리며, 등록은 6월에 시작되고 며칠 만에 마감되는 경우가 많음.

숙소// 호텔 크룩스^{www.hotelcroux.it}는 시내 중심부에 위치하고 가격이 합리적이며, 주인들이 라 수체^{La Suche} 체크포인트들도 운영하므로 대회와 애프터 파티에 대한 유용한 정보를 제공.

자세한 정보// www.arrancabirra.it/en

알아둘 점// 독특한 의상을 입는 것이 권장되지만, 아오스타 밸리^{Aosta Valley}의 변덕스러운 날씨와 맥주 몇 잔 후에 힘들어질 수 있는 등반을 고려해 유연한 재질의 복장을 선택할 것.

옆 페이지: 메독 와인 마라톤이 펼쳐지는
보르도 포이약의 포도밭.

비슷한 도전을 찾아서
술과 함께하는 러닝 대회

메독 와인 마라톤, 보르도 (프랑스)

매년 9월, 프랑스 보르도Bordeaux 와인 지역에서 열리는 이 마라톤은 1985년부터 러닝, 술, 그리고 코스튬을 결합한 독특한 대회로 자리 잡았다. 42.2km 동안, 8,500명의 참가자들은 음악, 음식, 각종 축제 분위기 속에서 최대 23가지의 와인을 맛볼 수 있는 기회를 얻는다. 그러나 일반적인 마라톤 보급소에서 제공되는 간식을 기대하지 않는 것이 좋다. 이곳에서는 바나나보다 신선한 굴이 제공될 가능성이 더 크다. 우승자에게는 자신의 체중만큼의 메독 와인Médoc wines이 상품으로 주어진다. 이 대회에서 러너들이 가장 걱정해야 할 것은 젖산lactic acid이 아니라, 숙취hangover다.

출발/종료점// 포이약
거리// 42km
추가 정보// www.marathondumedoc.com/en

바커스 마라톤, 도킹 (잉글랜드)

영국판 메독 마라톤British version of Marathon du Médoc은 42.2km 루프 코스에 12개의 와인 및 음식 스테이션이 마련되어 있으며, 하프 마라톤 (21.1km) 참가자는 6개, 8km 참가자는 1개의 스테이션을 이용할 수 있다. 매년 9월, 수천 명의 참가자(대부분 코스튬 차림)가 덴비즈 포도원Denbies Vineyard과 인접한 내셔널 트러스트National Trust 보호구역을 지나, 서리Surrey 시골 풍경 속을 달린다. 코스 곳곳에는 여러 개의 음악 밴드가 배치되어 있어 흥겨운 분위기를 더하며, 참가자들은 레이스를 즐기면서 와인을 시음할 수 있다. 그러나 너무 도취되지 않도록 주의해야 한다. 첫 번째 루프(하프 마라톤 구간)에는 2시간 20분의 엄격한 제한 시간이 적용되며, 풀마라톤 참가자들은 두 바퀴를 5시간 내에 완주해야 한다.

출발/종료점// 덴비즈 포도밭 (도킹)
거리// 42km
추가 정보// www.run-bacchus.com

비어 러버스 마라톤, 리에주 (벨기에)

와인이 취향이 아니라면, 비어 러버스 마라톤Beer Lovers' Marathon에 참가해보자. 이 대회는 매년 5월, 프랑스어권 왈로니아Wallonia 지역의 역사적인 도시 리에주Liège 거리에서 열린다. 코스 곳곳에는 벨기에 맥주 15종을 제공하는 스테이션과, 5km마다 음식 및 물 보급소가 마련되어 있다. 비교적 역사가 짧은 이 대회는 완주 제한 시간이 6시간 30분으로 넉넉해, 달리다가 너무 즐겁게 되더라도 걸어서 완주할 수 있다. 그러나 마지막 약 6.5km(4마일) 구간에는 매 1마일마다 맥주 스테이션이 기다리고 있으니 만취에 주의해야 한다.

출발/종료점// 생 랑베르 광장 (리에주)
거리// 42km
추가 정보// www.beerloversmarathon.be

- EPIC RUNS OF THE WORLD -

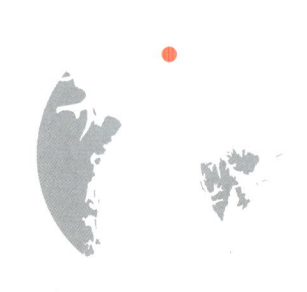

북극 마라톤
THE NORTH POLE MARATHON

지구상에서 북극점을 방문한 사람은 드물다.
그 세상의 끝에서 마라톤을 완주한 사람은 더욱 드물다.

북극 마라톤이 처음 개최된 2003년 이후, 기상 악화로 대회가 취소된 것은 지금까지 단 한 번뿐이다. 이는 아이러니한 일이다. 다른 어떤 곳에서라면 대회를 즉각 중단시킬 만큼의 혹독한 추위가 매년 찾아오지만, 이곳에서는 오히려 그 혹한이 이 대회의 상징이기 때문이다. 이러한 기후 조건 때문에 나는 대회가 열리기 전 일주일 내내 잠을 이루지 못했다. 추위를 극도로 싫어하는 나는 섭씨 15도 이하의 기온에서 달려야 한다고 생각하는 것조차 스트레스를 받을 정도였다. 그러나 북극에서의 레이스는 지금까지 경험하지 못한 전혀 새로운 도전처럼 느껴졌다. 곧 마흔을 앞두고 있던 나에게는 극한의 경험을 해볼 좋은 기회였다.

여러 위험에도 불구하고, 북극은 아름답고 신비로운 곳이다. 본능적으로 그곳이 인간이 머물 수 없는 환경임을 알면서도, 광활한 사막이 그렇듯이 경이로움과 경외심을 불러일으킨다. 지금까지 참가했던 수많은 레이스 중에서도 가장 인상적인 대회였고, 기록 면에서는 가장 느리게 뛴 마라톤 중 하나였지만, 가장 장엄한 장소에서의 경험이었다. 그리고 달리기는 단지 이 경험의 일부에 불과했다.

그해 봄, 노르웨이를 향해 가면서 북극 마라톤 참가비가 왜 그렇게 비싼지 점점 이해할 수 있었다. 2025년 기준 참가비는 무려 23,900 유로(약 3,700만 원)에 달한다. 나는 스폰서의 지원을 받아 다행히 비용 부담 없이 참가했지만, 과연 누가 이 비용을 감당할 수 있을까 궁금했다. 대회 참가자는 예상했던 대로 투자은행가, 헤지펀드 매니저, 자선 단체 후원자, 그리고 나 같은 몇몇 프로 선수들로 구성되어 있었다. 하지만 무엇보다 인상적이었던 것은 그들의 모험심이었다. 참가자들은 모두 특별한 경험을 수집하는 것에 열정을 가진 사람들이었고, 그 점이 나에게도 영감을 주었다. 이 대회는 7 대륙 마라톤을 완주한 러너들이 특별한 업적으로 더하고 싶어하는 레이스이기도 하다.

오슬로에 도착한 후, 나는 다시 북극권 최북단 정착지인 스발바르 Svalbard 제도의 롱이어비엔 Longyearbyen 으로 향했다. 여기서 우리는 날씨가 잠잠해질 때까지 기다렸다가, 낡은 러시아제 비행기를 타고 북극점까지

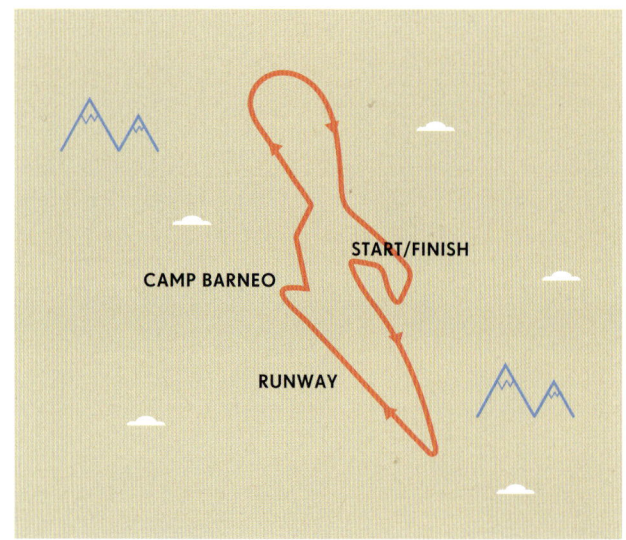

EUROPE

"코스가 촘촘히 구성되어 있어, 캠프에서 멀어질 일은 없었다. 장갑 하나 잃어버려도 생사가 달라지는 곳에서는, 그게 큰 위안이 됐다."

1,045km를 더 이동했다.

비행기에서 내려다본 북극은 눈부시게 하얀 세상이었다. 아무런 지형적 특징도 없는 대지 위에 캠프 바르네오$^{Camp\ Barneo}$가 유일하게 인류의 존재를 알리는 장소였다. 그곳은 러시아 공수부대원들이 대회를 위해 얼음 위로 임시 활주로와 본부를 구축해 둔 상태였다. 비행기가 덜컹거리며 착륙하자, 보이는 것은 푸른 천막 몇 개뿐이었다. 북극의 황량함이 한눈에 들어왔다. 하지만 진짜 충격은 비행기에서 내린 후, 건조하고 얼얼한 추위를 온몸으로 느끼면서 시작되었다.

캠프는 활주로를 중심으로 간단한 숙소, 식당, 그리고 '화장실'로 구성되어 있었다. 여기서 화장실이라 함은 사실상 쓰레기봉투를 깔아놓은 큰 양동이 위에 폴리스티렌 변기 시트를 올려놓은 것이었다 (다른 재질이라면 피부에 얼어붙을 위험이 있었다). 나는 서둘러 내 침상을 찾아 짐을 정리한 후, 룸메이트인 독일 출신의 F1 스폰서 스카우트, 콜야와 인사를 나누었다. 하지만 내 머릿속을 가득 채운 생각은 단 하나였다. '대체 이곳에서 어떻게 달릴 수 있을까?'

대회는 두터운 얼음과 울퉁불퉁한 눈 위에서 진행되었다. 기온은 섭씨 -25도에서 -41도까지 내려갔다. 코스는 단순히 거대한 원형 트랙을 다섯 바퀴 돌아 42.195km를 완성하는 방식이었다. 처음에는 다소 단조롭게 느껴졌지만, 이후 그 이유를 알게 되었다. 첫째, 이곳에서 새로운 코스를 개척하는 것은 엄청난 노동력이 필요한 작업이다. 둘째, 기존에 다져진 길은 다리의 부담을 덜어준다. 그리고 가장 중요한 이유는, 구조대의 도움을 받을 수 있도록 항상 캠프 근처에서 달려야 한다는 것이었다. 북극은 절대 멀리 떨어져서 달릴 수 있는 곳이 아니다. 선두에서 너무 앞서거나, 뒤처져서 혼자 남는 것조차도 위험할 수 있었다. 장갑을 잃어버리거나, 더 심하게는 얼음이 깨져 빠지기라도 하면 생명이 위태로울 수 있기 때문이다.

이튿날, 대회는 별다른 의식 없이 시작되었다. 관중은 없었고, 오직 북극곰의 습격을 방지하기 위해 총을 든 경비병들만 있었다. 극지방의 침묵은 더 깊게 느껴졌다. 하지만 레이스가 시작되자 나는 북극의 소리에 집중하기 시작했다. 눈밭을 밟을 때마다 바스락거리는 소리, 그리고 얼음이 살짝 가라앉는 느낌이 발끝을 통해 전해졌다.

두 번째 바퀴에서는, 러너들이 첫 바퀴에서 만든 트랙을 그대로 따라 달리게 되어 불필요하게 새 길을 개척할 필요가 없었다. 하지만 나에게는 조금 다른 과제가 있었다. 프로 선수로서 기록을 세우기 위해 이곳에 온 나는 대부분의 구간에서 선두를 유지해야 했다. 사람들을 추월하기 위해서는 기존의 트랙에서 벗어나야 했고, 때때로 무릎까지 빠지는 깊은 눈 속으로 뛰어들어야 했다.

30km를 넘기며 나는 점점 추위를 잊고 북극의 아름다움을 온전히 느끼기 시작했다. 하지만 레이스가 3분의 2를 지났을 즈음 에너지가 바닥나면서 보급이 필요했다. 에너지 젤을 꺼내려 했으나 두꺼운 옷

움직이는 얼음

북극의 얼음 아래에는 땅이 없다. 북극 마라톤 North Pole Marathon 참가자들은 사실상 바다 위를 달리고 있는 셈이다. 얼음의 두께는 1.8m에서 3.6m 정도이며, 그 아래에는 깊이 3,600m의 바다가 있다. 얼음이 계속 이동하기 때문에, 코스가 북극점 자체를 지날 가능성은 낮다. 그래서 대회 주최 측은 헬리콥터를 대기시켜 경기 후 참가자들을 북극점으로 데려가는 방안을 준비하고 있다.

왼쪽부터: 북극 마라톤 대회에서 우승한 그리스 선수 아르기리오스 파파타나소풀로스; 북극의 황량한 풍경 속을 달리는 참가자들. 이전 페이지: 생존을 위한 필수 러닝 장비.

때문에 손을 움직이는 데에도 시간이 걸렸다. 게다가 땀과 숨에서 나온 수증기로 마스크가 얼굴에 얼어붙어 벗겨지지 않았고, 속눈썹마저 얼어붙어 시야가 흐려졌다. 결국 나는 임시 식당으로 들어가 몸을 녹인 후 다시 레이스에 복귀했다. 이 마라톤을 뛰는 대부분의 참가자들은 매 바퀴마다 텐트로 들어가 몸을 데우고 보급을 하곤 한다. 다시 밖으로 나왔을 때, 강렬한 빛 때문에 순간적으로 눈이 멀 것 같았다. 시야가 서서히 돌아오면서 마지막 몇 바퀴를 시작했다. 여전히 감각이 둔했지만, 나는 마지막 3분의 1 구간을 달리면서 자신도 모르게 미소를 짓고 있었다. 이제는 눈이 단단하게 다져진 트랙을 따라 안정적으로 나아갔다.

내 공식 기록은 4시간이 조금 넘었다. 이는 내가 뛴 마라톤 중 가장 느린 기록이었다. 다음 주자가 결승선을 통과한 것은 나보다 한 시간 뒤였다. 이해할 만한 일이었다. 이 레이스에서는 엄격한 제한 시간이 없다. 여기까지 오기로 결심하고 엄청난 비용을 지불한 만큼, 주최 측에서는 어느 정도 합리적인 한도 내에서 완주할 때까지 달릴 수 있도록 허용해 준다. 비록 내 인생에서 가장 느린 마라톤이었지만 동시에 코스 신기록이기도 했다. 북극에서 얻은 것은 기록 하나만이 아니었다. 나는 이곳의 풍경을 영원히 잊지 못할 것이다. 또한, 이 마라톤은 내 '추위'에 대한 기준을 완전히 재정립했다. 불과 3년 후, 나는 남극 마라톤도 완주했다. MW

여행 개요

출발/종료점 // 캠프 바르네오 Camp Barneo
거리 // 42km
가는 법 // 오슬로에서 시베리아의 크라스노야르스크로 비행 후, 전세기를 이용해 북극으로 이동.
시기 // 대회는 매년 4월에 개최. 또는 8월에 열리는 여름 대회는 참가 비용이 훨씬 비싸지만, 참가자들은 고급 쇄빙선을 타고 북극으로 이동하는 경험을 할 수 있다.
숙소 // 캠프 바르네오의 텐트 숙박이 유일한 선택지.
자세한 정보 // www.npmarathon.com
알아둘 점 // 북극에서는 땀이 가장 큰 적. 그래서 대회 시작 시 몸이 매우 차갑게 느껴질 정도로 추운 상태를 유지하는 데 신경써야 함. 왜냐하면 달리기 시작할 때 땀이 나기 직전의 상태를 유지하는 것이 중요하기 때문. 얼굴 보호용 마스크는 필수이며, 콜드 어벤저 Cold Avenger 와 같은 제품 추천. 두꺼운 양말 두 켤레를 착용할 수 있도록 평소보다 한 사이즈 큰 트레일 러닝화를 준비할 것.

비슷한 도전을 찾아서
극한의 추위 속 러닝

아이스 마라톤 (남극)

북극점 마라톤^{North Pole Marathon}의 자매 대회인 이 레이스는, 기네스 세계 기록^{Guinness World Records}에 의해 '세계 최남단 육상 경기'로 공식 인정된 대회다. 경기가 열리는 유니언 빙하^{Union Glacier}는 남극 헤리티지 산맥^{Antarctica's Heritage Mountain Range}에 자리한 외딴 지역으로, 극한의 기후 조건을 자랑한다. 섭씨 -18도에서 -40도까지 기온이 떨어지는 이곳에서는 그 어떠한 생명체도 발견할 수 없다. 동물도, 곤충도, 새조차 없으며, 펭귄조차 이곳보다 해안이 가까운 곳에서만 서식한다. 레이스는 12월, 새하얀 눈과 얼음, 그리고 산들로 둘러싸인 풍경 속에서 진행되며, 이 세상의 것 같지 않은 태양빛과 황량함 속에서 펼쳐지는 색다른 광경을 마주할 수 있다.

출발/종료점// 유니언 빙하
거리// 42km
추가 정보// www.icemarathon.com

폴라 서클 마라톤 (그린란드)

폴라 서클 마라톤^{Polar-Circle Marathon}은 다른 극지 마라톤보다는 훨씬 더 생명력이 느껴지는 레이스다. 예를 들어, 북극여우^{arctic fox}, 사향소^{musk ox}를 마주칠 수도 있고, 혹은 인근 마을 칸게를루수아크^{Kangerlussuaq}에서 온 개가 지나가는 모습도 볼 수 있다. 이 마을은 북극권^{Polar Circle} 바로 북쪽에 위치해 있다. 대회는 10월에 개최되며, 레이스는 대부분 자갈길 위에서 진행되지만, 일부 구간에서는 얼음층을 가로지르는 코스도 포함된다. 코스 전반에는 빙하와 북극 호수^{Arctic lakes}를 감상할 수 있는 뛰어난 전망이 펼쳐진다. 초반 몇 마일 동안은 상당한 오르막 구간이 있지만, 이후에는 대체로 완만한 내리막길이 결승선까지 이어진다. 기온은 영하 20도에서 영상 10도까지 변동할 수 있어, 극한의 추위를 경험할 수도, 비교적 온화한 날씨를 만날 수도 있다.

출발/종료점// 칸게를루수아크
거리// 42km
추가 정보// www.polar-circlemarathon.com

라우가베구르 울트라마라톤 (아이슬란드)

라우가베구르 울트라마라톤^{Laugavegur Ultramarathon}은 아이슬란드에서 가장 인기 있는 하이킹 트레일을 따라 진행되는 레이스다. 대부분의 하이커들이 4일에 걸쳐 완주하는 이 코스를, 울트라 러너들은 단 하루 만에 달려야 하며, 7월에 개최됨에도, 짧지만 가파른 언덕과 얼음장같이 차가운 강을 건너는 구간이 있어 쉽지 않은 도전이 된다. 그러나 끊임없이 뿜어져 나오는 화산 증기, 검은 모래로 뒤덮인 강바닥, 그리고 장엄한 산들이 러너들에게 끝까지 완주할 동기를 부여한다. 또한, 대회 운영은 아이슬란드 조직위원회가 주관하는 만큼 체계적이고 철저하게 준비되어 있어 참가자들의 신뢰를 얻고 있다.

출발점// 란드만날라우가
종료점// 토르스모르크
거리// 55km
추가 정보// www.laugavegshlaup.is/en

위에서부터: 남극 아이스 마라톤;
아이슬란드 라우가베구르
울트라마라톤.

The North Pole Marathon

오세아니아

- EPIC RUNS OF THE WORLD -

그레이트 오션 로드 마라톤
―THE GREAT OCEAN ROAD MARATHON―

호주에서 가장 아름다운 드라이브 코스는 세계에서 가장 아름다운
마라톤 코스이기도 하다. 뛸 때는 시선을 도로에 고정할 필요가 없다.

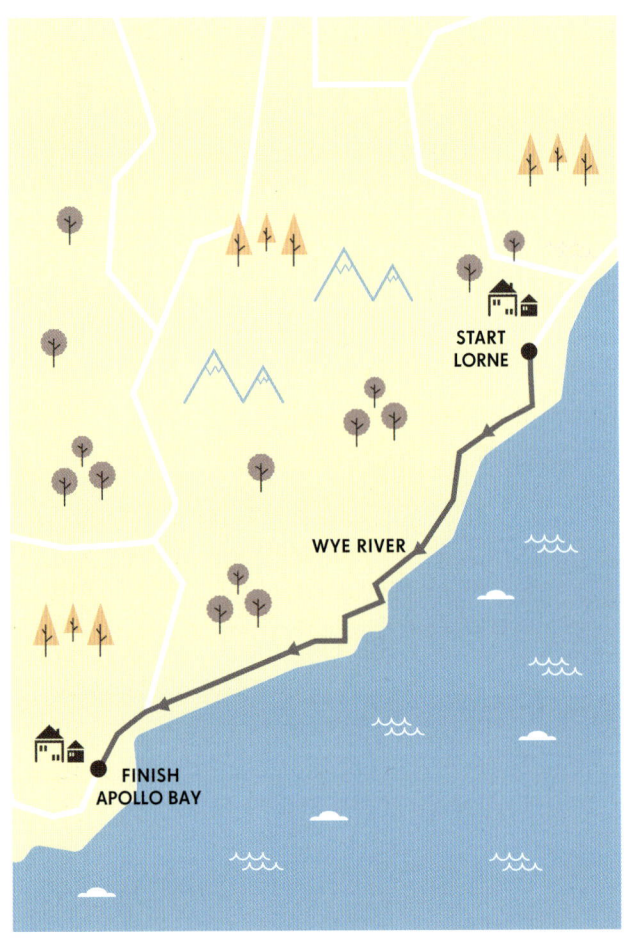

음 그레이트 오션 로드 마라톤에 참가했을 때, 나는 대부분의 시간을 도로만 바라봤다. 오해하지 말길 바란다. 도로 상태는 괜찮은 편이다. 매년 엄청난 수의 차량이 다니는 걸 고려하면 말이다. 그러니 도로를 그렇게 주의 깊게 바라볼 가치가 없다는 건 분명했다. 시야 한쪽에서는 다른 사람들이 멋진 나무들과 외로운 표류목들이 흩어진 해변을 감상하는 모습이 보였다. 하지만 나는 계속 아래만 보고 있었다. 이 마라톤은 44km(27마일)로 사실상 울트라마라톤에 해당하며, 당시 내 인생에서 가장 긴 거리를 뛰는 도전이었다. 돌아보면 그 생각이 나를 짓눌렀던 것 같다. 그래서 두 번째 도전할 때는 출발선부터 스스로에게 약속했다. 이번에는 고개를 들고 달릴 것이다. 파도를 바라보며 이 시각적 경이로움을 만끽하리라. 도로가 거친 바다 가장자리에 매달려 있고, 거대한 바위 절벽과 모래 해변을 따라 이어지는 그 풍경을 충분히 누리는 사람들 중 하나가 되리라. 첫 번째 도전에서 배운 것은 그레이트 오션 로드 마라톤에서는 날씨 예보를 미리 확인하는 게 별 소용이 없다는 점이었다. 자연은 어떤 날씨든 예고 없이 던져줄 수 있고, 두 번째 도전 때도 다르지 않았다. 대회는 멜버른에서 약 두 시간 거리의 빅토리아주 서부에서 매년 5월 중순에 열린다. 가을과 겨울이 교차하는 시기, 추위가 찾아오는 때다. 그레이트 오션은 사실 배스 해협Bass Strait이다. 탐험가 매튜 플린더스Matthew Flinders는 이곳에 대해 "이보다 두려운 해안선은 거의 본 적이 없다"고 말했다. 출발지인 리조트 타운 론Lorne에서 대기하며 화장실 줄을 서 있는 동안, 나는 바다를 바라봤다. 이곳에서는 숲이 바다와 만난다. 유칼립투스 나무가 도로 가장자리까지 다다르고, 드문드문 있는 나무 집들이 절벽 옆에 자리잡고 있다. 대부분의 사람들이 서로 알고 지내는 작은

OCEANIA

마을들이다. 나는 한때 이곳에 살았고, 그 시절엔 러닝을 하지 않았다. 관광객들을 태우고 이 길을 운전하거나, 자전거 이벤트에 참여하거나, 가이드북 작성을 위해 이 굽이진 길을 조사했던 기억이 난다. 하지만 그레이트 오션 로드는 일 년에 딱 두 번 차량 통행이 통제되며, 마라톤이 그중 하나다. 아무리 여러 번 이 길을 운전해 봤더라도, 차 없는 도로를 달리는 것은 드문 특권처럼 느껴졌다. 마침내 론에서 출발하자, 발걸음 소리가 들려왔다. 수많은 운동화가 도로를 치는 소리가 발코니에서 울어대는 하얀색과 노란색 앵무새들의 합창 소리를 거의 잠재울 정도로 컸다. 우리는 왼편에서 서핑을 즐기는 이들을 뒤로하고, 론의 새롭게 단장한 부두와 론 어업 협동조합을 지나갔다. 오른편에는 1879년부터 이어져 온 인기 있는 휴식처, 그랜드 퍼시픽 호텔이 보였다. 오토바이를 타고 온 투숙객들이 우리는 응원했는데, 우리가 지나가기 전까지 그들은 꼼짝할 수 없을 터였다. 이후에는 아무것도 없었다. 아무것도 없다는 이 사실이 항상 충격적이다. 외딴 지역이 결코 아니다. 그러나 러너들이 각자의 페이스를 찾고 흩어지면, 나 또한 나만의 공간과 페이스에 빠져든다. 이제는 나와 도로, 그리고 바다의 푸른빛, 나무의 녹색과 회색만이 남는다. 이 대회는 주말 동안 열리는 러닝 페스티벌의 일부로, 다양한 이벤트에 약 8,000명이 참가하지만 어떻게 된 일인지, 그 순간만큼은 다른 러너들이 모두 사라진 듯한 기분이 든다. 나는 지나치는 마을들을

"하얀색 노란색 앵무새가 발코니에서 시끄럽게 울어댔다. 왼쪽 바다 위 서퍼들은 조용히 파도를 기다리고 있었다."

기준 삼아 진행 속도를 가늠한다. 그중 하나인 와이 리버Wye River는 오트웨이 산맥 국립공원Otway Ranges National Park으로 가는 관문이다. 2015년, 끔찍한 산불이 이 지역을 휩쓸며 수많은 가옥이 소실되었는데 다행히도 와이 리버 잡화점Wye River General Store은 기적적으로 불길을 피했다 (이곳은 커피 한 잔 하기에 딱 좋은 곳이다). 나는 이번엔 주변 경치를 제대로 보겠다고 다짐했지만, 사실 그레이트 오션 로드에서는 냄새도 시시각각 바뀐다는 걸 알게 됐다. 바다 안개가 공기에 맴돌고, 그늘진 바위 절벽에서 물이 뚝뚝 떨어지며 숲의 깊은 향기를 가져왔다. 어디선가 날카롭게 찬 바람이 불어오기도 한다. 지난번에는 언덕 정상에 도달했을 때 돌풍 때문에 발이 붕 뜨기도 했다. 이 코스의 고도 상승은 488m에 달한다. 코스의 절반을 조금 넘긴 켄넷 리버Kennett River에 도착해 유칼립투스 나무 위로 코알라가 보일까 고개를 들어봤지만, 아무것도 무엇도 보이지 않았다. 휴대폰을 꺼내 시간을 확인했다. 아마도 이때쯤이면 우승자는 이미 결승선을 통과했을 것이다. 그래, 나는 느리다. 훈련을 꾸준히 하지 않았으니까. 보급소에

손으로 일군 길

그레이트 오션 로드는 약 3,000명의 1차 세계대전 참전 군인들이 대양과 농지, 숲 사이의 땅을 손으로 깎아 만든 도로다. 이 도로는 1932년에 완공되었고, 당시에는 유료 도로였지만 지금은 무료로 이용할 수 있다. 론으로 가는 길에 위치한 도로 위 기념 아치에서는 이 길을 만든 참전 군인들을 기념하며 레트로한 매력을 즐길 수 있다. 케네트 강Kennett River 에서는 유칼립투스 나무 위에서 한가롭게 쉬며 먹이를 먹는 코알라들을 찾아볼 수도 있다.

왼쪽부터 시계 방향으로: 일 년에 두 번만 차량 통행이 금지되는 그레이트 오션 로드; 발코니에 둥지를 튼 코카투; 마라톤 코스에서 가장 험난한 구간 중 하나. 이전 페이지: 아폴로 베이가 레이스의 마지막 구간임을 알린다.

도착하니 남아 있는 건 미끄덩한 젤리 스네이크 하나뿐이다. 내가 도착할 즈음에는 사람들도 응원에 지쳐 있다. 건강해 보이는 사람들과 함께 달리며 스스로도 좋은 기분을 느끼지만, 이야기를 나누다 보면 그들이 부상을 입은 상태라는 걸 알게 된다. 그래도 괜찮다. 나는 계획대로 가고 있다. 내 계획은 단순히 모든 것을 받아들이는 것이다. 다시 해안가로 돌아오자, 흰 포말이 이는 거대한 파도가 보인다. 저 바다가 너무 추울 것 같다고 생각한다. 하지만 해안 곳곳에는 여전히 서퍼들이 있다. 나는 파도 너머를 바라보며 혹시 수면 위로 솟아오르는 고래의 분수를 볼 수 있을까 기대한다. 오늘은 없다. 하지만 무지개가 떠 있다. 그리고 아폴로 베이Apollo Bay 방향으로는 어두운 구름이 몰려 있다. 기분이 좋았다. 출발선에서 느낀 흥분이 아직 가라앉지 않은 상태에서 곧 결승선에 도착한다는 새로운 흥분이 찾아온다. 기록 계측 매트가 아폴로 베이 입구를 따라 늘어선 사이프러스 나무들 아래에 깔려있다. 매트를 지나자, '삐' 소리와 함께 기록이 찍힌다. 5시간 18분—느리다고 말했잖아. 하지만 아직 1,800m를 더 달려야 한다. 비가 내린다. 더 빨리 달렸더라면 젖지 않았을 텐데. 비를 뚫고 달려야 한다. 나는 레이스 타월을 몸에 두르고, 결승선에서 바나나를 집어 든다. 성공의 감격에 눈물이 약간 고인다. 그리고 나를 론으로 다시 데려다줄 버스를 찾기 시작한다. 오늘 나는 그레이트 오션 로드를 한 번 더 여행할 것이다. JD

여행 개요

출발점// 론
종료점// 아폴로 베이
거리// 44km
가는 법// 론은 멜버른에서 145km 거리. 가장 가까운 호주 국내 공항인 애벌론 공항Avalon Airport은 89km 떨어져 있음.
시기// 매년 5월 셋째 주 일요일.
숙소// 론에는 호텔부터 휴가용 코티지까지 다양한 숙박 옵션이 마련되어 있다. 자세한 정보는 www.accommodationinlorne.com.au에서 확인할 수 있다.
자세한 정보// www.greatoceanroadrunfest.com.au
알아둘 점// 따뜻한 날씨에 적합한 러닝 장비로 충분하지만, 추운 아침을 대비해 장갑을 준비하는 것도 좋음. 도착 지점에서 갈아입을 따뜻한 옷을 담은 드롭백을 준비하면 유용.

비슷한 도전을 찾아서
해안 마라톤

서프 코스트 트레일 마라톤, 토키 (호주)

6월에 열리는 이 유쾌한 트레일 마라톤은 멜버른에서 가까운 그레이트 오션 로드 구간을 따라 진행된다. 서핑 명소로 유명한 토키Torquay의 해변에서 출발해 서프 코스트 워크Surf Coast Walk를 따라 42km 떨어진 페어헤이븐Fairhaven까지 이어지는 코스다. 러너들은 세계적으로 유명한 서핑 포인트인 벨스 비치Bells Beach를 지나, 포인트 애디스Point Addis에서 내륙으로 들어가 덤불 지역을 가로지르며, 많은 구간에서 모래 위를 달리게 된다. 포인트 애디스에서 풀코스 참가자들은 하프마라톤 참가자들과 합류하며, 이후 해안가 마을 앵글시Anglesea를 지나 마지막 구간인 에어리스 인렛Aireys Inlet까지 함께 달린다. 밀물 때는 강을 건너야 하는 구간이 있으며, 해변 가장자리를 따라 달리는 구간도 있어 발이 젖는 것은 피할 수 없다. 결승선을 향해 달려갈 때, 눈앞에는 장엄한 스플릿 포인트 등대Split Point Lighthouse가 모습을 드러내며, 마지막에는 페어헤이븐 서프 라이프세이빙 클럽Fairhaven Surf Lifesaving Club 앞 모래밭에서 결승선을 통과하게 된다.

출발점// 토키
종료점// 페어헤이븐
거리// 42km
추가 정보// www.surfcoasttrailmarathon.com

버뮤다 마라톤

이 1월 대회는 1975년부터 시작되었으나, 2020년 새로운 코스가 공개되었다. 기존에는 21km 루프를 두 바퀴 도는 방식이었지만, 이제는 아름다운 직선 코스로 변경되었다. 러너들은 해밀턴Hamilton 도심에서 페리를 타고 그레이트 사운드Great Sound를 건너, 버뮤다 서해안의 역사적인 로열 네이벌 도크야드Royal Naval Dockyard(왕립 해군 조선소)에서 출발하게 된다. 그 후, 섬을 가로질러 소머셋 브리지Somerset Bridge(세계에서 가장 작은 가동식 도개교)를 건너고, 깁스 힐 등대Gibb's Hill Lighthouse를 비롯한 명소들을 지나며 결승선을 향해 달린다. 코스는 완만한 기복이 있는 지형으로, 길가에는 파스텔톤의 집들과 대저택들이 점점이 자리하고 있다. 이곳은 열대 기후를 띠는 지역으로, 달리면서 프랜지파니frangipani와 부겐빌레아bougainvillea(열대 꽃나무)의 향기를 맡으며 달리는 경험도 가능하다. 체력이 뛰어난 러너들은 3일 동안 3개의 레이스를 완주하는 '버뮤다 트라이앵글 챌린지Bermuda Triangle Challenge'에 도전할 수도 있다.

출발/종료점// 해밀턴
거리// 42km
추가 정보// www.bermudaraceweekend.com/race-info

딩글 마라톤 (아일랜드)

아일랜드 남서쪽 끝, 거친 자연이 펼쳐진 해안 지역, 카운티 케리County Kerry는 '라이언의 딸Ryan's Daughter'부터 '스타워즈: 에피소드 VIIStar Wars: Episode VII'까지 다양한 영화의 배경이 된 감성적인 장소이다. 매년 9월에 개최되는 이 마라톤 대회는 딩글 반도Dingle Peninsula의 절경을 따라 펼쳐지며, 특히 장엄한 해안 절벽을 따라 이어지는 와일드 애틀랜틱 웨이Wild Atlantic Way의 하이라이트인 슬레아 헤드 드라이브Slea Head Drive 구간을 지난다. 그리고 이 날은 일 년 중 유일하게 모든 차량 통행이 금지되는 날로, 러너들은 오직 자연과 함께하는 달리기의 순간을 온전히 즐길 수 있다. 레이스는 그림 같은 어촌이자 관광지인 딩글의 마리나marina에서 출발하며, 블래스킷 제도Blasket Islands, 고대 요새, 심장을 철렁이게 하는 해안 절벽, 그리고 광활한 대서양을 내려다보며 달리는 코스를 따라 진행된다.

출발/종료점// 딩글
거리// 42km
추가 정보// www.dinglemarathon.ieMore info // www.dinglemarathon.ie

위에서부터: 버뮤다의 호스슈 베이 비치;
아일랜드 딩글 마라톤은 카운티 케리의
시골 도로를 지나 절벽으로 이어진다.

The Great Ocean Road Marathon

- EPIC RUNS OF THE WORLD -

멜버른의 공원 러닝 필수 코스
—MELBOURNE'S MUST-DO PARK RUN—

'탄(Tan)'은 작지만 훌륭한 도시 러닝 코스가 갖춰야 할 모든 것을
지니고 있으며, 야생동물 덕분에 특별한 매력을 더한다.

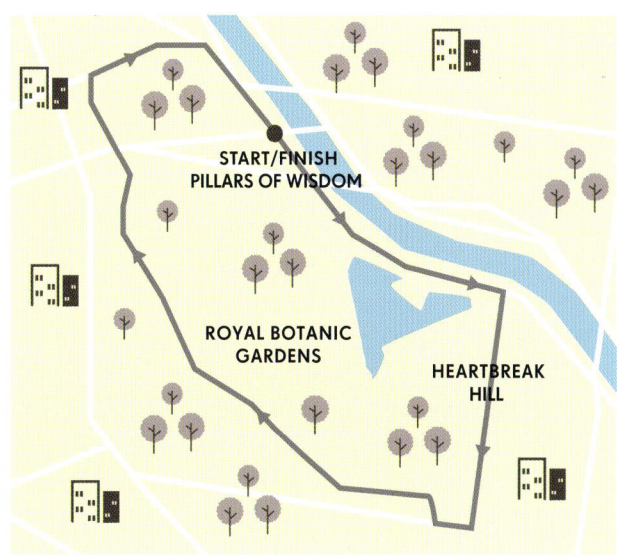

도시 공원의 러너들은 전 세계 어디에서나 흔히 볼 수 있다. 이들은 대회에 참가하거나 출근 전후로 짬을 내 운동을 하며 공원을 가득 메운다. 새벽이면 수백만 명의 러너들이 뛰어나와 아침의 상쾌함을 만끽하거나 조용히 심호흡하며 명상을 즐긴다. 어떤 이들에게 공원 러닝은 도심을 벗어나 매연 없는 맑은 공기를 들이마실 기회를 제공한다. 또 다른 이들에게는 개인 기록PB을 경신하거나 스트라바Strava(운동 앱)에 기록을 남기는 것이 전부다. 이처럼 다양한 러닝 문화를 엿볼 수 있는 대표적인 장소가 바로 멜버른의 상징적인 러닝 코스 '탄Tan'이다.

이 3.8km 순환 코스는 도시의 인상적인 식물원 주위를 돌아 북쪽으로는 고층 빌딩의 그림자 아래를, 남쪽으로는 사우스 야라South Yarra와 세인트 킬다St Kilda의 세련된 지역을 향해 이어진다. 멜버른 사람들 중 일부는 매일 이 루트를 달리고, 어떤 이들은 가끔씩 이곳을 찾는다. 나는 이곳에서 달릴 기회가 생길 때마다 찾아오며, 오늘 아침도

Takatoshi Kurikawa/Alamy Stock Photo

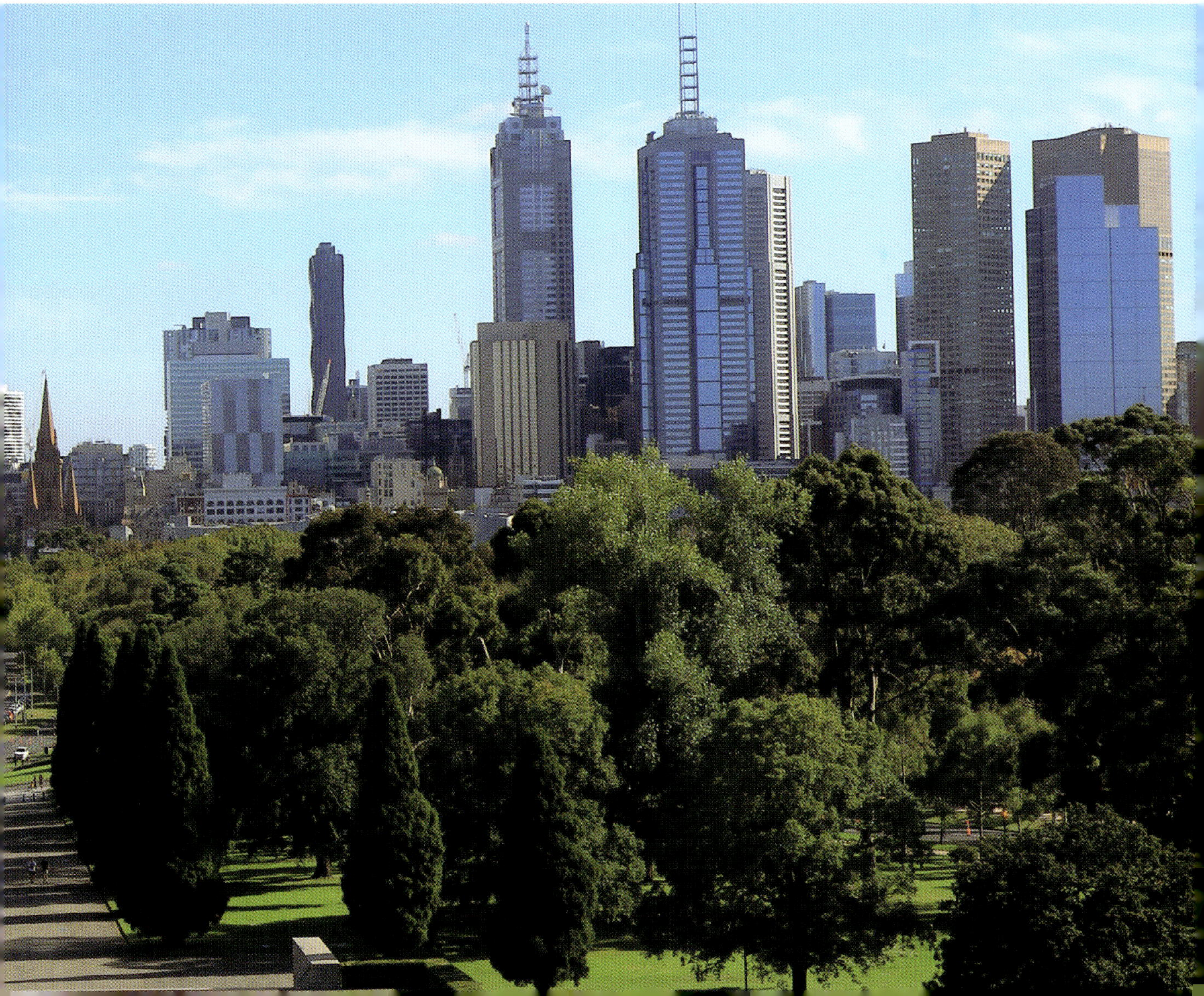

"탄은 러너들의 성지다. 250m마다 거리 표시판이 있고, 디지털 시계가 있으며, 밤 늦게까지 길을 밝혀주는 불빛이 있다."

마찬가지다. 이 도시가 지닌 매력을 상징하는 장소가 바로 이 '탄'이 아닌가 생각하며 발걸음을 옮겼다. 탄의 순환 코스는 어디서든 시작할 수 있지만, 전통적인 코스의 '공식적인' 출발점은 스완 스트리트 브리지Swan Street Bridge 맞은편, 야라강 남쪽 강변에 있는 '필라스 오브 위즈덤Pillars of Wisdom'이다. 나는 이곳에서 출발해 알렉산드라 애비뉴Alexandra Ave를 따라 시계방향으로 달리는 것을 선호한다. 야라강은 왼편에, 식물원의 장식용 호수는 오른편에 둔 채로 말이다.

멜버른은 다층적인 매력을 지닌 도시다. 집착이라고 할 만큼 예술을 사랑하는 이 도시는 정장 차림의 직장인, 학생, 스케이터가 그래피티로 장식된 골목과 공들여 만든 커피숍을 공유하는 곳이다. 또한 모든 도로가 녹지로 이어지는 듯한 도시이기도 하다. 다양한 스포츠가 뿌리내린 빅토리아주의 수도인 멜버른은 공원 러닝 문화를 완벽하게 구현하며, 어떤 사람에게나 적합한 코스를 제공한다. 실제로 도시 전역에 걸쳐 500헥타르가 넘는 잔디밭과 트레일 공원이 콘크리트 정글 사이를 메우고 있다. 하지만 그중에서도 '탄'은 최고다. 1900년대 초 마차용 트랙에 사용된 탄바크tanbark에서 이름이 유래했다는 설과 식물원Botanical의 약칭이라는 설이 분분한 탄 루프는 대부분 자갈길로 이루어져 있으며, 일부 아스팔트 구간도 있다. 이 트랙은 너무나 인기가 많아 때때로 야라 강변을 감싼 언덕 길이, 러너들이 흐르는 강처럼 보이기도 한다. 38헥타르에 달하는 이 반(半)조성된 자연 공간은 러닝 마니아들에게는 성지와도 같다. 250m마다 거리 표시가 있고, 디지털 시계가 있으며, 한밤중까지 조명이 밝혀져 있다.

나는 주로 땀을 흘리기 위해 이곳을 찾는다. 탄에서 가장 큰 도전은 알렉산드라 애비뉴 초입의 '하트브레이크 힐Heartbreak Hill'로 불리는 앤더슨 스트리트의 가파른 언덕이다. 이 구간은 아침의 게으름을 떨치고 근육을 깨우기에 충분하다. 이 언덕의 꼭대기에서는 굽이치는 야라강 너머 마천루들이 아침 햇살에 빛나는 광경이 펼쳐진다. 이어지는 코스는 버즈우드 애비뉴Birdswood Ave와 나란히 북서쪽으로 이어진다. 오른편으로는 어린이 정원이, 왼편으로는 제1차 세계대전 기념비인 리멤브런스 성지Shrine of Remembrance가 자리잡고 있다.

한 번은 이곳에서 미국의 유명 울트라러너 앤턴 크루픽카Anton Krupicka와 함께 달린 적이 있다. 그의 트레이드마크인 긴 머리와 덥수룩한 수염, 그리고 로키산맥의 험준한 봉우리에서 최소한의 장비만으로 뛰는 이미지는 이곳과는 너무나도 동떨어져 보였다. 하지만 대조적인 이 환경에도 그는 진심으로 감탄하며 즐거워하는 듯했다. 그런 전설적인 러너와 함께 달리는 것도 좋았지만, 사실 내가 탄에서 가장 좋아하는 순간은 오늘 아침과 같은 시간이다. 새벽 햇살 아래 나무와 새, 그리고 이곳에 사는 동물들만을 벗 삼아 달리는 시간 말이다. 탄에는 여전히 야생이 깃들어 있다. 디지털 타이머와 조명이 설치되어 있지만, 로열 보타닉 가든Royal Botanic Gardens에는 해오라기, 큰박쥐 및 기타 야행성

- EPIC RUNS OF THE WORLD -

공원 신기록

2006년 12월 21일, 호주의 5,000m 전문 선수이자 올림픽 출전 4회의 경력을 가진 크레이그 모트럼Craig Mottram은 탄 트랙에서 10분 8초의 최고 기록을 세웠으며 그 기록은 현재까지 유지되고 있다. 당시 모트럼은 근처 리치몬드 풋볼 클럽Richmond Football Club의 선수들과 함께 달렸는데, 프로 호주 풋볼 선수들이 2분 30초 먼저 출발하는 핸디캡 속에서도 그들을 압도하며 승리했다.

왼쪽부터: 로열 보타닉 가든을 순찰 중인 주머니쥐; 제1차 세계대전을 기념하는 리멤브런스 성지. 이전 페이지: 풍부한 공원이 멜버른을 러닝에 최적화된 도시로 만든다.

동물들이 서식하며, 수천 마리의 새와 유대류인 주머니쥐도 많다. 런던이나 뉴욕 공원의 다람쥐처럼 여기서는 주머니쥐가 흔한 존재다.

시드니 마이어 뮤직 볼Sidney Myer Music Bowl을 지나면 트랙은 알렉산드라 애비뉴로 꺾여 다시 필라스 오브 위즈덤으로 돌아온다. 이곳에는 탄의 최고 기록을 기념하는 돌비석이 자리잡고 있으며, 호주, 케냐, 북미의 올림픽 메달리스트들의 이름이 새겨져 있다. 나는 그 기록에 근접할 일은 없겠지만, 전혀 개의치 않는다. 이곳에서의 소중한 새벽 시간에는 지구가 회전하며 남반구의 도시가 태양을 마주하는 순간을 경험한다. 거대한 유리와 철골 구조물이 마법 같은 빛을 받아 반짝이고, 식물원의 새들은 교대 근무를 하듯 소리를 내기 시작한다.

이 새들은 매우 소란스럽다. 흰 깃털의 꿀빨이새가 마치 스타워즈의 R2D2 같은 휘파람을 불다가 방귀 소리를 내고, 개구리입쏙독새는 낮게 울리는 비트박스 같은 소리를 낸다. 나는 이곳을 15년째 달리고 있지만, 여전히 무지갯빛 구름처럼 날아다니는 오색앵무새와 장미앵무새를 볼 때마다 감탄한다. 이곳에서 달리는 많은 사람들이 이어폰으로 이 모든 소리를 차단하는 것을 나는 도무지 이해할 수 없다.

도시의 소음이 자연의 소리에 묻힐 때—새벽의 합창이든 저녁의 노래든—멜버른 도심의 바로 옆에서 호주의 아웃백으로 돌아온 듯한 기분이 든다. 이것이야말로 탄이 세계 최고의 공원 러닝 코스 중 하나로 꼽히는 이유다. **PK**

여행 개요

출발/종료점// 필라스 오브 위즈덤
(알렉산드라 애비뉴와 올림픽 블러바드 교차로 근처)
거리// 3.8km
가는 법// 로열 보타닉 가든은 시내 중심에서 도보로 가까운 거리. 트램 정류장 19번(세인트 킬다 로드의 리멤브런스 성지Shrine of Remembrance 근처)이 가장 가까움.
시기// 탄은 연중 온화한 기후. 일출과 일몰 시간대가 가장 좋음.
숙소// 탄 트랙 근처인 사우스 야라, 프라란, 미들 파크, 세인트 킬다 이스트 등의 외곽 지역 추천.
자세한 정보// www.rbg.vic.gov.au ; www.runthetan.net
알아둘 점// 멜버른은 커피가 예술로 여겨질 정도로 수준이 높음. 탄 트랙 근처의 St Ali(www.stali.com.au) 같은 곳에서 러닝 후 커피 한 잔을 즐길 것.

– EPIC RUNS OF THE WORLD –

비슷한 도전을 찾아서
상징적인 공원 런

피닉스 파크, 더블린 (아일랜드)

유럽에서 가장 큰 성벽으로 둘러싸인 녹지 공간 중 하나인 피닉스 파크$^{Phoenix\ Park}$(708 헥타르)는 오랜 역사를 간직한 곳으로, 야생 꽃사슴$^{fallow\ deer}$ 무리와 자유롭게 달리는 러너들의 터전이다. 이곳에는 정해진 코스가 따로 없으며, 러너들은 자신이 선호하는 노면을 따라 자유롭게 달린다. 로드 러너들은 포장된 아스팔트 길을 따르고, 트레일 러너들은 나무 사이를 구불구불 이어지는 부드럽고 기술적인 오솔길을 찾는다. 공원의 외곽 성벽과 평행하게 한 바퀴 도는 코스는 10.5km이지만, 이 외에도 다양하고 흥미로운 루트를 탐험할 수 있다. 달리는 동안 아일랜드 대통령 관저, 더블린 동물원, 웰링턴 기념비, 15세기에 지어진 애쉬타운 성 등 역사적인 명소들을 지나며, 이곳만의 특별한 분위기를 만끽할 수 있다.

출발/종료점// 체스터필드 애비뉴(그레이트 아일랜드 런 루트의 시작)
거리// 10km
추가 정보// www.phoenixpark.ie

알버트 파크, 멜버른 (호주)

멜버른에는 훌륭한 도심 러닝 코스가 많지만, 특히 알버트 파크$^{Albert\ Park}$의 포뮬러 1 그랑프리 서킷을 따라 달리는 코스는 많은 러너들이 즐겨 찾는 곳이다. 이 공원은 도심과 세인트 킬다$^{St\ Kilda}$, 포트 필립 베이$^{Port\ Phillip\ Bay}$ 사이에 자리한 푸른 공간으로, 알버트 파크 호수를 한 바퀴 도는 코스는 약 5km(3마일) 미만이다. 매주 토요일 아침 개최되는 대규모 참가형 '파크런^{Parkrun}' 이벤트 덕분에, 이곳은 개인 기록을 세우기에 인기 있는 장소가 되었다. 코스는 콘크리트, 자갈길, 모래길이 혼합된 지형이지만, 이곳에서 가장 주의해야 할 장애물은 다름 아닌 이곳을 터전으로 삼고 있는 검은 백조다. 이들은 길을 양보할 생각이 전혀 없다. 평균 완주 시간은 29분 38초이지만, 페라리의 샤를 르클레르$^{Charles\ Leclerc}$는 2024년에 단 1분 19초 만에 이 서킷을 질주했다.

출발/종료점// 멜버른 스포츠 및 아쿠아틱 센터(MSAC)
거리// 5km
추가 정보// www.parks.vic.gov.au; www.parkrun.com.au/albert-melbourne

부시 파크, 테딩턴, 런던 (잉글랜드)

처음에는 단순한 아이디어에서 시작되었다. 비경쟁적이며, 누구나 참여할 수 있고, 무료로 제공되는 매주 5km 타임 러닝 이벤트. 하지만 이 파크런은 이제 전 세계적으로 수백만 명이 참여하는 거대한 러닝 현상이 되었다. 그리고 그 모든 것은 바로 이곳에서 시작되었다. 2004년 10월 2일, 최초의 파크런 개척자 13명이 부시 파크$^{Bushy\ Park}$를 달렸을 때, 하나의 러닝 혁명이 탄생했다. 오늘날, 운동화를 신은 여행자들은 새로운 코스를 정복하기 위해 나라와 대륙을 넘나들며 달리지만, 부시 파크는 언제나 그들의 "꼭 가봐야 할 리스트" 최상위에 자리한다. 매주 토요일이면, 전 세계에서 모여든 수백 명의 파크런 순례자들이 이곳을 찾아와 유명한 코스를 반시계 방향으로 달린다. 10주년 기념 이벤트에서는 1,700명 이상이 출전했으며, 모 파라$^{Mo\ Farah}$ 같은 세계적인 러너들도 이곳을 방문한 적이 있다.

출발/종료점// 다이애나 분수/헤론 연못 (부시 파크)
거리// 5km
추가 정보// www.parkrun.org.uk/

위에서부터: 런던 부시 파크에서 펀 런;
유럽에서 가장 큰 공원 중 하나인 더블린
피닉스 파크.

Melbourne's Park Run

- EPIC RUNS OF THE WORLD -

오미스턴 협곡 파운드 루프
―THE ORMISTON GORGE POUND LOOP―

호주의 유명한 라라핀타 트레일에서 갈라져 나온 이 아담한 코스는
이 대륙 최고의 단거리 트레일 러닝 코스일지도 모른다.

고(故) 알버트 나맛지라Albert Namatjira는 호주 북부의 티오리차Tjoritja 또는 웨스트 맥도넬 산맥West MacDonnell Ranges을 주제로 수천 점의 캔버스화를 그린 위대한 원주민 예술가다. 그의 수채화는 강렬한 빛과 색채로 넘쳐나며, 거칠지만 매력적인 아웃백을 상징하는 하얀 유칼립투스 나무와 뒤틀린 관목지대를 생생히 담아냈다. 나맛지라가 자신의 작품이 트레일 러너들에게 영감을 줄 것이라 상상했을 리는 없다.

오르락내리락하는 절벽과 탐험하기 좋은 극적인 계곡이 가득한 이 지역에서 나맛지라의 작품 중 하나인 '오미스턴 협곡 근처Near Ormiston Gorge'는 나를 웨스트 맥도넬 산맥으로 이끈 이정표가 됐다. 오미스턴 협곡과 파운드(자연 분지) 루프는 호주에서 마일 대비 최고의 단거리 러닝 코스라 할 만하다. 단 9km에 불과한 이 순환 코스는 약 223km에 이르는 라라핀타 트레일의 분기점으로, 보통 며칠에 걸쳐 걷거나 울트라마라톤 거리로 달리는 전체 코스에 속해 있지만 오미스턴 협곡 주차장에서 바로 출발하면 호주의 상징적인 내륙부Red Centre에서의 황량한 풍경 러닝을 압축적으로 경험할 수 있는 기회를 제공한다.

내가 이 독특한 트레일과 처음 마주한 것은 살을 태울 듯한 태양빛 아래 33km를 달린 끝자락에서였다. 그때 나는 수분 보충 팩만큼이나 완전히 바싹 말라버린 상태였다. 나는 메인 라라핀타 트레일을 따라 여러 날에 걸친 러닝 미션에서 러너 그룹을 이끌고 있었다. 6시간 동안 높은 능선을 오르고 협곡을 내려갔으며, 아름다운 경치조차도 예리한 돌과 가시 덤불, 그리고 때때로 길을 가로막는 킹 브라운

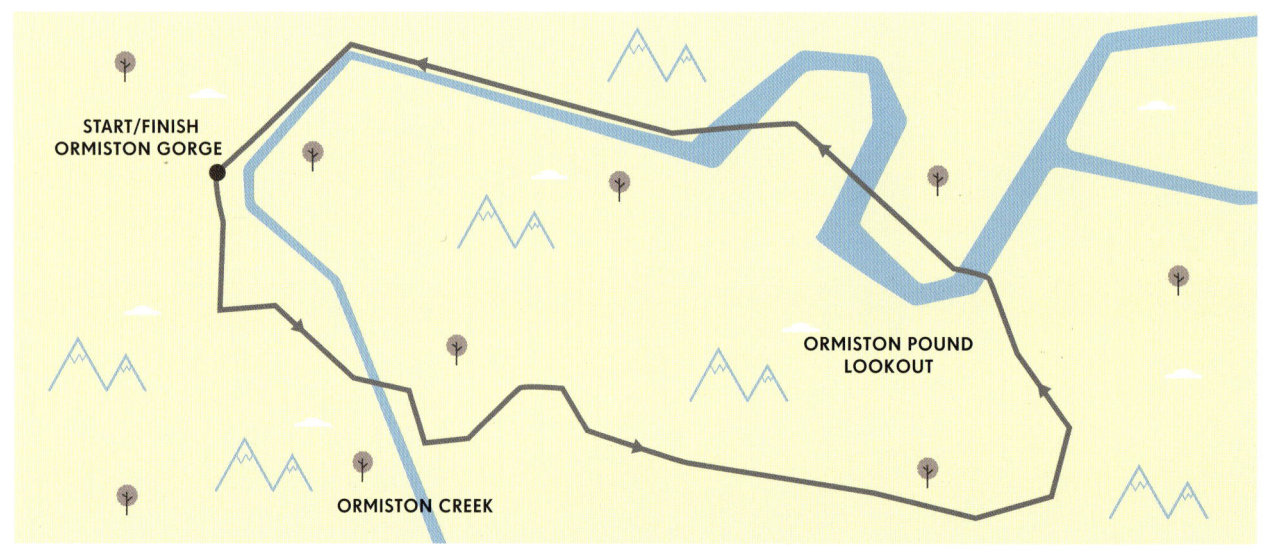

OCEANIA

"우리는 물가에 도착했지만, 트레일은 사라지고 없었다. 배낭을 머리 위로 들고, 조심스럽게 물속을 걸어 나갔다."

스네이크가 등장하는 가혹한 장애물일 뿐이었다. 우리 그룹은 동쪽에서 서쪽으로 가는 중반부에 있었고, 추가로 8km를 더 달려 오미스턴 협곡과 파운드 루프를 감상할 생각은 없었다. 우리는 에어컨이 빵빵한 주차장 키오스크와 아이스크림을 향해 직진했다. 이후 근처의 천연 수영장에 몸을 담갔다. 하지만 협곡의 차가운 물에서 몸을 식히고 나자, 또 하나의 멋진 러닝을 할 수 있다는 유혹을 뿌리칠 수 없었다. 사실 정리 운동을 겸한 가벼운 러닝이 좋은 생각처럼 느껴지기 시작했다. 우리는 사막 한가운데지만 얼음장처럼 차가운 계곡물에 다리를 충분히 냉찜질한 다음 다시 출발했다.

주차장을 나서면 코스는 어느 방향으로든 달릴 수 있지만, 반시계 방향이 추천된다. 마지막에 협곡을 건너는 하이라이트가 기다리고 있기 때문이다. 우리는 처음에 무심코 지나쳤던 트레일을 따라갔다. 말라붙은 오미스턴 개울^{Ormiston Creek}을 건넌 후 북동쪽으로 향하는 이 길은 라라핀타 트레일에서 벗어나 노출된 계곡을 따라 부드럽게 구불거리며 이어졌다.

많은 사람들이 호주의 중심부를 '죽은 심장^{Dead Heart}'이라고 부르며, 뜨거운 사막의 열기 속에서 끝없는 모래언덕을 달리는 풍경을 떠올릴 것이다. 하지만 실상은 다르다. 호주 중앙부는 그리 황량하지도, 예상만큼 가혹한 러닝 환경도 아니다. 실제로, 티오리차의 트레일은 야생 동물로 가득하고, 이국적인 식물들이 빽빽하게 들어서 있다. 그 사이로 맑은 오아시스와 거대한 산등성이가 자리하며, 저 밑의 신비로운 협곡과 태곳적 광활한 계곡들을 내려다보고 있다. 이곳에서 달리는 경험은 마치 화성 지형을 가로지르는 듯한 느낌일 것이다. 길 양옆으로 붉은색과 주황색의 날카로운 바위들이 매섭게 노려보는 듯한 풍경 속에서, 나는 단단히 다져진 트레일을 따라 내달린다.

우리는 작은 능선에 도달했고, 짧은 지그재그 길을 따라 노출된 전망대로 향했다. 그곳에서 펼쳐진 광경은 나맛지라가 한 달 동안 화폭 앞에 앉아도 아깝지 않을 만큼 경이로웠다.

눈앞에는 '파운드^{Pound}'라 불리는 거대한 분지가 펼쳐져 있었다. 이곳은 가파른 산들이 평평한 모래 바닥에서 솟아올라 주변을 둘러싸고 있는 형상이었다. 북쪽에는 장엄한 보우먼스 갭^{Bowmans Gap}이 자리잡고 있는데, 이는 치윙스 산맥^{Chewings Range}의 마지막 구간을 둘로 나누며 북쪽 경계를 형성하는 거대한 협곡이다. 동쪽으로는 시선이 자연스럽게 마운트 자일스^{Mt Giles}(1,389m)로 향하는데, 이 산은 협곡 같은 분지의 동쪽 끝에서 마치 파수꾼처럼 서 있다. 직선 거리로 약 10km 떨어진 이 봉우리는 주변 경관을 압도하는 존재감을 지니고 있다. 두 개의 거대한 절벽은 오미스턴 크리크와 그 말라붙은 지류들, 그리고 곳곳에 자리한 스피니펙스 풀밭^{spinifex}과 하얀 유령 나무, 그리고

도전의 거리

라라핀타 트레일 전 구간 223km을 완주한 가장 빠른 기록은 2023년, 웨스트 맥스 몬스터 West Macs Monster 울트라마라톤 대회에서 사이먼 듀크 Simon Duke가 세운 39시간 58분이다. 이 코스는 고도 상승이 총 3,965m에 달하는 험난함을 자랑한다. 또한, 지원 없이 unsupported 혼자 달린 레이스는 2019년 표트르 바비스 Piotr Babis가 세운 53시간 50분이 최고 기록으로 남아 있다.

왼쪽부터: 토종 스피니펙스 풀; 종종 물속으로 사라지는 트레일. 이전 페이지: 오미스턴 협곡의 경치는 황홀하지만 가파르다.

오미스턴 협곡으로 이어지는 구불구불한 트레일을 내려다보고 있다. 북쪽 절벽으로 가까이 다가가자 그 거대함이 실감됐다. 거대한 석영암 덩어리가 또 다른 석영암 위로 미끄러지며 형성된 이곳은, 마치 요새 같은 거대한 암벽이었다. 협곡의 깊숙한 곳으로 달려 들어가자, 트레일은 모래길로 변했다가 돌을 건너야 하는 구간으로 이어졌다. 균형 감각과 코어 근력을 시험하는 도전이었다. 머리 위 절벽의 그림자는 점점 다가와 우리를 삼킬 듯했다. 결국 우리는 물가에 도착했고, 트레일은 그대로 물속으로 사라졌다. 선택지는 하나뿐이었다. 차가운 물속으로 허리까지 잠긴 채 들어가, 러닝 팩을 머리 위로 들고 건너야 했다.

물길을 건넌 후, 우리는 두 가지 선택을 할 수 있었다. 낮은 길을 따라 바위를 뛰어넘으며 물길을 돌아 모래 강변과 캠핑장으로 향하거나, 고스트 검 워크 Ghost Gum Walk로 올라가는 것이었다. 우리는 유혹을 이기지 못하고 높은 길을 택했다. 협곡을 내려다보는 전망대에서, 우리가 달려온 길을 다시 바라보았다. 한 그루의 유령 나무가 협곡을 내려다보고 있었다. 만약 나에게 나맛지라의 재능과 캔버스가 있었다면, 아마 이곳에서 멈춰 그림을 그렸을지도 모른다. 그러나 현실에서는 키오스크에 있는 두 번째 아이스크림이 나를 부르고 있었다. **CO**

여행 개요

출발/종료점// 오미스턴 파운드 주차장

거리// 9km

가는 법// 오미스턴 파운드 주차장과 캠핑장은 노던 테리토리 Northern Territory의 앨리스 스프링스 Alice Springs에서 서쪽으로 135km 떨어져 있음.

시기// 5월~10월

숙박// 오미스턴 파운드의 캠핑 및 밴 사이트, 관리인이 있는 키오스크 이용 가능

자세한 정보// www.northernterritory.com

알아둘 점// 시계 반대 방향 루프를 따라가다 보면 후반부에 물을 건너야 하는 구간이 있으며, 수위가 허리 높이까지 올라갈 수 있음. 물을 건넌 후에는 저지대 경로 또는 고지대 경로 중 하나를 선택해 오미스턴 파운드 주차장으로 돌아갈 수 있음.

옆 페이지: 호주의 라라핀타 트레일 (길이 232km)은 대륙에서 가장 유명한 멀티데이 러닝 코스 중 하나.

비슷한 도전을 찾아서
호주 오프로드 런

오스트레일리안 아웃백 마라톤, 노던 테리토리

오스트레일리안 아웃백 마라톤Australian Outback Marathon은 매년 7월 말에 개최되며, 울루루Uluru (또는 에어즈 록Ayers Rock)로 알려진 영적인 사암 바위 바로 북쪽의 외딴 오지 지역에서 펼쳐진다. 이곳은 광활한 황무지로, 거친 덤불길과 지프 트랙jeep tracks 외에는 아무것도 없는 고요한 공간이 끝없이 펼쳐진다. 마라톤 풀코스(42km)는 일부 기존 트레일을 따라가지만, 상당 부분은 길이 완전히 사라지는 오프로드off-piste 구간을 포함한다. 러너들은 이 지역을 뒤덮은 붉은 대지를 가로질러 달리며, 때로는 깊은 모래 구간에서 속도를 줄여야 하기도 한다. 코스는 대체로 평탄하지만, 몇 개의 모래 언덕을 넘는 구간이 포함된다. 그러나 이곳에서는 울루루와 카타츄타Kata Tjuta, 올가스The Olgas의 봉우리들을 감상할 수 있는 장관이 펼쳐진다. 이 대회에서는 풀코스 마라톤 외에도 하프 마라톤과 단거리 레이스도 운영된다.

출발/종료점// 울루루-카타츄타 국립공원
거리// 6~42km
추가 정보// www.australianoutbackmarathon.com

이카라/윌피나 파운드가 포함된 플린더스 산맥, 사우스오스트레일리아

애들레이드Adelaide 북쪽 수백 마일 지점에 위치한 사우스오스트레일리아South Australia 최대의 산맥은, 대표적인 자연 원형 극장인 이카라/윌피나 파운드Ikara-Wilpena Pound(원주민 지명과 정착민 지명이 병기됨), 헤이슨 산맥Heysen Range, 브래치나Brachina 및 번유루Bunyeroo 협곡 등을 품고 있으며, 건조 지역 트레일 러닝의 성지로 여겨진다. 웨스트 맥도넬 산맥West MacDonnell Ranges은 화가 알버트 나맛지라Albert Namatjira가 유명하게 만들었듯, 플린더스 산맥Flinders Ranges은 독일 출신 화가 한스 헤이슨 경Sir Hans Heysen의 작품을 통해 널리 알려졌다. 이곳에서는 험준한 산악 지형, 협곡, 풍부한 야생동물과 식물을 마주칠 수 있으며, 세인트 메리스 피크 루프St Mary's Peak Loop를 포함해 20개 이상의 주요 트레킹 코스가 조성되어 있다. 그러나 진정한 탐험가들에게는 1,200km에 이르는 헤이슨 트레일Heysen Trail이 기다리고 있으며, 이 코스는 남쪽 끝 케이프 저비스Cape Jervis까지 끝없이 이어진다.

출발/종료점// 이카라/윌피나 파운드
거리// 19km
추가 정보// www.heysentrail.asn.

라라핀타 트레일, 노던 테리토리

라라핀타 트레일Larapinta Trail의 더 많은 구간을 달리고 싶다면 여러 가지 선택지가 있다. 이 트레일은 양방향으로 달릴 수 있지만, 많은 러너들은 동쪽(앨리스 스프링스Alice Springs)에서 서쪽(레드뱅크 협곡Redbank Gorge) 방향으로 달리는 것을 선호한다. 이렇게 하면 마지막 구간에 마운트 손더Mt Sonder를 왕복 16km로 오르내리는 코스를 배치할 수 있으며, 이 코스를 일출에 맞춰 완주하는 것이 가장 이상적이다. 이 트레일은 식량 보급 지점을 설정한 상태에서 빠른 속도로 이동하는 패스트팩fastpack 방식으로 셀프 서포트 러닝을 할 수도 있고, 현지 교통 서비스를 이용할 수도 있다. 더 좋은 방법은, 트레일 러닝 투어 회사에서 운영하는 가이드 투어를 이용해 주요 구간을 경험하는 것이다. 또한, 친근하지만 경쟁적인 환경 속에서 4개 구간의 하이라이트를 경험할 수 있는 '런 라라핀타Run Larapinta' 멀티데이 이벤트runlarapinta.rapidascent.com.au에 참가할 수도 있다. 혹은, 5km부터 231km까지 다양한 코스를 제공하는 울트라마라톤 대회 '웨스트 맥스 몬스터westmacsmonster.com.au'에 도전할 수도 있다.

출발점// 앨리스 스프링스
종료점// 레드뱅크 협곡(손더 산)
거리// 223km
추가 정보// www.larapintatrail.com.au

- EPIC RUNS OF THE WORLD -

케플러 트랙
— THE KEPLER TRACK —

산꼭대기를 넘나들고 세계에서 가장 멋진 능선을 따라 달릴 수 있는 뉴질랜드/
아오테아로아의 '그레이트 워크'는 야심 찬 트레일 러너들에게 더없이 어울리는 코스다.

출발 직후부터 강풍이 매섭게 몰아치며 우리를 환영했다. 60km에 이르는 케플러 트랙을 달리는 내내 바람은 우리를 붙잡아 흔드는 듯했다. 하지만 날 쓰러뜨린 건 날씨가 아니라 흥분과 약간의 어리석음이었다. 나는 울퉁불퉁한 바위가 널린 길을 주시하는 대신, 한 손에 카메라를 들고 러닝 동료들이 꿈같은 장면 속으로 뛰어드는 모습을 찍으려다 그만 균형을 잃고 넘어지고 말았다. 케플러 트랙은 마치 잠들기 전 치즈를 잔뜩 먹은 트레일 러너의 꿈 속에서나 나올 듯한 환상적인 코스다. 하지만 이건 꿈이 아니라 현실이었다. 발밑을 주의하지 않으면 이 바위 능선에서 굴러 떨어질지도 모른다는 현실 말이다. 나는 트레일에 얼굴을 박으면서 그 사실을 퍼뜩 깨달았다.

뉴질랜드가 리처드 어셔^{Richard Ussher}와 애나 프로스트^{Anna Frost} 같은 전설적인 모험가들을 배출한 건 결코 우연이 아니다. 지구의 가장 아래에 위치한 이 '긴 흰 구름의 땅^{Land of the Long White Cloud}'은 런던 인구의 절반에 불과한 사람들이 사는 나라지만, 수많은 장거리 트레일 코스가 곳곳에 존재한다. 그 코스들은 외롭고도 아름답다. 그리고 너무나 다양해서 같은 행성, 같은 나라에 속해 있다는 사실조차 믿기 어려울 정도다.

활화산, 고대 열대우림, 거대한 피오르드, 웅장한 빙하, 끊임없이 떨어지는 폭포, 끓어오르는 진흙 웅덩이, 눈 덮인 산봉우리, 텅 빈 바다와 맞닿은 해변 등 뉴질랜드의 트레일은 매일이 새로운 풍경으로 가득하다. 이 중에서도 10개의 트레일은 '그레이트 워크^{Great Walk}'라는 이름을 공식적으로 부여받을 만큼 특별하다. 하지만 나는 이 코스들을 걸어가기만^{Walk} 하는 것이 아니라 달릴 수도 있다는 걸 두 발로 직접 확인했다.

뉴질랜드의 트레일 중 종종 최고의 트랙으로 꼽히는 밀포드 트랙^{Milford Track}은 남섬^{South Island}의 피오르드랜드 국립공원^{Fiordland National Park} 한가운데를 지나는 놀라운 여정 덕분에 그레이트 워크 개념을 탄생시킨 코스로 유명하다. 하지만 내가 모든 트랙을 달려본 결과, 트레일 러너들이 뉴질랜드의 거친 자연을 탐험하기에 가장 도전적인 코스는 바로 케플러 트랙이었다.

우선, 이 트랙은 순환 코스라서 이동이 훨씬 간단하다. 게다가 그날의 날씨에 따라 어느 방향으로 달릴지 선택할 수 있다. 하지만 어떤 방향을 택하든, 이 코스를 특별하게 만드는 건 다양한 지형이다. 나무가 둘러싼 고요한 저지대 싱글 트랙에서부터 바람이 휘몰아치는 날카로운 산등성이의 마운트 럭스모어^{Mt Luxmore}까지 이어지는 여정은 그야말로 대서사시 같다.

우리는 반시계 방향으로 달리기로 했다. 오스트랄라시아에서 가장 큰 담수호인 티아나우 호수^{Lake Te Anau}의 호안선을 따라

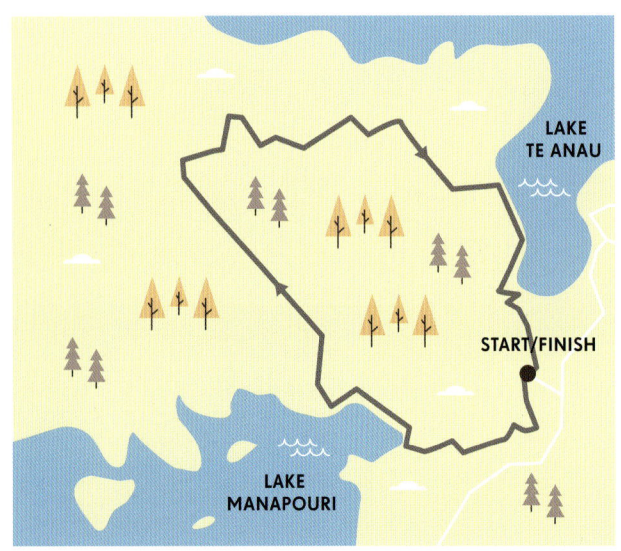

OCEANIA

트레일헤드에서 출발했다. 처음 구간은 평탄하고 아름다웠다. 너도밤나무 숲과 거대한 양치식물을 지나치며 트레일은 부드럽게 이어졌다. 하지만 브로드 베이를 지난 후, 길은 갑자기 뱀이 꿈틀거리듯 솟아올라 마운트 럭스모어로의 가파른 오르막길이 시작되었다.

트레일은 거대한 석회암 절벽 사이의 좁은 터널을 비집고 지나갔다. 3km도 안 되는 거리 동안 450m를 오르며 나무줄기를 넘어선 우리는 결국 서풍에 맞닥뜨려 잠시 멈춰 옷을 껴입어야 했다.

우리가 달리는 동안 이 트레일은 텅 비어 있었다. 하지만 두어 달 후 케플러 챌린지 대회가 열리면, 수백 명의 참가자가 이 60km 코스를 질주할 것이다. 일부는 5시간 내에 완주할 것이고, 많은 이들은 두 배의 시간이 걸릴 것이다. 하지만 이는 적절한 준비만 한다면 중급 수준의 러너도 충분히 도전할 수 있는 울트라마라톤 거리의 코스다. 코스 전체가 부담스럽다면, 루트 중간의 훌륭한 산장에서 숙박하며 단계별로 탐험하는 것도 가능하다. 럭스모어 헛Luxmore Hut 근처의 동굴과 아이리스 번스 헛Iris Burns Hut 근처의 폭포 같은 특별한 명소들도 있다.

대부분의 당일 주자들은 럭스모어 헛을 반환점으로 삼은 27km 왕복 루트를 선택한다. 이는 럭스모어 그런트Luxmore Grunt라는 대회의 공식 코스이기도 하다. 그러나 나는 북적이는 인파를 피한 채 산을 마주하는 것을 선호한다. 그리고 이날 우리의 케플러 트랙 러닝은 그런 환경을 제공해 주었다.

럭스모어 헛의 화이트보드에는 '보온과 방풍에 신경 쓰라'는 레인저 피터Ranger Peter의 조언이 적혀 있었다. 'windprOOf'라는 단어 속 O 두 개를 눈알로 바꾼 익살스러운 그림이 곁들여져 있었다. 하지만 바로 아래에는 좀 더 진지한 글씨체로 '북서풍 강풍, 노출 지점에서 폭풍 수준의 돌풍 예상. 밤사이 해발 1,100m까지 눈'이라는 경고가 있었다. 이 덕분에 이날 트레일에서는 우리 외에 단 한 명만 마주쳤다. 이와 달리 밀포드 트랙에서는 날씨에 상관없이 항상 많은 사람들이 걷는다.

트레일 믹스로 에너지를 보충한 후, 우리는 다시 발걸음을 옮겼다. 짧은 오르막을 지나 1,472m 높이의 럭스모어 산 정상에 도달하자, 마치 선물처럼 펼쳐진 능선 러닝의 즐거움이 우리를 기다리고 있었다. 12km 길이의 정상 능선을 따라 흐르는 듯 이어지는 싱글트랙을 힘차게 달리며, 우리는 구름 사이로 테아나우Te Anau의 광활한 남부 피오르드를 내려다보았다. 멀리 시선을 돌리면, 새하얀 눈이 살포시 내려앉은 머치슨 산맥Murchison Mountains의 장엄한 풍경이 우리의 숨을 멎게 했다.

바람을 피해 행잉 밸리 비상 대피소Hanging Valley emergency shelter에서 점심을 먹으며, 우리는 테 와히푸나무 고지대의 주인인 끈질긴 산악 앵무새 키아kea 두 마리로부터 소중한 식량을 지키기 위해 경계해야만 했다. 이후 중력을 거슬러 싸우는 것을 멈추고, 아이리스 번Iris Burn 협곡으로 내려가며 빠르게 하강했다.

스위치백switchbacks 구간의 구불구불한 길을 지나 아이리스 번 헛에 도착했다. 이곳에서부터 32km 길이의 완만한 내리막이 시작된다. 이제부터는 속도를 조절하며 해가 지기 전까지 완주하는 것이

케플러 경쟁

세계 최고의 산악 레이스 중 하나로 꼽히는 케플러 챌린지Kepler Challenge는 1988년부터 매년 개최되고 있다. 이 대회는 케플러 트랙Kepler Track이 개장한 지 3년 후 시작되었다. 참가자는 450명으로 제한되며, 등록이 시작되면 항상 5분 안에 매진된다. 60km 전체 코스의 최고 기록은 4시간 30분으로, 2013년 마틴 덴트Martin Dent가 세운 놀라운 기록이다. 이 도전을 준비할 마음이 있다면 (완주는 고사하고 참가 자리 확보부터 도전이다), www.keplerchallenge.co.nz를 방문해 보자.

위에서부터 시계 방향으로: 평탄한 지형은 드물다; 케플러 챌린지 출발 준비를 마친 러너들; 버킷리스트에 반드시 포함해야 할 울트라마라톤. 이전 페이지: 산등성이가 흥미를 더한다.

> "끈질긴 키아 앵무새들로부터 소중한 식량을 사수했다. 이들은 테 와히푸나무 고원의 진짜 주인들이었다."

목표였다. 길은 협곡을 따라 내려가며, 이전의 눈사태가 남긴 흉터를 넘어섰다. 그리고 포도카프Podocarp 숲에 진입하면서 점차 보호받는 느낌이 들었다. 이곳에서 우리는 점점 어둠이 내려앉기 전에 마나포우리 호수Lake Manapouri 기슭에 자리잡은 아름다운 풍경의 모투라우 헛에 도착해야 했다.

그렇게 레인보우 리치Rainbow Reach 흔들다리를 건너, 와이아우 강Waiau River을 따라 마지막 트레일헤드에 도착했다. 마침내 우리는 10시간 전 급히 지나쳤던 표지판을 다시 보게 되었다. 거기에는 케플러 트랙이 '그레이트 워크'라고 명명되어 있었다. 우리는 동의한다. 하지만, 어쩌면, 이것은 '더욱 위대한 러닝' 코스다. PK

- EPIC RUNS OF THE WORLD -

여행 개요

출발/종료점// 테아나우 호수의 케플러 트랙 주차장
거리// 60km
가는 법// 퀸스타운 Queenstown 또는 테아나우 Te Anau에서 트레일헤드로 접근하는 것이 가장 편리.
시기// 그레이트 워크 시즌 Great Walks season은 10월 말부터 4월 말까지로, 이 기간 동안 트랙이 붐빌 수 있음. 시즌 외에는 날씨가 험하고 위험할 수 있어 러닝에 적합하지 않음.
숙소// 피오르드랜드 Fiordland로 가는 관문인 테아나우는 다양한 숙박 옵션을 제공(www.fiordland.org.nz).
자세한 정보// www.doc.govt.nz/keplertrack
알아둘 점// 날씨 예보를 항상 철저히 확인할 것. 뉴질랜드의 날씨는 매우 빠르게 변할 수 있음. 예상보다 더 많이 준비할 것: 방수 및 방풍 외투, 충분한 칼로리 섭취를 위한 식량 (특히 등반 시 칼로리 소모가 큼).

The Kepler Track

- EPIC RUNS OF THE WORLD -

옆 페이지: 인도 히말라야 런 & 트레킹 중 칸첸중가(약 8,586m)가 멀리 우뚝 솟아 있다.

비슷한 도전을 찾아서
오프로드 능선 길

레이스 투 더 스톤스 (잉글랜드)

세계에서 가장 큰 것을 포함해, 총 세 개의 선사 시대 거석 원형지대가 자리한 에이브베리^{Avebury}는, 잉글랜드 남서부에서 레이스 투 더 스톤스^{Race to the Stones} 울트라마라톤의 피니시 지점이기도 하다. 이 코스는 고대부터 수천 년간 인류가 사용해 온 고대 길인 리지웨이^{Ridgeway}를 따라 달리며, 출발점은 템스 밸리^{Thames Valley}이다. 역사적 가치만큼이나 경관도 뛰어난 이 코스는 화이트 호스 계곡^{Vale of the White Horse}의 고대 정착지와 백악지층 조각^{chalk carvings}을 지나며, 마지막에는 거석이 늘어선 길을 따라 5,000년 된 에이브베리의 거석들에 도착한다. 참가자들은 100km 풀코스를 한 번에 완주할 수도 있고, 이틀에 걸쳐 도전할 수도 있으며, 반(50km)만 선택할 수도 있다. 50km 코스를 선택하는 러너들 중 대부분은 후반부를 달려 거석들에서 완주하는 것을 선호한다. 이 대회는 12년 이상의 역사를 지닌 인기 있는 이벤트로, 매년 7월에 개최된다.

출발점// 루크너 (옥스퍼드셔)
종료점// 에이브베리 (월트셔)
거리// 100km
추가 정보// www.thresholdtrailseries.com

레이저백, 빅토리아 (호주)

해발 1,922m인 마운트 페더탑^{Mt Feathertop}은 호주에서 가장 높은 산은 아니지만, '레이저백 Razorback'으로 알려진 대표적인 알파인 도전 코스를 품고 있다. 이 산과 인근 마운트 호삼^{Mt Hotham}(1,861m) 사이를 잇는 루트는 남반구 최고의 능선 러닝 코스 중 하나로 손꼽힌다. 이 코스는 빅토리아주의 장엄한 알파인 국립공원^{Alpine National Park}에서 펼쳐지며, 매년 3월에 개최되는 셀프 서포트 챌린지^{self-supported challenge} 형태의 이벤트로, 레이스가 아닌 도전형 러닝 행사다. 참가자들은 자신의 체력 수준에 맞춰 최대 64km의 울트라 코스부터 22km의 짧은 능선 러닝 코스까지 선택할 수 있다. 그중에서도 레이저백 서킷(40km)은 빅토리안 하이 컨트리^{Victorian High Country}의 진수를 경험할 수 있는 최적의 코스로, 벙갈로 스퍼^{Bungalow Spur}를 따라 오르며, 레이저백 능선을 횡단하고, 디아만티나 스퍼^{Diamantina Spur}를 넘어, 본 어코드 스퍼^{Bon Accord Spur}를 따라 하강하는 루트로 구성되어 있다.

출발/종료점// 해리엇빌 캐러밴 파크, 또는 디아만티나 헛
거리// 40km
추가 정보// www.runningwild.net.au

히말라야 런 & 트레킹 (인도)

세계에서 가장 오래된 연례 트레일 러닝 대회 중 하나인 히말라야 런 & 트레킹^{Himalaya Run & Trek, HRT}은 5일간 펼쳐지는 장대한 여정이다. 대회는 서벵골^{West Bengal}의 하늘 도시 다르질링^{Darjeeling} 인근의 차 농장에서 시작되며, 구름 속을 가로지르며 인도와 네팔의 아찔한 국경을 따라 순환 루트를 달린다. 총 160km 코스에서는 세계 6대 고봉 중 5개 (에베레스트, 칸첸중가, 마칼루, 로체, 초오유)가 며칠 동안 이어지며 장관을 이루고, 이 장대한 풍경은 고도가 앗아간 숨마저 완전히 빼앗아 갈 만큼 압도적이다. 만약 5일간의 러닝이 부담스럽다면, 대회 중간날 진행되는 42km 단독 코스에 참가할 수도 있다. 이 루트는 히말라야 고지대 마을 산닥푸^{Sandakphu}에서 강변 마을 림빅^{Rimbik}까지 이어지며, 지구상에서 가장 유명한 산맥을 배경으로, 화려한 꽃이 만발한 계곡과 마을을 지나간다. 이 대회는 단연코 세계에서 가장 아름다운 마라톤 중 하나로 손꼽힌다.

출발/종료점// 마네반장^{Maneybhanjang} (전체 5일 코스)
거리// 160km
추가 정보: www.himalayan.com

- EPIC RUNS OF THE WORLD -

시드니의 환상적인 해안 산책로
—SYDNEY'S SPECTACULAR SEAFRONT—

본다이 비치와 쿠지 비치를 잇는 유명한 해안 산책로는 숨 막히는 아름다움을 자랑한다. 매년 열리는 야외 예술 전시회 또한 시선을 끌기 충분하다.

- EPIC RUNS OF THE WORLD -

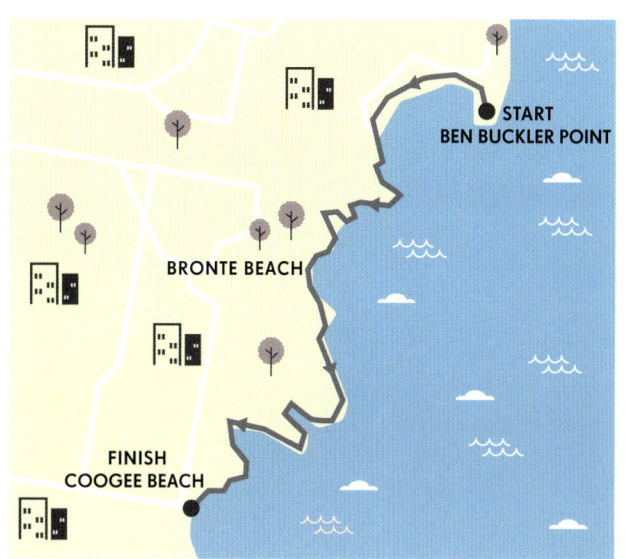

시드니 타마라마 비치Tamarama Beach의 절벽 꼭대기에서 내려다보는 해안 경치는 그 자체로도 충분히 자극적이다. 그런데도 누군가는 이 경치 위에 상상력을 더욱 자극하는 추상적인 야외 예술 작품들을 더할 생각을 했다. 새벽 러닝 도중, 나는 남쪽 바다를 바라보는 사람 형상의 군상을 지나쳤다. 그러나 이들은 내가 건넨 인사에 답하지 않았다.

알고 보니, 이 눈 없는 형상들은 세계 최대 규모의 무료 공공 예술 전시회인 '바닷가 조각전Sculpture by the Sea'의 일부였다. 본다이Bondi 바로 너머 약 1.6km 남짓 펼쳐진 이 축제는 매년 봄 3주 동안 진행되며, 호주와 해외 아티스트들의 작품을 전시한다. 그중에는 정신을 흔들어 놓을 정도로 현대적인 작품도 있고, 사색을 불러일으킬 만큼 인상적인 작품도 있다. 이 전시회는 갤러리의 틀을 벗어나, 시드니 남부 해안에 있는 본다이와 쿠지Coogee 사이 약 7km의 트레일 첫 부분에 설치된다.

이 구간은 남반구에서 가장 유명한 해변 산책로 중 하나로도

"클로벨리 비치에는 가장 오래된 서핑 구조 클럽이 자리잡고 있다. 서핑 수업을 받는 학생들의 모습은 예전 내 체육 수업과는 얼마나 다른지!"

유명하다. 장엄한 해안선을 따라가며, 시드니를 세계에서 가장 살기 좋고 매력적인 도시로 만드는 아름다운 해변들을 잇는 이 산책로는 세계적인 수준의 예술품이 없는 날에도 지역 주민들에게 자신들이 얼마나 복 받은 사람들인지 상기시킨다.

그러나 해가 뜨고 지는 시간대에는 이 길이 산책로라기보다는 러너들의 길로 변모한다. 관광객들과 산책객들이 트레일을 점령하기 전에, 러너들은 양 방향으로 거미줄 같은 아침의 안개를 가르며 지나간다. 나는 본다이로 가는 첫 버스를 타고 달리기 복장을 갖춘 채 도착했다. 예술 전시회를 탐험하려던 것은 아니었고, 단순히 세계에서 가장 멋진 해안선을 따라 이른 아침 달리기를 기대하고 있었다. 본다이는 호주를 넘어 세계적으로도 잘 알려진 장소이지만, 사실 이곳은 더 좋은 장소들을 만나는 여정의 출발점에 불과하다.

노스 본다이의 벤 버클러 포인트Ben Buckler Point에서 시작해 본다이 해변의 곡선을 따라 달리며, 1938년 거대한 파도가 수백 명을 휩쓸어 다섯 명이 사망했던 블랙 선데이 참사를 기리는 기념비를 지나쳤다. 오늘처럼 맑고 평온한 날씨에서는 그런 장면을 상상하기 어렵다. 그러나 본다이 아이스버그 클럽의 바닷물 수영장으로 몰아치는 파도를 보니, 자연의 힘이 느껴졌다. 바로 여기서 쿠지로 향하는 길이 시작된다. 물속으로 뛰어들고 싶은 유혹을 뒤로한 채, 나는 남쪽으로 이어진 해안가 콘크리트 산책로를 따라 달린다. 길은 바위 사이로 내려갔다가 다시 솟아오르며 매켄지스 포인트Mackenzies Point를 돌아간다. 이곳에는 거대한 가오리를 새긴 고대 원주민 암각화가 새롭게 복원되어 있다. 이 지역의 풍경은 수 세기, 어쩌면 수천 년 동안 예술가들에게 영감을 주어 왔을 것이다. 2억 2,500만 년 된 사암 절벽 위에 해양 동물을 묘사한 원주민 조각들과 함께 말이다.

이날 아침에는 훨씬 현대적인 예술 작품들이 트레일을 장식하고 있었다. 거대한 거울로 된 이글루 같은 구조물이 있고, 몇 걸음 더 가면 마크스 공원Marks Park 잔디 위에 위태롭게 균형 잡힌 거대한 바위 더미가 있다. 그리고 매켄지스 베이Mackenzies Bay를 돌아 타마라마 비치에 다다르자, 처음 만난 그 무표정한 조각상들이 다시 나타난다. 곧 비키니와 타이트한 수영복budgie smuggler 차림의 일광욕 애호가들이 몰려들 것이며, 이 형상들은 조용히 그들을 바라볼 것이다. 아마도 이를 설명하는 안내판이 어딘가 있을 것이지만, 그런 건 산책하는 사람들을 위한 것일 뿐. 나는 그냥 지나치며 이 장면에 나만의 해석을 더한다. 어쩌면 이것이야말로 예술의 본질이 아닐까.

이어지는 구간에서는 시드니의 가장 아름다운 해변들이 이어졌다. 나는 조각 작품들과 작별을 고하고 브론테 비치로 향했다. 개인적으로 브론테는 바비큐 시설, 훌륭한 파도타기 환경, 무료로 사용할 수 있는 조수 풀 덕분에 최고의 해변이라 생각한다. 이후 칼가 리저브와 웨이버리를 지나며 유명한 보드워크를 따라가다, 거센

역사적 미스터리

일부 연구자들은 노스 본다이^{North Bondi} 해안 위에 있는 비토착적^{non-Indigenous} 암각화 중 하나가 스페인 범선을 묘사한 것으로 여겨지며, 덧붙여진 로마식 문자는 정복을 주장하는 내용으로 해석된다고 주장한다. 이 해석은 논란이 많은데, 만약 사실이라면 스페인이 캡틴 쿡^{Captain Cook}보다 약 200년 먼저 호주의 동해안에 도달했음을 의미하기 때문이다.

왼쪽부터: 매켄지스 베이; 본다이에서 쿠지로 이어지는 산책로; 바닷가 조각전에 출품된 필립 스펠먼의 '레드 트럼펫 레드 테이블'.
이전 페이지: 시드니의 본다이 비치.

바다를 배경으로 한 묘지를 스쳐갔다. 보드워크를 지나, 샤크 포인트^{Shark Point}를 돌면 보이는 또 하나의 아름다운 해변 클로벨리^{Clovelly}에는 전 세계에서 가장 오래된 서핑 라이프 세이빙 클럽 중 하나가 자리잡고 있다. 오늘 아침에는 학생들이 서핑 수업을 받고 있다. 나의 학창 시절 체육 수업과는 너무 다른 광경을 보며, 이 아이들은 자신들이 얼마나 운이 좋은지 알까 하는 생각이 든다.

곧 나 또한 행운아라고 느끼며, 러너스 하이로 가볍게 떠오른 발걸음을 옮긴다. 그러나 클리프브룩 퍼레이드^{Cliffbrook Parade}에 들어서자 현실적인 문제가 찾아온다. 클로벨리에서 고든스 베이^{Gordons Bay}로 이어지는 이 길은 다리 근육을 혹사시키는 구간이기 때문이다. 하지만 이 고된 길 끝에서 보트와 도보로만 접근할 수 있는 바다의 절경을 마주치면 모든 것이 보상된다. 이미 스노클링과 다이빙을 즐기는 사람들이 맑디맑은 바닷속으로 뛰어들고 있다.

새벽의 차가움은 오래 전에 사라지고 나는 땀으로 흠뻑 젖었다. 돌핀 포인트와 발리 폭탄 테러 희생자를 기리는 기념물을 지나 마침내 쿠지에 도착했다. 이제 선택의 시간이 다가왔다. 다시 달려 돌아갈 것인가, 걸어갈 것인가, 아니면 버스를 탈 것인가? 선택은 분명했다. 이렇게 멋진 트레일은 두 번 달리지 않을 이유가 없었다. 다만 돌아가는 길에는 천천히 달리며, 길가의 예술 작품을 감상하는 여유를 즐겨야겠다. **PK**

여행 개요

출발점// 벤 벅클러 포인트^{Ben Buckler Point}
종료점// 쿠지 비치^{Coogee Beach}
거리// 편도 7km
가는 법// 타운홀에서 본다이 정선까지 기차로 약 11분 소요. 다양한 버스를 통해 해변으로 이동 가능.
시기// 시드니는 연중 쾌적한 기후를 자랑. 바닷가 조각전^{Sculpture by the Sea} 행사는 10월 말부터 11월 초까지 열림.
숙소// 브론테, 클로벨리, 쿠지는 본다이보다 해변 환경이 더 낫다는 평판. 더 한적한 건 분명함. 숙박시설은 바다와 가까움.
자세한 정보// www.sculpturebythesea.com
알아둘 점// 8월에 시드니에 있다면, CBD의 하이드 파크에서 본다이 비치까지 이어지는 City2Surf run(www.city2surf.com.au)에 약 80,000명의 러너들과 함께 참여해 볼 것.

비슷한 도전을 찾아서
시드니 교외 지역

마루브라에서 말라바까지

본다이에서 쿠지까지 이어지는 코스는 일출 무렵 달리기에 최적의 해안 러닝 코스지만, 다른 시간대에는 지나치게 붐빌 수 있다. 이에 비해, 이 코스보다 약간 남쪽에 위치한 이 루트는 훨씬 한적하면서도 그에 못지않게 아름다운 대안을 제공한다. 출발점은 마루브라 비치Maroubra Beach 남쪽 끝으로, 남대양 Southern Ocean을 왼쪽에 두고 덤불로 둘러싸인 트레일을 따라 달리면 된다. 이 길은 매직 포인트Magic Point의 장엄한 곶 절벽을 지나 부라 포인트Boora Point를 돌아 롱 베이Long Bay로 이어지며, 마침내 말라바Malabar의 멋진 해변에 도착하게 된다. 더 긴 러닝을 원한다면, 리틀 베이Little Bay, 케이프 뱅크스Cape Banks, 헨리 헤드Henry Head, 리틀 콩웡 비치Little Congwong Beach를 지나, 보타니 베이Botany Bay에 자리한 유네스코 세계문화유산 바레 섬Bare Island까지 라 페루즈La Perouse 방향으로 계속 달릴 수도 있다.

출발점// 마루브라 비치
종료점// 말라바 비치
(또는 라 페루즈—장거리 옵션)
거리// 4.5km
추가 정보// www.sydney.com

로얄 보타닉 가든에서 바랑가루 리저브까지

시드니는 호주에서 가장 오래되고 상징적인 건축물들을 자랑하지만, 끊임없이 변화하는 도시이기도 하다. 그래서 이곳을 직접 달리며 탐험하는 것은 더욱 흥미로운 경험이 된다. 이 선형 코스는 아름다운 로열 보타닉 가든Royal Botanic Garden에서 시작해, 울루물루Woolloomooloo를 내려다보며 해안선을 따라 미세스 맥쿼리의 의자Mrs Macquarie's Chair로 이어진다. 이곳은 시드니 하버로 돌출된 사암 벤치로, 이곳에서 바라보는 하버 브리지Harbour Bridge 전망은 그야말로 뛰어나다. 이후, 서큘러 키Circular Quay를 지나 세계적으로 유명한 오페라 하우스 옆을 따라가면, 하버 브리지를 더욱 가까이에서 감상할 수 있다. 러닝 코스는 계속해서 시드니에서 가장 오래된 지역인 더 록스The Rocks를 지나, 2015년에 개장한 멋진 해안 공원, 바랑가루 리저브Barangaroo Reserve로 이어진다.

출발점// 세인트 메리와 프린스 알버트 로드 코너
종료점// 바랑가루 리저브
거리// 5km
추가 정보// www.barangaroo.com

레인 코브 국립 공원

동부 교외의 번잡함과는 전혀 다른 분위기를 지닌 이 국립공원은 시드니 북부North Shore의 아름다운 자연 속에서 한적하고 야생 동물이 가득한 러닝 코스를 제공하며, 도전적인 만큼 보람도 큰 경험을 선사한다. 이 원형 오프로드 코스는 챗스우드Chatswood 쪽 공원 끝에서 시작해, 레인 코브 강Lane Cove River 남쪽 둑을 따라 붉은껍질유칼립투스red-gum 숲이 늘어선 리버사이드 워크Riverside Walk를 지나 데 버그스 브리지De Burghs Bridge까지 이어진다. 여기서 다리를 건너 반대편 강둑을 따라 돌아오는 코스로, 레인 코브 밸리Lane Cove Valley와 헤리티지 워킹 루트Heritage walking routes를 지나게 된다. 이 지역의 유칼립투스 숲과 동굴, 바위 지대에는 쿠카부라kookaburra와 로리킷lorikeet이 서식하니, 주위를 잘 살피고 소리에 귀 기울여보는 것도 즐거운 경험이 될 것이다. 포장도로를 선호하는 로드 러너라면, 리버사이드 로드Riverside Rd를 따라 왕복 10km 코스를 선택할 수도 있지만, 고도 변화가 상당히 가파르므로 각오가 필요하다.

출발점// 델리 로드 브리지
종료점// 챗스우드
거리// 11.2km
추가 정보// www.nationalparks.nsw.gov.au

위에서부터: 시드니의 로열 보타닉 가든;
하버 브리지를 배경으로 한 바랑가루
리저브.

Sydney's Spectacular Seafront

- EPIC RUNS OF THE WORLD -

울트라 트레일 오스트레일리아
—ULTRA-TRAIL AUSTRALIA—

이제 UTMB 시리즈에 포함된 이 장대한 블루 마운틴 투어는
여전히 남반구에서 가장 유명한 장거리 경주로 자리잡고 있다.

“10킬로미터만 뛰면 됩니다.” 그들은 그렇게 말했다. “마지막 10 킬로미터만 달리면 돼요.” 나는 세계적으로 유명한 울트라마라톤 러너 딘 카나제스Dean Karnazes의 프로필을 작성하기 위해 인터뷰를 준비 중이었다. 인터뷰 장소는 ‘울트라 트레일 오스트레일리아UTA’라는 트레일 러닝 축제였다. 당시에는 ‘노스 페이스 100’이라는 이름으로 알려져 있었으며, 이는 대륙에서 가장 큰 트레일 울트라 경주이자 세계에서 손꼽히는 대회 중 하나였다.

카나제스는 당연히 100km 전 구간을 뛸 계획이었다. 반면, 내 생애 가장 긴 연속 달리기 기록은 고작 13km에 불과했다. 그래서 대회 주최 측이 결승선에서 불과 10km 떨어진 지점에 나를 내려주겠다고 했을 때, 그 말을 철석같이 믿었다. 그렇게 나는 뜻하지 않게 내 생애 첫 울트라마라톤을 뛰게 되었다.

시드니 동쪽의 블루마운틴 세계문화유산 지역으로 향하는 길에, 나는 나의 ‘훈련 방식’을 두고 자꾸만 의구심이 들었다. UTA를

Pete Seaward/Lonely Planet

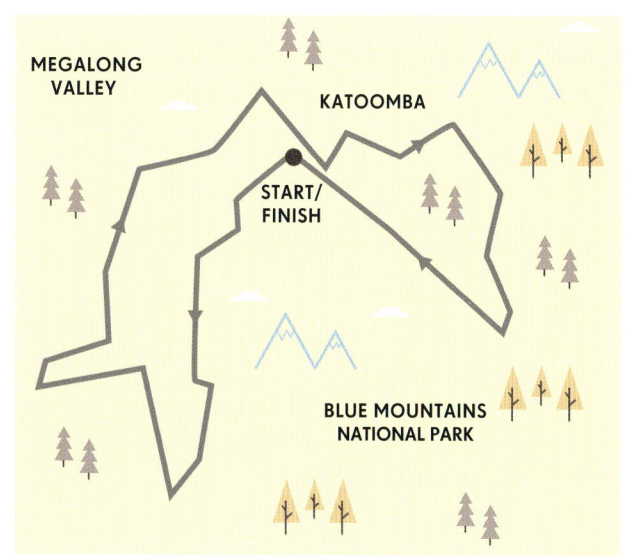

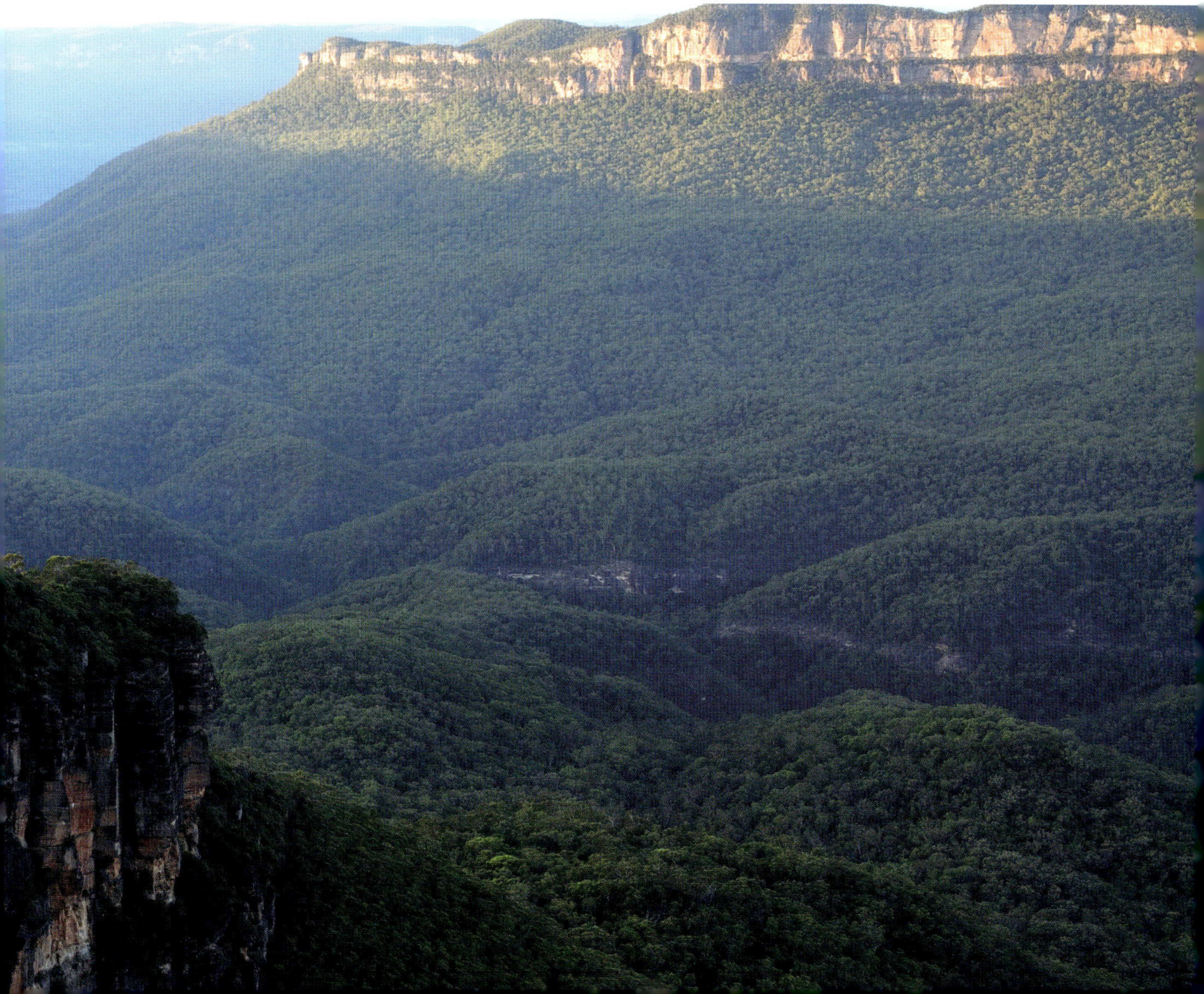

준비하는 사람들은 반드시 오르막길, 내리막길, 그리고 계단 훈련을 해야 한다고 말한다. 50km 혹은 100km 울트라 코스든, 22km 코스든 모두 철저한 준비가 필요하다.

하지만 나는 훈련이 필요 없을 거라며 자신만만했다. 30대 중반의 평균적인 체력을 가진 내가 겨우 10km쯤은 아무 문제 없이 해낼 수 있을 것이라고 생각했다. 대회를 2주 앞두고 5km를 두 번 뛰어봤을 뿐이었지만, 그것으로 충분할 거라 여겼다. 주최 측이 나를 100km 전체 코스의 중간 지점에 내려주는 실수를 저지르지만 않았더라면 말이다. 그러나 나는 맡은 일을 해야만 했다. 다행히도, 카나제스를 만나자마자 그는 자신의 모험 러닝 인생에 대한 일화들을 끊임없이 이야기해 주었다. 그리고 그 이야기는 내 기사에 훌륭한 재료가 되었다. 풍경 역시 너무나 아름다웠다. 블루마운틴의 우뚝 솟은 절벽과 암석 지형은 전 세계에서 매년 6,000명의 참가자를 끌어들인다. 그들은 하이드로팩hydropacks(휴대용 수분 보충 장비), 접지력이 뛰어난 신발, 그리고 끝없는 결단력을 갖추고 이곳으로 모여든다. 그들은 단지 남반구 최대의 트레일 러닝 축제라는 화려함 때문만이 아니라, 내로우 넥Narrow Neck, 아이언 팟 릿지Iron Pot Ridge, 허니문 룩아웃Honeymoon Lookout, 그리고 이름처럼 숭고한 서블라임 포인트Sublime Point와 같은 절벽과 능선, 그리고 고원 지형을 따라 이어지는 이 코스의 순수한 아름다움에 이끌려 이곳으로 온다. 총 4,300m 이상의 고도 상승 구간에는 골든 스테어Golden Stairs, 타로스 래더Taros Ladder, 그리고

"카나제스와 약속했다.
그가 계속 뛰면, 나도 계속 뛰어서
내 생애 첫 울트라마라톤을 완주하겠다고."

마지막 구간에 위치한 퍼버 스텝스Furber Steps라는 악명 높은 998계단 (200m 상승 구간)이 포함되어 있다.

단지 오르막길만 숨을 앗아가는 것은 아니다. 외지고 목가적인 분위기가 물씬한 메갈롱 밸리Megalong Valley를 비롯해 새로운 풍경이 끊임없이 이어진다. 식스풋 트랙Six Foot Track 구간은 전형적인 호주 부시 트레일이며, 코스는 동쪽 절벽에서 폭포를 지나간다. 그랜드 클리프톱 트랙Grand Clifftop Track은 블루마운틴 카페 마을들과 조용한 주택가를 지나가며, 국립공원과 600m 아래의 드라마틱한 제임슨 밸리Jamison Valley를 연결한다.

나는 50개 주에서 50일 동안 50번의 마라톤을 완주한 것으로 유명한 이 남자를 따라잡으려 애쓰며 메갈롱 밸리의 가파른 산을 조심스럽게 뒷걸음질 치며 올랐다(인터뷰를 위해)! 나는 이제 호주 최대의 트레일 러닝 울트라 비공식 참가자가 된 셈이었다. 현실을 부정하며, 그저 눈앞의 몇 발자국만 바라보며 카르나제스에게 더 많은 이야기를 캐내려고 애썼다. 그는 레이스 전반부에 충격적인 부진을 겪었고, 내가 그를 만났을 때는 경기를 포기할까 고민

- EPIC RUNS OF THE WORLD -

파란 산의 사나이

2008년, '노스 페이스 100'이라는 이름으로 시작된 이 대회는, 현재 UTA Ultra-Trail Australia 로 발전했다. 처음에는 블루마운틴 지역을 가로지르는 100km 단일 거리 울트라마라톤으로 시작되었으며, 당시 157명의 러너가 참가했다. 이제 UTA는 세계에서 두 번째로 큰 울트라 트레일 대회이자, UTMB 메이저 4개 대회 중 하나다. 이 대회 역사상 매년 100km 풀코스를 완주한 단 한 명의 러너가 있는데, 그는 시드니 출신의 데이비드 오스틴 David Austin이다.

왼쪽부터: 유칼립투스로 둘러싸인 블루마운틴 국립공원; 계단을 많이 올라갈 준비를 해야 한다.
이전 페이지: 제미슨 밸리 위의 세 자매 바위.

중이었다. 그 순간 나는 지금까지도 이해할 수 없는 결정을 내렸다. 그가 계속 뛰면, 아무런 훈련도 하지 않는 나 역시 첫 울트라마라톤 완주를 시도해보겠다는 약속을 했다. 그리고 불행히도, 그는 제안을 받아들였다.

29km에 이르러, 어느 절경도 피로를 잊게 하지는 못했다. 더구나 마지막 고비에서 나무 사이로 깜빡이는 불빛이 보이자 결승선에 다다른 줄 알았지만, 그곳에는 "결승선까지 6마일(약 10km) 남음"이라는 표지판이 서 있었다. 나는 절망에 빠졌고, 두 다리는 젤리처럼 느껴졌으며, 절벽 위로 올라가야 한다는 생각에 속이 내려앉았다.

카나제스는 마지막 체크포인트 이후 나를 홀로 남겨두고 스프린트를 시작했다. 결승선의 유혹을 느끼자, 그는 엘리트 러너답게 속도를 올려 14시간 42분이라는 준수한 기록으로 결승선을 통과했다. 그는 이 경주가 가장 힘든 경주 중 하나였다고 말했다. 나는 전적으로 동의했다.

한편, 나는 자정이 다 되어서야 결승선을 통과했다. 카나제스보다 3시간 늦었지만, 결국 완주했다. 그렇게 나는 의도치 않게 첫 울트라마라톤을 완주했고, 그것은 지금까지 30번 이상 지속된 모험의 시작이었다. 아직 UTA 100km 메인 이벤트에 공식적으로 참가한 적은 없지만, 짧은 코스를 여러 차례 뛰며 일부 구간은 경험했다. 이제 내 버킷리스트에는 풀코스 도전이 자리 잡았다. 다음에 도전할 때는 제대로 훈련할 생각이다. **CO**

여행 개요

출발/종료점// 시닉 월드 Scenic World
(카툼바 Katoomba, 그레이터 블루 마운틴 세계유산 지역)
거리// 160km, 100km, 50km, 22km, 11km 중 선택
가는 법// 카툼바는 시드니 서쪽으로 약 2시간 운전 거리.
시기// 트레일 러닝 페스티벌은 매년 5월에 열리며,
트레일은 연중 내내 개방.
숙소// 카툼바, 루라 Leura, 웬트워스 폴스 Wentworth Falls에는 호텔,
모텔, B&B bed & breakfast, 호스텔 등 다양한 숙박 옵션이 있음.
자세한 정보// https://uta.utmb.world
알아둘 점// UTA는 무난한 소방도로 non-technical fire road가 길게
이어진 구간이 있어 '러너를 위한 울트라' 코스로 알려져 있지만,
가파른 지형과 수많은 계단을 위한 훈련이 필수.
(오르막은 햄스트링, 내리막은 대퇴사두근)

- EPIC RUNS OF THE WORLD -

옆 페이지: 빅토리아 야라 산맥에서 열린 워버턴 트레일 축제의 럼버잭 코스를 달리는 참가자들.

비슷한 도전을 찾아서
남반구 트레일 러닝 페스티벌

타라웨라 울트라 트레일
(뉴질랜드/아오테아로아)

타라웨라 울트라 트레일Tarawera Ultra-Trail은 뉴질랜드에서 가장 큰 트레일 러닝 축제로, 매년 2월에 열린다. 세계적으로 명성이 높은 울트라 트레일 월드 투어Ultra-Trail World Tour의 일부인 이 대회는 북섬North Island의 로토루아Rotorua 야생지대를 탐험하는 코스로, 162km(100마일), 102km, 50km, 20km 종목을 제공한다. 코스는 현지 마오리Māori 부족들에게 깊은 문화적 의미를 지닌 지역을 지나며, 일곱 개의 호수, 울창한 숲, 그리고 수많은 폭포가 자연 경관의 하이라이트를 이룬다. 매년 전 세계 최고의 러너들을 포함한 약 1,500명의 참가자가 출전하며, 코스는 달리는 내내 멋진 경관을 선사하는 지점 간 열결point-to-point 형태로 구성되어 있다. 모든 완주자는 뉴질랜드 전통 디자인이 반영된 아름다운 나무 메달을 받으며, 100마일 완주자에게는 푸나무pounamu(뉴질랜드산 옥) 펜던트가 수여된다. 또한, 두 개의 장거리 코스(102km, 162km)는 웨스턴 스테이츠 100마일Western States 100 Mile Endurance Run 대회의 예선전이며, 가장 긴 162km 코스는 울트라 트레일 몽블랑UTMB 예선전으로도 인정된다.

출발/종료점// 로토루아
거리// 20~162km
추가 정보// https://tarawera.utmb.world/

워버튼 트레일 축제 (호주)

호주 트레일 러닝 페스티벌 중 새롭게 떠오르는 대회, 이 대회는 조금 다르다. 3월 중순, 3일간 진행되는 이 이벤트에는 험난한 50km 산맥 횡단 코스인 '럼버잭 울트라Lumberjack Ultra'가 포함되어 있다. 이 코스는 19세기 중반 이 지역에서 벌목하던 제재소 노동자들sawmillers을 기리며 명명되었다. 또한, 총 1,000m 상승 고도를 포함하는 왕복 22km 산악 등반 레이스, 그리고 몇 개의 중거리 경주와 야간 러닝 및 5km 편 런도 마련되어 있다. 하지만 워버튼 트레일 축제Warburton Trail Fest가 다른 대회보다 더 기이하고 특별한 이유는 바로 '멀티데이 매드니스Multiday Madness' 참가 옵션 때문이다. 이 옵션을 선택한 참가자들은 가능한 한 많은 종목에 출전하여 종합 우승을 노린다. 대회의 피날레 이벤트는 더욱 독특하다. 1마일(1.6km) 트레일 러닝을 먼저 마친 후, 이어서 강에서 1마일 거리를 라일로lilo(공기 주입식 튜브)를 타고 패들링paddle하는 코스로 마무리된다. 그런데, 러닝 구간 동안 라일로를 직접 들고 달려야 한다! 추가로, 참가자들은 기발한 복장을 입고 달리는 것이 적극 권장된다.

출발/종료점// 워버턴 (빅토리아)
거리// 3~50km
추가 정보// www.warburtontrailfest.com

곤 넛츠 101, 태즈매니아 (호주)

태즈매니아의 웅장한 화산암 지형volcanic plug인 '더 넛The Nut'에서 이름을 딴 이 장대한 대회는 매년 3월에 열리며, 2017년부터 이어져 오고 있다. 101km, 75km, 50km, 25km, 이렇게 네 가지 거리 옵션이 있으며, 각각 스탠리Stanley, 모밴나Mawbanna, 로키 케이프 국립공원Rocky Cape National Park, 보트 하버Boat Harbour에서 출발해 모두 위니아드Wynyard에서 결승선을 통과한다. 대부분 해안선을 따라 달리는 코스로, 거센 바람이 부는 절벽 위의 싱글트랙을 지나고, 발밑이 모래와 자갈로 이루어진 깨끗한 해변을 가로지른다. 그러나 내륙 구간에서는 거친 4WD 도로와 우거진 숲길이 이어지며, 밀리센트 밸리Millicent Valley의 시냇물을 건너는 구간도 포함되어 있다. 오르막 구간은 만만치 않지만, 기복이 있는 지형 덕분에 극도로 지쳐 쓰러질 정도까지는 가지 않는다. 도전적이면서도 재미를 느낄 수 있는 코스다.

출발/종료점// 스탠리 (태즈매니아)
거리// 25~101km
추가 정보// www.gonenuts.com.au

- EPIC RUNS OF THE WORLD -

와이히 협곡의 고스트 런
—THE GHOST RUN OF WAIHI GORGE—

뉴질랜드/아오테아로아의 와이히 협곡을 따라, 광산 채굴의 흔적이 남은 산비탈을 지나게 될 때, 당신은 결코 혼자가 아니다. 다만, 그 동행자들을 눈으로 보게 될지는 미지수다.

나는 뉴질랜드 곳곳을 달려보았지만, 대낮에도 헤드램프가 필요했던 곳은 단 한 군데뿐이었다. 그곳은 바로 북섬의 와이히 협곡^{Waihi Gorge}이다. 가파르고 좁은 협곡을 따라 이어지는 이 트레일은 금광 개발의 열망이 만든 터널 네트워크를 지나간다. 광산을 탐험하며 협곡을 한 바퀴 도는 10km(6마일) 순환 코스는 역사가 서린 자연 경관 속을 달리는 경험을 선사한다. 그리고 이곳이 내가 가장 좋아하는 러닝 코스 중 하나인 이유는, 초자연적인 존재를 목격할지도 모른다는 기대감 때문이다.

와이히 마을은 오클랜드에서 남쪽으로 두 시간 거리에 있으며, 로토루아^{Rotorua}와 타우포^{Taupo}에서도 쉽게 접근할 수 있다. 1800년대 초에 이곳에서 금이 발견되었고, 1908년에는 뉴질랜드에서 가장 빠르게 성장하는 도시가 되었다. 오늘날 많은 트레일 러너와 하이커들이 찾는 이곳은, 지각 변동으로 인해 지표면 가까이 귀금속이 형성되었을 뿐만 아니라 극적인 산과 협곡까지 탄생한 덕분에 더욱 매력적인 장소가 되었다. 대부분의 관광객들은 주차장 근처에서 짧은 산책을 즐기고 돌아가지만, 안내판 너머 협곡의 깊은 곳까지 들어가야만 이곳의 역사를 체감하고, 어쩌면 과거의 주민들과 교감할 수 있을지도 모른다. 한때 이 협곡은 절벽에 아슬아슬하게 매달린 허름한 건물에 살던 2,000명이 넘는 사람들의 삶과 생계가 펼쳐지는 곳이었다. 지금은 아무도 살지 않아, 고요한 적막감이 감돈다. 반면, 와이히 마을 자체는 활기로 넘친다. 숙박 시설도 풍부하다. 하지만 나에게는 항상 딕키스 플랫^{Dickey's Flat}의 자연보호국 캠프장이 베이스캠프다. 여기서 아침을 맞이하고, 따뜻한 봄 햇살 아래 여유롭게 아침 식사를 즐긴 후 러닝화를 신고 배낭을 멘다. 출발 후 몇 백 미터를 가볍게 뛰며 몸을 풀고, 코스 곳곳에 놓인 1열 통행 목조 현수교를 처음으로 건넌다. 내 앞에는 크라운 트랙

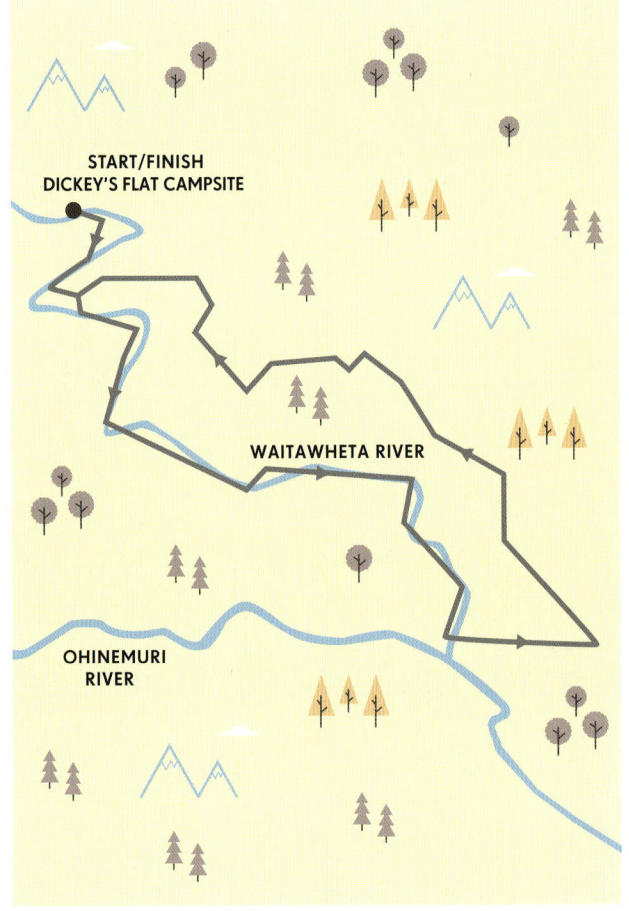

Crown Track이 펼쳐져 있다. 시원하고 습한 숲길, 이어서 아마flax와 풀밭이 어우러진 작은 공터가 번갈아 나타나고, 햇빛이 반짝이며 스치는 풍경이 이어진다. 트레일은 넓고 평탄하며 정비가 잘 되어 있어, 나는 와이타훼타 강Waitawheta River 옆을 가볍게 미끄러지듯 달리며 흐름을 즐긴다.

그러나 햇살과 새소리는 오래가지 않는다. 트레일이 강 위로 천천히 올라가면서, 아래에서는 강물이 깊고 빠르게 소용돌이친다. 길 곳곳에는 한 세기 전에 버려진 도구와 기계들이 남아 있다. 계단을 따라 강에서 점점 멀어지면서, 나는 터널이 나타나는 순간을 기대하며 발걸음을 재촉한다. 이곳이 바로 윈도우즈 워크Windows Walk의 시작이다.

나는 헤드램프를 켜고 어두운 터널로 조심스럽게 들어선다. 하루 16시간씩 축축한 암벽을 파헤치며 깊은 산속으로 파고들었던 광부들의 삶을 생각하면 경외감이 든다. 당시 절망에 빠진 광부들은 이 지옥 같은 노동에서 벗어나기 위해 자신의 엄지손가락을 스스로 잘라내기도 했다. 와이히 박물관에는 그 손가락들이 병에 담긴 채 줄지어 전시되어 있다.

> "더 많은 터널이 이어졌지만 길이가 짧아서 나는 헤드램프를 치우고도 어둠 속을 계속 전진할 수 있었다."

바닥에 흩어진 바위 때문에 속도를 내기 어렵고, 한기가 몸에 스며들기 시작할 무렵, 첫 번째 창문에서 얇은 자연광이 스며든다. 거칠게 깎인 창틀에 기대어 아래를 내려다보니, 거친 와이타훼타 강물이 협곡을 따라 맹렬히 흘러가고 있다. 몇 개의 창을 지나 다시 밝은 햇빛 속으로 나가며 경쾌한 러닝이 재개된다. 이후 몇 개의 터널이 더 이어지지만, 이들은 그리 길지 않아 헤드램프를 배낭에 넣은 채 어둠 속을 그대로 질주할 수 있다. 폐기된 트램웨이tramway를 따라 조심스레 뛰다 보니, 버려진 철도 화차가 있어 잠시 멈춰 사진을 찍는다.

짧은 계단을 내려서자 갑자기 넓은 공터와 장대한 풍경이 펼쳐진다. 거칠게 소용돌이치며 만나 흐르는 와이타훼타 강과 오히네무리 강Ohinemuri River의 합류 지점이다. 대략 5km 지점으로, 코스의 반환점이기도 하다. 여기까지는 그다지 힘들지 않았다. 이제 여러 갈래의 길이 펼쳐진다. 첫 번째는 오히네무리 강의 오른쪽 강변을 따라가는 길이다. 이 카랑가하케 역사 산책로Karangahake Historic Walkway는 오와로아 폭포Owharoa Falls를 지나 빅토리아 배터리Victoria Battery 유적지까지 6.4km 정도 이어진다. 또 다른 옵션으로는, 산책로를 따라 조금 더 나아가 0.8km 길이의 폐쇄된 철도 터널과 개방된 2층 구조의 트러스 다리truss bridge를 지나며 완성되는 매우 재미있는 루프 코스다.

그러나 오늘 나는 숲길을 달리고 싶어 협곡 서쪽으로 향한다. 이제부터는 아침의 부드러운 러닝과는 전혀 다른 경험이 기다리고 있다. 습기 가득한 스코츠맨스 걸리Scotsman's Gully를 가파르게 오르며 정신을 가다듬는다. 다리는 아직 신선하고, 도로는 부드럽게 흘러간다. 카운티 로드County Rd는 점점 카랑가하케 산Karangahake Mountain으로 올라가며,

보존의 길

와이히의 펌프하우스는 1904년, 점점 깊어지는 마사 광산Martha Mine의 증기 펌프를 수용하기 위해 지어졌다. 그러나 1914년에 전기가 도입되면서 이 기계는 더 이상 필요하지 않게 되었고, 장비는 철거되었으며 이 건물은 역사적인 기념물로 지정되었다. 2004년, 엔지니어들은 지하 광산 때문에 지반이 지나치게 불안정하다는 사실을 발견했다. 이에 따라, 이 3층짜리 거대한 건물을 안전한 곳으로 옮기기 위해 테플론Teflon 코팅된 콘크리트 빔을 이용해 300m를 미끄러지듯 이동시키는 혁신적인 방법이 사용되었다. 현재, 펌프하우스는 이 새로운 위치에 자리하고 있다.

위에서부터 시계 방향으로: 강 위를 가로지르는 1열 목재 현수교; 보행로로 새롭게 활용되는 오래된 철도 터널; 아오테아로아를 상징하는 은고사리. 이전 페이지: 카랑가하케 협곡 인근.

- EPIC RUNS OF THE WORLD -

과거 산업 시대의 흔적이 보이기 시작한다. 카이마이 산맥 Kaimai Ranges 은 1800년대에 대규모 벌목이 이루어진 곳으로, 이곳의 카우리 나무 Kauri tree 들은 600년 이상을 살며 둘레가 5m까지 자란다. 이제 자갈길이 끝나고 다시 숲속의 싱글트랙으로 접어든다. 나무들이 머리 위를 덮고, 새들이 숲 위에서 톡톡거리며 울어댄다. 뉴질랜드 올블랙스 All Blacks 럭비 팀의 상징으로 잘 알려진 은고사리 Silver Fern 도 풍성하게 자라 있다. 트레일은 카랑가하케 산의 암벽을 따라 구불거리며 이어지고, 때때로 가파른 절벽 아래 깊은 협곡이 아찔하게 내려다보인다.

마침내 마지막 분기점에 도착하자 다시 흥분이 솟아오른다. 나는 정상을 향하는 메인 트랙 대신 '더보스 Dubbo's'라는 별명이 붙은 롤러코스터 같은 다운힐 코스로 들어선다. 'Dubbo 96 Track'은 가파르고 부드러운 진정한 싱글트랙이다. 미소를 지으며 빠르게 내려가면서, 매 걸음마다 착지할 곳을 감각에 의지한다. 키 큰 너도밤나무와 포도카프가 빛을 걸러주며 신비로운 분위기를 더한다.

냉기가 도는 투명한 개울에 도착한 후, 마지막 급경사를 오르자 다시 넓은 크라운 트랙이 나타난다. 마지막 평탄한 구간을 따라 딕키스 플랫으로 돌아오며, 마지막 다리에서 강물을 바라본다. 오늘의 러닝은 과거의 광부들과 벌목꾼들이 힘든 하루를 마치며 바라보았을 풍경과 다르지 않을 것이다. 나는 그들도 이 장대한 카랑가하케의 아름다움에 잠시 발걸음을 멈추었기를 바란다. **VW**

여행 개요

출발/종료점 // 딕키스 플랫 캠프사이트 Dickey's Flat Campsite

거리 // 10km 루프 코스

가는 법 // 카랑가하케 협곡은 오클랜드에서 남쪽으로 140km(차로 약 2시간), 로토루아에서 북쪽으로 130km.

시기 // 연중 가능하지만, 악천후 시 낙석이나 홍수로 인해 트랙이 폐쇄될 수 있음.

숙소 // 딕키스 플랫에서 기본 캠핑 가능. 와이히의 모텔들이나 근처 와이히 비치 리조트 추천.

자세한 정보 // www.doc.govt.nz/karangahake

알아둘 점 // 터널을 위한 헤드토치, 추운 계절에는 가벼운 보온 의류를 준비할 것. 출발 전에 뉴질랜드 보존청 Department of Conservation 웹사이트에서 트랙 폐쇄 여부를 확인.

옆 페이지: 153m 아래로 떨어지는 와이레레 폭포. 정상과 하단 근처에 러닝하기 좋은 트레일이 있다.

비슷한 도전을 찾아서
뉴질랜드 트레일 런

피롱기아 산

타스만해Tasman Sea에서 불과 25km 떨어진 곳에 자리한 피롱기아 산Mt Pirongia는 마치 잠자는 여인처럼 우아하게 누워 있는 모습을 하고 있다. 그러나 방심은 금물이다. 수많은 원뿔형 현무암basalt Cone을 품고 있는 이 사화산extinct Volcano은 때때로 거칠고 변덕스러울 수 있다. 와이카토 평원Waikato Plains 위로 해발 960m까지 가파르게 솟아 있는 이곳은, 날씨 변화가 심하기로 악명 높아 순식간에 기상이 악화될 수 있다. 코스 곳곳에는 가파르고 위험한 절벽drop-offs, 미끄러운 바위 구간이 있으며, 트레일은 연중 내내 극도로 진흙투성이일 수 있다. 이곳을 달리려면 철저한 준비와 계획이 필수적이다. 따뜻하고 방수되는 복장을 갖추고, 때로는 느리게 이동할 각오를 해야 한다. 하지만 피롱기아를 완주한 러너들은 그에 대한 보상을 확실히 받는다. 희귀한 동식물, 장엄한 전망, 그리고 아오테아로아Aotearoa에서 가장 기술적인 러닝 코스 중 일부를 경험하게 되는 것이다.

출발/종료점// 그레이 로드 주차장
거리// 12km 루프 (티로항아 및 마하우쿠라 트랙)
추가 정보// www.doc.govt.nz

피너클스

피너클스The Pinnacles의 매력을 증명하듯, 이곳은 뉴질랜드인들이 공식적으로 선정한 '반드시 해야 할 101가지101 Must-Do' 리스트에 포함된 대표적인 당일 여행지다. 메인 트랙은 1900년대 초, 카우리Kauri 목재 벌목꾼과 금광 채굴자들에게 물자를 실어나르던 노새들의 경로를 따라 조성되어 있다. 이 길은 장엄한 원시림을 통과하며, 수많은 작은 시내를 건너 산을 오르게 된다. 트레일은 같은 이름의 산장hut을 지나 계속 이어지며, 마침내 피너클스 봉우리에 도달한다. 하지만, 마지막 오름길은 고소공포증이 없는 사람과 안정적인 보행 능력을 가진 러너에게 적합한 험준한 바위 구간이다. 피너클스는 정상에서 코로만델 반도Coromandel Peninsula, 하우라키 만Hauraki Gulf, 카우아에랑가 계곡Kauaeranga Valley을 한눈에 조망할 수 있다. 더 한적한 하산 루트를 원한다면, 역사적인 빌리고트 트랙Billygoat Track을 이용하는 것이 좋다. 이 길을 따라 내려가다 보면, 과거 벌목꾼과 광부들이 떠난 후 버려진 채 녹슬어가는 기계 장비들이 곳곳에 남아 있다.

출발/종료점// 카우아에랑가 계곡 도로 끝
거리// 20km 루프 (피너클스 및 빌리고트 트랙)
추가 정보// www.doc.govt.nz

와이레레 폭포

만약 언덕이 아침 일찍 러닝을 나서게 만드는 동기부여가 된다면, 와이레레 폭포Wairere Falls까지의 오르막은 훌륭한 고도 훈련 코스vertical miles가 될 것이다. 카이마이 산맥Kaimai Ranges 남서쪽 끝자락, 바위로 이루어진 장대한 절벽에서 와이레레 강Wairere River이 극적으로 미끄러지듯 떨어지며, 153m 아래 테 아로하Te Aroha 평원으로 곤두박질친다. 이 바위 절벽은 여름철이면 물놀이를 즐기는 사람들이 자주 찾는 명소지만, 폭우가 내릴 때는 폭포의 수량이 두 배로 증가할 수 있어 각별한 주의가 필요하다. 이 짧은 왕복 코스out-and-back route는 불과 3.5km 거리 안에 580m의 고도 상승을 포함하며, 허벅지가 터질 듯한 가파른 내리막 또한 기다리고 있다. 미끄러운 바위와 나무 계단에서는 각별히 조심해야 한다. 폭포 위쪽에서는 카이마이 산맥 남부Southern Kaimai Ranges로 더 깊이 이어지는 다른 트레일에 접근할 수도 있다.

출발/종료점// 굿윈 로드
(올드 테 아로하 로드 근처)
거리// 7km
추가 정보// www.doc.govt.nz

- EPIC RUNS OF THE WORLD -

태즈매니아 프레이시넷 반도 투어
—A TOUR OF TASMANIA'S FREYCINET PENINSULA—

이 매력적인 트레일 러닝 코스는 해저즈 산맥의 고지대부터
와인글라스 베이의 화이트 와인처럼 맑은 물까지 모두 아우른다.

- EPIC RUNS OF THE WORLD -

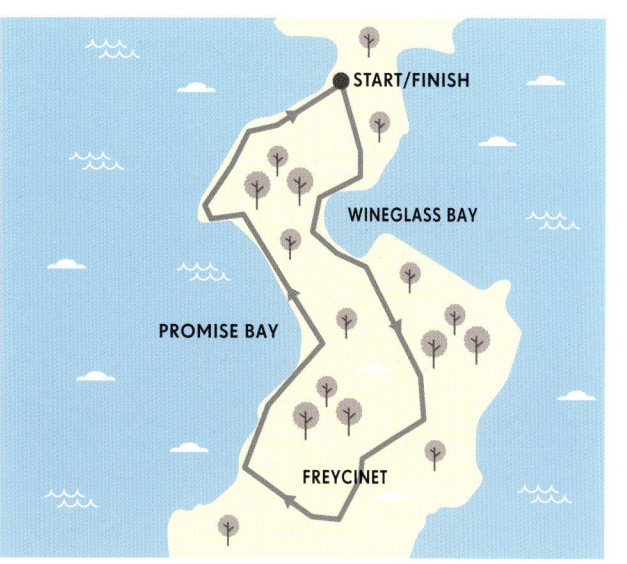

최고의 러닝은 종종 계획에 없던 순간에 일어난다. 즉흥적인 선택이든 완전한 실수든, 이런 우발적인 모험은 추가된 마일리지로부터 다리 근육이 회복되었다 해도 오래도록 기억 속에 남는다. 이 점은 태즈매니아 프레이시넷 국립공원의 한쪽 구석을 11km 정도 돌고자 했던 짧은 러닝이, 의도치 않게 반도를 한 바퀴 도는 30km짜리 순환 코스로 변했을 때 나 스스로를 위로하기 위해 떠올린 말이었다.

나는 언젠가 이 코스를 달려보고 싶다고 늘 생각해왔다. 평소에는 러너를 보기 드물지만(대부분 하이커가 훨씬 많다), 프레이시넷 서킷은 이를 경험한 트레일 애호가들 사이에서 경외심을 담아 회자되는 코스다. 매년 7월에는 이 코스를 따라 경주도 열린다. 화강암 봉우리, 눈부신 백사장, 울창한 해안 숲을 가로지르는 멋진 트레일 네트워크를 완벽하게 연결한 루트는, 이 지역을 방문한 러너라면 누구나 경험하고 싶어 하는 코스다. 하지만 그날의 계획에는 없었다. 나는 비행기를

- EPIC RUNS OF THE WORLD -

"와인글라스 베이에서는 참을 수가 없었다. 옷을 벗어 던지고, 뽀드득 소리 나는 하얀 모래를 질주해 푸른 바다로 뛰어들었다."

타야 했으니까. 나는 러닝과는 전혀 상관없는 이유로 호주의 애플 섬$^{Apple\ Isle}$에 와 있었지만, 프레이시넷을 간단히라도 둘러보지 않고 떠나는 건 범죄처럼 느껴졌다. 그래서 이른 아침 첫 빛이 스며들 무렵 트레일헤드에서 출발했다. 해저즈 비치 트랙을 따라 평탄한 길을 가볍게 달리며, 파슨스 코브에서 그레이트 오이스터 베이$^{Great\ Oyster\ Bay}$를 가로지르고, 마운트 메이슨$^{Mt\ Mayson}$의 산기슭을 돌아갔다. 메이슨 산은 마운트 에이모스$^{Mt\ Amos}$, 마운트 도브$^{Mt\ Dove}$, 마운트 파슨스$^{Mt\ Parsons}$와 함께 '해저즈^{Hazards}'라 불리는 네 개의 봉우리 중 하나로, 이 반도의 좁은 목을 지키는 듯 서 있다. 나는 점점 이 여정에 몰입하며 속도를 올렸다. 그와 동시에, 태즈매니아의 과거가 떠올랐다. 수천 년 동안, 토착 원주민인 투렌노메이레메너^{Toorernomairremener}족이 이 땅을 지배했다. 그들의 존재를 증명하는 유일한 흔적은 해변 곳곳에 남겨진 굴 껍데기 더미뿐이었다. 그러나 유럽의 돛이 지평선에 나타나자, 그들의 삶은 순식간에 위협받기 시작했다. 네덜란드 탐험가가 지도에 이곳을 '프레이시넷'이라 기록했지만, 실제로 이 땅을 이용한 것은 영국인들이었다.

지금으로선 상상하기 어렵지만, 이 아름다운 땅은 한때 조지 왕조 시대의 죄수들을 유배하는 장소였다. 포트 아서$^{Port\ Arthur}$와 마리아 아일랜드$^{Maria\ Island}$ 인근에 악명 높은 유배 식민지가 세워졌고, 프레이시넷 개발에도 강제 노동이 동원되었다. 아이러니하게도, 오늘날 수천 명의 영국인들은 이곳을 방문하기 위해 거액을 지불한다.

능선을 오를 때, 갑작스런 움직임을 느끼며 나는 퍼뜩 현재로 돌아왔다. 그리고 무심코 지나가던 붉은목 왈라비$^{red-necked\ wallaby}$를 놀라게 했나 싶어 조용히 사과를 속삭였다. 왈라비의 새끼는 어미의 주머니 속에서 다리와 팔을 삐죽 내밀고, 트랙 가장자리 이슬에 젖은 풀을 태평하게 씹고 있었다.

해저즈 봉우리들은 떠오르는 태양의 눈부심을 가려주었고, 트레일은 시원한 그늘 속에 있었다. 지금은 타이거 스네이크$^{tiger\ snake}$들을 걱정할 필요가 없었다. 그들은 아직 덤불 속에서 아침 식사를 하고 있었고, 트랙 위에서 일광욕을 즐기려면 시간이 좀 더 필요했다.

프로미스 베이가 한눈에 들어오는 플뢰리우 포인트$^{Fleurieu\ Point}$와 르마나 전망대$^{Lemana\ Lookout}$를 지나 약 4km 달리다 보니 해저즈 비치의 황금빛 해변이 펼쳐졌다. 썰물로 드러난 단단한 모래 위를 달리며 나는 해변의 아름다움에 매료되어 이스무스 트랙$^{isthmus\ track}$으로 이어지는 사다리를 지나쳐 버렸다.

그 실수를 깨달은 것은 3km 길이의 해변 끝, 라군타 크리크$^{Lagunta\ Creek}$에 도착한 후였다. 하지만 몸이 충분히 풀려 있었고, 나는 유칼립투스 숲을 지나 쿡스 비치$^{Cooks\ Beach}$까지 계속 가기로 했다. 이제는 돌아가는 것보다 계속 가는 것이 더 나아 보였다. 하지만 지도 속 등고선을 무시한 것이 문제였다. 곧이어, 예상보다 훨씬 가파른 오르막이 나를 기다리고 있었다.

OCEANIA

- EPIC RUNS OF THE WORLD -

피로 물든 과거

프레이시넷Freycinet의 눈부시게 아름다운 해변과 만들은 과거 처참했던 죄수 시대의 역사 외에도, 한때 포경과 어업 산업의 부산물인 피와 내장 폐기물로 오염되었던 과거가 있다. 이러한 폐기물은 지금은 여행객들을 끌어들이는 이 반도가 과거에는 상어들을 끌어들인 이유였다. 참고로, 해저즈 해변The Hazards은 아프리카계 미국인 포경선 선장인 리처드 '블랙' 해저드Captain Richard 'Black' Hazard의 이름을 따서 명명되었다.

왼쪽부터: 해저즈 비치의 숨겨진 보물; 그레이트 오이스터 베이; 새끼를 품고 있는 암컷 레드넥 왈라비.
이전 페이지: 태즈매니아의 유명한 와인글라스 베이.

트랙은 내륙으로 향하며 마운트 프레이시넷Mt Freycinet을 돌아갔다. 보타니컬 크리크Botanical Creek에서 하이드레이션 팩을 채운 후, 579m 높이의 마운트 그레이엄Mt Graham 경사를 오르기 시작했다. 이스트 프레이시넷 새들East Freycinet saddle을 넘으며, 이미 16km를 달렸고, 내 허벅지는 점점 더 격렬하게 항의하기 시작했다. 하지만 산등성이를 따라 바람과 맞서며 바위를 헤치고 나아갔다. 그리고 보상이 찾아왔다. 와인글라스 베이가 아래에서 반짝이고 있었고, 그 너머 마운트 도브 절벽이 푸른 바다로 곤두박질치듯 이어지고 있었다. 나는 이어진 숲을 지나, 그레이엄 크리크Graham Creek와 론 록 릿지Lone Rock Ridge를 거쳐 마침내 와인글라스 베이 남쪽 끝에 도착했다. 하얀 모래가 반달 모양으로 푸른 태즈만 해를 감싸는 이곳은, 내가 지금까지 본 가장 아름다운 해변이었다. 사람 한 명 없는 이곳에서, 나는 옷을 벗고 미끄러지듯 모래를 가로질러 바다로 뛰어들었다. 그리고 젖은 몸을 털며 출발지로 향하는 마지막 길을 달렸다. 마운트 메이슨과 마운트 에이모스 사이의 고개를 넘어 파슨스 코브로 돌아왔다. 이후 나는 로운세스톤 공항Launceston Airport으로 급히 차를 몰았고, 겨우 비행기에 올랐다. 문득 내 옆자리에 앉은 사람이 안됐다는 생각이 들었다. 샤워도 못 하고, 땀과 바닷물 소금기로 뒤덮인 내 몸은 모험의 흔적을 고스란히 간직하고 있었다. 그리고 아드레날린이 넘쳐, 나는 내 생애 가장 우연했던 이 러닝에 대해 끝없이 떠들 수밖에 없었다. **PK**

여행 개요

출발/종료점// 파슨스 코브Parsons Cove
거리// 30km
가는 법// 콜스 베이는 호바트에서 북동쪽으로 186km, 론세스턴에서 남동쪽으로 167km 떨어져 있음. 콜스 베이에서 허니문 베이Honeymoon Bay를 따라 파슨스 코브로 이동.
시기// 연중 이용 가능하지만, 고지대에서는 겨울(6월~8월) 동안 매우 추워지고 위험할 수 있음.
숙소// 프레이시넷 롯지Freycinet Lodge는 멋진 위치에 4성급 캐빈을 제공. 와인글라스 베이Wineglass Bay 해변에는 저렴한 도보캠핑 기본 옵션도 있음.
자세한 정보// www.parks.tas.gov.au
알아둘 점// 러너와 워커 모두 파이토프토라Phytophthora(뿌리썩이병)의 확산을 막기 위해 코스를 반시계 방향으로 따라갈 것을 권장.

옆 페이지: 사우스 웨스트 코스트 패스의
일부인 잉글랜드의 퍼벡 반도는 훌륭한
트레일 러닝 코스를 제공한다.

비슷한 도전을 찾아서
반도 순환 코스

아일 오브 퍼벡 (잉글랜드)

섬은 아니지만, 영국 해협으로 길게 뻗은 그림 같은 반도인 퍼벡^{Purbeck}은 유네스코 세계문화유산으로 지정된 쥐라기 해안의 일부를 이루고 있다. 이 해안은 도싯^{Dorset}과 데번^{Devon}을 따라 이어지는 바스러질 듯한 절벽과 아름다운 해변으로 유명하다. 퍼벡 반도는 또한 영국 최장거리 트레일인 사우스 웨스트 코스트 패스$^{South\ West\ Coast\ Path}$의 일부이기도 하며, 이 루트는 더들 도어$^{Durdle\ Door}$ 해식 아치와 룰워스 코브$^{Lulworth\ Cove}$ 같은 경이로운 자연 경관을 탐험하려는 러너들에게 최상의 조건을 제공한다. 이 지역은 신석기 시대 정착지부터 나폴레옹 시대의 요새, 밀수업자들이 사용했던 오솔길과 제2차 세계대전 당시의 벙커까지 다양한 역사의 흔적이 스며 있는 곳이기도 하다. 20km 루프 코스를 원한다면, 유명한 스퀘어 앤드 컴퍼스 펍$^{Square\ and\ Compass\ pub}$에서 출발해 댄싱 레지$^{Dancing\ Ledge}$로 향한 뒤, 해안을 따라 스와니지^{Swanage}를 내려다보는 올드 해리 록스$^{Old\ Harry\ Rocks}$까지 이동하는 것이 좋다. 이후 퍼벡 웨이$^{Purbeck\ Way}$를 따라 코프 성$^{Corfe\ Castle}$을 지나, 다시 초지^{common}를 가로질러 출발점으로 돌아오면 된다.

출발/종료점// 워스 매트래버스
거리// 20km
추가 정보// www.southwestcoastpath.org.uk

윌슨 곶 (호주)

호주 본토에서 가장 남쪽에 위치한 이 지점은 멜버른에서 남쪽으로 230km 떨어져 있으며, 인기 있는 여행지로 손꼽힌다. 타이달 리버$^{Tidal\ River}$ 캠핑장을 지나면, 원시림으로 이어지는 트레일이 펼쳐지며, 러너들은 수천 년 동안 변하지 않은 대자연 속으로 들어가게 된다. 이곳에서는 웜뱃과 바위 왈라비를 흔히 마주칠 수 있고, 쿠카부라^{kookaburra}의 웃음소리가 울려 퍼진다. 또한, 선선한 바닷바람이 부는 한적한 블루워터 베이$^{Bluewater\ Bay}$와 배나 도보로만 접근할 수 있는 숨겨진 해변들은 한낮의 더위를 피할 수 있는 완벽한 휴식처가 된다. 가장 도전적인 코스로는 등대를 경유하는 60km의 남부 서킷$^{Southern\ Circuit}$이 있으며, 이는 극한의 트레일 러너들만 도전할 수 있는 서사적인 루트다. 그러나, 보다 현실적인 마라톤 거리(42.2km) 코스를 원한다면, 워털루 베이$^{Waterloo\ Bay}$와 오베론 베이$^{Oberon\ Bay}$를 연결하는 내륙 트랙을 따라 달리는 것도 좋은 선택이다. 이 코스는 반도의 남쪽 절반을 제외하고도 최고의 해변들을 경유할 수 있어, 충분히 매력적인 대안이 된다.

출발/종료점// 타이달 리버
거리// 42~60km
추가 정보// www.parks.vic.gov.au

쉽스 헤드 (아일랜드)

웨스트 코크$^{West\ Cork}$의 거친 해안선에서 대서양을 향해 뻗은 세 개의 반도 중 가장 가느다란 곳, 쉽스 헤드$^{Sheep's\ Head}$는 그림 같은 풍경을 자랑하는 반도다. 이곳에는 킬크로하네^{Kilcrohane}, 아하키스타^{Ahakista}, 더러스^{Durrus} 같은 아기자기한 마을들과 장엄한 해양 경관이 어우러져 있다. 울트라 러너들은 반트리^{Bantry}에서 출발해 반도의 끝자락에 외롭게 자리한 등대를 지나, 반도의 남쪽을 따라 되돌아오는 88km 순환 코스에 도전하고 싶어질지도 모른다. 하지만, 보다 부담 없는 러닝을 원하는 이들을 위해 더 짧은 루프 코스도 마련되어 있다. 대표적으로, 포엣스 웨이 루프$^{Poet's\ Way\ Loop}$는 현지 시인 데니스 M 크로닌$^{Denis\ M\ Cronin}$을 기념하는 12.5km 표식 코스로, 보다 쉽게 도전할 수 있는 경로다. 이 코스는 투린^{Tooreen}에서 남서쪽 방향으로 출발해 던마너스 베이$^{Dunmanus\ Bay}$를 따라가며, 러프 아킨$^{Lough\ Akeen}$을 지나 쉽스 헤드 등대까지 이어진다. 이후 반트리 베이$^{Bantry\ Bay}$ 쪽으로 돌아오는 루트로 마무리된다.

출발/종료점// 반트리 베이, 또는 투린
거리// 12.5km
추가 정보// www.thesheepheadway.ie

INDEX

A
Amalfi Coast, Italy 194–199
Angkor Wat Half Marathon,
    Cambodia 168–171
Antarctica
    Racing the Planet 22
    Ice Marathon 272
Argentina
    Cerro Guanaco 74
Arrancabirra, Italian Alps 262–265
Athens Marathon, Greece 256–259
Australia
    Albert Park, Melbourne 286
    Canberra 80
    Carnarvon Gorge, Queensland 260
    Cradle Mountain, Tasmania 16
    Dunny Derby, Queensland 110
    Flinders Ranges, South Australia 292
    Gone Nuts 101, Tasmania 310
    Great Ocean Road Marathon,
        Victoria 276–279
    Lane Cove National Park, Sydney 304
    Larapinta Trail, Northern Territory 292
    Maroubra to Malabar, Sydney 304
    Melbourne 236
    Melbourne Park Run 282–285
    Ormiston Gorge Pound Loop,
        Northern Territory 288–291
    Outback Marathon, Northern
        Territory 292
    Perth 224
    Razorback, Victoria 298
    Royal Botanic Garden to Barangaroo Reserve,
        Sydney 304
    Surf Coast Trail Marathon, Victoria 280
    Sydney Harbour 62
    Sydney seafront 300–303
    Tasmania's Freycinet Peninsula 318–321
    Ultra-Trail Australia, NSW 306–309
    Warburton Trail Fest, Victoria 310
    Wilson's Promontory, Victoria 322

B
Badwater 135, USA 100–103
Barcelona's sea-to-summit,
    Spain 220–223
Bay to Breakers, San Francisco,
    USA 106–109
Belgium
    Beer Lovers' Marathon 266
Berlin sightseeing, Germany 232–235
Bermuda
    Bermuda Marathon 280
Bhutan
    Paro to Taktshang Goemba 184
Big Sur Marathon, USA 118–121
Bolivia
    Isla del Sol 16
    La Paz 124–127
Boston Marathon, USA 38–41
Brazil
    Brazil 135 104
    Copacabana at dawn 88–91

C
Cambodia
    Angkor Wat Half Marathon 168–171
    Koh Ker 160
Canada
    Grouse Grind Mountain Run, BC 86
    Mt Royal Park, Montréal 116
    Mt Tremblant, Québec 116
    Ottawa 80
    Québec City in winter 112–115
    St John's, Newfoundland 116
    Vancouver Seawall 58–61
Chicago shoreline, USA 94–97
Chile
    Patagonian International Marathon 128
    Racing the Planet 22
    Valparaíso 128
China
    Hong Kong's Victoria Peak 150–153
    Jinshanling Great Wall Marathon 144–147
    Ultra Gobi 400k 22
city runs
    Addis Ababa, Ethiopia 24–27
    Amsterdam, Netherlands 206; 242
    Athens, Greece 256–259
    Bangkok, Thailand 206
    Barcelona, Spain 220–223
    Berlin, Germany 232–235; 242
    Boston, USA 38–41
    Canberra, Australia 80
    Cape Town, South Africa 62
    Chicago, USA 42; 94–97
    Cienfuegos, Cuba 50
    Dublin, Ireland 80
    Durban, South Africa 34
    Edinburgh, Scotland 202–205
    Havana, Cuba 44–49
    Hong Kong, China 150–153
    Honolulu, Hawai'i, USA 92
    Johannesburg, South Africa 28
    Košice, Slovakia 260
    Kyoto, Japan 162–165
    La Paz, Bolivia 124–127
    Las Vegas, USA 110
    Lisbon, Portugal 154
    London, England 236; 238–241; 286
    Los Angeles, USA 134
    Lyon, France 224
    Madrid, Spain 248
    Marrakesh, Morocco 28; 206
    Melbourne, Australia 236; 282–285; 286
    Miami Beach, USA 64–67; 92
    Minneapolis, USA 98
    Montréal, Canada 116
    Munich, Germany 248
    New Orleans, USA 68
    New York, USA 42; 98; 134
    Nice, France 92
    Ottawa, Canada 80
    Paris, France 236
    Perth, Australia 224
    Philadelphia, USA 68
    Phoenix Park, Dublin, Ireland 286
    Portland, USA 130–133
    Prague, Czechia 242
    Québec City, Canada 112–115
    Rio de Janeiro, Brazil 88–91
    Rome, Italy 244–247
    St John's, Canada 116
    San Antonio River Walk Mission Reach
        Trail, USA 68
    San Francisco, USA 98; 106–109
    Seattle, USA 224
    Seoul, South Korea 186–189; 190
    Stockholm, Sweden 62
    Sydney, Australia 62; 300–303; 304
    Tbilisi, Georgia 154
    Tokyo, Japan 166
    Valparaíso, Chile 128
    Vancouver, Canada 58–61
    Venice, Italy 248
    Washington, DC, USA 76–79
    Wissahickon Valley Park, USA 134
coastal runs
    Amalfi Coast, Italy 194–199
    Bermuda Marathon 280
    Big Sur Marathon, USA 118–121
    Cabo de Gata, Spain 200
    Cape Lookout, USA 122
    Cinque Terre, Italy 200
    Cliffs of Moher Coastal Trail, Ireland 254
    Copacabana, Brazil 88–91
    Costa Rica Coastal Challenge 22
    Costa Rica rainforest 70–73
    Cyprus Marathon 178
    Dingle Marathon, Ireland 280
    Dublin Peninsula, Ireland 250–253
    Gitchi-Gami State Trail, USA 122
    Golfi di Orosei, Italy 200
    Gower Peninsula, Wales 218
    Great Ocean Road Marathon,
        Australia 276–279
    Halong Bay Heritage Marathon,
        Vietnam 172
    Holy Island, Wales 218
    Isle of Purbeck, England 322
    Kalalau Trail, Hawai'i 82–85
    Ko Phi Phi, Thailand 172
    Llyn Peninsula, Wales 218
    Maroubra to Malabar, Sydney,
        Australia 304
    Miami Beach, USA 64–67; 92
    Mt Desert Island Marathon, USA 16
    Outer Banks Marathon, USA 122
    Pembrokeshire, Wales 214–217
    Portballintrae Causeway Loop,
        Ireland 254
    Promenade des Anglais, Nice, France 92
    Sheep's Head, Ireland 322
    Surf Coast Trail Marathon, Australia 280
    Sydney seafront, Australia 300–303
    Tasmania's Freycinet Peninsula,
        Australia 318–321
    Two Oceans Marathon, South Africa 34
    Waikiki Beach, Honolulu, USA 92
    Wilson's Promontory, Australia 322
Comrades Marathon, South Africa 30–33
Copacabana at dawn, Brazil 88–91
Costa Rica
    Coastal Challenge 22
    rainforest 70–73
Costa Rica rainforest 70–73
Cuba
    Cienfuegos 50
    Havana's El Malecón 44–49

Sierra Maestra 50
Viñales National Park 50
Cyprus
   Cyprus Marathon 178
Czechia
   Emil Zátopek race 208–211
   Prague Marathon 242
   Velka Kunraticka 212

D

desert runs
   Marathon des Sables, Morocco 18–21
   Oman Desert Marathon 178
   Petra Desert Marathon, Jordan 148
   Ultra Gobi 400k, China 22
Dodo Run, Mauritius 10–15
Dublin Peninsula, Ireland 250–253

E

Ecuador
   Vilcabamba 128
Edinburgh sightseeing, Scotland 202–205
Egypt
   Egyptian Marathon, Luxor 148
Emil Zátopek race, Czechia 208–211
England
   Bacchus Marathon 266
   Blencathra, Lake District 230
   Bushy Park, London 286
   Dale Head Fell Race 86
   Great Gable and Glaramara, Lake District 230
   Isle of Purbeck 322
   Lake District Classic Round 226–229
   London Marathon 238–241
   London sightseeing 236
   Race to the Stones, Oxfordshire & Wiltshire 298
   Serpent Trail, Hampshire 74
   Wall Ultramarathon, Northumberland 148
   Yewbarrow, Red Pike, Scott Fell, Pillar, Kirk Fell, Lake District 230
   Yorkshire Three Peaks 212
Ethiopia
   Great Ethiopian Run 24–27
extreme runs, *see also* desert runs, mountain runs, ultramarathons
   Arrowhead 135, USA 104
   Badwater 135, USA 100–103
   Brazil 135 104
   Dodo Run, Mauritius 10–15
   Himalaya Run & Trek, India 298
   Ice Marathon, Antarctica 272
   Marathon des Sables. Morocco 18–21
   North Pole Marathon 268–271
   Oman Desert Marathon 178
   Racing the Planet 22
   Spartathlon, Greece 104
   Ultra Gobi 400K, China 22

F

France
   Lyon 224
   Marathon des Châteaux du Médoc 266
   Paris sightseeing 236
   Promenade des Anglais, Nice 92

fun runs
   Arrancabirra, Italy 262–265
   Australian Dunny Derby, Queensland 110
   Bacchus Marathon, England 266
   Bay to Breakers, San Francisco, USA 106–109
   Beer Lovers' Marathon, Belgium 266
   Disney Marathon, USA 42
   Great Ethiopian Run 24–27
   Man v Horse, Wales 110
   Marathon des Châteaux du Médoc, France 266
   Rock 'n' Roll Las Vegas Half Marathon, USA 110
   Warburton Trail Fest, Australia 310

G

Georgia
   Tbilisi 154
Germany
   Berlin Marathon 242
   Berlin sightseeing 232–235
   Munich's Isar River 248
Grand Canyon Rim-to-Rim Challenge, USA 136–139
Great Ethiopian Run 24–27
Great Ocean Road Marathon, Australia 276–279
Greece
   Athens Marathon 256–259
   Spartathlon 104
Greenland
   Polar Circle Marathon 272

H

half marathons
   Angkor Wat Half Marathon, Cambodia 168–171
   Disney Marathon, USA 42
   Rock 'n' Roll Las Vegas Half Marathon, USA 110
Havana's El Malecón, Cuba 44–49
Hong Kong's Victoria Peak 150–153

I

Iceland
   Laugavegur Ultramarathon 272
India
   Fatehpur Sikri 160
   Himalaya Run & Trek 298
   Karnataka adventure run 156–159
   Leh to Thiksey 184
Indian adventure run (Karnataka) 156–159
Iraq
   Erbil Marathon, Kurdistan 178
   Sina Old Village, Kurdistan 174–177
Ireland
   Cliffs of Moher Coastal Trail 254
   Dingle Marathon 280
   Dublin 80
   Dublin Peninsula 250–253
   Killarney National Park 254
   Phoenix Park, Dublin 286
   Portballintrae Causeway Loop 254
   Sheep's Head 322
Italy
   Amalfi Coast 194–199
   Arrancabirra 262–265

   Cinque Terre 200
   Golfo di Orosei, Sardinia 200
   Rome morning run 244–247
   Venice 248

J

Japan
   Hakone Trails 166
   Kyoto's Kamo Riverfront 162–165
   Mt Hiei, Kyoto 166
   Tokyo Marathon 166
Jinshanling Great Wall Marathon, China 144–147
Jordan
   Petra Desert Marathon 148

K

Kalalau Trail, Hawai'i 82–85
Kepler Track, New Zealand 294–297
Kurdistan, Iraq 174–177
Kyoto's Kamo Riverfront, Japan 162–165

L

La Paz, Bolivia 124–127
Lake District Classic Round, England 226–229
Laos
   Vang Vieng Trail 172
London Marathon, England 238–241

M

Marathon des Sables, Morocco 18–21
marathons
   Acadia Mountain Marathon, USA 140
   Amsterdam Marathon 242
   Athens Marathon, Greece 256–259
   Australian Outback Marathon 292
   Bacchus Marathon, England 266
   Beer Lovers' Marathon, Belgium 266
   Berlin Marathon, Germany 242
   Bermuda Marathon 280
   Big Five Marathon, South Africa 74
   Big Sur Marathon, USA 118–121
   Boston Marathon, USA 38–41
   Chicago Marathon, USA 42
   Cyprus Marathon 178
   Dingle Marathon, Ireland 280
   Disney Marathon, USA 42
   Egyptian Marathon, Egypt 148
   Erbil Marathon, Iraq 178
   Everest Marathon, Nepal 184
   Great Ocean Road Marathon, Australia 276–279
   Halong Bay Heritage Marathon, Vietnam 172
   Ice Marathon, Antarctica 272
   Jinshanling Great Wall Marathon, China 144–147
   Košice Marathon, Slovakia 260
   London Marathon, England 238–241
   Lost City Marathon, Mexico 260
   Marathon des Châteaux du Médoc, France 266
   Marrakesh Marathon, Morocco 28
   Mt Desert Island Marathon, USA 16
   New York City Marathon, USA 42
   North Pole Marathon 268–271
   Old Croton Aqueduct Trail, USA 56

Outer Banks Marathon, USA 122
Patagonian International Marathon, Chile 128
Petra Desert Marathon, Jordan 148
Polar Circle Marathon, Greenland 272
Prague Marathon, Czechia 242
Rwanda Impact Marathon 28
Soweto Marathon Festival, South Africa 28
Surf Coast Trail Marathon, Australia 280
Tokyo Marathon, Japan 166
Mauritius
   Dodo Run 10–15
Melbourne Park Run, Australia 282–285
Mesa Trail, USA 52–55
Mexico
   Lost City Marathon, Yucatán 260
Miami Beach, USA 64–67
Mongolia
   Racing the Planet 22
Morocco
   Marathon des Sables 18–21
   Marrakesh city walls 206
   Marrakesh Marathon 28
mountain runs
   Arrancabirra, Italy 262–265
   Beh Hrebenom Nízkych Tatier, Slovakia 212
   Cradle Mountain, Australia 16
   Dodo Run, Mauritius 10–15
   Everest Marathon, Nepal 184
   Flinders Ranges, Australia 292
   Grouse Grind Mountain Run, Canada 86
   Himalaya Run & Trek, India 298
   Kalalau Trail, Hawai'i 82–85
   Kepler Track, New Zealand 294–297
   La Paz, Bolivia 124–127
   Lake District Classic Round, England 226–229
   Leh to Thiksey, India 184
   Mt Hiei, Kyoto, Japan 166
   Mt Pirongia, New Zealand 316
   Namsan Park, Seoul, South Korea 190
   Nepal foothills 180–183
   Paro to Taktshang Goemba, Bhutan 184
   Pikes Peak Ascent, USA 86
   Razorback, Australia 298
   Tbilisi, Georgia 154
   Ultra-Trail Australia 306–309
   Warburton Trail Fest, Australia 310
Myanmar
   Bagan 160

N

Namibia
   Racing the Planet 22
National Mall, Washington, DC, USA 76–79
Nepal
   Everest Marathon 184
   Foothills of Nepal 180–183
Nepal foothills 180–183
Netherlands
   Amsterdam sightseeing 206
   Amsterdam Marathon 242
New Zealand/Aotearoa
   Duneden 154
   Kepler Track 294–297

   Mt Pirongia 316
   Pinnacles 316
   Tarawera Ultra-Trail 310
   Waihi Gorge 312–315
   Wairere Falls 316
North Pole Marathon 268–271

O

Oman
   Oman Desert Marathon 178
Ormiston Gorge Pound Loop, Australia 288–291

P

Pembrokeshire, Wales 214–217
Portland's Park Run, USA 130–133
Portugal
   Lisbon 154

Q

Québec City in winter, Canada 112–115

R

Romania
   Transylvanian 100K Ultra 212
Rome morning run, Italy 244–247
Rwanda
   Impact Marathon 28

S

Scotland
   Edinburgh sightseeing 202–205
Seoul's Han River, South Korea 186–189
Slovakia
   Košice Marathon 260
   Non-Stop Beh Hrebenom Nízkych Tatier 212
South Africa
   Big Five Marathon 74
   Cape Town shoreline 62
   Comrades Marathon 30–33
   Durban City Marathon 34
   Soweto Marathon Festival 28
   Two Oceans Marathon 34
South Korea
   Cheonggyecheon Stream, Seoul 190
   DMZ Trail Runs Running Festival 190
   Namsan Park, Seoul 190
   Seoul's Han River 186–189
Spain
   Barcelona's sea-to-summit 220–223
   Cabo de Gata 200
   Madrid 248
stage races, *see also* ultramarathons
   Carnarvon Gorge, Australia 260
   Costa Rica Coastal Challenge 22
   Himalaya Run & Trek, India 298
   Larapinta Trail, Australia 292
   Marathon des Sables, Morocco 18–21
   Oman Desert Marathon 178
   Race to the Stones, England 298
   Racing the Planet 22
   Ultra Gobi 400K, China 22
Sweden
   Stockholm waterfront 62
Sydney seafront, Australia 300–303

T

Tasmania's Freycinet Peninsula, Australia 318–321
Thailand
   Bangkok old town 206
   Ko Phi Phi 172
trail runs
   Acadia National Park, USA 140
   Amalfi Coast, Italy 194–199
   Arrancabirra, Italy 262–265
   Arrowhead 135, USA 104
   Art Loeb Trail, USA 56
   Big Five Marathon, South Africa 74
   Blencathra, England 230
   Cape Lookout, USA 122
   Carnarvon Gorge, Australia 260
   Cerro Guanaco, Argentina 74
   Cinque Terre, Italy 200
   Cliffs of Moher Coastal Trail, Ireland 254
   Costa Rica rainforest run 70–73
   Cradle Mountain, Australia 16
   Dale Head Fell Race, England 86
   Dodo Run, Mauritius 10–15
   Dublin Peninsula, Ireland 250–253
   Duneden, New Zealand 154
   Everest Marathon, Nepal 184
   Flinders Ranges, Australia 292
   Gitchi-Gami State Trail, USA 122
   Golfo di Orosei, Italy 200
   Gone Nuts 101, Australia 310
   Grand Canyon Rim-to-Rim Challenge, USA 136–139
   Great Gable and Glaramara, England 230
   Grouse Grind Mountain Run, Canada 86
   Hakone Trails, Japan 166
   Holy Island, Wales 218
   Indian adventure run 156–159
   Isla del Sol, Bolivia 16
   Isle of Purbeck, England 322
   JFK 50, USA 34
   Kalalau Trail, Hawai'i 82–85
   Kepler Track, New Zealand 294–297
   Killarney National Park, Ireland 254
   Koh Ker, Cambodia 160
   Ko Phi Phi, Thailand 172
   Kurdistan, Iraq 174–177
   Lake District Classic Round, England 226–229
   Larapinta Trail, Australia 292
   Leh to Thiksey, India 184
   Lost City Marathon, Mexico 260
   Mesa Trail, USA 52–55
   Mt Hiei, Japan 166
   Mt Pirongia, New Zealand 316
   Mt Tremblant, Québec, Canada 116
   Ohio & Erie Towpath Trail, USA 140
   Old Croton Aqueduct Trail, USA 56
   Ormiston Gorge Pound Loop, Australia 288–291
   Paro to Taktshang Goemba, Bhutan 184
   Patagonian International Marathon, Chile 128
   Pembrokeshire, Wales 214–217
   Pikes Peak Ascent, USA 86
   Pinnacles, New Zealand 316
   Portballintrae Causeway Loop, Ireland 254

Portland Park Run, USA 130–133
Race to the Stones, England 298
Razorback, Australia 298
Rwanda Impact Marathon 28
Serpent Trail, England 74
Sheep's Head, Ireland 322
Surf Coast Trail Marathon, Australia 280
Tarawera Ultra-Trail, New Zealand 310
Tasmania's Freycinet Peninsula, Australia 318–321
Transylvanian 100K Ultra, Romania 212
Ultra-Trail Australia 306–309
Vang Vieng Trail, Laos 172
Vilcabamba, Ecuador 128
Viñales National Park, Cuba 50
Waihi Gorge, New Zealand 312–315
Wairere Falls, New Zealand 316
Warburton Trail Fest, Australia 310
Waterfall Glen Trail, USA 56
Wilson's Promontory, Australia 322
Wissahickon Valley Park, USA 134
Yewbarrow, Red Pike, Scott Fell, Pillar, Kirk Fell, England 230
Zion National Park, USA 140

U

UK, see England, Scotland, Wales
ultramarathons & ultra-distance, see also extreme runs, stage races
  Arrowhead 135, USA 104
  Badwater 135, USA 100–103
  Beh Hrebenom Nízkych Tatier, Slovakia 212
  Brazil 135 104
  Carnarvon Gorge, Australia 260
  Comrades Marathon, South Africa 30–33
  Durban City Marathon, South Africa 34
  Gone Nuts 101, Australia 310
  Grand Canyon Rim-to-Rim Challenge, USA 136–139
  Himalaya Run & Trek, India 298
  JFK 50, USA 34
  Kepler Track, New Zealand 294–297
  Larapinta Trail, Australia 292
  Laugavegur Ultramarathon, Iceland 272
  Race to the Stones, England 298
  Serpent Trail, England 74
  Spartathlon, Greece 104
  Tarawera Ultra-Trail, New Zealand 310
  Transylvanian 100K Ultra, Romania 212
  Two Oceans Marathon, South Africa 34
  Ultra-Trail Australia 306–309
  Vang Vieng Ultramarathon, Laos 172
  Wall Ultramarathon, England 148
  Warburton Trail Fest, Australia 310
  Wilson's Promontory, Australia 322
  Zion National Park, USA 140
Ultra-Trail Australia 306–309
USA
  Acadia National Park, Maine 140
  Arrowhead 135, Minnesota 104
  Art Loeb Trail, North Carolina 56
  Badwater 135, California 100–103
  Bay to Breakers, San Francisco 106–109
  Big Sur Marathon, California 118–121
  Boston Marathon 38–41
  Brooklyn Bridge, New York City 98
  Cape Lookout, Oregon 122
  Central Park, New York City 134
  Chicago Marathon 42
  Chicago shoreline 94–97
  Disney Marathon, Florida 42
  Embarcadero, San Francisco 98
  Gitchi-Gami State Trail, Minnesota 122
  Grand Canyon Rim-to-Rim Challenge, Arizona 136–139
  Griffith Park, Los Angeles 134
  JFK 50, Maryland 34
  Kalalau Trail, Kaua'i, Hawai'i 82–85
  Mesa Trail, Colorado 52–55
  Miami Beach, Florida 64–67, 92
  Mt Desert Island Marathon, Maine 16
  National Mall, Washington, DC 76–79
  New Orleans, Louisiana 68
  New York City Marathon 42
  Ohio & Erie Towpath Trail 140
  Old Croton Aqueduct Trail, New York 56
  Outer Banks Marathon, North Carolina 122
  Philadelphia, Pennsylvania 68
  Pikes Peak Ascent, Colorado 86
  Portland Park Run, Oregon 130–133
  Rock 'n' Roll Las Vegas Half Marathon, 110
  San Antonio River Walk Mission Reach Trail, Texas 68
  Seattle, Washington 224
  Waikiki Beach, Honolulu, Hawai'i 92
  Waterfall Glen Trail, Illinois 56
  West River Parkway, Minneapolis 98
  Wissahickon Valley Park, Philadelphia 134
  Zion National Park, Utah 140

V

Vancouver Seawall, Canada 58–61
Vietnam
  Halong Bay Heritage Marathon 172

W

Waihi Gorge, New Zealand 312–315
Wales
  Gower Peninsula 218
  Holy Island 218
  Llŷn Peninsula 218
  Man v Horse, Llanwrtyd Wells 110
  Pembrokeshire 214–217

Publishing Director Piers Pickard
Publisher, Illustrated & Gift Becca Hunt
Senior Editor Robin Barton
Commissioning Editor Will Cockrell
Art Director Daniel Di Paolo
Designer Ben Brannan
Image Research Ceri James
Editors Nick Mee, Yolanda Zappatera, Polly Thomas
© photographers as indicated 2025

초판 인쇄	2025년 7월 1일
1쇄 발행	2025년 7월 22일
지은이	론리 플래닛
옮긴이	김영수
펴낸이	이송준
펴낸곳	인간희극
등록	2005년 1월 11일 제319-2005-2호
주소	서울특별시 동작구 사당동 1028-22
전화	02-599-0229
팩스	0505-599-0230
이메일	humancomedy@paran.com
ISBN	978-89-93784-87-9 03980

• 잘못 만들어진 책은 구입하신 곳에서 바꾸어 드립니다.
• 값은 표지에 표기되어 있습니다.

This Korean edition was published by Human Comedy Publishing Co. in 2025, translated from Epic Runs of the World, by arrangement with Lonely Planet

이 책은 저작권자와의 독점계약으로 인간희극에서 출간되었습니다.
저작권법에 의해 한국 내에서 보호를 받는 저작물이므로 무단전재와 복제를 금합니다.

Although the authors and Lonely Planet have taken all reasonable care in preparing this book, we make no warranty about the accuracy or completeness of its content and, to the maximum extent permitted, disclaim all liability from its use.

All rights reserved. No part of this publication may be reproduced, stored in a retrieval system or transmitted in any form by any means, electronic, mechanical, photocopying, recording or otherwise except brief extracts for the purpose of review, without the written permission of the publisher. Lonely Planet and the Lonely Planet logo are trademarks of Lonely Planet and are registered in the US patent and Trademark Office and in other countries.

Lonely Planet Office

Ireland
Digital Depot,
Roe Lane (off Thomas St),
Digital Hub, Dublin 8, D08 TCV4

STAY IN TOUCH lonelyplanet.com/contact

Authors Richard Askwith (**RA**) is author of Today We Die A Little: Emil Zátopek, Olympic Legend to Cold War Hero (Yellow Jersey); Greg Benchwick (**GB**) has paced friends at the Leadville 100, run one marathon in Big Sur, and jogged across the globe – @gregbenchwick; Joe Bindloss (**JBS**); Kate Carter (**KC**); Jayne D'Arcy's (**JD**) latest attempts of extreme wellness feature on www.jaynedarcy.com.au; Alexander Deedy (**AD**); Charlie Engle (**CE**) – learn more about 5.8, his biggest adventure yet, at www.charlieengle.com; Adharanand Finn (**AF**) is the author of Running with the Kenyans and The Rise of the Ultra Runners; follow him @adharanand. Damian Hall (**DH**) is an outdoor journalist, author, record-breaking ultra runner, public speaker and tea guzzler – www.damianhall.info. Sahira Hassan (**SH**) is a Yazidi athletic trainer who works with Jade Irons at the Free to Run charity; Patrick Kinsella (**PK**) is a journalist and author who specialises in tales about trails (and, often, ales) – @paddy_kinsella; Brian Metzler (**BM**) is a Boulder-based journalist who has run in 30 countries and authored several books – brianmetzler.com. Gabi Mocatta (**GM**); Sebastian Neylan (**SN**) is based in Melbourne after half a decade in London working with Lonely Planet – @swobba. Etain O'Carroll (**EO**) has been writing for Lonely Planet for more than 15 years and running all her life – Etaino.co.uk. Chris Ord (**CO**) is the editor of www.trailrunmag.com, a race director, and guides trail run holidays (www.tourdetrails.com). Matt Phillips' (**MP**) latest exploits include racing up London's 52-storey Cheesegrater for charity – @Go2MattPhillips; Piers Pickard (**PP**); Alicia Raeburn (**AR**) – www.milelesstraveled.com; Mark Remy (**MR**) is the author of Runners of North America – A Definitive Guide to the Species and creator of www.DumbRunner.com. Brendan Sainsbury (**BS**) has authored over 50 Lonely Planet guides and run thousands of miles in the process. Sarah Stirling (**SS**) is an adventure writer based in Snowdonia – SarahStirling.com; @sarah_stirling. Regis St. Louis (**RS**); Michael Wardian (**MW**) is a professional runner with many national championships and first place finishes – @mikewardian; Vicki Woolley (**VW**); Karla Zimmerman (**KZ**) lives in Chicago; follow her @karlazimmerman. **Updated** by Patrick Kinsella in 2025 **Cover and illustrations** by Ross Murray (www.rossmurray.com)